（第3版）

儿童青少年体适能
教师教学指导

[美] 美国国家运动与体育教育协会（National Association for Sport and Physical Education） 主编
苏珊·F. 埃尔斯（Suzan F. Ayers） 玛丽·乔·萨里斯卡尼（Mary Jo Sariscsany） 编
田亨 译

人民邮电出版社
北 京

图书在版编目（CIP）数据

儿童青少年体适能教师教学指导：第3版／美国国家运动与体育教育协会主编；（美）苏珊·F. 埃尔斯（Suzan F. Ayers），（美）玛丽·乔·萨里斯卡尼（Mary Jo Sariscsany）编；田亨译. -- 北京：人民邮电出版社，2020. 12
    ISBN 978-7-115-54772-9

Ⅰ. ①儿… Ⅱ. ①美… ②苏… ③玛… ④田… Ⅲ. ①体育教学—教学研究 Ⅳ. ①G807.01

中国版本图书馆CIP数据核字（2020）第172861号

版权声明

免责声明

本书内容旨在为大众提供有用的信息。所有材料（包括文本、图形和图像）仅供参考，不能用于对特定疾病或症状的医疗诊断、建议或治疗。所有读者在针对任何一般性或特定的健康问题开始某项锻炼之前，均应向专业的医疗保健机构或医生进行咨询。作者和出版商都已尽可能确保本书技术上的准确性以及合理性，且并不特别推崇任何治疗方法、方案、建议或本书中的其他信息，并特别声明，不会承担由于使用本出版物中的材料而遭受的任何损伤所直接或间接产生的与个人或团体相关的一切责任、损失或风险。

内 容 提 要

　　本书是由美国国家运动与体育教育协会主编，专为教授幼儿园至高中阶段学生的体育教育工作者提供的体适能训练教学指导。全书内容均由美国体育教育工作者研发，符合美国体育教育国家标准，旨在让体育教师用科学的方法指导学生更好地获得知识、掌握技能、保持健康。书中介绍了健康体适能和体育活动的基础知识，拆解了健康体适能的各个组成部分，提供了融入健康体适能教育的课程设计与教学方法，帮助教学者设计体育课程方案，以满足不同年级水平的教学要求，真正提升学生的身体素质和运动技能，并使学生养成健康的生活方式。

◆ 主　　编　[美]美国国家运动与体育教育协会
　　　　　　（National Association for Sport and Physical Education）
　　编　　　[美]苏珊·F. 埃尔斯（Suzan F. Ayers）
　　　　　　玛丽·乔·萨里斯卡尼（Mary Jo Sariscsany）
　　译　　　田　亨
　　责任编辑　寇佳音
　　责任印制　周昇亮

◆ 人民邮电出版社出版发行　　北京市丰台区成寿寺路 11 号
　　邮编　100164　电子邮件　315@ptpress.com.cn
　　网址　https://www.ptpress.com.cn
　　北京虎彩文化传播有限公司印刷

◆ 开本：700×1000　1/16
　　印张：21.5　　　　　　　　　　　2020 年 12 月第 1 版
　　字数：486 千字　　　　　　　　 2025 年 1 月北京第 21 次印刷
　　　　　著作权合同登记号　图字：01-2016-6562 号

定价：128.00 元
读者服务热线：(010)81055296　印装质量热线：(010)81055316
反盗版热线：(010)81055315
广告经营许可证：京东市监广登字 20170147 号

目录

序

近年来，肥胖症呈多发趋势。对于久坐不运动的儿童和青少年，如何让他们拥有更健康的生活，已经成了很多体育教育工作者所肩负的更加重要的责任。伴随这份责任的是每年都会有成百上千的儿童和青少年受到积极的影响。教师通过传授知识与技能，鼓励他们积极锻炼，帮助他们养成积极参与体育活动的生活习惯。他们也会因此摆脱一些疾病的困扰，减轻身心的压力，过上丰富多彩的健康生活。

显然，体育教育对青少年的终身健康发挥着重大作用。越来越多的研究数据显示，参与日常体育活动对人的健康和认知能力有积极的影响。校园体育教育的优势在于：通过学校，体育教师可以影响大部分儿童和青少年，可以切实提高学生体适能健康水平。制定健康生活的教学计划，绝非人们过去刻板印象中的简单跑圈计划，但不幸的是，这样的老的教学计划方式在现在的学校屡见不鲜。

最佳体适能的内容

本书旨在把健康体适能与终身体育活动结合在一起并融入体育教学课程，为教师提供全面的指导。本书还提供以新研究为基础的理念框架、经验丰富的体育教师的示范，以及关于全面整合高质量的健康体适能教育计划的具体建议。从本书第3版的范例中，可以找到通过寓教于乐的体育活动讲授体适能概念的方法，并掌握如何把体适能课堂效果评估当作教学和激励工具的方法。

本书罗列了一些方式，有经验的教师可以在现有教学计划的基础上，强调健康体适能。对于新任教师，本书通过名师提供的具体教案详情，讲述了如何创建有效的体适能教育计划。

第一部分通过深度分析体育活动的行为与动机，介绍了健康体适能，同时讲解了基本训练原则。由于饮食营养影响人的健康，所以第一部分还概述了营养学知识，其中包括健康饮食的基础、营养素的类别、膳食工具、不健康饮食的后果。

第二部分概述了健康体适能的相关概念。第3版具体讲述了有氧适能、肌力与肌耐力、柔韧性和身体成分的相关内容，因为这些都和从幼儿园到12年级学生（译者注：美国的12年级相当于国内的高中3年级）的教育有关。体适能知识在不断更新，但适宜的锻炼方案仍（甚至在运动生理学家中）存在争议。因此，本部分还介绍了有争议的主题，并提供了解决这些问题的建议，用以完善教师的教学计划。这些建议在第5、第6、第7章的末尾，讲述了通过有氧适能、肌力与肌耐力、柔韧性活动来提高运动技能的方式。

第三部分讲述了制定健康体适能教学课程的策略，能满足教师设计教学计划的多种需求。在第10章中，可以找到有效的教学方法，用以鼓励每一个学生在各种教学场景中——在体育馆里、在室外或者在教室里，都能参与进来。

课堂效果评估是有效教学的重要组成部分，第四部分详细介绍了健康体适能的课堂效果评估，其中包括评估的原因、健康体适能和体育活动效果测评、认知和情感领域评估。

本书还提供了词汇表和附录，附录提供可直接使用的训练表以及可作为阅读资源指南的参考文献。

版本的发展过程

优质教学不仅是一门科学，更是一种艺术。本书第 1 版中包含针对儿童和青少年体育活动所做的大量科学研究，同时收集了全美国体育教育工作者的丰富知识和宝贵经验。第 2 版根据当时新的研究进行了修订，由时任美国国家运动与体育教育协会（NASPE）的最佳体适能协调员盖尔·克莱曼（Gayle Claman）牵头编写，是专注于青少年体育活动和体适能的新研究与新指南。第 3 版提供了更实用的工具和信息。IX页列出了参与这一版本编写的体育教育工作者。本书第 1 章也在前两个版本的基础上增加了许多新活动。

你的最佳体适能训练

作为体育教育工作者，你的工作至关重要，体育教育能真正地影响民族未来的健康。我们真诚地希望本书能在知识上和精神上帮助你、鼓励你成为优秀的体适能教育工作者。

苏珊·F. 埃尔斯（Suzan F. Ayers），哲学博士
共同编写者
美国西密歇根大学副教授

玛丽·乔·萨里斯卡尼（Mary Jo Sariscsany），教育学博士
共同编写者
美国加利福尼亚州立大学北岭校区运动学系副教授

致谢

我们衷心感谢将时间和经验贡献给本书的体育教育工作者，感谢最佳体适能训练指导委员会和美国人体运动出版社的全体员工，没有他们的辛勤工作，就没有本书，我们也就不能了解到需要更新和增加的内容。除了最佳体适能训练指导委员会，许多研究者和教育工作者都慷慨地分享了他们的丰富知识和宝贵经验，这一点在全书中都有所体现。我们衷心感谢每一章节的编辑，同时感谢提供相应内容的人员。本书以第 2 版为基础，涵盖了该领域前沿的研究内容。感谢美国国家运动与体育教育协会（NASPE）高级经理苏珊·勋伯格（Susan Schoenberg）、美国国家运动与体育教育协会成员乔·麦克加文（Joe McGavin）和玛丽·艾伦·奥尔（Mary Ellen Aull）对本书的合作再版所提供的重要支持。

第 2 版的撰稿人员如下。

黛布拉·巴林杰
美国陶森大学
第 2 章、第 12 章、第 13 章、第 14 章

珍妮·吉尔伯特
美国伊利诺伊州
第 3 章、第 5 章、第 6 章、第 7 章

美乐迪·凯泽尔
美国北卡罗来纳州
第 4 章、第 8 章

乔尼·莫里森 & 金妮·博比奥莱克
美国马里兰州
第 11 章

黛安·滕内尔
美国华盛顿州
第 1 章、第 9 章、第 10 章

本书第 3 版的撰稿人在日新月异的领域中无私地辛勤工作了一年多，提供了新的内容，本书的再版离不开他们的帮助。第 3 版的撰稿人员如下。

第 1 章 苏珊·F. 埃尔斯，美国西密歇根大学
玛丽·乔·萨里斯卡尼，美国加利福尼亚州立大学北岭校区

第 2 章 黛布拉·巴林杰，东斯特劳斯堡大学

第 3 章 肖恩·巴尔杰，西弗吉尼亚大学

第 4 章 琳达·尼克森，斯托 – 门罗瀑布高中

第 5 章 简·毕晓普，中康涅狄格州立大学

第 6 章 乔·多伊奇，南达科他州立大学

第 7 章 布莱恩·莫西耶，西佐治亚州立大学

第 8 章 斯科特·葛因，亚利桑那大学

第 9 章 贝恩·麦克卡拉肯

第 10 章 戴安·滕内尔，美国加利福尼亚州立大学北岭校区

第 11 章 乔尼·莫里森，里斯本小学
金妮·博比奥莱克，哈福德县公共学校

第 12 章 希丽亚·勒然巴尔，托莱多大学

第 13 章 玛丽·乔·萨里斯卡尼，美国加利福尼亚州立大学北岭校区

第 14 章 克里斯蒂娜·辛克莱尔，北科罗拉多大学
桑德拉·尼尔森，卡罗来纳海岸大学

最后，我们十分感谢本书第 2 版的撰稿人，因为他们的奉献为这一版本打下了基础，是最佳体适能训练计划在过去 5 年中不断完善的基石。

健康体适能和
体育活动的基础

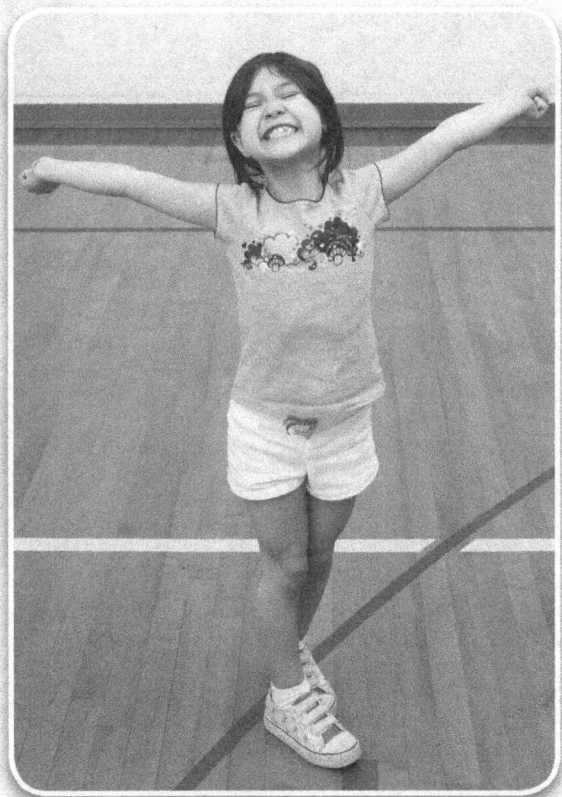

第一部分介绍了最佳体适能训练计划。第 1 章讲解最佳体适能训练理念及其组成内容，其中的信息说明了最佳体适能的综合性和独特效果。第 2 章通过分析儿童和青少年积极参与体育活动的原因及其方式，提出调动学生积极参与体育活动的建议，为体育教育工作者献计献策，同时总结了各个年龄段学生的活动动机与最佳体适能训练计划之间的联系。第 3 章讲述最佳体适能训练计划中理念和行为概念的应用，包括对健康体适能的组成部分，即有氧适能、肌力与肌耐力、柔韧性的基本训练原则的概述。第 4 章的内容包括食物、合理膳食和营养均衡。

第 1 章

最佳体适能训练简介

苏珊·F. 埃尔斯和玛丽·乔·萨里斯卡尼（Suzan F. Ayers and Mary Jo Sariscsany）

定期参加体育活动对于人的身体健康有重要的积极作用。有了强健的身体，人的生活质量也会相应提高，这也有利于社会的稳定发展。美国儿科学会（AAP）、美国医学会（AMA）、美国心脏协会（AHA）、美国疾病控制与预防中心（CDC）、美国卫生与公众服务部（USDHHS）及其他关注健康的组织联盟都强调了终身运动对健康的重要性。这一观点对全人类都有指导意义，包括身体障碍人士、精神障碍人士、静坐少动人群以及专业运动员。

终身参与体育活动的益处

从 2008 年美国青少年和学校健康联盟（DASH）、美国慢性病预防与健康促进中心（NCCDPHP）以及美国疾病控制与预防中心的研究中得知，在过去 20 年间，6 岁到 11 岁儿童的肥胖症发病率增长了 2 倍多，12 岁到 19 岁青少年的肥胖症发病率增长了 3 倍多（Ogden et al., 2002）。超重的儿童和青少年很有可能在长大成人后依然体重超标，甚至患上肥胖症；而 8 岁儿童的过度肥胖甚至比成年人的肥胖症更严重（Ferraro et al., 2003）。大多数学生都知道静坐少动的生活方式带来的危害，但这是远远不够的，他们还应该了解参与足量体育活动和保持体能活跃的益处。其中，以下 6 项益处格外重要。

- 增强肌肉力量和耐力。
- 强健骨骼和肌肉。
- 控制体重。
- 减少焦虑，减轻压力。
- 提升自信和自尊。
- 控制血压和胆固醇水平。

年少时期积极参与体育活动会为终身保持锻炼的习惯奠定基础（USDHHS, 2008）。美国卫生与公众服务部建议，少年（6 岁到 17 岁）应每天至少参与体育活动 1 小时（USDHHS，2008）。而 2007 年的调查显示，1 周内至少 5 天每天进行体育活动超过 1 小时的高中生人数仅占 35%，只有 30% 的高中生每天都上体育课。随着年龄的增长，参与体育活动的儿童和青少年越来越少（USDHHS，2007）。

参与体育活动不仅对个人的健康有积极影响，还能带动整个社会的发展，因为积极运动的人的工作效率会更高。积极参与体育活动的人还会拥有更乐观、健康的心态，因此，无论在工作还是家庭中，他们都能用积极的态度处理复杂的突发状况。

近年来，人们对健康表现出了空前高涨的兴趣。报纸上每天都有关于健康医疗问题的科普文章、广告；社区里也出现越来越多以"健康生活"为主题的讲座课程；电视台也加大了宣传健康问题的力度，每周都播出健康专题讲座。与此同时，科技的发展也带来了某种便利，通过互联网，人们能更快、更轻松地找到最新的健康研究报告和关于健康问题的问答。文件《通过体育活动和健身运动让年轻人更健康：给总统的报告》（美国卫生与公众服务部部长和教育部长，2000）也已经印刷发行，以普及体育活动和健身运动的益处。权威机构如美国健康、体育、休闲和舞蹈联盟（AAHPERD）、美国国家运动与体育教育协会、美国疾病控制与预防中心也研究了体育活动对健康的重要性，并出版了相关数据的报告。

此外，米歇尔·奥巴马在全美国范围内发起了一项抵制儿童肥胖的运动，旨在用一代人的时间抑制儿童肥胖症的蔓延。时任总统奥巴马成立了跨部门的联邦政府特别工作组，关注儿童肥胖症问题，支持"我们一起来运动"项目。该项目的首要目标如下。

- 保证健康食物的供给。
- 增加儿童和青少年在学校与社区中的体育活动。
- 给儿童和青少年提供更健康的食物。
- 给家长普及知识和方法，让他们能为自己与家庭做出正确的选择。

以学校为基础的体育课广受关注，因为它有效地增加了儿童和青少年的体育活动时间，增强了他们的体质（美国社区预防服务工作小组，2002）。体育教育使学生参与体育锻炼，从而对儿童和青少年的健康状况产生显著的积极影响。虽然这个理论不是新提出的，但越来越多的重要研究表明，体育课对学生体质的增强发挥了重要作用。体育教育计划为儿童和青少年在生活中积极参与体育活动奠定了基础，让他们变得更加活跃，从而健康地生活。体育教育工作者还可以向社区居民传授知识，让他们了解体育锻炼和健康生活之间的紧密联系。而人们在明白有效的体育教育计划对儿童和青少年健康产生的积极影响后，会推动社区体育活动的建设。体育教育工作者能把社区诊所、社区内体育活动参与者、医生和当地政府联合在一起，共同促进人们参与体育活动。学校的体育教育不仅可以提高学生的认知能力，还能增强其体质，当人们意识到这一点后，就会对学校更加支持。而体育课既能帮助学生养成有益健康的好习惯，又能让学生有参与增进健康的体育活动的机会。

什么是最佳体适能训练计划

20世纪80年代初期，美国健康、体育、休闲和舞蹈联盟及美国国家运动与体育教育协会一致认为应该发起一个训练计划，以帮助年轻人了解终身参与体育活动的重要性。这个训练计划从健康体适能的角度出发，对象是全体学生，与学生的运动能力和健康状况无关。就这样，在1987年，最佳体适能训练计划应运而生。

最佳体适能训练计划是一个综合性的健康体适能教育项目，它提出的一系列实践和理论知识都包含在一个高质量的体育教育项目里。最佳体适能训练计划基于一定的标准，帮助教师和学生在有关健康体适能的体育教学过程中共同努力，达到美

国国家运动与体育教育协会制定的体育教学标准。最佳体适能训练计划旨在帮助学生增强体质，达到最佳的身体状态。

在此必须说明，最佳体适能训练计划不是一个独立的课程，最佳体适能训练计划中的内容可以作为教学资源的一部分和现有课程搭配使用，但并非教学大纲。

为了帮助大家更好地了解最佳体适能训练计划的目标，我们必须明确一些常用术语的含义。"健康体适能""体育活动""锻炼"等词，在大众媒体中经常被视为同义词。

▶ 健康体适能是指衡量一个人进行需要耐力、力量或柔韧性等的体育活动的能力。这种能力的实现需要后天定期运动与先天能力的结合。健康体适能的组成部分包括有氧适能、肌力与肌耐力、柔韧性和身体成分，而这些都和人的健康状况密切相关。

▶ 人们经常将技能体适能与健康体适能的内容混淆。技能体适能往往和某一体育运动同时出现，对于提高技能或完成动作十分关键。技能体适能包括灵敏性、协调性、反应时间、平衡性、速度和爆发力。个体即使不具备高水平的技能体适能，仍然可以终身参与体育活动，拥有健康的生活方式。健康体适能和技能体适能虽不能截然分开，但是最佳体适能训练计划以健康体适能为主（见图1.1）。

另外，美国卫生与公众服务部在2008年提出了以下术语的定义。

▶ 体育活动是指任何由骨骼肌收缩引起的产生能量消耗的身体运动。它包含的范围很广，包括工作、娱乐活动，以及日常生活中的劳作、散

a

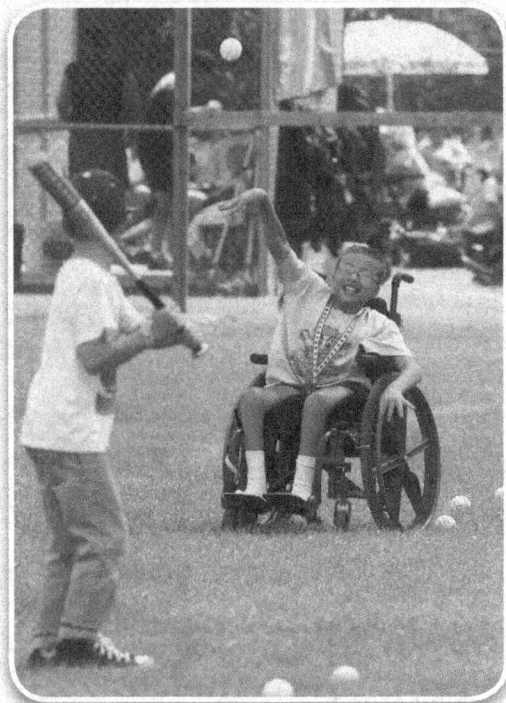

b

图 1.1　a. 健康体适能包括有氧适能、肌力与肌耐力、柔韧性和身体成分；b. 技能体适能包括灵敏性、协调性、反应时间、平衡性、速度和爆发力

最佳体适能训练的使命

PHYSICAL BEST

最佳体适能训练的使命是通过提供优质资源和专业培训，培养出更健康的青年。我们的使命是与志同道合的项目与组织携手共进。这个训练强调通过所有学生参与并享受其中的活动方式，传授健康体适能相关的理念和生活态度，推广积极参与体育活动的生活方式。

步和家务劳动。这些活动有低、中、高强度之分。人们有规律地参加体育活动会改善健康状况。

▶ 锻炼是一种重复的体育活动，具有组织性和计划性，用以提高健康体适能的某个或多个成分。

最佳体适能训练计划侧重于体育活动（不只是锻炼）的积极作用，提供多种有趣的活动；学生通过进行各种可持续终身的体育活动，学习知识与技能，养成乐观、自信、有益身心的生活态度。

越来越多的美国成年人开始意识到体育活动对身体健康的重要性，但是，美国公立学校的体育课正被弱化。在这样的背景下，青少年参与体育课的次数和体育活动的概率均在下降。

2007 年青少年危险行为调查（YRBS）验证了以上结论。调查结果显示，每天参与体育活动多于 1 小时且每周不少于 5 天的高中生仅占 34.7%，只有 53.6% 的高中生每周至少上一次体育课，仅 30.3% 的高中生每天都上体育课。

2010 版《美国国家现状》（美国国家运动与体育教育协会）中提到如下内容。

▶ 在所有州中，只有 57% 的小学和 90% 的中学要求体育老师必须取得资格认证且编写课程教案。而这一点与 2006 版的《美国国家现状》中的内容一致。当时美国一半的州对体育教师要求很低，最低允许学士（本科）学位人员在持有临时或应急资格认证的情况下进行体育教学。

▶ 在占比 59% 的州中，学生可以通过参加其他活动（例如美国在校学生的预备役军官训练团、校际体育运动、行进乐队）取得体育课学分。

▶ 儿童阶段（6 岁到 11 岁），33% 的儿童体重超标，17% 的儿童达到肥胖。青少年阶段（12 岁到 19 岁），34% 的青少年体重超标，18% 的青少年达到肥胖。

根据第五次年度报告，从《肥胖问题：肥胖政策是怎么在美国失败的（2008 年）》（Levi，Vinter St. Laurent and Segal）中可知，在过去的一年里，成年人肥胖率增长的州有 37 个，降低的则一个都没有。虽然报告主要关注成年人的肥胖问题，但是其中有一条解决肥胖问题的建议是，应提高学校中体育课和体育活动的次数和质量。关键问题在于，我们应怎样引导儿童和青少年养成每天参与体育活动的习惯。明智合理的措施是，贯彻实施具有专业资格认证的体育教育工作者提出的规划指导方案，并取消免认证、转让认证、替代认证的体育教师资格认证方式。

最佳体适能训练计划有什么独特性

最佳体适能训练计划的综合性、全面

性是其真正的独到之处，它把新的科学研究与全美国体育教育工作者的实践经验和活动结合在一起。下面罗列出这些特点，让此计划成为体育教育工作者和学生的实用工具。

- ▶ 全面的理念框架——体育教育工作者可以通过最佳体适能训练计划得到一个大纲，传授给学生关于体适能和活动计划的理论知识，同时帮助学生理解及重视健康体适能的观念及健康体适能与健康生活方式之间的关系。该计划还包括评估、目标设定和激励策略，除此之外，还涉及一些综合性课程（跨学科领域，认知能力、情感和心理活动3个学习领域）并为亲子活动与社区活动提供了构思和建议。
- ▶ 积极参与——活动设计保证所有学生能够参与其中，并在大部分时间内保持活跃。每个小组都要限制人数（每组2～4人），这样每个学生都有大量的练习时间和机会。还要设置多个活动站点，避免学生在轮流活动时等待时间过长。
- ▶ 个性化活动——活动设计也需保证每个学生都能找到适合自己体能和水平的活动，并为学生提供其所擅长的可选活动，帮助学生超越最低标准。活动设有多级目标、不同活动时长、多种测试评估、多种难度的可选任务等。每个人都可以自由选择自己感兴趣的活动，甚至可以在不影响活动的健身效果的基础上，根据自己的需要、目标和能力，对活动进行调整。总之，最佳体适能计划强调参与者享其中，鼓励学生在积极的学习氛围中为追求成功而努力。
- ▶ 享用终身——鼓励学生定期参与一项或多项体育活动，学生会形成良好、健康的生活方式，并增长知识、习得技能、学会自我激励。
- ▶ 与健康相关的体育活动（体能和技

学生必须学习技能、知识和生活态度，为每天参与体育活动打下基础。

Monkey Business

能的提升）——学生参与安全有序的活动，以维持并改善健康体适能的组成部分（有氧适能、肌力与肌耐力、柔韧性和身体成分）。但需要明确的是，活动的目的在于改善个人身体状况，而不是达到不现实的标准。该计划还综合了新的体能测试系统（美国青少年体质健康测评系统，Fitnessgram），以求把评估和活动结合在一起，共同构成改善身体健康状况的方案。

▶ 坚持标准——最佳体适能训练计划是为了帮助教师达到美国体适能教育、健康教育和舞蹈教育的国家标准（见第 9 章）而开发的，同时也适用于美国《健康人民 2020》和1999 年《外科医生关于体育活动与健康的常规报告》的目标。

在过去，一些体育教师会说："我教学生橄榄球、篮球、排球和垒球。"最佳体适能的教师会说："我告诉儿童和青少年要积极参与体育活动，以及形成健康生活方式的原因和方式。"这些答案就整合在了从幼儿园到 12 年级的健康体适能教学计划之中，正是这些教学计划所配备的资源和专业发展培训，让最佳体适能训练计划具有了真正的独特性——在学生及教师的成功之路上具有切实的指导意义。

最佳体适能训练配套资源

掌握了本书中提到的健康体适能的相关基础知识，便可以参考《体适能教学与训练指导：小学阶段》或《体适能教学与训练指导：初中和高中阶段》来教育和激励学生。

体适能教学与训练指导：小学阶段

本书包括帮助从幼儿园到 5 年级学生

获得知识、技能、鉴赏力和自信心的相关知识，有助于学生积极参与训练，养成健康的生活习惯。在美国，这种易于使用的教学训练已被体育教育工作者研发并成功运用。本书包含的训练有竞争性与非竞争性的活动、要求严格与要求一般的活动以及任务完成时间最大化的活动。最重要的是，所有的训练活动都是寓教于乐。随书附赠的内容包括了与训练相关的复用图。第 3 版的其他特征包括每章增加了很多新的活动，并且新增章节"综合训练"结合了体适能教学领域的各种活动内容。

体适能教学与训练指导：初中和高中阶段

本书的内容与小学阶段的指导相似，但本书面向 6 年级至 12 年级的学生。本书所含的内容让我们对日常体育活动的重要性有更深入、更丰富的理解。初中和高中阶段的训练指导增加了专注于个人健康体适能训练计划的部分，使学生在高中毕业后能掌握所需要的技能，积极参加日常体育活动。第 3 版每章还增加了很多新的训练内容。

相关资源

在一个学年里，很多教师不只会使用一个教学计划，而是会采用多样化的教学资源，还会在日常训练的基础上添加不同的训练方法。在这种情况下，你会发现尽管体适能教学与训练指导是为健康体适能教学独立编写的，但是以下的资料也可以与之相结合使用。

美国青少年体质健康测评系统

美国青少年体质健康测评系统［由库珀研究院（Cooper Institute）研发］是一个综合性的健康健身、活动评估以及计算机系统化报告生成系统。测评系统中所有因素的设计理念在于辅助教师完成青少年体育教育计划里的主要目标，即帮助学生将体育活动作为他们日常生活的一部分。

美国青少年体质健康测评系统基于一种理念，即极佳的体适能状况。该理念虽值得赞扬，但对保持健康和改善（身体）功能来讲，并非是必要的。所有青少年应得到符合其自身水平的运动和健身训练。测评系统旨在帮助所有儿童和青少年达到健康成长和正常发挥身体功能的体适能水平。

《美国青少年体质健康测评系统》由人体运动出版社（Human Kinetics）印刷发行，可以作为布洛克波特（Brockport）体适能测试，即一种残疾学生健康体适能评价的资料。要想了解关于美国青少年体质健康测评系统的完整信息，请访问相关网站。

健身与生活

健身与生活是贯穿幼儿园到 12 年级的综合计划，旨在帮助学生学会为自己的活动、健身和健康负责，促进学生参与体育活动，形成长期健康的生活方式，保证其终身健康。基于该标准，此计划详细阐述了下列教学方式的范围及顺序，以帮助学生学习，使之进步。它和最佳体适能训练计划在理论和培养学生终身参与体育活动的目标上是一致的。研究表明，健身与生活计划是一个可以在学生毕业后有效提高其身体运动能力的计划。

健身与生活计划和最佳体适能训练计划能够有效互补，因为《体适能教学与训练指导》在实施生命健康计划的前后及过程中都可以被用来提供补充训练。两个计划都依据 HELP 理念，此理念以激发个人的运动天性为重点，提高每个人的健康水平。事实上，两个计划极其一致，最佳体适能训练计划可为健身与生活计划提供教学训练。

HELP 理念

美国国家运动与体育教育协会、美国青少年体质健康测评系统、美国青少年锻炼测评系统及科尔宾（Corbin）等人的作品《健康与生活》中都提及了该理念。

H（Health）代表健康。计划的首要目标是在年轻人中推广常规的体育活动，尤其是推广可以促进训练活动模式的开发，减少健康风险并提高健康体适能的活动形式。

E（Everyone）代表每个人。美国青少年体质健康测评系统的对象是所有青少年，无论其身体状况如何。美国青少年体质健康测评系统和美国青少年锻炼测评系统是彼此结合使用的，旨在帮助所有儿童和青少年找到可以终身参与的活动项目。过于紧张频繁的活动计划只适合体适能好的人，而不适合所有人。

L（Lifetime）代表终身。美国青少年体质健康测评系统和美国青少年锻炼测评系统的短期目标是使儿童和青少年积极参与体育活动，长期目标则是帮助年轻人找到适合的活动项目并可以终身坚持。

P（Personal）代表个性化。每个人都是不同的，没有哪两个人适合完全一样的活动。美国青少年体质健康测评系统和美国青少年锻炼测评系统可以使体育活动个性化，以满足每个人的需求。

源自：Reprinted, by permission, from C.B. Corbin and R. Lindsey, 2005, *Fitness for life*, 5th ed. （Champaign, IL: Human Kinetics）, 5.

美国国家运动与体育教育协会资源

美国国家运动与体育教育协会出版了许多有用的相关资源，读者可通过美国健康、体育、休闲和舞蹈联盟在线商城来获得。

这些资源包括以下内容。

- 《走进未来：美国体育教育国家标准，第 2 版》。
- 《运动不止：美国体育教育国家标准的学习经验》。
- 《适宜的练习（小学、初中和高中）》。
- 《少儿体育活动：5 ～ 12 岁少儿指南说明》。
- 评价系列（体适能和心率相关）。
- 宣传出版物和宣传册。
- 关于理论学习与学校健康中心的 12 年教育出版物。

最佳体适能认证

　　最佳体适能计划提供了准确的、较新的信息和训练，帮助当今体育教师在他们的教学计划里形成健康体适能教育的理念并提供综合活动形式。美国国家运动与体育教育协会与美国健康、体育、休闲和舞蹈联盟提供认证计划，可让体育教师成为最佳体适能的健康专家。最佳体适能认证体系是特别为更新体育教师的知识体系而建立的，为其提供有效的策略以帮助学生获得知识、技能、鉴赏能力和自信心，促使学生积极锻炼、健康生活。认证重点在于实践运用，体育教师如何通过适龄的、阶段性的活动方式和测评体系来进行体质健康理念的教学。

　　为了获得美国国家运动与体育教育协会与美国健康、体育、休闲和舞蹈联盟的认证，成为最佳体适能的健康专家，体育教师需要做到以下 3 点。

- 参加每日最佳体适能健康专家研究会或在大学里完成一学期的最佳体适能教育课程。
- 阅读本书、新版本的《美国青少年体质健康测评系统 / 锻炼测评系统测试管理手册》和《体适能教学与训练指导》。

- 使用上面提到的资源，完成在线开卷考试，成功通过考试即可取得认证。

最佳体适能认证标志
©NASPE

小结

　　最佳体适能训练计划以推广终身参与体育活动为目标，通过传授并实践健康体适能的概念，补充并支持了现存的体育教育计划。最佳体适能训练为全面体育教育课程提供的教材方面的优势如下。

- 基于当前研究、专家、现场实践的理论和材料。
- 传授终身参与体育活动的益处。
- 发放最佳体适能健康专家认证。
- 专注于积极因素（如学生的优势和快乐的活动氛围）。
- 个性化教学，每个学生都可以从中受益并取得成功。

　　最佳体适能训练方法会促使学生养成即使脱离高质量的体育教育计划，长大成人后依然追求健康的生活方式，终身参与体育活动的习惯。

第 2 章

体育活动行为与动机

黛布拉·巴林杰（Debra Ballinger）

成年人无论是否积极参与体育活动，都有各种各样的理由，儿童和青少年也是如此。本章讲述动机因素对儿童和青少年的体育活动水平的影响。研究证实，儿童或青少年的体育活动参与程度与成年人的体育活动参与程度呈正相关（Biddle et al., 2005; Daley, 2002; Beunen et al., 2004; Telama et al., 2006）。某些活动机因素对儿童与青少年和成年人的影响是一样的，有些则不然。利用 MOTIVATIONAL PE（有激励作用的体育课）一词中的各个字母作为首字母拓展出的词语可作为一系列帮助学生设立目标的策略。借助这个重要的工具，教师可以帮助儿童和青少年积极参与体育活动，增强并维持健康水平。

儿童是最活泼好动、活动量大的社会群体，但根据日常体育活动量调查显示，随着儿童慢慢长大，其活动量逐渐减少（Biddle et al., 2005; Corbin et al., 2004; Norman et al., 2006），其中9岁到15岁的青少年活动量剧减（Nader, 2008; YRBS, 2007）。为什么有的儿童活动量相对更大？为什么有的儿童到了青春期依然比同龄人活动量更大呢？活动量的多少是由个人因素决定的，还是受外部因素的影响更大？这些问题的答案就在儿童和青少年的行为习惯中。个体的行为受内部和外部可控因素的影响，教师要想有效干预学生的行为，必须先了解哪些影响因素在形成个人体育活动习惯方面有重大作用。

海尔森（Hellison, 2003）的研究显示，即使大多数儿童更倾向于获得立竿见影的效果，但学会选择并坚持那些同时符合自己长期和短期兴趣的体育活动，并平衡好二者之间的关系，是一个成熟的自我导向的标志。

对9岁到15岁青少年的专题研究（Nader et al., 2008）发现的一些行为习惯方式，有助于我们更好地理解体育活动量为什么会随年龄的增长而减少。9岁的青少年每天都能进行1小时或1小时以上的中等到高强度的体育活动（MVPA）。而到了15岁，一周内只有31%的青少年达到了MVPA的指导建议；在周末，达标率仅为17%。性别和年龄的差异也有所体现：男生比女生参与活动更积极；在青少年晚期和刚步入成年期的时候，体育活动量大幅降低。

学生的性别、年龄、居住地或家庭收入等因素是教师不能控制或改变的，但是教师能做的还有很多：他们可以帮助学生了解生活方式和身体健康之间的密切关系以及静坐少动对身体健康的不良影响；他们可以强调，学生长大后就越来越难找到时间参与体育活动，可支配的时间也会越来越少；他们能向学生强调定期参与体育活动对健康生活的重要意义，从而引导学生在生活中把体育活动放在重要位置；在学生明确体育活动的重要性后，教师就可以向其讲解影响体育活动行为与动机的内部因素和外部因素。

研究结果表明，内部因素或个人因素（例如生物学因素和心理因素）和外部因素或环境因素（例如社会因素和自然因素），都会影响学生的体育活动量。教师理解这些个人因素和环境因素对学生行为的影响作用后，就可以更有效地帮助学生养成积极锻炼的生活方式。在这之前，教师必须透彻理解这些不同的因素如何对学生行为产生影响；通过学习，学生也要掌握个体差异如何影响他们达到自己的最佳状态。

影响体育活动行为的内部因素

内部因素有时候也被称为个人因素，可以分为生物学因素和心理因素两个方面。

生物学因素

研究者认为性别、年龄等是可能影响体育活动行为的生物学因素。研究结果表明，性别和年龄的差异确实会影响体育活动行为：男生通常比女生的体育活动量更大（YRBS, 2009; Biddle et al., 2005; Blankenship, 2008）；在6岁到18岁，体育活动量出现了大幅下降。表2.1表明，只有25%的高中女生和不到一半的高中男生达到了保持健康所需的日常活动要求。指导中提到，为了保持健康，儿童和青少年每天应该进行不少于60分钟的中等到高强度的体育活动。

如前所述，调查结果显示学生的体育活动量在9岁到15岁明显下降。问

表 2.1 以性别、种族和年级划分，达到体育活动量的高中生[*]百分比和每天体育活动量都少于 60 分钟的高中生百分比

类别	达到体育活动量						每天体育活动量都少于 60 分钟					
	女生		男生		合计		女生		男生		合计	
	%	CI[**]	%	CI	%	CI	%	CI	%	CI	%	CI
种族												
非拉美裔白人	27.9	23.7~32.6	46.1	42.6~49.6	37.0	33.9~40.3	28.2	24.4~32.3	16.7	14.6~19.0	22.4	20.1~24.9
非洲裔	21.0	18.1~24.2	41.3	38.9~43.7	31.1	29.3~32.9	42.1	38.5~45.8	21.8	19.0~24.9	32.0	29.3~34.8
拉美裔白人	21.9	18.7~25.4	38.6	35.5~41.9	30.2	27.6~33.0	35.2	31.6~39.0	18.8	16.1~21.8	27.1	24.3~30.0
年级												
9	31.5	27.6~35.8	44.4	41.2~47.7	38.1	35.3~41.0	26.1	22.8~29.7	17.1	14.6~20.0	21.5	19.4~23.8
10	24.4	20.4~28.9	45.1	41.8~48.3	34.8	32.2~37.6	31.7	27.6~36.2	16.3	13.9~19.1	24.0	21.6~26.6
11	24.6	21.2~28.3	45.2	41.0~49.4	34.8	31.9~37.7	34.3	30.4~38.3	18.0	15.6~20.6	26.2	24.0~28.5
12	20.6	17.2~24.4	38.7	34.7~42.8	29.5	26.4~32.9	36.2	32.5~40.0	21.5	18.6~24.7	28.9	26.2~31.8
合计	25.6	22.8~28.6	43.7	41.1~46.4	34.7	32.5~37.0	31.8	29.2~34.5	18.0	16.4~19.8	24.9	23.2~26.6

[*] 在接受调查前的 7 天内，每天参与体育活动的累积时间大于 1 小时且每周不少于 5 天，体育活动强度达到使心率加快并需用力呼吸程度的活动。
[**] 95% 置信区间。
源自：Adapted from Eaton et al. 2007.

卷调查结果表明，学生的体育活动量在整个高中阶段持续下降（YRBS, 2009; Grunbaum et al., 2002）。从生物学角度看，这个变化时间与青春期的到来时间相一致，因此这个结果很可能受个体生物学（激素水平、成长期）因素及社会因素、生活方式的影响。

最近的描述性研究（YRBS，2007）显示，在 12 岁到 19 岁的学生中，非洲裔学生的肥胖概率为 18.3%，非拉美裔白人学生的肥胖概率为 10%。研究还表明，62.7% 的非洲裔学生、43.0% 的拉美裔白人学生和 27.2% 的非拉美裔白人学生在一周内上学期间，平均每天看电视时间大于等于 3 小时（见表 2.2）。每个人每天的时间都是有限的，看电视、玩手机、发短信、打游戏的时间增多，势必影响运动的时间。这些结果说明生物学方面的因素对学生的肥胖问题有所影响，但可能并不是这个年龄段学生体育活动量减少的唯一原因。更准确地说，环境因素、社会因素和行为因素可能是导致静坐少动人群增加的共同决定因素。

体育活动量的差异还体现在性别和其他方面的差异上。美国疾病控制与预防中心（2001a）的报告指出，在 12 岁到 19 岁的女生中，非洲裔的肥胖概率为 16.3%，

表 2.2 以性别、种族、年级划分，每天玩电子游戏或计算机游戏超过 3 小时 ** 或用计算机 * 的高中生百分比和每天看电视 ** 超过 3 小时的高中生百分比

类别	每天使用计算机超过 3 小时						每天看电视超过 3 小时					
	女生		男生		合计		女生		男生		合计	
	%	CI***	%	CI	%	CI	%	CI	%	CI	%	CI
地域或民族												
非拉美裔白人	18.2	16.2～20.5	26.9	24.0～30.1	22.6	20.4～25.0	24.0	21.8～26.3	30.4	28.1～32.8	27.2	25.1～29.3
非洲裔	26.7	24.2～29.4	34.0	30.3～37.9	30.5	28.4～32.6	60.6	55.9～65.1	64.6	61.9～67.3	62.7	59.6～65.6
拉美裔白人	21.8	18.2～26.0	30.7	26.9～34.7	26.3	23.3～29.5	43.6	39.6～47.8	42.4	37.8～47.1	43.0	39.5～46.6
年级												
9	24.9	21.5～28.6	30.5	27.3～33.9	27.8	25.3～30.5	37.2	32.5～42.1	42.0	38.5～45.5	39.7	36.4～43.0
10	22.6	19.5～26.0	30.0	25.7～34.6	26.3	23.4～29.4	35.9	32.6～39.3	38.1	34.9～41.4	37.0	34.3～39.8
11	17.9	15.0～21.3	29.5	26.7～32.5	23.7	21.2～26.5	29.6	26.2～33.4	35.4	31.1～40.0	32.5	29.4～35.7
12	14.8	12.2～17.9	25.6	22.2～29.4	20.1	17.7～22.9	28.9	25.9～32.0	32.8	29.2～36.6	30.8	28.3～33.5
合计	20.6	18.6～22.7	29.1	26.6～31.8	24.9	22.9～27.0	33.2	30.7～35.9	37.5	35.0～40.0	35.4	33.1～37.7

* 不是为了作业而用计算机。
** 周内上学期间平均每天超过 3 小时。
*** 95% 置信区间。
源自：Adapted from Eaton et al. 2007.

而非拉美裔白人的肥胖概率为 9%，非洲裔比非拉美裔白人更有可能变得肥胖。此外，拉美裔白人高中女生体重超标的概率比非拉美裔白人高中女生或非洲裔高中女生体重超标的概率更大（YRBS, 2007）。但在男性青少年中，该趋势恰好相反：在 12 岁到 19 岁的男生中，非拉美裔白人的肥胖概率为 12%，非洲裔的肥胖概率为 10.4%，非拉美裔白人比非洲裔更有可能变得肥胖。此外，墨西哥裔美国男生明显比非洲裔男生和非拉美裔白人男生更可能肥胖（USDHHS, 2010）。这些调查数据都揭示了种族、年龄、肥胖问题和青少年体育活动量之间的联系，但这是远远不够的，研究人员还需要进行更多深入的纵向研究以说明究竟是因为青少年不愿意参与体育活动导致了肥胖，还是因为青少年肥胖而导致其体育活动量减少。目前为止，由调查结果可知，在课余时间，相比体重正常的同龄人，肥胖青少年的体育活动量更少、看电视的时间更多（YRBS, 2007）。

心理因素

心理因素同样影响体育活动行为。研究人员把认知能力和心理状态作为变量，调查了这两个因素对儿童和青少年体育活

青少年体育活动统计

青少年是相对比较好动的人群，然而，当青少年成为成人后，积极参与体育活动的生活方式将很难保持。这其中有两个特殊因素：第一，在高中时期，男生和女生的体育活动量都在持续下降；第二，美国高中学生缺乏规律的体育活动，难以维持或提高有氧适能、肌力与肌耐力和柔韧性等（USDHHS，2001，2009）。

这些趋势都体现在了公立学校 2007 年青少年危险行为监测结果之中。

•34.7% 的青少年达到了建议体育活动量。

•53.6% 的青少年每周有一天或一天以上参加体育活动。

•70% 的青少年没有每天参加体育活动。

•35% 的青少年在一周内上学期间，平均每天看电视时间不少于 3 小时。

•25% 的青少年在一周内上学期间，每天有超过 3 小时的时间因非作业的原因使用计算机或玩游戏。

调查结果还揭示了高中生力量训练的一些特点（Grunbaum et al. 2002; YRBS, 2001）。

•在调查之前，53.4% 的学生在一周内做力量训练（如俯卧撑、仰卧起坐、举重）的天数超过 3 天。

•男生参加力量训练的百分比为 62.8%，显著高于女生的 44.5%。在同一种族和年级中，这样的性别差异同样存在。

•白人学生参加力量训练的百分比为 54.8%，显著高于非洲裔学生的 47.9%。

•9 年级（译者注：相当于国内的初中三年级）学生参加力量训练的百分比为 58.7%，高于 10、11 和 12 年级（译者注：相当于国内的高一、高二和高三年级）学生参加力量训练的百分比，其百分比依次为 53.9%、51.1% 和 48%。

源自：Reprinted from Grunbaum et al. 2002.

动量的影响。成年人都能意识到，体育活动对于日常的锻炼行为有着重要的影响，并能够促进发生一些改变（Marcus and Forsyth, 2003）。但明白这个道理并未帮助成人更多地参与体育活动，对儿童来说，作用更是微乎其微。儿童更在意的是，通过活动他们是否能产生成就感并对自己满意（Ward et al., 2007）。表 2.3 归纳了一些这方面的研究。

研究明确表明，学生在成长的过程中要坚持参与体育活动，他们就需要在体育活动中获得成就感，同时需要对自己实现某一具体目标的能力有足够的信心（自我效能）。这种自我效能使学生尝试参加活动，并使之相信通过自身努力可以改变结果（Harter, 1999）。因此，为了让学生做出体育活动方面的改变，教师必须懂得两点：第一，如何有效激发学生参加班级体育活动的积极性；第二，如何帮助学生通过努力获得成功与满足感。而学生需要明白，在锻炼过程中，通过监测呼吸频率或心率，可以评估他们参与体育活动的情况和效果。如此关注锻炼过程（而非仅看重结果）的评估方式十分重要。儿童运动心理学的新研究让体育教师可以更好地理解学生的活动动机，从而在教学方法和教学策略上找到突破口，改变学生体育活动量的下

表2.3   心理因素和儿童的体育活动动机

变量	和体育活动动机的关系
自我效能	相信自己可以成功，会尝试参与具体的活动
自我控制或自我决心（内部控制）	相信自己可以掌控结果，坚持活动
内在动机	个体不同，其好奇心、喜欢挑战、喜欢控制目标的程度都有所不同
锻炼的意义	学生意识到锻炼的重要性后，会更愿意参与其中
总体自尊和总体自我价值感	只在参与新活动时与动机因素相关，而能坚持多久更多地取决于能否获取成功和锻炼的价值
满足感	在有价值的活动中，满足感伴随成功的体验而产生

降趋势。

为了让低龄儿童产生成就感，我们必须在教授他们习得技能时给予指导，并提供大量与其水平相适应的练习机会，但是注意，不要强调竞争。低龄儿童往往认为只要努力就能成功，但这是不对的。在低龄儿童为了实现某一目标而努力的过程中，他们达到指定练习次数或练习时长后，教师应该给予奖励，这样可以量化努力的概念。而当儿童不断学习、有所提高后，他们就会明白努力并不总能成功，这时奖励机制必须改变为只有儿童达成目标时，才给予奖励。正是因为有了这个发展性的变化，我们需要为年龄大一些的儿童提供更多样的选择，这样他们才能找到自己能取得成功的活动项目。而为了让儿童形成体育活动的自我效能，我们必须给儿童提供各种各样的活动项目，让他们自由选择。通过这样的方式，他们可以有效地找到适合自己个人特点（如力量、身高、耐力或其他生物学因素）的活动。老师为学生提供各种活动选择的同时，包括个人或团队活动、竞争或非竞争活动，学生的自我控制力也会有所提高。各类适合学生参加的活动项目都被收录在了《体适能教学与训练指导》里，以供教师选用。通过选择适合各年龄和发展阶段的活动，学生会对活动更有兴趣且更易成功，因而提高了其自我效能，在课堂中积极性更高；教师也就跨出了创建心理安全的课堂的第一步。在这样的课堂中，学生可以自由选择实现其体适能目标的活动，能够及时获得有帮助意义的反馈，以提高他们的体育技能表现水平，并最终获取成功。感到心理安全和获得成功的学生，无论在体育课上，还是放学后，都会坚持参与活动。

影响体育活动行为的外部因素

儿童所处的生活环境理所当然地会对其体育活动行为和选择产生影响，社会和周围环境（环境因素）带来的影响也不容忽视。

社会因素

父母和兄弟姐妹对儿童（小学阶段）生活中的选择有重要影响（Jackson et al., 2004），而青少年则更倾向于寻求同龄人的认可和支持。研究者（Epstein et al., 2000; Nader et al., 2008）一致认为，在改变学生的体育活动行为时，父母也必须参与其中。在家里，父母应帮助儿童合理

社交是有效激励学生参与锻炼的手段之一，社交互动可以让学生更加积极。我们需要让学生了解健身不仅可以让他们拥有健康的身体，还能拥有良好的社交关系。

安排自己的时间，避免他们看电视和用计算机的时间过长；多组织家庭活动，如散步或在户外活动；也可以玩交互式的电子游戏，如劲舞游戏或跳舞机等。通过这些活动来代替静坐少动，如看电视、用计算机。其他成年人，包括教师、教练和医生，也会影响儿童的选择和体育活动行为。

儿童在生活中遇到的不同人群，都会以不同的方式影响着他们的体育活动行为。

▶ 同龄人——如果儿童的朋友们都在户外骑自行车或玩轮滑，儿童就更倾向于做同样的活动。同理，如果儿童的朋友们都热衷于看电视或打游戏，那么儿童也更可能与朋友们一样。而且，随着年龄的增长，儿童的体育活动行为受同龄人的影响会更大。

▶ 父母和兄弟姐妹——与同龄人的影响一样，如果一家人定期徒步旅行或打篮球，儿童自然而然就会在这

些领域里获得自信；如果家庭成员积极锻炼、定期参与体育活动，儿童就能更早地养成积极锻炼的习惯。相反，如果家庭成员都是不爱活动的久坐人群，儿童也就没有了积极参加体育活动的动力。儿童的体育活动量还受父母经济能力的影响，因为有些活动需要一定的经济基础。正如大家都知道的，仅开车接送儿童参与活动就需要投入大量的时间和精力。

▶ 教师——大多数人都能想起至少一位教师，在自己做出某种人生选择时深深地影响了自己。在体育活动领域，教师的热情将感染学生、向学生展现体育的重要价值和对生活的重要意义（Lavay et al.，2006）。

▶ 医生——美国儿科学会（AAP）（2000）认为，运动处方是有效的策略，教师可以充分利用"白大

褂效应"向儿童强调体育活动对健康的重要性与药物一样。考虑到父母对儿童的影响，在设立运动处方及目标时，最好将父母与儿童一并考虑（AAP, 2000）。

环境因素

很多环境因素可以对体育活动产生积极或消极影响。场地格外重要，因为大多数体育活动都在室外体育课和学校里完成。研究表明，放学后，在家里或社区中，儿童并没有进行足量的体育活动（Dale Corbin and Dale, 2000; McKenzie and Kahan, 2008）。儿童居住的社区环境极大地影响了他们的体育活动行为。例如，在很多情况下，父母出于安全考虑，不愿意让儿童在室外玩耍。而室内活动，如看电视、阅读和玩计算机游戏，会让儿童享受其中，但是其本质上是静坐少动的，而不是积极活动。为了响应美国《健康人民 2020》中提到的国家目标，很多社区发起了步行或骑行去学校的活动项目。在有些社区，公共设施和朋友都距离很远，这样的情况下，交通成了阻碍儿童参与团队体育活动的因素。相反，在其他社区，儿童会更加自由、更有兴趣、更方便地使用当地的体育活动公共设施，如公园、体育馆和游泳池。在美国各地，夏天温度过高、冬天温度过低也会影响体育活动量。认识到这些环境方面限制因素的教师，通常会选择修改课程，增加锻炼项目与各种各样的资源相匹配，以传授各种活动的知识和经验。

体育活动量随年龄增长而减少的原因

从儿童变为青少年的阶段，体育活动量出现剧减，这是由多种原因导致的，

解决有身体障碍的儿童参与体育活动遇到的困难

对于有身体障碍的儿童，很多家庭都想给他们创造条件去参与体育活动，但是往往"说起来容易做起来难"。虽然有身体障碍的人（见第 11 章）可以去公共场所、可以乘坐任何交通工具，但是他们的家人依旧需要付出很大努力才能把他们送到体育活动场所。下面是一些例子。

▶ 詹姆斯是一名患有大脑性瘫痪的青少年，他想要为游泳比赛做准备，为此，他必须独自坐公交车去游泳地点。他的妈妈对此很放心，因为詹姆斯交流无障碍，可以和人进行正常沟通，但是公交车司机不肯用电梯帮助詹姆斯移动他沉重的轮椅。因此，詹姆斯的妈妈竭力说服公交车公司改变"政策"，迫使公交车司机帮助詹姆斯。

▶ 萨拉的爸爸想让她玩橄榄球，但是城市联赛不乐意接收一名有身体障碍的儿童。因此，萨拉的爸爸组建了一支特殊的橄榄球队，并一直致力于此，奉献自己的力量，使球队不断蓬勃发展。

源自：Aleita Hass–Holcombe, Corvallis （Oregon） School District.

包括认知能力、社会因素、兴趣方面的心理变化和动机因素。身体的发育会导致功能性能力的改变，如力量、速度和柔韧性。从社会因素来看，青少年更想和同龄人一起活动。如果一名高中生的朋友们都倾向于久坐不运动，或者平时的交流方式只限于发短信或打电话，那这名高中生就会很少参与体育活动。想要得到认可和成就感的心理需要会影响青少年体育活动的选择。工作和攒钱的目的也会导致很多人减少运动的时间，不再积极参与体育活动。认为开车有面

子的人就很少会步行或骑行去学校，这就在一整天久坐上课的基础上，又增加了静坐少动的时间。环境因素则散布于上述多种情况中。

为了改变体育活动量随年龄增加而减少的趋势，我们需要研究所有影响体育活动量的因素，设立专门的课程，营造良好的环境，以迎合这些变化的需求。尽管这个任务似乎是不可能完成的，专业教师和研究者们还是直面挑战，把有效策略并入最佳体适能计划和美国青少年体质健康测评系统中，这样能抑制该下降趋势。

当学生步入高中后，他们的时间越来越紧张。一项调查（USDHHS, 2005）显示，10 岁到 11 岁的学生平均每周都会有 4.4 天参与 20 分钟以上的体育活动，而在 15 岁到 17 岁的学生中，这个均值下降到了每周 3.5 天；有 61.5% 的 10 岁到 11 岁的学生和 61.6% 的 12 岁到 14 岁的学生参与体育活动，在 15 岁到 17 岁的学生中，该比例下降到了 53.4%，因为很多学生放学后都去做兼职了。在 9 年级到 12 年级的学生中，超过 1/3 的人不定期地参加高强度的体育活动（YRBS, 2007）。根据美国《国家健身塑形》（NASPE, 2006）的报告，全美国有 65% 的州要求初中生上体育课，83% 的州要求高中生上体育课。教师必须和高中生展开有效交流，帮助他们认识到体育活动必须成为放学后的日常行为。

家庭人口统计数据在不断变化，其中单亲家庭和双职工家庭越来越多。因此，年龄较大的学生必须早点回家照顾年幼的弟妹。因为交通问题或时间紧迫，许多学生并不能参加有组织的体育活动以达到日常活动要求，他们没有时间参与其中。面对这样的情况，教师需要告诉他们如何通过可供替代的体育活动，如散步、骑行、登山、瑜伽、力量训练或休闲活动，达到体育活动要求。也就是说，不需要队友或

搭档可独立完成的体育活动必须成为课程的一部分。教师需要明白，突出的运动表现并不一定需要在团队运动中才能展示。如今，教师面对的挑战是创建更多丰富的、适应高中生快节奏生活的活动。

这一目标可以通过个性化教学（见第 11 章）以及提供更多课前、课中、课后的运动项来实现。青少年易受同龄人技能和兴趣的影响，因此我们在体育课程的设置中，应当引入更多不需要团队，但可通过一两个朋友协作完成的活动。成功的课程设置会营造与体适能中心相似的环境，学生可以使用测力计、跑步机和负重器械，以完成个人健身计划。

在这样的课程中，学生将学会设定个人健身和运动目标；通过教师的鼓励，学生会监督自己实现目标的进程。教师则教授学生实践技能与理论知识并帮其

积极参与社区活动，可以有效促进青年人积极参与体育活动。

设立和管理体育活动目标。总而言之，高年级学生的体育教育计划是，教师必须教会学生把课堂中所学内容应用到社区生活及成人适用的活动中，同时帮助学生提升其所选活动的基本技能。

激励学生积极参与体育活动

对于教师有三点要求：第一，需要精于教学目标设定，并明白教学策略，以教导学生改变与健康生活方式相悖的行为。第二，要将思维重新集中在传授运动能力和技巧上，因为体适能对运动非常重要，而运动也是改善体适能和体育活动情况的途径。第三，要帮助学生分辨并克服积极运动的障碍。所有教师都应该懂得激励学生的各种方法。

30多年来，心理学家一直在研究外在动机和内在动机，认为它们是影响行为改变的关键决定因素。外在动机通过奖励、小礼物或社会激励等方式发挥作用，尤其是对于低年级学生和有身体障碍的学生而言十分有效（Blankenship, 2008）。但是，外在动机可能会导致学生过度依赖他人，从而形成习惯。内在动机来源于内部——学生自己想要成功、成长与独立的强烈愿望。关于哪种动机对促进学生学习和行为改变更加有效，教师们已经辩论过无数次了。公认的最好解答是：当今教师的工作是促进学生独立自主，而当学生变得自信自尊、懂得为自己的行为负责时，其内在动机也就随之增强了（Hellison, 2003）。

外在动机

当某一实物奖励或社会促进结果的出现提高了某一行为重复出现的可能性时，我们称其为外在动机。体育课上的外在激励工具通常包括物质激励、社会激励、活动激励或特殊户外活动（Blankenship, 2008）。物质激励包括奖品或小礼物，如奖杯、获奖证书、T恤衫、奖金、学分、贴纸或邮票。教师使用外部激励，在低年级学生中效果较佳，并且可以在训练初期帮助学生提高对体育活动的认同感。贴纸（小学阶段）和T恤衫（初中和高中阶段）在奖励学生努力付出或传递团队归属感时十分有效。社会激励的典型范例包括击掌庆贺、社会认可、口头表扬、微笑、竖起大拇指、在公告栏张贴学生取得的成就或在公共广播系统中分享他们的成就。这些活动通过同伴和教师的认可，增强了学生的自信自尊，提供了外在动机。活动激励包括提供玩游戏的机会或在自由活动期间允许学生自由选择参加的活动，以增强娱乐性。这类外在动机是由教师控制使用的，教师控制时长，但学生也有参与决策的机会。特殊户外活动也可以作为外部奖励，例如对实现目标的学生，教师可以奖励其到保龄球馆、滑雪场或其他地方体验一次短距离旅行。

外在动机确实可以激励学生实现自己的目标，但是时间长了，学生往往会懈怠而效率低下。我们可以用认知评价理论（Blankenship, 2008; Ryan and Deci, 2000）来解释外在动机不能持续有效的原因。通过该理论可知，只有学生认为奖励是有价值的时候，外部激励才会有效；而当学生开始认为奖励变成了控制自己或服从教师指令得到的补偿，而非完成某项独一无二的任务的象征时，奖励就失去了作为外在动机的价值。更重要的是，当外部奖励使用得过于频繁，学生就会把奖励当成参与活动的理由，甚至反而可能选择没有奖励的活动。所以，教师必须谨慎选择外部奖励，这个奖励应该让学生觉得有价值，还要与活动直接相关。为了让有效的外在动机持续存在，外部奖励可以在学生实现目标后使用，并由学生自主挑选，而非教师决定。

美国青少年体质健康测评系统中介绍了一些新工具，如训练测评系统练习记录。通过这个工具，学生可以监控自己的活动，包括所处阶段和时长。教师也可以通过在体育课上发起全班或全校范围内的挑战来激励学生。通过实施分组比赛，学生会在有竞争意识后（大概 3 年级以后）强化动机。通过练习记录工具，教师可以发起挑战，帮助学生设立每日、每周，甚至每年的活动目标；学生看到小组目标的进展，还会因此提高内在动机。新版本的《美国青少年体质健康测评系统》可以把家庭活动和学校活动联系起来，学生可以通过计算机登录该系统，这样一来，他们就可以掌握个人活动计划，并为此负责。网络共享活动计划也让学校和家庭之间的联系更明确。第 13 章详细介绍了美国青少年体质健康测评系统和训练测评系统。

内在动机

内在动机源于想要变得有能力和自我决定的内在诉求（Blankenship, 2008）。人们参与活动的内在动机为只是认为活动有趣味性或挑战性。与外在动机不同，内在动机会使人们长期坚持并改善行为。

受内在动机激励的学生享受参与体育活动的过程，能从中感受到自我满足和成就感。为了促进有内在动机的学生，教师可以先运用物质奖励（如贴纸、丝带、礼券），然后逐渐用社会激励代替物质奖励，最后学生就会明白体育活动的重要性。教师必须在活动中讲解理论知识和概念，帮助学生了解体育活动对终身健康的重要作用。如果缺乏理论知识的传授，学生就只知道活动很有趣，不会认识到终身运动的

重要性。当活动不再有趣或不再有挑战性，也没有了理论知识的支持，学生就不会再继续参与活动了。当学生懂得充满活力的健康体魄是自己付出努力后得到的奖励，就会有更强的内在动机。设立目标和奖励机制时，教师应尽可能关注过程（如逐渐增加活动量），而非结果（如更快完成百米跑），就可以实现从外在动机到内在动机的完美转变（见第 13 章）。选择加上个人运动能力的提高，让学生的内在

关于奖励和奖品的争议

对于参与体育活动或体质健康测评的学生，教师是否应给予其外部奖励是一个有争议的话题。一方面，鼓励学生在评测中尽力展现最好的水平很重要；另一方面，内在动机持续的时间更长。下面是一些合理运用奖励和奖品的指南。

▶ 针对学生表现而非结果给予奖励。

▶ 相较实际的成功，对学生付出的努力给予更多奖励。

▶ 对学生达成大目标过程中实现的小目标给予奖励。

▶ 对学生情感表现能力、社交技能、健康体适能训练中的学习能力给予奖励。

▶ 当学生第一次学着应用理论知识时，应给其奖励。

▶ 当学生已经养成良好的习惯后，教师只需要偶尔对其进行强化。也就是说，教师可以运用外部奖励改变学生的锻炼习惯，然后慢慢减少外部奖励，从而让学生发展自己对体育活动的内在兴趣。

▶ 运用对学生有意义的奖励，询问学生喜欢什么。奖励的选择要适合学生的年龄。

▶ 奖励可以是口头表扬或自己选定各种锻炼方式的机会，也可以是更实际的东西，如贴纸和 T 恤衫。

源自: Reprinted, by permission, from R. Martens, 2004, *Successful coaching*, 3rd ed. （Champaign, IL: Human Kinetics）, 158.

动机更强，更愿意积极参与体育活动。

研究动机的专家认为，人的行为驱动远比二维（外在和内在）模式要复杂得多。例如，维勒兰德（Vallerand, 2001）的模型包括人类动机的 3 种类型，其中包括无动机，他认为，动机的性质是多方面、多层次的，并指出为了理解一个人的锻炼（或体育活动）动机，需要了解这个人在其他生活领域的动机，如教育、娱乐、人际关系、对能力的认识、自主性以及这些方面的相互关系（Vallerand, 2001）。

已经明确的是，规律的体育活动可以降低患心脏病、高血压、糖尿病、肥胖症和某些癌症的风险，带给人们更健康长寿的生活。遗憾的是，仅认可体育活动带来的益处，并不能成为人们改变其行为的有效动机。因此，我们必须明确哪些策略在鼓励学生积极参与体育活动方面最为有效。

普罗查斯卡、诺克罗斯、狄克莱门特（1994）和其他研究者（Cardinal, 2000; Carron et al., 2003）研究了与准备和意识阶段（见下页）相关的动机改变，并证实了对改变阶段（SOC，也就是跨理论模型）的理解会有助于行为改变，例如达成锻炼目标（见下页）。SOC 模式认为，为了形成积极运动的生活方式或转变当前的生活方式，人们需要经历 5 个阶段。在第一阶段，人没有改变的意图和动机。在第二阶段，人会考虑改变，但仍然没有行动的动机。在第三阶段（准备阶段），已开始某一活动，但并不规律。要想从这些阶段真正步入行动阶段（如规律的锻炼行为），人必须具备相应的知识、获得支持和工具，这样才能成功改变。对活动不积极的学生，教师和体育教育计划必须找到提供这些工具的方式，只有这样，学生才会形成终身参与体育活动的行为习惯（保持阶段）。

初中、高中教师与更成熟一些的学生

在活动中感到快乐是促进学生实现积极运动的基本内在动机。

Photodisc

互动，SOC 对于他们来说更加实用，但是我们还需要进行更多关于青少年的研究，以确定成人模型能否应用于青少年锻炼行为的改变。

教师必须明白，儿童和成人的动机因素是不同的。哈特（1999）和哈特、沃特斯、怀特赛（1998）的研究发现，儿童的自我价值观各不相同，并且受身边人（父母、老师、同龄人）观念的影响极深；同时，儿童也会为了取悦身边人或者得到身边人的认可而改变自我价值观。因此，背景和环境是不断变化的，动机因素也因时间、地点或学生周围人的改变而改变。例如，有的学生可能会为了取悦老师而参加体育课，但是其也很可能仅因为朋友们不重视体育活动而不去参加。

自我决定理论（Deci & Ryan, 1991）也告诉我们，儿童和成年人有 3 个基本需求：能力、自主性和相关性。当儿童感觉到自己需要某些能力（能够完成任务）、可以自觉地投入体育活动，并明白活动跟他们的生活密切相关时，他们就有了积极参与体育活动的动机。简而言之，教师必须了解学生的需求，才能影响学生的行为；并应掌握所有的激励策略，以运用在学生身上。

设计有激励作用的体育教育计划

趣味性是一种主要的内在动机。事实上，趣味性也是学生参加体育活动的主要

行为改变（SOC）各个阶段的特点

1. 前期阶段
- 拒绝改变。
- 认为改变是没必要的。
- 没有真正思考或有意识地做出改变行为。

2. 考虑阶段
- 开始考虑在未来的 6 个月进行改变，可能会对改变犹豫不决。
- 也许会收集信息，权衡改变的利弊（益处和阻碍）。

3. 准备阶段
- 想要改变，但不知道该如何做。
- 认为改变的利大于弊。
- 缺乏维持行为的能力和自信。

4. 行动阶段
- 有了行动计划和具体目标。
- 坚定地进行新的行为。
- 有退回原状的风险——容易气馁。
- 发现自信慢慢增强。

5. 保持阶段
- 维持行为不少于 6 个月。
- 享受改变带来的益处——不太可能退回原状。
- 对新行为的自信持续增强。
- 少有退回原状的想法。

源自：Prochaska, Norcross, and DiClemente 1994.

帮助学生度过改变阶段

从前期阶段到考虑阶段
- 告诉学生健康生活方式的益处。
- 质疑不健康的行为——说明不健康行为如何影响自己和他人。
- 鼓励学生进行自我评价和体质健康测评（意识促进思考）。
- 提供评估。

从考虑阶段到行动阶段
- 帮助学生设定目标。
- 当学生达到目标后奖励学生。
- 表扬并认可达到目标或完成某种转变的学生。
- 在学生有退步的风险时鼓励他们。
- 提供持续评估。

从行动阶段到保持阶段
- 认可持续的改变。
- 帮助学生重新评估。
- 增加活动项目以提高趣味性。

源自：Prochaska, Norcross, and DiClemente 1994.

内在原因（Blankenship, 2008）。从内在激励的角度上讲，富有趣味性的活动有 4 个特点：有挑战性、能激发人的好奇心、促进参与者自控自制、激发创造力（Raffini, 1993）。教师设计的活动项目应具有以上特点。另一个内在动机是人们与生俱来的学习欲望。当学生从课堂上学有所获时，他们更有可能受到激励，保持积极参与的态度。最后，教师在教授运动技能时，要确保其动作标准有效。如果学生缺乏基本技能，就难以从锻炼中体会到乐趣，学生的自我效能和自信也会因不断失败而下降。

无论采取什么方法，必须使学生意识到体育活动是十分重要的。最佳体适能计划旨在增强学生参与体育活动时内在的愉悦感。

在教师试图让学生积极运动并促进他们的身体健康时，学生往往会产生厌倦体育活动的情绪。无趣的跑道、过时的"一

趣味性是什么？

本书的重点在于让体育活动变得有趣！趣味性并不是高质量体育教学计划中被人们广泛接受的教学目标；相反，趣味性往往被看作实现终极目标的方法。终极目标则是让学生参与有利于终身健康的体育活动。事实上，有时候人们会认为，趣味性是高质量教学的替代方案之一，在高质量的体育教学计划中，并非完全实际，也并非不可或缺。

人们更可能参与自己感兴趣的活动。每个人的兴趣都不尽相同，同一个活动，有人认为有趣，有人认为无聊。有的人喜欢比赛和竞争（如团队比赛运动），有的人则喜欢合作性的社会活动（如参加有氧运动课程），还有的人喜欢个人运动（如在公园里的越野滑雪运动）。完成新任务、实现个人目标、习得新技能都会让体育课变得有意义、充满趣味性，人人都能享受其中。这样既能满足学生的需求，也能促进其毕业后成长为积极运动、健康、做事效率高的成年人。

内在激励活动的 4 个特点（4C）

• 挑战——当学生直面挑战最后成功时，他们就会感觉自己是有能力的。成就感会提升其自我价值感，增强内在动机。

• 好奇心——好奇心是与生俱来的。好奇的学生有旺盛的求知欲，会努力了解自己和这个世界。好奇心是解决问题的必备条件，让个人认为自己有能力——他们可以成功突破生活中的各种阻碍。

• 自制力——自控自制有助于人产生自主性，自我引导，取得成功。而外在控制会减少人的自主性、降低自我引导的动机。

• 创造力——创造力让人愉快，因为它使学生成为独立的个体，提供了学生表现自我的机会。具有创新性的环境是非竞争性的，每个人在其中都能感到自己的与众不同。

分耕耘、一分收获"标语、与他人进行比较，都会削弱学生参加体育活动的热情。《体适能教学与训练指导》可以帮助教师寻找充满趣味性的、让学生感兴趣的活动项目。在活动中，通过积极、有趣且适宜学生发展的方式，推广关于体适能的理论知识。

目标设定与激励策略

目标设定是帮助学生了解自己的潜能，从成就中得到满足感的机制。确定目标是激励行为改变的有效方法，有助于提高健康和体适能水平。通过测评设立个人目标，可以使学生在锻炼过程中提高自制力，增强自尊。明确制定行动计划可以帮助学生朝着目标不断前行。学生为了提高健康体适能水平需要进行的练习（目标）可以根据预先评估得以确定（见附录 A 中的体适能目标合同和活动目标合同）。无论在体育教学中还是在生活中的其他领域，设定目标的过程都是极其重要的。

在运动和体育活动中，已经证实了（Deci and Ryan, 1985）动机强弱和自我决定或自主性之间的正相关关系。根据这一理论假设，若是自主决定的行为或目标，人体可能会花费大量的时间或精力来达成目标。相反，当目标由外部因素决定时，个体就会缺少主动投入，可能会中途放弃或在活动中不积极付出。目标设定可以分为两部分：一是确定结果和收益；二是付出努力，实现结果和收益。为了让学生的目标具有激励作用，也为了使学生的目标能纳入体育活动行为中，教师必须鼓励学生定期设定目标。在学生学习新任务、进行训练和技能练习、参加体育活动和体质健康评估时，教师应鼓励学生设定目标。

目标设定并不一定需要花费很多时间，甚至不需要做额外的计划，这是一种促进自我监督和激励的认知策略，应该被纳入优质教学中。低年级学生可以设定简单的目标，如放学后做 30 分钟游戏或连续两天放学后骑行回家。学生进行第一次尝试后，让他们自己陈述或思考他们做了什么、怎么做的、这些活动如何影响他们的个人健康。根据第一次尝试的结果，可以让学生设立新目标。最初几次，可以让学生把目标写下来。在每一次尝试之后，教师可以通过简单的询问来了解学生是否达成目标，并不断强调目标设定的过程。如果学生没有达标，就让他们思考能帮助自己实现目标的策略。询问学生是否认为自己的目标太难，可以帮助他们改善目标，设立可达成的目标。这些关于目标设立的辅导过程，可以让学生了解做出正确决定和自我评估的重要性。

高年级学生应该记录自己的目标，明确完成目标的障碍，并为实现自己的目标而负责。反思和批判性思考都能促进学习，也都是目标设定中的重要步骤。

由于自主设定的目标（个人选择）促

使学生为达成目标不断努力，而随着时间的推移，外在约束会导致学生减弱付出的努力和动机，所以学生需要制定具有一定挑战性的目标并为之努力。而且，如果是由外因（教师）替学生设定目标，学生为之努力的动机也会逐渐变弱。

目标设定应该是一个记录过程，其中含有量化的、具体的且以任务为导向的特定成果。

在健康体适能区间（HFZ），学生可以了解身体健康所需的体适能水平（更多信息见第13章），但是如果在HFZ测试中，学生的目标仅在于得到分数，则会削弱学生的自主性。HFZ的测评设有理想的目标分数来代表力量、耐力、身体成分和柔韧性处于增进健康的水平。无论在体适能评估中还是在教学中，分数都不应该成为重点。因此，教师需要格外注意，不应过度强调HFZ中的得分，以免学生将其当成预期目标。相反，教师应教授学生关于健康体适能的知识：该区间的分数与身体健康相关，而且因

目标设定

时间
- 从头开始。
- 全年。
- 每天。
- 校内和校外。

方式
- 让学生选择自己的目标。
- 从小的目标开始。
- 定期调整目标，而不是仅为了长期效益。
- 让目标具体、可测。
- 鼓励学生设立有挑战性的合理目标。
- 记录目标以自我监督。
- 当学生遇到困难时，给学生提供策略，鼓励他们识别障碍、解决问题。
- 不断反馈或让学生自我评价进步情况。
- 创建目标站点或把目标与所有日常体育活动相结合。
- 定期评价；如果没有评价，学生会认为教师不关注目标实现的过程。

内容
- 运用最佳体适能资源。
  - 把体力活动标准化；向学生解释标准是教师需要实现的目标。
  - 为了过上健康的生活（见第13章），学生需要把HFZ作为需要达到的标准和目标。
  - 预先评估——让学生通过评估，对比结果来找到自己的优势和需要努力的领域。预先评估需要在学生清楚理解评估内容的基础上进行，只有当学生已获得了做什么和为什么这样做的知识储备，一切才有意义。
- 运用美国青少年体质健康测评系统资源。
  - 整个系统的目的就是制定个性化目标和自我评估。
  - 打印结果，将美国青少年体质健康测评系统和训练测评系统的反馈应用于设定个人体适能、营养膳食和活动目标。
  - 创建小组目标或班级目标时，可以使用体育活动日志。
  - 目标追求——付出努力以达成目标。

年龄和性别的差异而有所不同，因此个人健康（得分）受各种因素的影响。当学生把 HFZ（而非简单得分）作为目标时，他们的自主性将更强。有的学生想在 HFZ 分数的基础上设定更高的目标，还有的学生想循序渐进地达到 HFZ 的分数要求。学生选择的目标和教师的预期结果对很多学生来说基本一致，但是"过程"才是设定目标的重点。教师应用个性化的方法帮助学生选择适合自己的目标，学生通过讨论，可以明白 HFZ 与身心健康的关系和联系，从而有认识到把 HFZ 作为目标的重要性。

目标的设定需要学生和教师都具有一定的实践经验和方法，并将其结合到整个体育课程中，各个年级的学生都可以通过这种重视过程的方式提高其动机水平和努力程度。当设定目标时，很多因素都应被考虑在内，包括性别差异、当前体适能水平、增进体适能水平的信息，以及成长和成熟程度。实现个人目标会鼓励学生做得更好。

目标设定步骤

1. 确定起点。起点是对当前身体健康状况或需要改变的行为的评估。因此，在以促进个人健康为目的的目标设定中，第一步就是评估当前的健康水平。

2. 明确期望的结果。如果初始评估表明学生需要提高右肩的柔韧性，那么学生在设定期望结果时，就可以把美国青少年体质健康测评系统健康体适能区间作为指南使用，则期待的结果为右手从肩上方放到背后，左手从肩下方放到背后，双手手指在背后能够互相触碰。

3. 列出实现期望结果需要进行的活动或策略。在明确具体活动时，学生可以应用 FITT 原则：频度（Frequency，如每天或每周做几次拉伸运动）、强度（Intensity，如拉伸运动是自己完成还是需要他人帮助）、时长（Time，如拉伸运动持续多长时间）和类型（Type，如能提高肩部柔韧性的多种拉伸运动），以确定具体的活动项目。

4. 明确实现目标并重新评估的时间表。这个时间表通常情况下写在目标的开头位置，如"在 6 周后，在进行右肩柔韧性评估时，我的双手手指在背后会触碰到一起。"

5. 承诺达成目标。做到这一点最好的方式是找一个人作为自己的目标监督人（教师可以是低年级学生的目标监督人），目标监督人和目标设定者都需要在纸上签字，然后把纸张贴在一个地方（如贴在柜门上、冰箱上）或夹在日记本里，以提醒学生达成目标。目标监督人需要每天检查进度并给予鼓励，这可以见面完成，也可以通过打电话、发邮件或发短信完成。

6. 重新评估和激励。教师不仅需要在目标达成时进行重新评估，而且应至少一星期重新评估一次。每次评估后，学生都可以自我激励，也可以从目标监督人处获得激励。对需要外在激励的学生，教师可以发放一些小礼物（如贴纸），到了结束的时候，允许学生用小礼物换取有价值的事物（如休息时间、自主选择活动项目、学分，甚至是放假一天）。

有激励作用的体育课

为了让目标设定更有效，教师必须说明目标的重要性，只有这样，学生才会用心学习如何设定合理的目标。教师必须在课堂上给出评估和重新设定新目标的时间。教师还可以帮助学生确认自己需要提升的体适能领域，在目标设定过程中帮助学生做出合理的决定。教师在教导学生设定目标时，利用首字母缩略词 MOTIVATIONAL PE 策略十分有效。目标设定表为学生提供了应用这些概念的示范（见图 2.1）。

目标设定表

姓名_____ 日期_____

M 是指测量和监控

在课堂中，我的美国青少年体质健康测评分数_____

我的分数中，低于 HFZ 的为_____

O 是指具有挑战性的结果

以我以上的得分为基础，我想提高以下部分的体适能：（如腹部力量和耐力）
_____

T 是指时间

我会在_____周内达成目标

I 是指个性化

我不会和同学比较分数

为了达到 HFZ，我会通过_____（运动）提高我的分数（如 10 个仰卧起坐）

V 是指有价值

我的目标：_____

（如增强腹部力量）

这对我很重要，因为：

_____

A 是指积极运动

在完成这个图表时，我会为增进健康和体适能水平负责_____（初始）

T 是指类型

以下活动项目帮助我实现目标：（列单一些活动）（如仰卧起坐、腹斜肌锻炼）

_____

I 是指渐进式

我将每周增加活动_____次或_____分钟，以达到目标

（如每周 2 个仰卧起坐或每周慢跑 5 分钟）

源自：From NASPE, 2011, *Physical education for lifelong fitness: The Physical Best teacher's guide*, 3rd edition（Champaign, IL: Human Kinetics）. Debra Ballinger, PhD, Associate Professor, East Stroudsburg University.

图 2.1 学生可以运用 MOTIVATIONAL PE 概念，以目标设定表的形式确定并记录体育活动目标。

原创者：黛布拉·巴林杰（Debra Ballinger）

► M 是指测量和监督。目标设定由测量开始，明确学生的需求是有效的目标设定和激励的基础。目标设定之后，必须持续监督学生的锻炼过程，以确保方向正确。目标必须设定为可测量的方式，教师必须有足够的时间监督所有学生的进程，以确定学生都能享受其中并为了目标不断进步。当目标实现后，教师和学生往往会忽略设立新的目标。

► O 是指具有挑战性的结果。教师应该使用美国青少年体质健康测评系统中的健康体适能区间来确定可实现的目标；讲解体适能的重要性以及实现目标的方式；帮助学生设定预期结果；习惯于为学生设定目标，目标应该是需达成的某种条件或可测量的结果，这才是一个合理目标的基础。为了让学生感到有趣，学生必须面对具有挑战性但可完成的任务或目标（如适当难度的挑战），学生会放弃过于困难的目标，并且不重视过于简单的目标。

► T 是指时间。如果一个目标不能在期望的时间内完成，那这个目标的难度过高。设定评估时间表对合理监控目标完成的进度非常重要。为了保持学生的动机，学生需要设立短期目标和长期目标。短期目标应是一两节课就能达成的，如在渐进式有氧心肺耐力跑（PACER）评估中增加圈数或每节课都比上节课多做一个仰卧起坐。学生在短时间内通过习得技能就能很快完成短期目标，获得进步。长期目标也要有时间限定，应在几周或一个月内达成。如果时间太长，会使学生丧失对锻炼的兴趣和对结果的重视。目标设定中应详细说明实现预期结果需要的时长和重新评估的时间表。

► I 是指个性化。教师需为每个学生量身设定目标，以满足他们的个性化需求。目标不应是竞争性的，应该在难度水平、时间、活动类型、目标数量上都有所差异。个性化的目标能满足学生的各种需求，精心准备的课程应该包括许多可供学生选择的活动项目。学生通过自主选择活动项目来实现个人目标，这能避免他们产生厌烦情绪，增加达成目标的概率。低年级学生需要教师进行更多的指导，但是在一定时间之后，学生会自主设定目标，选择用以达成目标的活动项目。

► V 是指有价值。为了让目标有价值，

提供个性化的激励和支持，在一定程度上被认为是有益的。

学生各自设定目标并选择获得的奖励。对低年级学生来说，有趣就是活动的价值。发放可以换取自由选择活动项目的奖励，如小礼券，会提高实现目标的价值。对高年级学生来说，和其他同学保持联系更有价值。分享目标并和伙伴互相监督，是提高目标社会价值的有效方式。

▶ A 是指积极活动。活动是目标设定过程中的重要部分，在设定目标时选择合适的活动项目以实现最终目标。学生挑选自己想要努力提高的体适能项目，记录自己的活动进程，在目标达成后接受表扬。

▶ T 是指类型。提供多种多样的活动项目可以增强实现目标的动机，帮助学生克服阻碍。以增强有氧适能的目标为例，学生或许会选择每天步行 1.6 千米，但是到了冬天，天气原因会使其很难坚持。其他可选活动项目可以使其完成预期目标，例如在跑步机上步行 15 分钟或走楼梯都可以达到预期目标。提供多种选择相对于指定单一的活动项目，更

有可能使其实现目标、取得成功。学生可以在活动站点挑选活动项目。

▶ I 是指渐进式，也就是在适宜的、安全的活动进程中，逐渐增加难度。当设定了许多目标时，最先完成最简单的目标可以带来成功的信心。因此，为了最终取得成功，教师应该列出目标，并循序渐进地提高难度。

▶ O 是指超负荷。在每个目标里，都应包括实现学生最佳体适能的步骤概述，而超负荷原则必须被明确提出。超负荷原则是指身体系统（心肺、肌肉或骨骼）对某一负荷刺激基本适应后，适当地增大负荷使之超过原有负荷，可以提高生理机能和体适能水平，如为提高有氧适能，学生可以在每天的 PACER 练习中不断增加圈数（时间和距离超负荷）。

▶ N 是指必要性。目标对于学生来说，应是必要的或重要的。这是对价值理念的补充。让学生自己确定目标，目标的重要性便会增强。但是教师同时需要在教学中提供推动力，让

学生明白健康体适能的重要性，进一步让学生理解目标的重要性和必要性。学生应能回答问题"当我实现目标后，我的生活会有什么不同或是否变得更好？"，如果答案不明确，那么目标的必要性就会受到质疑。

▶ A 是指真实的评估。评估应该直接与目标以及学生的训练成果关联，并且在学生的兴趣和需求之间建立联系。例如，在减肥时，人们总是关注腰围而非体重，因为腰围的变化是个人更想实现的可靠结果。准确的评估同时也是目标设定的重要组成部分。

▶ L 是指生活方式。学生的目标要有助于形成健康的生活方式。学生需要明白，为什么有些行为有助于形成健康的生活方式，而有些行为则恰好相反。学生可以使用日记记录行为和感受，与为达到目标的活动共同进行。目标中应包括行为变化，否则其价值就会显著降低，这点对高中生格外重要。教师应帮助学生看到目标对未来变化的影响。对于低年级学生来说，把目标和家庭活动、兴趣联系起来，有助于建立学校和家庭之间的有效联系，帮助学生从整体的角度更好地理解营养、锻炼和体适能。

▶ P 是指张贴出来，但要注意隐私。保证完成目标至关重要。记录目标，并让个人和目标监督者签字，是最好的保证方法。当进展不明显时，目标监督者是进程中的推动者和支持者。教师应允许学生自主选择目标监督者和张贴目标书的位置。如果储物柜的确是私人领域，把目标书贴在柜门里面是个不错的选择。目标监督者应每天了解进展情况（对当今的年轻人来说，邮件、即时通信或短信是讨论目标的最佳联络工具）。在整个过程中，必须保护学生的隐私，未经学生允许不得向他人公开学生的目标。当目标达成时，也需慎重公开个人目标，有的学生可以接受，但是有的学生会感到尴尬、难堪。

▶ E 是指趣味性。趣味性不仅来源于参与自己选择的活动，还来源于完成挑战目标后的满足感。教师要从学生的角度出发，帮助他们选择自己认为有趣的且可能实现目标的活动。把属于朋友关系的学生分在同一组，让他们互相监督，可以增加趣味性。分组甚至不必在同一班级进行。对于低年级学生来说，让家庭成员、同伴或其他老师参与活动，也能增强趣味性。

通过最佳体适能计划促进体育活动和健康

儿童和青少年不是小号的成年人。教师需要探索适合其年龄的方式，制定一些本节提到的适用策略，并应用于家庭、学校和社区。表 2.4 提供了一些最佳体适能计划认可的具体建议。强调趣味性！如果学生只记得体育课的一个特点，那应该是积极参与体育活动是有趣的。教师可以在修订版的《体适能教学与训练指导》中找到新奇有趣的活动。保持趣味性是打开终身健康大门的钥匙。

如果可以将体育活动融入日常生活中，人们将会更有成就感，也更能推广体育活动带来的益处，也许真的能引起一场健身革命。毕竟研究表明，对自己的能力有自信或者得到家人和朋友支持的人，更有可能开始并坚持运动计划（Dishman and Sallis, 1994）。

利用学生目标制定健身计划

最佳体适能计划可以帮助学生设定目标，以提高其体适能水平，同时影响他们对体育活动的感觉（情感层面）和看法（认知层面）。学生学习如何设定可实现的目标，教师给学生提供机会，让他们应用个人评估来设定、修改和评价目标。最佳体适能计划把实现学生自主设定的目标当作增强动机的重要激励策略。目标设定的技巧和策略可以帮助学生在体育活动中产生愉快的体验，也有助于他们在运动时产生成就感。体育教师应该支持学生运用目标设定来提高他们的生活和健康水平。

与"健康行为改变计划"帮助成人将体育活动融入日常生活类似，"最佳体适能计划"为教师提供个性化活动的拓展和

表 2.4 向学生推广体育活动的策略

环境	目标	策略
家庭	家庭成员应每天一起参与活动不少于 60 分钟。家庭活动会帮助学生减少看电视和使用计算机的时间	• 给家长发邮件 • 设定家庭活动目标 • 家庭作业：和家人一起锻炼 • 写日记记录家庭活动情况
	需要为学生提供便利	• 安排交通工具和停车场 • 设定日常家庭活动时间 • 限制每天看电视和使用计算机的时间 • 鼓励学生玩互动式电子游戏，如跳舞机等 • 教师为每周的活动提供一些建议 • 学校应提供 24 小时记录的计步器或心率监测器
学校	在一周内上学期间，学生每天都需维持促进健康的体育活动量	• 应用训练测评系统或活动记录 • 在学校里使用计步器 • 在学校里使用心率监测器 • 设定班级活动目标——活动记录 • 班级间的步行比赛（计步器） • 通过减少体育课上的非运动时间（如排队、整顿纪律），提高体育活动量 • 强调体育活动对身体健康的重要性 • 让学生学会自我监督和自我激励 • 用目标设定机制促进目标的达成
社区	为所有学生提供安全、有趣的活动场所	• 在非上课时间开放学校场地 • 在上学前和放学后开放学校 • 提供社区活动计划 • 把学生活动时间和公共交通联系起来 • 定期视察活动场所安全 • 设定警察日常巡逻场所 • 为有特殊需要的学生提供资助和安全保障
	建立合作关系	• 与企业建立合作关系 • 联系专业运动组织，与其建立合作关系，或者请他们出席活动

源自：Adapted, by permission, from R.R. Pate, 1995, Promoting activity and fitness. In *Child health, nutrition, and physical activity*, edited by L.W.Y. Cheung and J.B. Richmond （Champaign, IL: Human Kinetics）, 139–145.

建议，以满足学生的多种兴趣、爱好和能力。这些活动旨在帮助教师传授技能，如目标设定、实现目标过程中的自我监控、解决问题和批判性思考能力。

表 2.5 提供了设定健身目标的一些示例，表中的健康水平以健康体适能区间（HFZ）为基础。

▶ 低：初始水平达不到 HFZ。
▶ 适中：初始水平接近 HFZ 的最低标准。
▶ 高：初始水平达到 HFZ，或高于 HFZ。

教师可以把美国青少年体质健康测评系统中配套的 HFZ 教学挂图张贴在合适位置，使学生可以根据自己的年龄和性别对比 HFZ 和自己的得分，设定合理的健身目标。

美国青少年体质健康测评系统可以根据学生的年龄和评估结果，打印出详细的反馈和指导（如针对每个星期只活动一两天的学生，在健康测评系统中会有如下意见：鼓励学生增加活动频度至每周活动 5 天或以上），因此教师可以使用美国青少年体质健康测评系统指导学生设定目标。训练测评系统则对评估在校期间和非在校期间的日常活动水平作用显著，同时提供一些学生如何利用时间的建议，以帮助学生提升和维持健康水平。两个测评报告都可以为学生设定个性化目标奠定基础，帮助他们实现并维持健康的生活方式。

允许超越

教师应该向所有学生强调终身进行体育活动的重要性，但是学生的体适能水平各不相同，作为教师，不应忽视体适能水平低的学生，同时也不应对水平高的学生放手不管。处于高水平的学生想达到较高的体适能水平，教师应为其创造有利的条件。例如，对科学和数学感兴趣的学生，

表 2.5 关于设定合理目标的建议

体适能成分	预测试结果低于美国青少年体质健康测评系统健康体适能区间标准	预测试结果接近或略低于美国青少年体质健康测评系统健康体适能区间标准	预测试结果达到或略高于美国青少年体质健康测评系统健康体适能区间标准
有氧适能	增加日常活动	增加日常活动	维持活动量
PACER	每周增加 2～4 圈	每周增加 2～4 圈	保持
柔韧性	每天做 2～3 次拉伸运动	每天做 2 次拉伸运动	维持活动量
坐位体前屈	保持 8～10 秒	保持 8～10 秒	每天拉伸各个部位
肩部拉伸	学习 2 个瑜伽动作	在同伴的帮助下每天拉伸 2 次	• 每天拉伸 • 继续日常活动
肌力和肌耐力	• 每两天进行 1 次力量训练 • 每两天每组活动增加 2～5 次重复动作	• 每天增加 1 磅负重（0.45 千克） • 每天每组活动增加 2～5 次重复动作	• 维持活动量 • 每星期增加 2 项新活动 • 鼓励一名同学积极运动
身体成分	每天增加 2 分钟活动时间，直到每天坚持 30 分钟	• 每周增加 5 分钟活动时间 • 如果达到健康体适能区间，维持或增加力量和柔韧性活动	• 维持活动量 • 多种终身活动 • 学习一种新活动

有氧适能的目标示例

•我会通过每次有氧活动至少＿＿＿分钟（目标进程），每周进行＿＿＿次，以达到 PACER 测试中完成＿＿＿圈的目标（结果目标）。

•我每周会做 4 次俯卧撑，每周会比上周多做 4 个，直到数量达到 HFZ（过程目标）。

•我会每周＿＿＿次参加有氧活动，每周至少跑步＿＿＿次，每次 1.6 千米，会记录时间和结果（过程目标）。

•我会每周参加有氧活动＿＿＿次，记录活动的时间、类型和强度（过程）。

•我会每周快步走＿＿＿次，总距离约＿＿＿个街区（过程和结果）。每周我会增加＿＿＿个街区的距离（结果）。

•我会改正静坐少动（不积极锻炼）的习惯，每周至少活动 3 次（过程）。

•当我锻炼的时候，我会监测自己的心率，使其保持在目标心率区间内（过程）。

•当我锻炼的时候，我会戴上计步器，监测每天的步数。

学校会提供给他们更多的机会了解这个学科。同样的道理，对于想在运动健身方面有所建树的学生，学校也应大开方便之门。例如，对于在特定运动或活动（如网球、攀岩、徒步）中表现优异的学生，教师应帮助他们制定个性化的健身计划。另外，在双方自愿的前提下，可以让优秀的学生成为其他学生的导师，这可以帮助学生思考自己是否愿意成为体育教师或私人教练，从事体育事业。个性化的计划可以帮助这些学生安全地实现目标。

例如两个体适能水平中等的学生，因为上半身力量处于标准范围的最低水平，所以其设定了强化上半身力量的目标。一名学生一周只有两节体育课，在家里也没有受到参与活动的鼓励，还有些超重；另一名学生每周有 5 节时长 1 小时的体育课。在这样的实际背景下，两名学生目标实现的结果肯定不同。教师和学生可以通过不断练习和观察来提高设定目标的能力。

励学生积极参与体育活动。

▶ 表扬参与活动的过程而不是结果。

▶ 帮助学生设定有挑战性、可实现、有趣味性、对个人有价值的目标。

▶ 运用合理的、发展的活动进程，帮助学生提升基本技能，在完成活动时，学生的能力和自信水平会更高，为形成健康的生活方式奠定基础。

▶ 让学生把实现生活方式的改变和取得进步作为目标，而非特定的竞争结果。

▶ 强调自我监督和自我管理，引导学生评估自己的体适能水平。

▶ 为保证学生获得成功和监督目标的达成，提供多种多样的机会。

▶ 追求目标或为实现个人目标而奋斗都可以看作是努力的表现。

▶ 为提高活动的趣味性和学生的自我决定能力，应为学生提供选择活动的机会。

小结

最佳体适能计划提供了以下建议来鼓

第 3 章

基本训练原则

肖恩·巴尔杰（Sean Bulger）

　　在过去的几十年里，研究者们已经就积极运动的生活方式对健康的相关益处有了一个较全面的理解。如大家所知，规律的体育活动有利于身体健康，使成年人避免患上各种慢性病，包括心血管疾病、高血压、肥胖症、2 型糖尿病和骨质疏松症（Rowland, 2007）。虽然成年人的体育活动和身体健康之间的联系已经得到了有效的验证，但是罗兰（Rowland）认为，目前还没有足够的科学证据证明在年轻人身上也存在同样的联系。尽管没有直接证据，专家们仍然认为许多老年性慢性病始于儿童和青少年时期，是一种持续加剧的过程。因此，向年轻人大力推广体育活动得到了人们广泛的支持，并成了降低疾病风险和增进公共健康的推荐策略。儿童和青少年参与日常体育活动，对心血管系统、肌肉骨骼和心理方面都有即时的积极影响（Bar-Or and Rowland, 2004），更重要的是养成成年后依然积极运动的生活方式。许多知名专家和组织表示，应把学校体育教育计划放在重要位置，为推广终身体育活动发挥重要作用［例如，美国心脏协会（AHA），2006；美国疾病控制与预防中心（CDC），1997；美国国家运动与体育教育协会（NASPE），2004b，2008；美国卫生与公众服务部（USDHHS），2000b］。

体育教育计划能否成功促进学生养成终身运动的习惯，取决于许多变量，包括身体技能发展、自我监督能力、在不同运动形式中的表现、个性化活动、安全的环境等（NASPE, 2004b）。培养成年人积极运动的方式是，传授他们基本的训练原则和FITT（频率、强度、时间和类型）原则，这两个概念为设计安全有效的体育活动计划奠定了理论基础。基本训练原则是科学的概念，构成了计划设计的基础；FITT原则代表关键决策，目的是满足个人体育活动和健康体适能的需求。尽管很多教师可能对这些知识比较熟悉，本章还是要提供一个简明的参考，以帮助教师更好地教授这些知识。

了解基本训练原则

基本训练原则（超负荷原则、循序渐进原则、专门性原则、周期性原则和个性化原则）描述了在训练健康体适能的5个组成部分时（有氧适能、肌力、肌耐力、柔韧性和身体成分），身体对体育活动产生生理应激反应的方式。这些原则通过控制体育活动的频度、强度、时间和类型，带来所需的生理变化。这种因为规律的体育活动或运动而发生的生理变化被称为**适应性训练**。虽然基本训练原则是包括学校体育课在内的所有体育活动计划的基础，但是针对儿童的适应性训练效果是有限的，因为他们并不能像成年人一样对训练做出应激反应。当把这些原则应用于课堂活动时，关键因素是这些原则允许教师进行个性化教学，以满足各类学生的需求，包括经常运动的学生、静坐少动的学生、有身体障碍的学生和缺乏动力的学生。教师期望所有学生都设定一样的目标、对同一体育活动有兴趣、处于同样的体适

能水平，这是不现实的。由于每个学生对体育课上的活动会有不同的反应，遵循基本训练原则是更注重个性化方式的基础。例如，教师不应该要求全体学生都在活动场所跑圈，而应该让学生自己在步行、慢跑和步行慢跑相间中进行选择。如果在一个活动场所进行多个课程，这个训练课程就需遵循所有基本训练原则，并允许学生参与活动的难度和类型与其兴趣与需求一致。

超负荷原则是指一个身体系统（心肺、肌肉或骨骼）对某一负荷刺激基本适应后，适当地增大负荷使之超过原有负荷，以达到预期的适应性训练。超负荷被视为积极的刺激源，可通过控制频度、强度或时间加以应用（Brooks et al., 1996）。但是注意，不要把超负荷原则和"过度训练"相混淆。**过度训练**是指在训练量过多或训练强度过高的基础上，没有足够的时间恢复。过度训练的症状表现为精力不足、疲劳、沮丧、肌肉酸痛、食欲不振和易受伤。

循序渐进原则是指为保证运动的安全有效，超负荷刺激应在一段时间内逐渐增加（见图 3.1a 和图 3.1b）。如果短时间增加太多、太快，就会形成过度训练或过劳性伤病的风险，学生就可能会降低参加体育活动的积极性，甚至停止参加体育活动。相反，如果不能逐步调整频度、强度和时间，会造成长时间无法产生应激性变化。教师需要反复强调积极运动和提高体适能水平是一个循序渐进的过程。

专门性原则是指某一产生适应性训练的体育活动只针对特定的身体部位或系统，对其他身体部位或系统几乎无效（Brooks et al., 1996）。例如，一个人为了提高股四头肌的肌力或肌耐力，必须进行针对股四头肌群的抗阻训练，如腿部推举或膝关节拉伸练习。同样的道理，想提高腘绳肌柔韧性的学生，需要进行针对

a

b

图 3.1　学生示范的强度增加过程：由 a. 跪姿俯卧撑到 b. 标准俯卧撑

该肌群的几项拉伸练习，如坐位体前屈。进行有氧适能训练时，与短跑相比，长跑运动员的训练计划中多为低强度、长距离的跑步训练。换言之，体育活动计划应该体现训练的预期结果或适应性原则。

周期性原则的理论基础是一句谚语——"用进废退"，是指为了达到预期效果，学生必须定期参与体育活动，如果不坚持积极运动，所有通过训练达到的体适能水平都会慢慢消失。该原则能帮助学生牢记终身体育活动的重要性，因为在儿童或青少年时期获得的体适能水平和健康成果都是暂时性的，如果成年后不积极参与体育活动，所有成果都会逐渐消失。

个性化原则考虑到了每个参与体育活动的人都有不同的目标和兴趣、身体变化的可能性、目前的活动模式、体适能水平、社会心理学特征和环境因素。在体育课中，为了帮助学生选择、发展终身参与的体育活动计划，教师根据 FITT 原则为他们提供大量的选择机会，是一个重要的方法。复杂一点的，如高中生可以选修体育课，例如攀岩、网球、高尔夫和负重训练，这些类型的体育活动都是可以持续终身的休闲活动；而简单一点的，如小学生在玩捉人游戏时，可以加上一系列由简单到复杂的规则（如直线跳、跨越跳或双人跳绳）。

应用基本训练原则

美国国家运动医学学会（ACSM,2006）提出了运动处方的概念：运动处方是制定个性化的体育活动计划，在运动过程中提高体适能水平，降低患慢性退行性疾病的风险并保证参与者的安全。设计运动处方时应用 FITT 原则（频度、强度、时间和类型）及合理的进展速度，考虑各种问题，包括参与者的身体状况、当前活动量、经历、个人喜好和健身目标等，以做出重要的决策。

FITT 原则

FITT 原则是将基本训练原则运用于体育活动计划制定过程的方式。对于不同的参与者，无论是大学生运动员、报名参加了个人健身课程的高中生，还是加入了课余健身教育俱乐部的小学生，体育教育工作者都要应用 FITT 原则，帮助参与者制定合理有效的锻炼计划。在精确实施原则和计划时，应根据各种因素进行调整，

包括计划目标和结果、体育活动项目的环境或内容、参与者的决心和教师的资格认证。关于健康体适能的各个组成成分，更多具体的 FITT 原则见本书的第 5 章至第 8 章。

频度

频度是指一个人多久进行一次有针对性的体育活动。对于健康体适能的每个组成成分来说，最有效、最安全的频度通常是每周活动 3～5 天，其中有氧适能活动几乎可以每天进行。大部分专家认为，增强肌力和肌耐力的训练则例外，这些活动应该被限制在每周不连续的 3 天中进行，除非每天锻炼的肌群各不相同。

强度

强度是指一个人运动时感觉到的困难程度，是设计体育活动计划最关键的部分之一。适宜的运动强度取决于许多因素，包括参与者的决心、个人目标、当前体育活动和体适能水平。例如，想要提高竞技运动表现的参与者相对于想要促进身体健康的参与者而言，其运动强度需要更高。而且，已经定期参与体育活动的学生比之前总是静坐少动的学生更容易适应更高强度的运动。当学生的初始体育活动或体适能水平较低时，教师应采用较低强度的活动，以确保学生有更轻松愉快的体验，减少任何潜在的不适或肌肉酸痛。

时间

时间或持续时间是指单次运动应进行多久。跟 FITT 原则中的其他方面一样，时间长短取决于指定的健康体适能成分，并与强度成反比。低年级的学生比高年级的学生更难理解这个概念，相对于高年级

学生和青少年来说，低年级的学生一次性完成高强度体育活动的可能性更低。

类型

类型是指学生为提高健康体适能各个组成部分而选择参与的活动模式或种类（见图 3.2）。例如，为了提高有氧适能，学生可能会选择散步、骑行、轮滑、爬楼梯或能长时间提高心率的其他活动。肌肉适能的提高则通过抵抗外部阻力，收缩肌肉或肌群来完成。外部阻力可以来自负重器械、各种阻力器械、弹力带、体重、药球或同伴。柔韧性的提高则通过反复拉伸肌肉至超出其正常的静止长度来实现，训练模式包括静态拉伸和动态拉伸。最重要的是，教师应该鼓励学生选择自己喜欢的、并与个人健康状况、体适能水平和运动目标相一致的活动。小学和初中的教师应提供多种类型的活动，这有助于学生在高中甚至更远的未来做出负责任的决定。

FITT 年龄差异

许多体育教育工作者都知道如何把基

图3.2 这些不同类型的活动都能提高学生的健康体适能，最重要的是，学生在参与活动的时候很快乐

Valeriy Pistryy

本训练原则和 FITT 原则应用于成人，但往往忽略儿童和成人的不同，运动处方的传统理念不应该刻板地应用于儿童。教师应通过指导来鼓励儿童参与有趣的活动，而不是通过枯燥的训练来增进儿童身体健康（NASPE，2004b）。大多数研究表明，儿童的体育活动习惯与其体质健康水平并非正相关关系，他们对于同样方式的结构化训练的应激反应与成人略有不同（Rowland，2007）。因此，对大多数儿童而言，以灵活的方式不断增加中等强度的体育活动量，最终养成终身运动的习惯，可能是对 FITT 原则更合理的应用（NASPE，2004b）。在这种模式下，教师需要鼓励儿童减少静坐少动的时间，每天进行超过 60 分钟的日常体育活动、有氧运动、活动运动、柔韧性和肌肉运动。体育活动金字塔（Lambdin et al.，2010；Corbin and Lindsey，2007）是一个十分有效的工具，教师可以通过该工具教导学生如何在保持个人体育活动多样性的前提下，合理安排健康体适能的各个组成部分

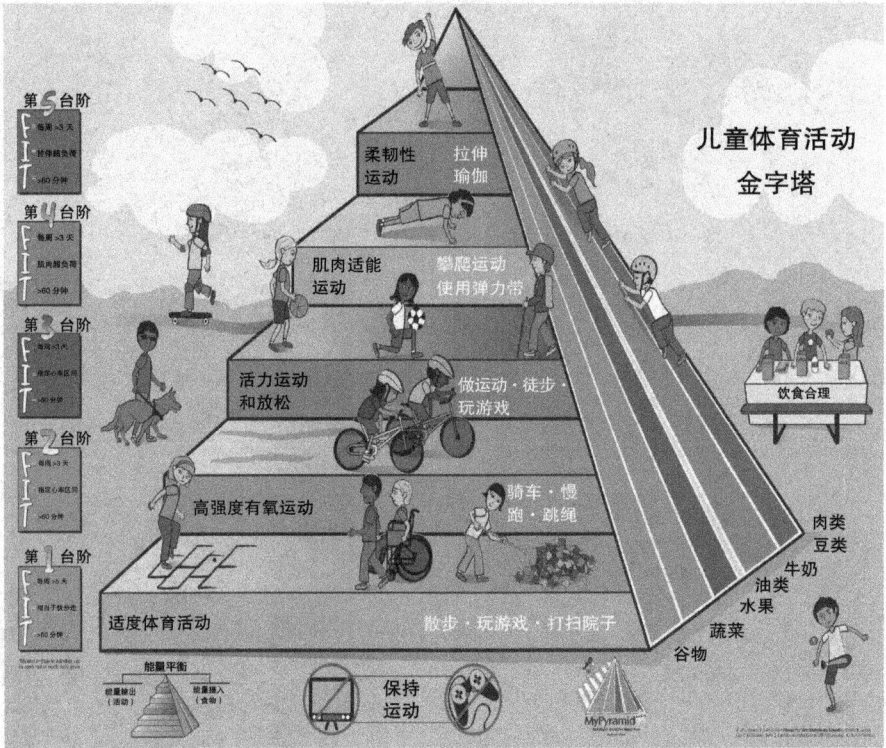

a

图 3.3　a. 儿童体育活动金字塔和 b. 青少年体育活动金字塔是有效的工具，帮助学生理解提升健康体适能各个组成部分的方法。儿童版在《体适能教学与训练指导：小学阶段》配套资源中有同尺寸的打印版。青少年版在《体适能教学与训练指导：初中和高中阶段》配套资源中有同尺寸的打印版
源自：Reprinted, by permission, from D. Lambdin et al., 2010, *Fitness for life: Elementary school classroom guide kindergarten classroom guide*（Champaign, IL: Human Kinetics），11.

（见图 3.3）。

有氧适能活动组成了体育活动金字塔的绝大部分，这一点与青少年体育活动准则的国际共识会议（Sallis and Patrick, 1994）和 NASPE 小学生指南（NASPE, 2004b）相一致。以下是对儿童和青少年（6 ~ 17 岁）的一些建议（PCPF, 2008）。

1. 儿童和青少年每天参与体育活动的时间应不少于 60 分钟。
2. 每天 60 分钟以上的活动应为中等强度或高强度的有氧运动，每周应至少有 3 天进行高强度体育活动。

NASPE（2004b）的《体适能教学与训练指导：小学阶段》中提到如下内容。

1. 小学生应每天参与同年龄相适应的体育活动，累积时间应为一小时到几小时。其中应包含间歇性的中等强度或高强度的体育活动。
2. 小学生应每天参与多次、每次至少 15 分钟的体育活动。
3. 小学生应每天参与各种与年龄相适应的体育活动，以达到最佳的健康

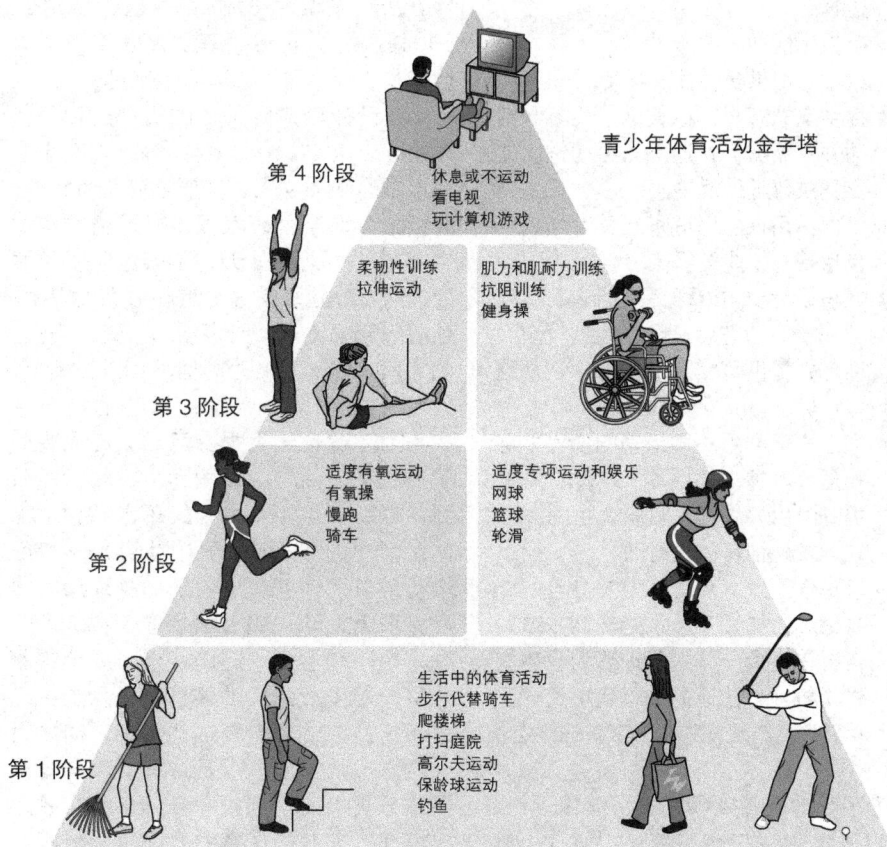

青少年体育活动金字塔

第 4 阶段 — 休息或不运动 看电视 玩计算机游戏

第 3 阶段 — 柔韧性训练 拉伸运动 / 肌力和肌耐力训练 抗阻训练 健身操

第 2 阶段 — 适度有氧运动 有氧操 慢跑 骑车 / 适度专项运动和娱乐 网球 篮球 轮滑

第 1 阶段 — 生活中的体育活动 步行代替骑车 爬楼梯 打扫庭院 高尔夫运动 保龄球运动 钓鱼

b

图 3.3（续）

源自：Reprinted, by permission, from C.B. Corbin and R. Lindsey, 2007, *Fitness for life: Middle school*（Champaign, IL: Human Kinetics）, 4.

状况、体适能状况和运动表现水平。

4. 反对小学生长期（2小时及以上）不活动，尤其是在白天。

NASPE（2004b）同时提出了在学校和体育课中推广体育活动的11条指南。体育教育工作者可以应用这些指南来提高教学质量，同时在体育课之外推广积极运动的生活方式。

► 在校日全天为学生提供活动时间，包括课间休息和学生短暂活动的时间，作为体育课的补充。

► 鼓励学生在体育活动方面进行自我监督。

► 个性化活动。

► 给学生提供多种体育活动。

► 提供反馈意见，以鼓励学生参与活动并不断努力；避免对活动进度或重复次数进行反馈。

► 不要占用课堂时间进行体育活动，包括基本技能发展。

► 做积极运动的榜样。

► 关注学生的态度，帮助他们设定目标，并提供可实现的挑战来实现这些目标。

► 通过告诉学生不同活动的价值并寻找适合其参加的活动或活动计划，提高学生锻炼的主观能动性。

► 在学校外推广体育活动。

► 考虑学生成人后仍能坚持参与的终身活动，如散步、慢跑、徒步或骑自行车。最佳体适能训练为学生提供了机会，让他们懂得运动为什么重要以及给现在和未来带来的益处。

为了帮助教师判断哪些活动属于低、中、高强度，NASPE定义了以下3个概念。**适宜的发展性体育活动**是指特定频度、强度、持续时间和类型的活动，有助于促进儿童的成长和发展，有助于其养成未来积极参与体育活动的生活方式。被定义为"与快步走同等强度的活动……可以进行较长一段时间而不会感到疲累"（NASPE，2004b，7）。作者建议的中等强度体育活动包括快步走，骑自行车，家务活，低强度的游戏如跳房子，在体育活动中选择低活动量的场上位置，如守门员或外野手（译者注：棒球、板球等体育活动中的一种场上位置）。高强度体育活动被定义为比快步走强度更高或需要消耗更多能量的运动。有些高强度体育活动可以在较长一段时间内进行（如跑步），有些则可能因为强度太大（如短跑）需相对长时间的休息（NASPE，2004b，8）。更多中等和高强度的有氧适能和肌肉骨骼强化运动示例见表3.1。

在设计可终身进行的活动时，虽可以使用FITT原则，但针对低年级学生或不常运动的成人，其要求应适当降低。对于低年级学生，教师不必严格要求学生必须每周训练3天，不必过于强调强度的底线，应取消最短运动时间的限制，强调每天都比前一天多活动一些。当然，成人模式的FITT原则仍然可以被提出，但是重点应是每天体育活动的相对增多。为了避免学生失去活动兴趣或丧失坚持运动、保持健康的动力，教师需做到：帮助学生探索多种娱乐活动和增加体育活动的方式；鼓励学生参加学校的运动项目、课前或课后的健身或运动项目；积极运动，成为学生的榜样；离开办公室，和学生一起爬楼梯，或者带着学生一起步行到活动区域，尽量走更远的距离；向学生解释这些体育活动成为生活方式的重要性以及这些活动与身体健康直接相关。例如，告诉学生有氧适能提高后，他们玩耍的时间更长但不会感到疲劳；增加了肌力后，他们做家务活（如倒垃圾）会更轻松；更强的力量会帮助他们在使用健身器材和设备时更

表 3.1　儿童和青少年适度的、高强度的有氧体育活动与强化肌肉、骨骼的活动示例

体育活动类型	年龄组	
	儿童	青少年
中等强度有氧	• 娱乐活动，如徒步、滑板、轮滑 • 骑自行车 • 快步走	• 娱乐活动，如划艇、徒步、滑板、轮滑 • 快步走 • 骑自行车（公路自行车或固定式自行车） • 做家务和整理庭院，如扫地或推割草机 • 做需要接扔球的运动，如棒球和垒球
高强度有氧	• 做需要奔跑、追逐的游戏，如捉人游戏 • 骑自行车 • 跳绳 • 武术，如空手道 • 跑步 • 体育活动，如橄榄球、冰上或陆上曲棍球、篮球、游泳、网球 • 越野滑雪	• 做需要奔跑、追逐的游戏，如腰旗橄榄球 • 骑自行车 • 跳绳 • 武术，如空手道 • 跑步 • 体育活动，如橄榄球、冰上或陆上曲棍球、篮球、游泳、网球 • 高强度的舞蹈 • 越野滑雪
强化肌肉	• 游戏，如拔河 • 跪姿俯卧撑（跪在地上） • 用体重或阻力带进行抗阻训练 • 爬绳或爬树 • 仰卧起坐或卷腹 • 在游乐场器械上或在单杠上摆动	• 游戏，如拔河 • 俯卧撑和引体向上 • 用阻力带、负重器械、哑铃进行抗阻训练 • 爬墙 • 仰卧起坐或卷腹
强化骨骼	• 游戏，如跳房子 • 单腿跳、跨栏、跳跃运动 • 跳绳 • 跑步 • 体育活动，如体操、篮球、排球、网球	• 单腿跳、跨栏、跳跃运动 • 跳绳 • 跑步 • 体育活动，如体操、篮球、排球、网球

注：有些活动可能会根据用力程度调节运动强度，如骑自行车。

源自：From US Department of Health and Human Services 2008.

得心应手。此外，教师还可以成为学生和社区之间的联系人，推荐不需要学校设施的社区休闲活动（如体育联赛、健身俱乐部、社区活动）。

如果学生、父母和体育教师达成共识，为了增强学生的健康或运动技能，需要共同制定更系统的、成人的运动处方，那么活动计划就必须依照个体的发育阶段，坚守基本训练原则和 FITT 原则，不必过于在意年龄（Bompa, 2000）。然而，低年级学生的教师应该注重与年龄相匹配的活动，让所有参与者有同等的机会去玩耍、交朋友、提高社交能力，同时增进健康。初中生和高中生与成人较为类似，对训练和练习的应激反应更接近成人，这一阶段的教师可以以更规范的方式将体育活动计划转为类似成人的体育活动计划，帮助学生应用 FITT 原则。

体育活动的各个阶段

每次体育活动都应按照系统的步骤进行，包括热身运动、主要体育活动和放松运动。在体育活动开始前应正确地进行热身运动，使身体提前适应体育活动的要求；在体育活动结束后要进行放松运动，逐渐减少运动负荷，这样可以确保活动者的安全，同时能防止受伤、将身体恢复到正常状态。学生也必须正确实施主要体育活动，才能感受并理解定期参与体育活动的重要性。

热身运动

热身运动是在主要体育活动开始前的低强度活动，应符合主要体育活动的目标。其主要目的是帮助活动者的身体适应中等强度到高强度的体育活动。例如，要想参加高强度的体育活动，如篮球比赛的学生，相对于只是简单进行中等强度的体育活动，如快步走的学生，需要完成更彻底的热身运动。这类结构化的篮球热身运动将整合一般的热身运动，以及专项热身运动，包括运动性拉伸和逐渐加大强度的运动模式。

一般热身运动，如散步、慢跑、游泳或骑自行车这样的活动，用于帮助心肺和肌肉骨骼系统适应后续的专项运动和主要体育活动。专项热身运动包括静态拉伸和动态拉伸，如弓步前进和高抬膝。如果活动是以肌肉运动为重点的主要体育活动，专项热身运动则更有效果。这种结构化的常规热身运动有以下 4 点益处。

► 增加活动肌肉的血流量。
► 增加回心血量。
► 提高身体温度，可降低肌肉损伤和酸痛的风险。
► 通过提早出汗，调节体温。

然而在许多情况下，体育课中缺乏有组织的常规热身运动。在 40 分钟的小学体育课中，利用 10 ～ 15 分钟进行热身运动似乎不是合理的教学时间安排。此外，在这样的背景下，将大部分课堂时间用于强度较低的运动，如静态拉伸，是不明智的。另一个方案是，在全年的教学计划中，除了专门的体适能课程，在其他单元仍然可以使用"最佳体适能训练"的内容作为热身运动的参考。例如，如果投掷运动是主要体育活动，那么就可以应用如《体适能教学与训练指导：小学阶段（第 3 版）》中提到的一般热身运动，以与年龄相匹配的方式，通过逐渐增加心率和肌肉组织的血流量，帮助身体适应主要体育活动。进一步的专项热身运动应整合各种动态运动，可以活动肩关节，以活跃主动肌，如开合跳，让手臂在不同的运动平面上挥动，或是不同形式的引体向上或俯卧撑，为手臂的投掷运动做准备。

虽然拉伸和走路、慢跑 5 分钟是安全的常规活动，但是教师必须让热身运动多样化，以避免无趣和疏忽。对低年级学生而言（为了避免纪律问题），当他们到达活动场地时，教师应立即指导其进行热身运动（Graham，2008）。这包括以下活动：沿直线来回跳转多少次、连续跳绳多少下、短时间的循环练习或运球练习。对高年级学生而言，以上这些活动同样适用。此外，这些活动还可以为他们在热身时提供社交机会，同时教师可以把热身活动图贴在衣柜门上或活动地点的墙上，让学生能认真地独立完成热身活动。

主要体育活动

主要体育活动指课程或体育活动的核心内容，旨在提高或维持一项或多项健康体适能组成部分的水平。活动的频度、强度、时间和类型取决于课程目标、课程时间和学生当前的体适能水平。无论是幼儿园学生还是高三学生，教师都应该说明课程目标，以及日常运动如何帮助其实现课程目标或个人目标。

学生和成人一样，会在不同的体育活动中表现出偏好。因此，教师应给学生提供多种活动项目让他们自由选择，但是教师必须确保学生了解自己需要提高的健康体适能的组成部分。简而言之，应强调整体体适能以及健康体适能各成分在活动中的重要性，例如在提高有氧适能时，应选择游泳而非越野滑雪运动。但同时也需要提高柔韧性、肌力和肌耐力（在活动中没有被训练到的肌肉群），有时还要关注身体成分。

放松运动

正确的放松运动包括锻炼后的低强度体育活动，帮助身体放松并恢复到正常的休息状态。学生必须明白，在运动后身体需要逐渐放松，以避免肌肉僵硬和酸痛，避免头晕眼花甚至昏倒。教师一定要告诉学生，在体育活动后，不要着急坐下或躺下，应通过走路或慢跑 3～5 分钟逐渐降低活动强度，直到心率恢复到静息水平。持续的低强度体育活动可以促使血管挤压血液流回心脏。突然停止运动会导致四肢的血液郁积、减少流回心脏和供应大脑的血流量，使人容易昏倒。放松运动还包括拉伸运动，因为此时肌肉最"温暖"、最柔软，可以最大限度地提高柔韧性。拉伸运动和活动示范见本书的第 7 章和《体适能教学与训练指导》。放松运动还为教师提供了在结束训练课时，复习重点概念、促使学生对个人目标进行自我评估的机会。

社会支持和安全指南

除了以适宜发展的方式应用基本训练原则、FITT 原则和体育活动的不同项目，教师还应小心谨慎地给学生提供社会支持和关于安全的教学。如果缺乏这些关键内容，体育教育计划就不太可能对体育活动和其他与健康相关的行为产生积极的影响。

提供社会支持

坚守基本训练原则不仅是指训练的生理层面和简单地提高体育活动量，社会心理因素同样重要。通常情况下，学生不会为了增进身体健康而参加体育活动，反而在他们意识到自己的体适能水平较高时，他们才更有可能进行积极的运动

（NASPE, 2004b）。因此，当参与新的体育活动时，学生必须感受到成功，活动的初始强度过高或难度过大都会降低学生的积极性。

体育教师作为社会支持的主要资源，其角色至关重要。"最佳体适能训练"强调体育活动和教育的终身发展，把关注健康作为终身事业而非孤立的训练。有相关文献证明，学校的体育教育和活动有助于终身体育活动和健康体适能、基本运动技能、社会责任感、自尊心的发展，在正确的方式下，也对认知发展和学业成就大有裨益（Bailey, 2006）。但是，这些积极影响并不是定期进行体育活动的直接结果，而是通过学生、教师、父母和指导他们的教练的共同作用产生的（Bailey, 2006）。简而言之，贝利认为，如果教学环境是积极的，学生参与体育活动的趣味性、多样性都处于高水平，加上远见卓识的专业人士和见多识广的父母给予积极的支持，就更有可能实现上述的重要成果。

而且随着儿童年龄的增长，其自我认知的能力会提高。雅各和阿克斯等人（2002）指出，当学生意识到其他同龄人的能力水平时，便开始和别人比较。同时，随着儿童逐渐长大，因为竞争难度水平的提高，在运动和活动中，他们成功的机会会变少。因此，学生会变得挑剔，只参加少量自己认为可以取得成功的活动。"最佳体适能训练"提供了大量积极鼓励的机会，以保证每一个学生有成功的机会，并促进其自信的提高和能力的感知。有关体育活动行为和动机的更多信息见本书第2章。

创建安全的环境

在学生参与体育活动的过程中会有很多潜在危险，因此，教师必须小心谨慎地创建安全的教学环境，把受伤的风险降到最低。教师需要定期检查、维修所有设施和器械，在可能引起重大伤害的高风险区域（如游泳池、举重室、攀岩墙、运动场设施），定期检修是至关重要的。而且，在所有体育教学计划中，前期指导、有效的教学方法和监督都应有所涵盖。体育教师应制定应急救援措施，并定期练习。所有体育教育专业人员都应该持有急救证书和心肺复苏职业资格证书。

体育教师还应教导学生对自己的安全负责。无论想要达到什么水平的健康体适能，都必须以身体为重，如果感觉到强烈的或持续一天以上的过度劳累或身体酸痛，应放松休息。

受伤的原因一般如下：活动量过大、频度过快、身体虚弱、柔韧性不足、生物力学原因和不合适的鞋子。教师应引导学生遵循正确的活动进程：开始时强度低，随后逐渐增大强度、增加持续时间。这些概念很难有效传达，尤其是对于只在意比赛胜负的低年级学生。初学者总是无视过度训练的早期征兆，意识不到自己已经处于过度训练状态，直到出现受伤或过度疲劳。在柔韧性和肌力、肌耐力的训练中，学生必须明白只关注一部分肌群而忽视其他肌群更容易受伤。例如，在做抗阻训练时，只做仰卧推举和肩上推举这样的动作，会导致肌肉失衡，增加受伤的风险。因此，教师应鼓励学生在体育活动和健康体适能训练中注重整体。

小结

记住，这里所探讨的是与健康相关的体育活动，而不是奥运训练。无论什么年龄的学生，都应以他们的个人目标为基础，在既定的体育活动阶段合理选择运动强度。牢记运动是一段旅程，而非终点。所有教师都希望学生养成健康的终身活动习惯。此外，学生必须了解基本训练原则和 FITT 原则，只有这样，他们才能最终达到预期的体适能水平并提高运动能力，了解如何在运动中保证自身的安全。最终目标是在养成积极参与健康体适能活动的过程中学会自我评估和自我调节，并不断进步。

第 4 章

营养

琳达·尼克森（Linda Nickson）

营养学研究食物、食物中的营养素和其他化合物，以及它们如何对身体产生作用。食物中的物质影响人的成长和健康。所有人都有同样的基本需求（DRI，即膳食参考摄入量），但是因为性别、年龄、成长、疾病或活动水平的差异，人们对营养素的具体需求量不尽相同。应用营养原则困难的因素之一是，食物在社会中扮演多种角色，不仅只是营养品。美国人饮食有无数种理由，包括庆祝、哀悼、娱乐和无聊。良好的营养的关键是，人们应在力求满足个人营养需求的同时，愉快地享用食物。

健康饮食的基础

膳食是指人们对食物和饮料的总摄取量，任何一种单一的食物或一餐饭都不能定义为膳食。均衡营养对人的健康至关重要，对儿童和青少年的健康生长和发育也起关键作用（Dietary Guidelines for Americans, 2005）。人们的饮食习惯在幼年就已经形成，但是在一生中会不断变化。幼年的饮食习惯受父母和家庭成员的影响，延续的时间较长。当儿童逐渐长成青少年时，同龄人和营销活动也会影响他们的饮食习惯。而在青少年时期形成的饮食习惯和喜好往往会持续至成年期。

许多因素会影响人们对食物的选择，具体如下。

▶ 习惯。
▶ 情感因素，如幸福感或压力。
▶ 便利性。
▶ 营养学知识。
▶ 时间限制。
▶ 宗教信仰。

▶ 社会经济因素，如食物的成本和获取途径。
▶ 广告。
▶ 民族。
▶ 习得的行为。
▶ 遗传学因素。
▶ 健康因素。
▶ 购物和烹饪的能力。
▶ 口味。

绝大多数食物都有营养价值，可以被纳入健康膳食中。为了确保营养均衡，人们要做到以下3点。

▶ 摄入多种高营养的食物和饮料。
▶ 通过均衡的饮食模式，摄入足够的营养素。
▶ 根据建议的热量摄入量摄入食物，以满足人体对营养的需求，保持理想体重。

在儿童幼年时期，家长和教师对儿童饮食习惯的影响也会在他们以后的食物选择中表现出来，从而促使他们形成均衡饮

Bananastock

营养需求或许会因年龄和活动水平的不同有所差异，但是均衡营养对人一生的理想健康状况都至关重要。

食的良好习惯。儿童和青少年时期养成的均衡饮食习惯会持续到成年期。家长是把关人，他们会控制并影响儿童对食物的获取和选择，因此体育教师必须帮助家长学习营养学的知识和能量平衡的概念。也就是说，家长和教师应在儿童小学时帮助其养成良好的饮食和活动习惯，让儿童在小学期间和以后都能意识到营养、锻炼和健康的关系。合理、均衡饮食的概念加上积极锻炼的生活方式，对保持适当的体重和理想的健康状况都至关重要。

除了妊娠期和哺乳期，青少年时期的营养需求量是一生中最大的。热量因年龄和活动量而异，其中活动量更重要。学生需要测定自己的活动量（久坐不运动、适度活动或积极活动）来预估热量需求。在青少年时期，营养需求不断增加，直到进入成年期，营养达到平衡或有可能略有减少（美国国家科学院医学研究所，2001）。

当然，青少年和儿童相比，在活动方式和选择食物上，有更多的自主性。来自社会或同龄人的影响有助于他们做出好的选择，但同时也会致使他们做出坏的选择。儿童和青少年从个人的直接经验中获取有关营养的信息，但有时也有错误的信息。他们注重的是食物如何改善和改变他们的生活和体形，所以他们可能会节食、增重或减肥。不过，遗憾的是，在青少年阶段，热量的摄入往往逐渐增加，尤其是脂肪和碳水化合物的摄入。

千卡是热量单位。从严格意义上来讲，千卡是在一个大气压下，将一千克水的温度升高一摄氏度所需的能量或热量。一般资料中经常用卡路里来代替千卡。在同样的重量下，不同类型的食物有不同的能量值。

营养素密度是指某种食物每千卡所对应的营养素的含量。高营养食物提供大量维生素和矿物质以及相对来说较少的热量。在日常饮食中，各种高营养素密度食物应占大部分。表 4.1 中列出了一些食物及其营养信息。如表 4.1 所示，低脂蒙特里干酪的营养素密度比美式奶酪的营养素密度高。

营养素的类别

许多人摄入的热量比身体所需的要多，却没能满足对营养素的需求。人们应在满足营养要求的同时，控制总热量，这样做

表 4.1 常见食物的营养价值

食物	千卡	蛋白质*	脂肪*	维生素 C**	钙**	纤维*
美式奶酪（60 克）	213	13	18	0	349	0
低脂蒙特里杰克干酪（45 克）	120	12	8	0	360	0
火鸡派（一个）	410	16	24	0	80	0
烤火鸡、白肉（90 克）	134	25	3	0	16	0
白玉米（半杯）	66	2	1	5	2	5
炸玉米片（13 片）	160	2	11	0	72	1

* 表示克。
** 表示毫克。
注意不同食物的营养素密度的差异。

能带来许多重要益处，包括保障儿童的正常成长和发育、促进所有年龄段人群的健康以及降低患慢性病的风险，正是这些疾病导致了主要的公共健康问题。六大类营养素是碳水化合物、蛋白质、脂肪、维生素、矿物质和水。**宏量营养素**提供绝大多数的能量，包括碳水化合物、蛋白质和脂肪。**微量营养素**在日常膳食中仅占很小一部分，如维生素和矿物质。**植物性营养素**是在植物中发现的能促进健康的食物成分，水果、蔬菜、谷物豆类、坚果和茶叶中都富含植物性营养素。植物性营养素可分为几大类，其中类胡萝卜素是在红色、黄色和橙色蔬菜中发现的色素，这些富含类胡萝卜素的水果和蔬菜似乎能保护人类免受某些癌症、心脏病和老年性黄斑变性的侵害（美国农业部农业研究局，2005）。在这方面需要进行更多的研究，以确定多种植物性营养素的营养价值。植物性营养素被认为是抗氧化剂，可以增强免疫力、转化维生素A、修复由吸烟和接触其他有毒物对身体造成的损害，这些作用都降低了人们患癌症和心脏病的风险。所有这些营养素对于身体健康都是必不可少的。

碳水化合物

碳水化合物是一切生物维持生命活动所需能量的主要来源，也是身体，特别是大脑的首选能量来源，其可分为单一碳水化合物和复合碳水化合物。**单一碳水化合物**是高糖食物。一般情况下，单一碳水化合物含有高热量和低营养，提供短时快速的能量。单一碳水化合物包括蛋糕、糖果、汽水、蔗糖和果汁（见图4.1a）。美国农业部（USDA）建议选择和常备低糖或低热量甜味剂饮食。

复合碳水化合物包括面食、谷物、面包（见图4.1b）。一般情况下，复合碳水化合物提供了长时间的、持续的能量，这对体育活动来说是最佳选择。全谷物是复合碳水化合物的首选类型，其富含营养成分和纤维素。纤维素可能有助于降低患结肠疾病的风险，并降低血液中的胆固醇水平。所有碳水化合物的热量均为4千卡/克。

图4.1   食物包含a.单一碳水化合物和b.复合碳水化合物

目前研究建议：饮食中 45% ~ 65% 应为碳水化合物，其中主要为复合碳水化合物。人们应选择富含纤维素的水果、蔬菜和全谷物。

蛋白质

蛋白质是人体的重要组成成分。人体每一个细胞中都含有蛋白质——肌肉、凝血因子、免疫细胞等。如果把人体当作一座建筑物，那么蛋白质就是构成这座建筑物的建筑材料。但在热量摄入中，蛋白质的供能相对较小。蛋白质主要用于人体成长和细胞替换。当没有可用的碳水化合物时，人体可以使用蛋白质来获得能量。蛋白质来源可以是动物和植物。动物蛋白质来源包括肉类、奶酪、牛奶和鸡蛋（见图 4.2a）；植物蛋白质来源包括豆类、坚果和豆制品（见图 4.2b）。在美国，大部分蛋白质（约 65%）来源于动物，而在其他国家，只有 35% 的蛋白质来源于动物。遗憾的是，动物蛋白质来源通常比其他来源的饱和脂肪含量更高（Wardlaw, 2002）。目前研究建议：饮食中 10% ~ 15% 应为蛋白质。和碳水化合物一样，每克蛋白质提供 4 千卡热量。

脂肪

人体所需脂肪并不像大多数人摄入的那样多。脂肪提供能量、支持细胞生长、吸收某些营养素并生成重要的激素，它的重要作用是有助于保护器官和保持体温。

在人体中，少量脂肪就可以提供大量热量。和蛋白质或碳水化合物不同，每

图 4.2 a. 动物蛋白质和 b. 植物蛋白质

克脂肪提供9千卡热量。由于其本身的热量很高，无论哪种脂肪，一旦摄入过多就会引起体重增加，造成超重或肥胖。食物因脂肪有了更好的味道，烹调时产生香味，口感柔嫩。想象一下熏肉的香味从厨房飘出来，感觉棒极了！脂肪对人体健康的影响取决于其饱和度。**饱和脂肪酸**是导致高胆固醇的主要原因，其在室温下为固体，主要来源于动物，如猪油、黄油、牛排和类大理石花纹的肉类；棕榈油、棕榈仁和椰子油是饱和脂肪的主要植物来源（见图4.3a）。**不饱和脂肪酸**在室温下为液体，来源于植物，包括橄榄、大豆、花生和菜籽油（见图4.3b）。不饱和脂肪可分为多不饱和脂肪酸和单不饱和脂肪酸。适度摄取两种形式的不饱和脂肪都可以帮助降低胆固醇水平，对人体有益。**反式脂肪酸**，或反式脂肪，是在食品加工过程中产生的不饱和脂肪酸，食品加工过程是为了将液态油转化为固体脂肪，被称为氢化作用。在食品加工过程中产生的油可以使食物保鲜时间更长。但这些氢化（或部分氢化）油含有反式脂肪酸，会增加低密度脂蛋白胆固醇（LDL Cholesterol）、减少高密度脂蛋白胆固醇（HDL Cholesterol），这两种情况都增加了患心脏病的风险。反式脂肪酸的来源包括氢化和部分氢化植物油，两者用于制作烘烤产品、零食、油炸食品和人造黄油。

摄入过量饱和脂肪会导致慢性疾病的发生，如心脏病、癌症、中风和肥胖症。

由美国心脏协会（AHA）的研究可知，降低心脏病风险的第一步是了解哪些脂肪会增加低密度脂蛋白胆固醇。除了人体自然产生的LDL外，饱和脂肪、反式脂肪酸和饮食中的胆固醇也会提高血液中的胆固醇水平。而单不饱和脂肪和多不饱和脂肪似乎不会增加LDL胆固醇；一些研究表明，当它们作为低饱和脂肪膳食的一部分时，甚至可以轻微降低LDL胆固醇。

美国心脏协会的营养委员会强烈建议把以下原则作为两岁以上美国人的健康脂肪摄入指南。

图4.3 a.饱和脂肪的来源和 b.不饱和脂肪的来源

- 每天的脂肪总摄入量应少于总热量的 25% ～ 35%。
- 每天的饱和脂肪摄入量应少于总热量的 7%。
- 每天的反式脂肪摄入量应少于总热量的 1%。
- 剩余的脂肪应该来自单不饱和脂肪和多不饱和脂肪，如坚果、种子、鱼和植物油。
- 大多数人的胆固醇摄入量应少于每天 300 毫克。有冠心病或血液低密度脂蛋白含量大于 100 毫克/分升的患者应将胆固醇摄入量限制在每日 200 毫克。

转自美国心脏协会 2010。

美国疾病控制与预防中心在《美国居民膳食指南 2005》中建议，美国人总脂肪摄入量应保持在如下水平。

- 2 ～ 3 岁的儿童——总热量的 30% ～ 35%。
- 4 ～ 18 岁的儿童和青少年——总热量的 25% ～ 35%。
- 19 岁及以上的成年人——总热量的 20% ～ 35%。

饮食习惯偏向肉类制品的国家，如美国，往往有较高的饱和脂肪摄入量。富含饱和脂肪的食品中通常也含有胆固醇，两者都会导致血液中的胆固醇水平升高。

维生素

维生素和矿物质是维持人体正常运行的物质，它们能增强免疫系统，保障身体的正常生长发育，并帮助细胞和器官正常工作。维生素和矿物质可以从每天的食物中获取，但是各种食物中的维生素和矿物质含量各不相同。维生素和矿物质对于人体生长发育和维持正常生理功能来说必不可少。维生素中不含有热量，但是它们可以催化身体内的化学反应，而这些化学反应往往会产生能量（Wardlaw, 2002）。维生素有脂溶性和水溶性之分。

维生素 A、维生素 D、维生素 E 和维生素 K 是脂溶性维生素，可以溶于脂肪并储存在体内。脂溶性维生素存在于高脂肪的食物中，如多脂鱼、油和坚果。水溶性维生素大部分为 B 族维生素（如 B_6、B_{12}、烟酸、核黄素和叶酸）和维生素 C，这些维生素只有溶于水才能被人体吸收。因此，人体不储存这些水溶性维生素，而未被人体吸收利用的维生素都将通过循环系统排出。全谷物、水果和蔬菜中富含水溶性维生素。人体每天都需要摄取新鲜的维生素，而摄入各种颜色的食物是获取人体所需维生素和矿物质的最好方式。维生素补充剂使用广泛。维生素是均衡饮食的重要保证，但它绝不应用作均衡饮食的代名词。

矿物质

矿物质是人体正常运转所必需的无机物，在成长和维持正常生理功能方面必不可少。矿物质被分为宏量元素（人体每天需求量大）和微量元素（人体每天需求量极少），其划分标准为日常需求量是否超过 100 毫克或 1/50 茶匙的量（Wardlaw, 2002）。在使用高剂量的补充剂时，矿物质毒性反应的风险非常高，所以了解推荐每日营养摄入量（RDI）是极其重要的。在选择矿物质补充剂时，除非在卫生保健人员的监督下，否则不建议选择超出 RDI 的量。

宏量元素

- 钠。
- 钾。
- 氯。

▶钙。

▶磷。

▶镁。

▶硫。

微量元素

▶铁。

▶锌。

▶硒。

▶碘。

▶铜。

▶氟。

▶铬。

▶锰。

▶钼。

和维生素一样，矿物质不含热量。人体每天［以 2000 卡路里（1 卡路里约为 4.19 焦耳）摄入量为基础］应摄入少于 2400 毫克 （大约 1 茶匙盐）的钠，人们应挑选含盐量少的食物，并且在烹调时只放少许盐。同时，食用富含钾元素的食物，如水果和蔬菜，也是很重要的。

对于运动员，尤其是女性运动员来说，钙是最重要的矿物质之一。在整个生命过程中，身体不断形成并分解骨质，人体每 7 ～ 10 年会更新一遍全身的骨骼。骨是由矿物质组成的，其中主要是钙。事实上，身体内 99% 的钙都存在于骨骼中（Zeigler

and Filer, 2000）。影响骨密度的营养素包括钙、维生素 D 和氟化物，三者共同构成矿物质基质，组成了骨骼中坚硬的内部结构。负重训练和某些激素刺激了骨骼的合成。体内脂肪含量低的女性对雌激素的反应是有限的，这会导致骨骼变脆和骨质疏松症。因此，保持健康的体重，包括不能过瘦，以及参与负重活动能刺激骨骼生成，有助于避免骨骼变脆和骨质疏松症（见图 4.4a 和图 4.4b）。乳制品是儿童和青少年获取钙元素的主要来源。

此处以钙元素的重要性为例，解释矿物质和维生素这两种营养素是如何在体内协同工作的。人体需要维生素 D 帮助吸收钙，缺少维生素 D，人体就不能从饮食中吸收足量的钙。在这种情况下，人体就只能从骨骼中吸收钙，这会侵蚀现有的骨骼，阻碍新骨骼的形成。最近的研究表明，维生素 D 可以帮助预防高血压和某些癌症、提高免疫功能、减轻炎症、促进健康的神经肌肉功能。许多食物都富含维生素 D，每天不用防晒霜在室外晒 10 ～ 15 分钟太阳，是获得维生素 D 最好的方法之一。在维生素摄入量低的时候，应及时用其他方式补充摄入量。但在任何需要补充摄入量的时候，都应主动征求卫生保健人员的意见。每天吃各种颜色的食物，是获得人体所需的维生素和矿物质的最好方法之一。

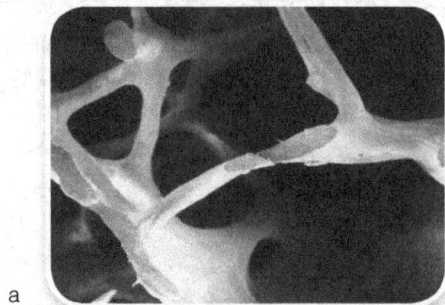

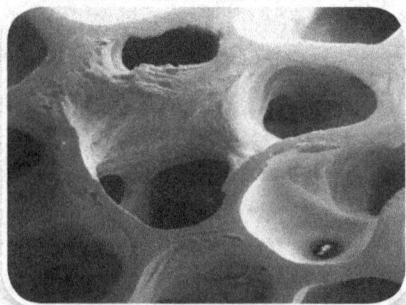

图 4.4　a. 骨质疏松和 b. 健康的骨骼

水

水是一种必需的营养素，这是很多人都没有想到的。水占体重的 50% ～ 70%，影响身体的多种功能。

- ▶ 水有助于体温调节（每 1 升汗液代表 600 千卡热量的消耗）。
- ▶ 水组成了关节的润滑剂。
- ▶ 水是唾液和胆汁的组成成分。
- ▶ 水通过尿液的形式帮助排出体内废弃物，大多数人每天产生 1 ～ 2 升尿液（Wardlaw，2002）。

人们可以从各种食物和饮料中获取水，但最好的来源是纯净水、自来水或瓶装水，而咖啡、茶和汽水等因可能含有利尿的咖啡因，被认为是不好的来源。利尿剂会导致体液流失和尿量增加。在锻炼过程中，因为出汗而体液流失严重时，补充水就变得格外重要。虽然摄入含有咖啡因的饮料也可以增加总的水分摄入，达到总饮水量的需求，但出于健康饮食的考虑，人们最好饮用咖啡因或糖含量少的饮品。美国医学研究所（IOM）报告中提到了对含酒精和咖啡因的饮料使用的问题："一些研究表明，摄入含有咖啡因和酒精的饮料有利尿作用，但现有资料表明利尿可能是暂时性的，这种饮料同样有助于总的水分摄入，从而可用于满足饮食指南中对水的总摄入量要求"（美国医学研究院，2004）。

一般情况下，人们每摄入 1 千卡热量就需要摄入大约 1 毫升的水。所以每天摄入 2000 千卡热量的人需要每天摄入至少 8 杯（1 杯 =240 毫升）水（1920 毫升）。当一个人的体液流失量达到体重的 1% 时，就会感到口渴，即使轻度脱水也会影响精神和体力。脱水的早期症状包括头痛、口渴、疲倦、口干、眼睛干涩、食欲不振和尿液颜色变深。如果此时忽略口渴的感觉，不及时补充水分，人体就会分泌抗利尿激素，

这会导致肾脏潴留水分并浓缩尿液。这一过程还会引发人体分泌醛固酮，导致水和钠潴留。随着脱水状况的持续，心血管系统、呼吸系统、肾脏和体温调节系统都会受到损害。当体液流失量达到体重的 20% 时，人将会昏迷甚至死亡（Kleiner，1999）。

瓶装水不仅指纯净水，商店货架上和自动售货机里都装满了维生素功能饮料或运动型饮料，里面含有各种维生素和其他添加剂，大多数是低热量的，对人体构成的威胁较小。大多数制造商根据口味、成分、功效（免疫）或目标受众（运动表现）来生产饮品。饮食均衡合理的人很可能从维生素功能饮料中获益甚微（Mayo Clinic，2009）。真正的问题是运动型饮料是否比白开水更好。简单地说，只有当运动型饮料帮助人体满足对液体的需求时，它们才更好，否则白开水就更好。

如今，许多高能量饮料正被推向年轻人市场。制造商推广含有伪科学名词成分的饮料，但这些饮料中的大部分能量依旧来自糖和咖啡因，而不是生僻的、不必要的添加物。大多数的高能量饮料中含有的成分，其安全性和有效性尚未获证实。例如，有些草药补充剂不受美国食品药品管理局（FDA）的管制，在饮品中添加草药补充剂基本没有影响，但大量使用却是极危险的。一杯（240 毫升）咖啡中含有约 125 ～ 150 毫克咖啡因，12 盎司（340 克）普通罐装可乐含有 35 ～ 38 毫克咖啡因，8 盎司（227 克）能量饮料含有约 280 毫克咖啡因。能量饮料缺乏营养价值，却含有数百卡路里的热量。咖啡因会带来副作用，如紧张不安、胃部不适、头疼和睡眠问题，而这些问题都能使能量减少，所以含有咖啡因的饮料不能提供能量。

膳食工具

膳食工具可以帮助人们做出最佳的食

物选择，膳食工具包括食物指南金字塔，食品标签和膳食指南。美国政府创造了这些工具，且相关信息都是易获取的。营养软件以及相关在线网站可以帮助人们监控自己的营养需求和行为。

食物指南金字塔

美国农业部（USDA）更新了食物指南金字塔，以图例的形式说明了人们为保持健康需要参加的体育活动和需要摄入的食物（见图4.5）。重新设计的金字塔是一个人爬楼梯的图案，以说明体育活动在健康方面和营养均衡一样重要。美国农业部更新的图例中，对食物成分进行了更科学的说明。该图例具有教育意义，可用于最佳体适能训练，作为体适能教学课程的一部分。图4.5即食物指南金字塔，更详细的信息可参考相关网站的内容。

图4.5 美国农业部的新金字塔代表了健康的生活方式选择，象征着个性化的体育活动，并促进健康饮食
源自：USDA.

食物指南金字塔应该被用于健康饮食的一般指南。此外，为了维持一个适当的体重，也要允许节食。在美国，肥胖人口比例日趋增长。根据美国疾病控制与预防中心的数据，超过 66.5% 的成年人超重或肥胖，在过去的 30 年中，超重的年轻人的比例增加了 2 倍以上。在 2 ～ 5 岁、12 ～ 19 岁的美国人中，肥胖人口已经增加了一倍以上；而在 6 ～ 11 岁的儿童中，增加了 2 倍以上。目前的统计数据显示，2 ～ 5 岁的儿童中，12.4% 是超重的；6 ～ 11 岁的儿童中，这一数字增加到了 17%；12 ～ 16 岁的青少年中，大约 18% 被认为超重（美国农业部农业研究局，2005）。更多详细信息请参阅第 8 章中的 "帮助体脂超标或体脂过低的学生" 一节。

人们变得肥胖的原因包括人们无法判断每日的合理饮食摄入量和日常活动的减少。在过去的 20 ～ 30 年，人们平均每日热量摄入量显著增加，男性平均每天多摄入 168 ～ 268 卡路里的热量，而女性平均每天多摄入 143 ～ 335 卡路里的热量（CDC，2004）。许多因素导致了这一增长，包括不在家吃饭、快餐食品、食物分量的增加、含糖饮料的摄入量增加，以及正餐之间零食摄入量的增加。表 4.2 中列出了每种食物一人份的推荐量。 如果摄入量超过表 4.2 中所列的量，则认为超量了。例如，一般情况下，餐馆的一份意大利面为食物指南金字塔中指定的量的 1 ～ 2 倍。在美国人的体重控制中，所存在的问题之一是餐馆和快餐连锁店中的加大型套餐。表 4.2 可以作为指南的一部分，帮助人们改变日常饮食习惯。当食物指南金字塔列出了指定食物的一人份的量时，它应该被严格遵守。

食品标签

美国食品药品管理局对食品标签做出了相关规定（见图 4.6）。1990 年的《营养标签与教育法》（NLEA）对食品标签做出了部分调整。新的食品标签设计反映了当前的健康问题，而且简单易懂。规范的设计使消费者能够比较类似产品的营养价值，这样他们就可以做出合理的判断。新的标签明确列出了营养成分，简化了内容，以鼓励人们使用这些营养信息。对大多数包装食品来说，营养标签是必备的，其形式已重新设计，以描述该食物的一人份的量的大小和所含营养素。包装上营养含量表中使用的都是 FDA 明确定义并标准化了的术语，如低脂肪、无脂肪、低热量。

配料表是所有食品标签必备的内容，

表 4.2 食物指南金字塔中一人份食物的大小

食物	一人份食物的大小
水果	网球大小
不含淀粉的蔬菜	棒球大小
天然碳水化合物（大米、意大利面食、谷类食物）	一只手五指并拢成杯状
3 盎司（85 克）肉、鱼或禽肉	一副扑克牌大小
薄饼或华夫饼	光盘大小
1/2 杯生蔬菜、熟米饭、意大利面食或水果块	双手一捧
1/4 杯干果或坚果	高尔夫球或大鸡蛋大小
1 茶匙黄油或花生酱	半拇指的大小

营养成分表		
一人份食物 244 克		
每一份的量		
110 卡路里	脂肪中的热量 25 卡路里	
	% 每日建议摄入量 *	
脂肪总量 3 克		4%
饱和脂肪 1 克		7%
反式脂肪		
胆固醇 10 毫克		3%
钠 125 毫克		5%
碳水化合物总量 12 克		4%
膳食纤维 0 克		0%
糖 11 克		
蛋白质 8 克		
维生素 A 10%	●维生素 C	4%
钙 30%	●铁	0%

* 每日建议摄入量以 2000 卡路里热量为基础
  你的每日建议摄入量会因热量需求不同而增高或降低

营养成分表		
一人份食物 227 克		
每一份的量		
412 卡路里	脂肪中的热量 211 卡路里	
	% 每日建议摄入量 *	
脂肪总量 23 克		36%
饱和脂肪 15 克		77%
反式脂肪 1 克		
胆固醇 71 毫克		24%
钠 160 毫克		7%
碳水化合物总量 42 克		14%
膳食纤维 1 克		2%
糖 34 克		
蛋白质 9 克		
维生素 A 17%	●维生素 C	0%
钙 23%	●铁	1%

* 每日建议摄入量以 2000 卡路里热量为基础
  你的每日建议摄入量会因热量需求不同而增高或降低

图 4.6 美国食品药品管理局制定的食品标签标准格式。标准的食品标签格式使人们更容易比较健康的乳制品和美味的乳制品的营养价值

其中含有多种成分，配料按其重量降序排列。与营养成分表略有不同，营养含量表要求列出营养素的具体含量。两者共同帮助消费者比较食物的异同，从健康饮食的角度选择合适的食物。

在杂货店购物的人不仅可以查看圆生菜的食品标签，还可以知道购买的圆生菜产地是墨西哥还是美国。原产地标签要求绝大多数零售商注明肉类、农产品和其他食品的原产地。这些规定的目的是使消费者更容易知道所选的是否为进口食品。

FDA 还对食品标签上的健康和营养含量表实施了标准化规定。根据 NLEA 的要求，大多数食品都要有营养标签，其中肉类和家禽产品的标签由 USDA 监管，鱼类、20 种常见的生鲜、水果、蔬菜及 45 种畅销的肉类包装上也要有可供查询的营养信息。商店可以通过该规定获取食品信息。很多大型食品连锁店为公众团体提供以营养为主题的参观活动，人们可与当地商店经理联系，以查询此服务在人们所在的地区是否可用。

根据 FDA 的规定，食品制造商必须提供关于某些营养素的信息，他们可自愿选择是否提供关于其他营养素的信息。侧栏为各个营养素的列表。但由于（维生素或矿物质等）每日推荐摄入量受性别、年龄因素影响，不能列在食品标签之上，食品标签需要更加规范才能广泛使用，FDA 因此制定了每日建议摄入量（DV）。每日建议摄入量以平均摄入 2000 卡路里的热量为基础，在这 2000 卡路里摄入量中，每日建议摄入量如下。

▶脂肪占总热量的 25% ～ 30%。

食品标签中必备和可选的营养素列表

1. 热量或总热量；
2. 脂肪中的热量；
3. 饱和脂肪中的热量（可选）；
4. 脂肪总量；
5. 饱和脂肪；
6. 多不饱和脂肪（可选）；
7. 单不饱和脂肪（可选）；
8. 胆固醇；
9. 钠；
10. 钾（可选）；
11. 碳水化合物总量（包括单糖和双糖、低聚糖、淀粉、纤维和有机酸）；
12. 膳食纤维；
13. 纤维（可选）；
14. 不溶性纤维（可选）；
15. 糖；
16. 糖醇（可选）；
17. 其他碳水化合物（可选）；
18. 蛋白质；
19. 维生素和矿物质。

可选的营养素必须在做出营养含量标注或健康标注时被列出。

源自：From, "Federal Register Advance Notice of Proposed Rulemaking（Food Labeling）72 FR 62149 November 2, 2007: Revision of Reference Values and Mandatory Nutrients"。

- ▶ 饱和脂肪不超过总热量的 10%。
- ▶ 碳水化合物占总热量的 50%～60%。
- ▶ 复合碳水化合物至少占总热量的一半，同时每 1000 卡路里热量中含有至少 11.5 克纤维。
- ▶ 蛋白质占热量的 10%～15%。

每日建议摄入量以 2000 卡路里的热量为基础，即每日饮食需少于 65 克的脂肪、少于 20 克的饱和脂肪、少于 300 毫克的胆固醇和少于 2400 毫克的钠（FDA，2008）。每日建议摄入量是一个新的饮食参考术语，将出现在食品标签上。它由 DRV（每日参考值）和 RDI（推荐每日营养摄入量）两套参考标准组成，其主要基于重要维生素、矿物质、指定营养素及蛋白质的每日推荐摄入量。RDI 逐渐取代了 USRDA（营养素推荐每日摄入量）。

FDA 还对食品制造商在包装上的标注做出了规定，如 "低脂肪" 或 "少量脂肪"。附录 B 列出了营养成分说明。

膳食指南

美国农业部、美国卫生与公众服务部共同合作为美国人制定了膳食指南，这是创建健康、平衡的生活方式的全面指导方针。膳食指南最好与食物指南金字塔结合使用。膳食指南鼓励适量饮食和饮食多样化，同时也推荐脂肪和胆固醇的适量摄入，最后膳食指南建议适量摄入糖、钠和酒精。如果遵循这些指南，人们未来患肥胖症的风险将会降至最低限度，患慢性病的风险也会大大降低。

为了将体重保持在健康合理的范围内，人们必须平衡从食物和饮料中获取的热量和自身消耗的热量，该状态被称为**能量平衡**。为了降低患慢性病的风险，人们应该在一周的大多数日子里，在工作场所或家庭中参加至少 30 分钟的中等强度的体育活动。美国疾病控制与预防中心建议，青少年应每天参加至少 60 分钟的活动。为了避免体重随着时间的推移逐渐增加，人们应该逐渐减少从食物和饮料中摄取热量，增加体育活动量。

美国公共卫生部部长在关于体育活动和身体健康的报告中得出以下结论。

- ▶ 在家庭、学校和社区活动的框架下，所有的青少年都应该每天或几乎每天参加体育活动，可以玩耍、游戏、运动、工作、上体育课或执行运动计划。

▶青少年每周应参加不少于 3 次的活动，每次不少于 20 分钟，达到中等或高强度。
▶小学阶段的儿童应在一周的全部或大部分时间内累计参加 30 ～ 60 分钟的适合其年龄和生长发育的体育活动。
▶儿童不应长时间不活动。

弹性热量是指在满足推荐营养素摄入量后，仍未达到能量平衡所欠缺的部分。弹性热量可用于挑选营养密度不高的食物，如选择全脂牛奶而不是低脂或脱脂牛奶、沙拉酱、糖和黄油。这种食物含有所谓的空热量，空热量缺乏促进健康的营养素，经常被称为垃圾食品。

以下是 6 条相关的膳食指南。

▶摄入各种各样的食物。
▶平衡饮食和体育活动，以保持或增加体重。
▶选择含有大量全谷物、蔬菜和水果的膳食。
▶选择低脂肪、低饱和脂肪、低胆固醇的膳食。
▶适量摄入糖。
▶适量摄入盐和钠。

不健康饮食的后果

某些维生素摄入不足会导致营养缺乏症，而某些矿物质摄入不足会导致其他问题，如骨骼变脆、贫血，甚至心律不齐。摄入太多的食物或过多高热量食物会导致肥胖，从而引发许多问题。在美国，无论成年人、青少年还是儿童，患肥胖症的人群越来越多，对美国人健康造成了不良影响，已经变成了社会公共健康问题，引起了人们的持续关注。肥胖会增加许多疾病的患病风险和健康问题的出现概率，包括冠心病、中风、2 型糖尿病、子宫内膜癌、乳腺癌和结肠癌、高血压、肝胆问题、睡眠时呼吸暂停和呼吸系统疾病、骨关节炎，以及妇科问题。根据美国公共卫生部部长的报告《超重和肥胖：健康的重要性》，超重的儿童相对来说较自卑。在不平衡的膳食中，如果所有热量都来自碳水化合物，就会导致胰岛素抵抗和 2 型糖尿病的发生。由慢性疾病导致的长期生病或终身残疾也在降低数百万美国人的生活质量，而其中许多慢性疾病都是可以预防的。

说到减肥，我们可以毫不费力就找到保证短时间成功的节食减肥方法，但这样的饮食是不健康的，会限制营养摄入，最终往往会导致失败或危险的体重反弹。表 4.3 列出了一些常见的节食减肥方法。

现如今，大多数流行的减肥法充分利用了人们总愿意尝试任何方法来迅速减肥的心理，不幸的是，虽然快速减肥用时很

美国人膳食指南

健身目标
• 健康体重目标。
• 每天参加体育活动。

建立健康的基础
• 利用食物指南金字塔选择食物。
• 每天吃多种谷物，尤其是全谷物。
• 每天摄入多种水果和蔬菜。
• 摄入安全的食物。

合理选择
• 选择低饱和脂肪、低胆固醇和脂肪总量中等的饮食。
• 根据糖的适度摄取量选取饮料和食物。
• 选取低盐的食物，烹调时少放盐。
• 如果喝含酒精的饮料，要适度。

源自：USDHHS and USDA.

短，大多数人却都不能达到节食的要求。通过节食减肥的人的体重通常会反弹回最初的水平。人们完全可以避免使用只有空头承诺的节食方法或节食产品，一般情况下，人们不应选择那些大幅削减热量的饮食，因为在此状况下，身体的自然反应是排泄水，所以"减肥"不是减少脂肪，而是减少水。节食减肥弊端很多。第一，如果根据说明来服用特殊药片、粉末或草药，会导致抑制食欲或阻断脂肪、糖分或碳水化合物吸收的不良影响。人们应该认识到没有可靠的科学研究支持，这种节食方式对儿童和青少年尤其危险，因为我们不太了解这些所谓的保健品对其成长发育的影响。第二，如果减肥的主张只是通过大量摄入各种药物、保健品来控制食欲或阻止脂肪、糖分、碳水化合物的吸收，人们会意识到，目前还没有可信任的、科学的调查结果来支持这些主张。第三，有的节食方法要求人们完全戒掉某一类必需食品或在某些膳食组合中只吃特定食物，这可能会导致人体无法摄入所需的所有营养素，尤其是仍在生长发育的儿童。第四，如果节食要求不吃饭或用饮料、代餐替代正常饮食，人们将难以达到正常的营养水平，同时失去和家人朋友共同享用食物的美好体验。最后，节食减肥法往往通过前后照片对比、鉴定书等，建议人们每周减重0.5～1千克。但减肥的关键不在于短期的饮食改变，

表 4.3　不健康的节食减肥方法

节食方法	一些示例
控制碳水化合物摄入量	• 《阿特斯金博士的新饮食革命》 • 《碳水化合物成瘾者的饮食》 • 《蛋白质的力量》 • 《糖的克星》 • 《健康地带》
高碳水化合物、低脂肪	• 《迪安·奥尼什博士：越吃越瘦》 • 《良好的碳水化合物革命》 • 《普里特金饮食法》
控制分量大小	• 《夏皮罗博士的图片完美减肥法》 • 《计量膳食体重控制计划》
特定食物组合	• 《适应生活》 • 苏珊·萨默斯减肥法（萨默斯减肥法）
流食	• 剑桥减肥餐（剑桥节食减肥法） • SlimFastlt 代餐粉
减肥药和草药	• Dexatrim Natural 减肥药 • 乐脂（燃脂精英胶囊） • 纤美 365
其他	• 《怎样吃最适配：血型饮食》 • 长寿饮食法 • 梅奥诊所饮食法*

*尽管许多饮食法都使用这个名字，但没有一个是由梅奥诊所创建的，也没有得到梅奥诊所的批准。梅奥诊所健康体重金字塔是梅奥诊所创建的唯一的饮食计划。

而应是长期生活方式的转变，包括健康饮食及平衡热量的摄取和消耗。

保持健康体重对健康有重大影响，值得人们为之努力。超重或体重不足会带来各种健康风险，体重不足（低于身高对应的标准体重范围）对健康也有不良影响，容易诱发各种高风险健康问题，包括骨质流失、骨质疏松、贫血、营养缺乏和月经不调，同时免疫力下降，还会使伤口愈合缓慢。当人们没有摄取足够的热量时，就会变得易受感染和易患病。体重不足已经成为一个健康问题，症状包括嗜睡、抑郁、去脂体重的降低以及皮肤松弛、没有弹性。有些人因为新陈代谢快或遗传因素而先天消瘦，这是正常的、健康的；有的人则因为没有摄入成长所需的热量和营养素或过度运动来消耗热量，才变得消瘦，这是不健康的。

研究表明，均衡的营养可以帮助降低患慢性病的风险，不吃早饭会影响儿童的智力表现。不健康的饮食习惯往往导致更早地出现健康问题，健康问题也往往会一直持续到老年时期。

在2000年及以后出生的所有儿童中，1/3的人在生命中的某一时刻会患上糖尿病，其他人将面临与肥胖有关的慢性病，如心脏病、高血压、癌症和哮喘（"动起来"项目，2010）。2010年2月9日，米歇尔·奥巴马宣布了解决儿童肥胖问题的国家目标。美国在全国范围内的活动——"动起来"——旨在帮助培养出更健康的儿童。

因为许多儿童在学校摄取的热量占每日总热量的一半，所以学校提供的食物营养十分重要。这项倡议包括学校食品供应商的新承诺，他们将采取措施以实现更健康的美国学校这一战略目标。该目标旨在减少学校膳食中的糖、脂肪和盐的含量，增加全谷物的含量，提供双倍的农产品供给。这一立法将允许农业部为学校的所有食品，包括自动售货机内的产品制定新的标准，给学生提供更健康的膳食选择。新标准旨在让大众食品吃起来更健康。例如，比萨可以用全麦和低脂莫泽雷勒干酪制成，汉堡可以用瘦肉制作，自动售货机可以储存较少的糖果和较少的高能量饮料。这些新的指导方针将要求所有利益相关者均提倡健康的饮食行为。

在年幼的时候养成健康的饮食习惯对正常的生长发育至关重要，包括健康的骨骼、皮肤和能量水平；同时降低了龋齿、饮食失调、营养不良和缺铁性贫血的风险。健康的饮食习惯也有助于儿童在成年后继续做出健康的营养选择。

在维持理想的饮食习惯方面，没有灵丹妙药。在一天结束时，人们认为，热量摄入应等于热量消耗，这个概念被称为能量平衡。然而，在成长过程中，热量的需求量将会逐渐增加，而且这一需求必须得到满足。但是，如果一个人吃得比生理要求的多，那么这个人就会发胖。1磅（约0.45千克）脂肪相当于3500千卡热量，每天额外摄入10卡路里热量，累积一年，将一共多摄入约1磅的热量！此外，人们还应该知道，无论是什么食物，食物中所含的热量是相同的。如果低脂饮食含有过量热量，同样会导致体重增加。

教师可以使用许多方法来帮助儿童和青少年形成良好的饮食习惯。教师学生进行营养相关的互动应强调以下7点。

▶个人的饮食习惯应尊重家庭成员的生活方式。

▶每天吃早餐以获取能量和营养素。

▶控制正餐外的零食，以控制热量摄入。

▶绝大多数营养都应由规律的正餐供给，零食只作为必要辅助。

▶享受食物的同时，要意识到食物中所含的营养素和热量。

▶学会均衡饮食、饮食多样化和适度饮食。

▶享受食物，享受健康，享受生活。

其他营养计划包括"选择的力量"，由美国卫生与公众服务部、美国食品药品监理局和美国农业部的食品营养局于2003年建立，旨在引导青少年的课后活动。

小结

一个人的不良饮食最严重的后果是导致其无法达到自身体适能的最佳状态。无论其活动量如何，膳食可以为每一个个体提供能量。没有充足的能量支撑使心率提高的运动，是不可能实现有氧适能的。肌力和肌耐力需要营养素生成新肌肉组织，良好的柔韧性同样需要由营养素生成健康的骨骼。理想的身体成分必然取决于合理的饮食。但是，仅依靠良好的饮食或活动是无法维持健康的。对每个人来说，体育活动和营养素的相互作用极为重要。人不仅需要参加体育活动，还需要通过饮食摄入45种营养素，两者同样重要。均衡的饮食会优化体育活动的效果，促进健康。教师可以运用本章的内容为学生讲解两者的关联。

健康体适能的组成部分

第二部分分别就 12 个年级的特点讲解了健康体适能各个组成部分的基本概念及应用。每一章节分别定义了一项健康体适能的组成部分，提供了教学指导以及相关的训练方法。第 5 章的主要内容是有氧适能，这个部分提供了关于有氧适能的新信息，在这个章节中还会介绍一个新的目标心率区公式。第 6 章的主要内容是肌力与肌耐力，在成人阶段，肌力和肌耐力往往被分开讲解；但在儿童阶段，将两者结合起来更为适宜，正如"最佳体适能计划"所做的。第 7 章探索儿童和青少年柔韧性的训练方式。第 8 章包含了身体成分教学、测量以及其他相关的内容，另外还介绍了新的美国青少年体质健康测评系统的身体成分标准。

第5章

有氧适能

简·毕晓普（Jan Bishop）

有氧适能只是健康体适能的一个部分，但它被广泛认为是体现身体状况良好的重要生理指标。第1章列出了有氧适能的益处。有许多专有名词被用来描述健康体适能的这个组成部分，如心肺适能、有氧耐力、有氧能力、有氧爆发力、心肺耐力、心血管适能以及心血管耐力。本章节统一使用相对简单的术语：有氧适能。

要理解有氧适能（进行有氧活动的能力）的概念，就必须了解有氧活动和体育活动的区别。体育活动可以定义成任何导致能量消耗的躯体运动；有氧的含义是"使用氧气"，因此有氧活动就是利用氧气为运动产生能量的过程。正是这些运动构成了有氧适能，也就是进行大肌肉群的、动态的、由中等强度到高强度长时间运动的能力（ACSM, 2010）。有氧活动包括长跑、游泳和越野滑雪，这些活动和俯卧撑、短跑冲刺这类无氧活动是截然不同的。所有的有氧活动都是体育活动，但并非所有的体育活动（如俯卧撑）都是有氧活动。

要想从有氧活动中获益，就必须在合理的强度范围内开展活动。目前有两种方式来评估有氧强度——绝对方式和相对方式（USDHHS, 2008）。绝对方式指的是每小时走 4.8 ～ 6.4 千米或是 12 分钟英里跑（7.5 分 / 千米）这样的运动；相对方式指通过最大心率百分比、心率储备或有氧能力储备来代表强度。在第一种情况下，每个人都在一种特定的强度下运动，如快步走；而在第二种情况下，运动强度需要根据个人的体适能水平来调整（如使用个性化的训练心率区）。《美国人体育活动指南 2008》顾问委员会研究了在两种方式下，健康收益和有氧活动之间的关系。他们的目标是将和强度相关的科学依据转化为简单易懂的指南，同时也总结出那些明确标明了中、高强度运动时间的运动指南，更容易被接受和遵守，从而提高健康水平。

在《美国人体育活动指南 2008》中，有一部分强调了儿童和青少年的内容将有氧活动描述为"年轻人有规律地活动其大肌肉群的运动"，跑步、跳跃、跳绳、游泳、跳舞和骑车都是有氧活动（USDHHS, 2008）。要着重强调的是不要刻意延长儿童的正常运动时间，儿童喜欢有短暂休息时间的间歇运动。按照儿童易于运动的

方式，儿童和青少年有氧活动指南扩大了对有氧活动的定义，因为"从严格意义上来说，短暂的爆发性活动不是有氧活动"见《活动指南》。通过认定这些"简单的运动"，有氧活动的定义会与体育活动有些类似。儿童普遍会将有氧活动和肌肉以及骨骼运动相结合，想象一下这个画面：一个小孩绕着操场跑，荡过单杠，跳落到地面然后继续跑。在本章中，有氧适能被视为是长时间锻炼（或游戏）而不会感觉累的能力。

本章节的剩余部分中，我们会通过以下两种方式对有氧适能进行讨论，即适合儿童和青少年（6 ～ 17 岁）的体育活动以及使用相关概念（如心率和氧气消耗）来确定哪些是适合高中生的有氧活动。

有氧适能的重要性

在青年时期增加体育活动和提高适能水平的重要性再怎么强调也不为过。事实上，美国《2010 健康人民》（USDHHS, 2000a）将体育活动列入了国家十大健康指标之一，并且这项计划的两个目标具体指向了需要增加体育活动的青少年。目标 22-6 指向中等强度的体育活动，要求增加一周至少有 5 天达到 30 分钟以上中等强度体育活动的青少年的比例。目标 22-7 指向高强度体育活动，要求提高一周至少有 3 天达到 20 分钟以上高强度体育活动的青少年的比例。《美国人体育活动指南 2008》（USDHHS, 2008）呼吁儿童和青少年每天至少用 60 分钟或更多时间来做体育活动，并把多数时间用于中、高强度的有氧运动，以及每周至少 3 天要进行高强度体育活动。在推荐给儿童和青少年每周 3 天、每天 60 分钟的体育活动中，需包括肌肉和骨骼增强运动。至于增强肌肉和骨骼的体育活动示例，可以参照

第 3 章表 3.1。

青少年时期缺乏体育活动会在成年后引发一系列的健康问题。由于慢性病和静坐少动的生活方式，成年人的疾病发病率和死亡率有所增加（USDHHS, 2000a）。研究表明，青少年超重和成年人超重风险增大这两者之间存在关联（Guo et al.,1994）；另外，詹兹等人（Janz et al., 2002）的研究也表明青春期保持体质健康会在以后的生活中获得良好的健康益处。国家健康和营养检测 1988 年至 1991 年第一期调查报告（McDowell et al., 1994）进一步明确指出要在儿童时期加强体育活动。研究数据表明，热量摄入量的增加并不是青少年肥胖率增加的唯一原因，缺乏体育活动可能是导致肥胖的另一个因素。包括美国国家运动与体育教育协会（NASPE, 2004b）、美国疾病控制与预防中心（CDC, 2010）、美国儿科学会（AAP, 2000b）、美国卫生与公共服务部（USDHHS, 2008）在内的许多机构都支持在儿童时期增加体育活动并持续至成年，从而减少因缺乏锻炼而导致的健康问题。这正是"最佳体适能训练"通过给学生提供知识、技巧、价值以及他们在未来参加体育活动的自信心而想要达到的目的。

有氧适能的定义和测量方法

一个人的有氧适能水平取决于心脏和肺将富氧血液循环到运动组织的能力，肌肉细胞的提取和使用氧气产生能量的能力以及循环系统将血液回流到心脏的能力。人每分钟使用氧气的量称为耗氧量。对成年人来说，有氧适能的评价指标是最大摄氧量（VO_2max），这个量是人体在体育活动时所消耗的最大氧气量。在实验室测试中，耗氧量是在人体进行高负荷运动的情况下测量的。在某一强度下，即使增加运动负荷，由于耗氧量已经达到峰值，也不会再随着强度的增加而增加，即达到最大限度。正常情况下，健康的成年人的最大摄氧量一般随着有氧适能水平的提高而增加，因此是有氧适能较好的测量方式。下一节将就儿童以及最大耗氧量进行详细的讨论。尽管最大摄氧量的实验室测试对于公众来说并不实际，但幸运的是可以采用许多有效的和可靠的现场测试，并且可用次最大有氧适能测试的结果来推测最大摄氧量。"最佳体适能训练"适用于《美国青少年体质健康测评系统》（库珀研究院，Cooper Institute），并且所有相关材料和产品可作为最大摄氧量和有氧适能（见第 13 章）的评估工具。教师根据学生的年龄和能力选择渐进式有氧心肺耐力跑（PACER）、一英里跑或步行测试。

尽管《美国青少年体质健康测评系统》中的渐进式有氧心肺耐力跑测试可以应用于所有年龄段的人，但是对 3 年级以下的儿童特别适用，尤其要着重强调趣味性。参与测试的过程是一个欢快的体验。渐进式有氧心肺耐力跑也是一种极好的教学工具，帮助学生理解跑步的节奏、速度。《美国青少年体质健康测评系统》的另一个特征是可以比较 3 种有氧适能测试的结果（最大摄氧量的估计值）。当阅读并且使用体质健康测评的测评手册时，要注意库珀研究院（体质健康测评的发明单位）使用的术语是有氧能力而不是有氧适能。尽管如此，如上所述，术语通常可以互换使用。测评手册中用到了有氧能力这个术语，它更多的是特指正在被消耗的氧气量，而有氧适能指的是消耗一定量的氧气可以维持多少的运动量。

要想获得更多关于 3 种有氧测试管理的信息，请查阅由库珀研究院编写的《体质健康测评测试管理手册》新版本。要想获得全面的关于有氧能力和 3 种有氧测试分析的讨论，请查阅《体质健康测评参考指南》的第 9 章。

最佳体适能训练也支持残障人士使用布洛克波特体适能测试（BPFT）。布洛克波特体适能测试是一种健康体适能评估，这项评估可通过选择有氧功能、身体组成和肌肉骨骼功能中的任意 27 个小项来进行定制。

布洛克波特体适能测试可以被用于评定目前的水平，适合特殊需求，并可制定年度甚至更短期的目标（Winnick，1999）。

因此，该测试可以作为一种有价值的工具，不仅适用于体适能测试，而且还能促进残疾学生个性化教学计划的发展。对布洛克波特体适能测试的详细阐述超过了本章的范围，但第 11 章包含了大量关于残疾人体适能评估的信息。要获得更多的信息请参考《布洛克波特体适能测试手册》（Winnick and Short, 1999a）。

有氧适能教学指南

有氧适能的概念可教授给所有年龄段的学生，但是其实践必须考虑个体发展的差异。儿童不是小版的成人，因此，成人持续运动的方法、FITT 原则的使用以及测试结果的解释对儿童来说是不同的。一个学生在有氧适能测试中获得的成绩和他的有氧运动量并没有太大关联，年龄因素、遗传因素以及发育程度都在有氧能力（有氧适能）中发挥作用。因此，教师不能片面认为渐进式有氧心肺耐力跑或英里跑得分较高的学生运动更积极，而那些分数较低的学生运动不积极。例如，有着优良遗传基因的儿童可能不用积极运动就能获得较高的分数（Pangrazi and Corbin，2008）。类似的，遗传了良好记忆能力的人可能不需要做大量的拼写单词练习，

而记忆差的人尽管做了大量的练习，但是在拼写考试中表现还是不理想。重要的区别在于，只有切实进行了体育活动才能从中获得益处；只要持续地进行有规律的中等强度到高强度的体育活动（无论测试成绩好坏）就能从中受益。因此，测试成绩不是很重要，尤其是对处于基础教育阶段的学生而言，需要加强让学生参与体育活动的积极性。

即使采用了成人训练指南，也很难知道通过最大摄氧量测量有氧适能的增加有多少是训练的结果，或者只是简单地因体形和发育程度变化所增加的。当综合考虑体形变化和最大摄氧量测试时，发现儿童的有氧适能增加幅度约为成人的 1/3（在相等条件下）（Rowland, 2005）。在教授儿童有氧适能课程时，教师应该记住基因、发育、身体成分以及心理（如动机）和运动水平等因素会影响有氧适能的评估结果。"最佳体适能计划"的目的在于通过非竞争性、有自我强化作用而且有趣的锻炼项目，鼓励学生积极参与体育活动，养成习惯并保持终身（具体活动示例可参照图 5.1）。尽管儿童增加的体育活动和有氧适能之间并没有明显的关系（Rowland, 2005；Pangra and Corbin, 2008），但"最佳体适能训练计划"仍致力于促使儿童把积极运动的习惯维持到成年，并提高他们通过有氧运动（遵循 FITT 原则）获得的健康收益。家长、教师和教练应该鼓励学生参与多种多样的、有趣的且有能力参加的活动。总之，美国国家运动与体育教育协会为低年级学生推荐了一些专项运动示例（BASPE, 2010）。研究表明，诸如花样滑冰、体操等，运动员在青春期便可以达到顶尖水平的运动项目来说，更适宜尽早开始专业化训练。这项研究的成果较少，因此在下结论之前需要谨慎考虑（Carson, Blankenship and Landers inpress;

iStockphoto /Alberto Pomares

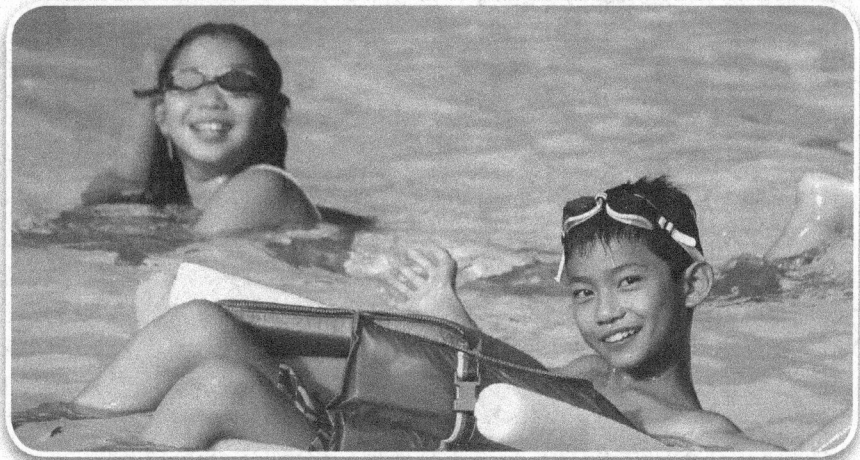

iStockphoto /Edwin Verin

图 5.1　可以帮助学生提高有氧适能的示范活动

NASPE, 2010）。

当准备教授学生体育活动和体适能时，教师要记住儿童体育活动水平和节奏具有高强度运动和恢复期交替循环的特征（Bailey et al., 1995; Corbin and Pangrazi, 2002）。为儿童设计有大量休息时间的活动可以给孩子提供一个多样化并且适合儿童的运动模式。循环训练是一个很好的训练模式，在这种模式下儿童可以独立探索运动，提升基础运动技能以及健康体适能水平。循环或固定运动都可以给学生带来成功的体验。固定运动可能会设置不同的挑战等级，这需要学生自己去探索并且选择适合自己的活动来获得成功，这种类型的活动去除了竞争元素和胜负标准。大多数"最佳体适能训练"中的活动都是固定或设计好的，这样做的目的是让大多数儿童都能在同一时间运动。体适能概念应该通过体育活动和课堂教学来教授，这样可以减少非运动时间，尤其是在一周只有一次或两次体育课的情况下。教师每天应该只讲解一个概念而不是讲解多个，教师可以在学生放松的过程中教授静脉血回流的概念，或者用慢跑的过程来模拟血液循环系统，学生可以在这个过程中模拟血液流过心脏、动脉或静脉的运动。教师可通过学习跨学科课程和布置家庭作业等其他途径来教授体适能的理论知识。

确定需要的体育活动量

有氧适能课程应该包含教师帮助学生探索实际操作部分的内容，如记录空闲时间进行了多少有氧活动或日常活动，学会测量脉搏以及为家人和朋友组织一次校园运动之夜。学校也可以购买新版本的体质健康测评软件并教会学生如何使用计算机工具及如何进行体适能评估。该软件可以生成与父母或监护人共享的健康报告，并记录学生的进步。要确保那些刚开始接触有氧活动的学生循序渐进地进行活动，推荐的方法是逐步增加 1种变量（频度、强度、时间和类型），而不是一次就增加 4 种。对于不太适合有氧活动的人来说，最好是先增加时间变量（持续时间）而不是强度。儿童不太可能会对运动产生沮丧情绪，如果这个活动或项目不会引起极度疲劳或肌肉酸痛，他们很可能会坚持下去。对于6 ～ 12 岁的儿童，不推荐长时间的持续性高强度运动，除非是他们自己选择并且父母同意（NASPE，2004b）。

为了降低受伤和出现医学并发症的风险，教师要和校医合作确定哪些有生理疾病的学生需要特别注意，如骨科病、哮喘、癫痫、糖尿病或其他病痛。对学生进行合理的分类有助于教师开发一个全面满足学生需求的项目，包括那些参与有氧适能活动时需要多加注意的学生。

有氧适能的训练原则

在提升有氧适能时应当遵守第 3 章列出的训练原则（循序渐进、超负荷、专门性、个性化和周期），这些原则对年龄较大的儿童来说特别有帮助，但是威尔克和布莱尔（Welk and Blair，2008）指出，"即使儿童能适应体能训练，也并不意味着我们应该鼓励和要求他们这样做"。

处于青春期后期的少年会比处于青春期前期和青春期中期的儿童更加积极地参与训练和运动（Payne and Morrow，1993）。正如前文所述，儿童的训练目标应该是培养并维持一种积极运动的生活方式，而不是一味地强调成人的运动处方模型。对在有氧训练期间会影响儿童有氧适能和表现的生理变化进行解释，已经超出了本书的范围。要获得更多关于儿童和耐力训练的信息，请参照《儿童运动生理学》（Rowland，2005）或《青年运动员整体训练》（Bompa，2000）。

虽然终身体育活动模型可以给有氧适能训练提供指南，这些有氧适能训练足以维持健康的身体，但是教师还是会遇到想要达到更高体适能水平的学生。重要的是提供准确的、有帮助的信息，来协助有兴趣的学生安全地实现他们的有氧适能目标，但是 5 个训练原则只适用于年龄稍大以及处于青春期后期的青少年。表 5.1 提供了关于将 FITT 原则应用到儿童（5 ～ 12 岁）和青少年（11 岁及以上）以及参与运动的

表 5.1　适用于有氧适能的 FITT 指南

	儿童（5～12 岁）[a]	青少年（11 岁及以上）[b]	参与运动的初高中生[c]
频度	• 在一周全部或大部分时间进行体育活动 • 连续多次进行持续 15 分钟或 15 分钟以上的运动	• 每天或几乎每天 • 每周 3～4 次	• 每周 5～6 天
强度	• 中高强度的间歇运动 • 中等强度，包括低强度游戏（跳房子、手球）、低运动强度的位置（守门员、外野手） • 高强度的游戏包括跑步、追逐和游乐活动（儿童体育活动金字塔的第 2 级）	• 中等强度到高强度活动，这个级别不需要维持目标心率 • 自感用力度等级：7～10（Borg）[d]，1～3（OMNI）[e]	• 60%～90% 的最大心率（MHR）或 50%～85% 的最大心率储备（HRR） • 自感用力度等级：12～16（Borg），5～7（OMNI）
时间	• 累计至少 60 分钟，逐渐增加到数小时 • 总运动量的 50% 是每次持续 15 分钟或 15 分钟以上的活动量	• 每天 30～60 分钟活动时间 • 每次活动 20 分钟或者以上	• 20～60 分钟
类型	• 多种活动 • 应从儿童体育活动金字塔前 3 级中选择活动 • 大多数儿童不适宜长时间练习	• 玩耍、游戏、体育、工作、体能训练 • 要在家庭、学校和社区进行的活动 • 快步走、慢跑、爬楼梯、打篮球、球拍类运动、足球、舞蹈、游泳、滑冰、除草和骑车	• 锻炼大肌肉群或有节奏的活动（如快步走、慢跑、爬楼梯、打篮球、球拍类运动、足球、舞蹈、游泳、滑冰和骑车）

[a] 美国国家运动与体育教育协会 . 2004. 儿童体育活动：5～12 岁儿童指南说明，第 2 版（雷斯顿：弗吉尼亚：作者）。
[b] 科尔宾，C .B. 和 潘格瑞兹，R.P.（2002）. 儿童体育活动：多少才够？ G. J. 维克，R.J. 莫若和 H.B. 弗斯（Eds），体适能参考指南 . 达拉斯：得克萨斯：库珀研究院。
[c] 美国体育医药学院（2000）. 美国体育医药学院运动测试和处方指南，第 6 版 .，利平哥特，威廉姆斯，维金斯：费城。
[d] 博格 G（1998），《博格的自觉运动强度与疼痛指数》（伊利诺伊州尚佩恩，人体运动出版社），47。
[e] 罗伯特森 RJ.（2004）《参与者的自觉运动强度》（伊利诺伊州尚佩恩，人体运动出版社）。
源自：National Association for Sport and Physical Education 2004; Corbin and Pangrazi 2002; American College of Sports Medicine 2000; Borg 1998.

初高中生的建议。要注意的是表 5.1 在年龄上有重合，可以根据个体的生理年龄而非时间年龄对指南进行适当的修改。

强度监测

　　本节中一个重要的问题是学生应确定的运动强度。教师可以使用多种方法来教授和监测有氧活动的强度，如可以让低年级学生把一只手放在他们的胸口上，然后每感觉到一次心跳就用另一只手握拳一次。当运动强度增大，他们就能感觉到心跳在加速。可以教授高年级学生数自己的脉搏（见"测脉搏"），而高中生应学会如何在目标心率区间持续锻炼。通过这种方式，学生可以有意识地将心率和活动强度联系起来，高年级学生也明白了摄氧量作为反映有氧能力的指标，是和心率相关的。

　　监测强度的另外两种方法是对话测试和自感用力度等级量表（RPE）。对话测试规定：如果运动中能说话但不能唱歌就说明强度是合适的；如果说话喘气就说明强度过高；如果能唱歌就说明强度过低。RPE 是一种评估个人运动难易程度的方法。表 5.2 描述了儿童（8～15 岁）和成人（18 岁及以上）的自感用力度等级的

OMNI 评定量表，该表将图片、文字与数字结合起来，综合描述运动强度。在附录 A 中提供了此图表可复制的文档，特别是对小学生和初中生有帮助（见图 5.2a 和图 5.2b），因为他们在测评自感用力度等级时，看图比看数字和文字更直观准确。

表 5.2　OMNI（全方位）自感用力度等级量表语言线索

成人	儿童
极简单 = 0	完全不累 = 0
简单 = 2	有一点累 = 2
有点简单 = 4	更累一点 = 4
有点难 = 6	累 = 6
难 = 8	真累 = 8
极难 =10	很累 =10

源自：Reprinted, by permission, from V.H. Heyward, 2010, *Advanced fitness assessment and exercise prescription, 6th edition*（Champaign, IL: Human Kinetics），69.

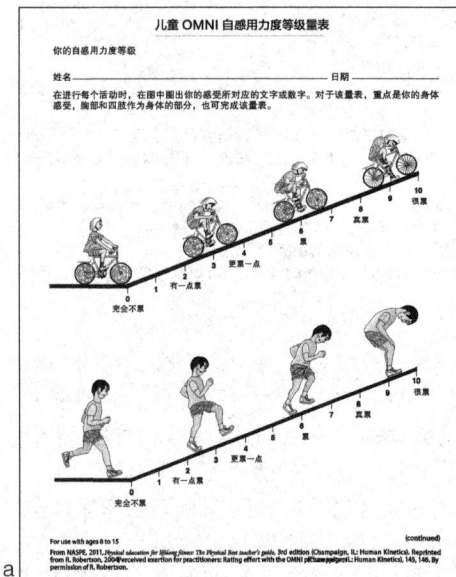

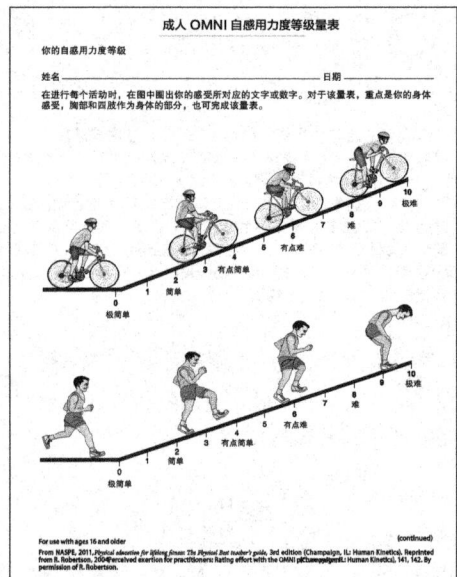

图 5.2　儿童 a. 和成年人 b. 的 OMNI 自感用力度等级量表便于学生使用。
源自：Reprinted from R. Robertson, 2004, *Perceived exertion for practitioners: Rating effort with the OMNI pictures system*（Champaign, IL: Human Kinetics），141, 142, 145, 146. By permission of R. Robertson.

要注意的是描述儿童活动强度的词语和成人是不同的。OMNI 自感用力度等级量表可以用来确定全身、四肢以及胸部的自感用力度等级，因此有助于有氧和抗阻运动的教学。

测脉搏

要想把心率作为有氧活动强度的评估指标，学生首先要学会如何准确测量自己的脉搏。两个常用的测量心率的部位是颈动脉（颈部）和桡动脉（手腕、拇指侧）。首先，要教会学生如何定位，将右手的食指和中指轻轻地放在颈部右侧，喉结的右上方（见图 5.3a）。儿童的喉结并不突出，尤其是女孩。有一种替代方法，儿童正视前方，然后将两根手指放在耳垂后面底部

的骨头上（乳突处），然后轻按并将手指缓慢向前滑动直到感觉到心跳，手指会沿着下颌的角度自然地滑向喉结的右边（3年级以下的儿童可以将手放在胸部的左边来感觉心跳）。要保证每个学生都能感觉到自己的心跳。要注意，学生不要用力按压颈部，以免降低心率；不要同时按压两侧动脉以免减少流向头部的血液而造成昏厥。高年级学生可通过手腕处的桡动脉测脉搏，办法是把食指和中指放在另一支手（掌心向上）手腕处的桡动脉上，位置要低于拇指根部（见图 5.3b），学生要移动手指直到确定脉搏的位置。不要用拇指测脉搏，因为拇指本身的脉搏可能会造成重复计算。学生第一次学习测脉搏时，先让他们活动几分钟，这样心跳会更明显。

在测量静息心率时，通常测量 1 分钟

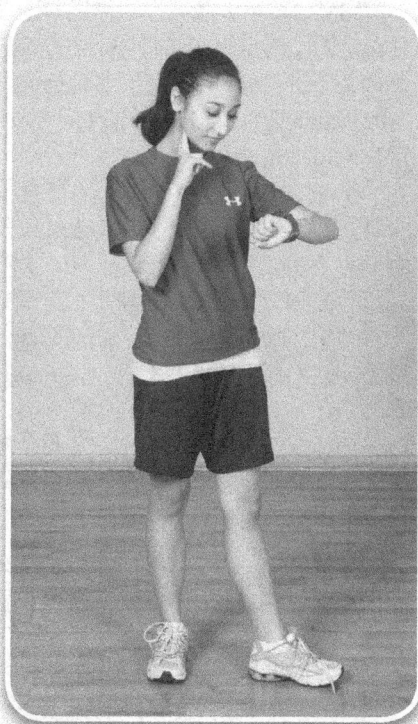

图 5.3　测脉搏的两种方法：a. 颈动脉（颈部）测量方法和 b. 桡动脉（手腕）测量方法

的心跳次数；而短时间隔法通常用来测量运动心率。在开始测第一次心跳时同时启动秒表，那么第一次心跳应作 0 计算。如果在测之前秒表启动了，那么第一次心跳应作 1 计算（Heywand, 2010）。学生可以测 6 秒心跳数然后乘以 10（在测出来的数字后面加 0），或者测 10 秒心跳数然后乘以 6，或者测 15 秒心跳数乘以 4。健身专家通常建议使用 10 秒计数法，因为这种方法比较准确。为了计算方便，学生可以参考表格（见表 5.3）或者用目标心率区间除以 6，就是 10 秒的心跳次数区间。例如，测得目标心率区间是每分钟 153 ～ 165 次，那么每 10 秒的心跳数是 26 ～ 27 次。

表5.3　10 秒计时心率

每 10 秒心跳数（次）	心率（次/分）	每 10 秒心跳数	心率（次/分）
10	60	22	132
11	66	23	138
12	72	24	144
13	78	25	150
14	84	26	156
15	90	27	162
16	96	28	168
17	102	29	174
18	108	30	180
19	114	31	186
20	120	32	192
21	126	33	198

目标心率区间

目标心率区间是一种心率范围，是想要达到的最佳有氧训练强度。该心率区间的最低值通常被称为训练阈值。有两个公式可以用来确定一个人的目标心率区间，分别是最大心率公式和卡沃宁（或是心率储备）公式。要使用这些公式，需要先计算出最大心率（MHR）。MHR 有两种计算方法，其中一种方法较新。研究发现，使用常规公式（220- 年龄）来计算最大心率，并以之为基础判断儿童的训练强度可能存在问题。儿童的最大心率与年龄无关，他们的最大心率区间是每分钟 195 ～ 205 次，最大心率不会随着年龄而改变，直到青少年后期（Rowland, 2005）。

最近的一项研究表明（Tanaka et al., 2001），一个新的公式可以测量最大心率：208-（0.7× 年龄）。新的研究（Gellish et al., 2007）对之前的公式有一个轻微的调整，因此新的公式应该为：207-（0.7× 年龄）。美国国家运动医学学会（ACSM）在第 8 版《运动测试与运动处方指南》（暂定名）（ACSM, 2010）中也对这个公式表示了认可。其他研究人员（Armstrong et al., 1991; Beiley et al., 1978; Cumming et al., 1978; Rowland, 1996）也认为，虽然新公式的研发没有涉及儿童，但该公式的计算结果与儿童的最大心率在每分钟 195 ～ 205 次相符合。尽管旧公式比较容易使用，但是针对 20 ～ 40 岁成人计算的最大心率偏高，而超过 40 岁的计算结果偏低（Tanaka et al., 2001）。虽然这个新公式对学龄儿童的直接影响不大（因为其 MHR 和年龄无关），但对即将毕业的学生来说已基本接近适用年龄，还是会有所影响。

因此，对于高中生来说，"最大心率 =207-（0.7× 年龄）"应该用来计算运动心率。而年龄稍小的儿童（6 ～ 14 岁）不应该使用运动心率阈值或区间（这一概念），他们应该遵照《美国人体育活动指南 2008》（USDHHS, 2008）和美国国家运动与体育教育协会（NASPE,

2004b）小学生指南或青少年指南（Sallis and Patrick，1994）来参与活动。

　　前文提到，长时间的高强度运动在年龄上和生长发育上都不适合 6～12 岁的儿童，除非儿童自己选择（NASPE，2004b）。高强度运动可能会使儿童对活动产生消极心理，因为这种水平的活动一般不会令人愉悦。在儿童阶段应着重强调运动的趣味性，以及必要的运动技能，为未来参与更专业的运动打下基础。马琳娜（Malina，1996）认为成年后的运动能力是基于儿童时期学会的运动和娱乐技能。如果对儿童时期掌握的技能有自信，那么他就更有可能将这些活动持续到成年时期。另外，儿童对个人运动能力的自信会随年龄增长而下降（Jacobs et al.，2002），而那些低估自己运动能力的儿童可能以后就不会参加体育活动或者在体育方面的成就比较低（Woiss and Horn，1990）。这一点对于教育工作者很重要，同时，特定心率区间或长时间的高强度训练只适用于高中生。

　　对于年龄超过 14 岁的学生来说，教师应该用最大心率公式或心率储备的方法来讲解目标心率区间。对于年幼的学生，教师可以通过给学生提供比较静息心率和运动心率的机会，教授基本的心血管和呼吸系统解剖知识以及增加的体育活动是如何帮助他们运动更久而不会觉得疲劳，并教授强度概念和心率监测的知识。对高中生（至少在青少年后期）可以适当讲解目标心率区间的知识。对小学生可以从监测他们的强度开始教学，在中等到高强度身体活动之前、中、后把手放在胸口上来测心率；可以使用慢、中、快或乌龟和赛车这样的术语来解释一般的心跳速度。4 年级到 6 年级的学生可以开始使用颈动脉和桡动脉来计算心率，但不应该使用目标心率的概念。大多数 7 年级及以上的学生需要知道如何计算目标心率，但是仍要避免使用目标心率来作为参加体育活动的要求。

　　高中生可以开始使用目标心率来指导他们监测活动强度，可参照表 5.3 和表 5.4 来选择合适的心率百分比来监测强度。选择强度后，可以通过最大心率百分比来确定目标心率区间，这样相对简单。为了节省课堂时间，可以以家庭作业的方式让学生进行计算。第二种方法，卡沃宁或心率储备法（ACSM，2010；Gellish et al.，2007）应该要考虑个体静息心率，可参考"初高中生计算最大心率和目标心率区间计算法"部分。

表 5.4　基于体适能水平的活动频度、强度和时间的渐增

	稍差适能	临界适能	高适能
频度	每周 3 天	每周 3～5 天	每周 3～6 天
强度			
心率储备（HRR）	40%～50%	50%～60%	60%～85%
最大心率（HRmax）	55%～65%	65%～75%	75%～90%
相对自感用力度（RPE）	12～13（Borg）[a]，5（OMNI）[b]	13～14（Borg），5～6（OMNI）	14～16（Borg），6～7（OMNI）
时间	10～30 分钟	20～40 分钟	30～60 分钟

[a] 博格 G（1998），《博格的自觉运动强度与疼痛指数》（伊利诺伊州尚佩恩，人体运动出版社），47。
[b] 罗伯特森 RJ.（2004）《参与者的自觉运动强度》（伊利诺伊州尚佩恩，人体运动出版社）。
源自：From Corbin et al.，2004.

如果教师教的是年幼的学生（6～14岁），那么必须充分利用目标心率，学生需达到最大心率的85%（最大心率＝每分钟200次）（Rowland，1996），大约相当于每分钟170次（T.W. Rowland，个人交流，2002年12月），这个心率是学生需要达到的目标。但这没有必要和提高体适能所需活动强度相联系（前文提到，在儿童期至青春期前期，无须刻意使用心率来反映强度）。罗兰德（Rowland）的《儿童运动生理学（2005）》进一步解释了引起儿童身体一系列变化的生理机制和所需的高强度运动。切记，特定的目标心率不适用于小学阶段的儿童。

使用心率监测仪

尽管心率监测仪不是必要的工具，但其却是一种使用范围广且效果良好的教授有氧适能的工具。心率监测仪可以提供准确的信息。有些学生可能在手动测量脉搏时会遇到困难，尤其是4年级以下的学生。如果在小学阶段使用心率监测仪，要保证使用它是为了提高趣味性或教授有氧适能概念，而不是为了获得一个特定的目标心率。教师可能会问学生"谁能达到每分钟140次的心率？""每分钟150次呢？"等这类问题。在活动过程中安排适当的休息时间，不断重复，以达到不同的心率水平。这种常规方法为小学生提供一些短时间的活动和短期内需达成的目标，而心率更高时的活动是高强度活动。心率监测仪同样也是一种可以教授所有年龄段儿童与速度相关的知识的有用工具。学生可以通过跑步来试着估计自己的心率，然后和心率监测仪比对一下估计结果。学生还可以通过在指定的时间内跑一定距离来学习速度知识。例如，在1分钟内慢跑200米的速度是每5分钟1000米。学生可以在心率监测仪上设定时间，然后慢跑，最后观察其1分钟的跑步距离和心率。使用这种自测的办法，年龄较大的学生可以尝试不同的速度，然后再看哪种速度可以让自己保持在目标心率区间。在初中和高中阶段，用来测量目标心率或运动强度的心率监测仪可以帮助教师教授如何制定个性化的有氧适能计划。

使用计步器

使用计步器是一种有趣的激励方法，这种方法可以让学生变得更加积极。运动员以及研究人员都认可计步器在测量和促进体育活动方面的好处（Beighle et al., 2001;Tudor-Locke et al., 2004; Cuddihy et al., 2005）。计步器可以给体育活动提供一种低成本、易获取、客观的测量方法。这种方法对儿童来说是有极大帮助的，因为他们在确定自己需要多少中等强度和高强度运动的时候往往有些困难。关于计步器进一步的研究正在开展。尽管不是所有计步器的性能都一样好，但是研究者发现，电子计步器是可靠的且有效的体育活动指示器（Crouter et al., 2003; Schneider et al., 2004; Schneider et al., 2003; Beets et al., 2005）。较精确的是日本制造的计步器（Barfield et al., 2004; Tudor-Locke et al., 2008）。尽管不同品牌的计步器会有所差别，在估算距离和热量消耗上也有误差，但其仍不失为一种准确反映步数的有效工具（Crouter et al., 2003）。

距离是根据步数和预先在计步器中设定的步长决定的。因此，如果步长随着走路或跑步速度而改变，计步器就会产生误差。另外一个值得注意的问题是计步器容易漏记速度慢的步数，这个速度大概是每分钟54米（Crouter et al., 2003; Le Masurier et al., 2004），以较慢的速度步行可能无法产生足够的垂直运动来触发计步器计数（Beets et al.,2005; Crouter et al., 2003）。因此，鼓励学生快步走可

初高中生最大心率和目标心率区间计算法

最大心率方法

使用这个方法的第一步是用新公式，即 207−（0.7 × 年龄）来计算最大心率。然后，再计算目标心率区间，在 55%（或者 60%）～90% 选择一个百分比数，那么这个就是目标心率的百分比值。下一步是在百分比心率阈值的基础上提高 10 个百分点。例如，一个 16 岁的学生要达到一个体适能的基础水平（65% ～ 75% 最大心率），可以通过下列公式来计算目标心率区间。

最大心率 = 207−（0.7 × 16）=195.8 或 196

把选择的百分比数换算成小数，再和最大心率相乘来计算目标心率区间。

0.65 × 196 = 127.4 或 127
0.75 × 196 = 147

取最接近的整数，那么这个学生用以维持和提高基础有氧适能的目标心率区间是每分钟 127 ～ 147 次。

卡沃宁方法（心率储备法）

这个方法需要考虑个人的体适能水平和静息心率。对于高中生来说，这个方法可以用来说明当体适能水平提高、静息心率下降时，如何调整活动强度。这个方法也叫心率储备法，包括多个步骤。心率储备法是通过把静息心率从最大心率中抽取出来再进行计算。完成后，学生同样需要选择百分比范围，但是这个范围与上述范围有些不同（50% ～ 85%），最后一步是把静息心率加起来。仍以静息心率是每分钟 70 次的 16 岁的学生为例，要达到一个体适能的基础水平（65% ～ 75% 最大心率），可以通过下列公式来计算目标心率区间。

最大心率 = 207−（0.7 × 16）=195.8 或 196

通过把静息心率从最大心率中抽取出来以计算目标心率区间，然后完成下列公式。在这个例子中，静息心率是每分钟 70 次。

心率储备 = [207 −（0.7 × 年龄）− 静息心率]
目标心率区间 = {（[207 −（0.7 × 年龄）] − 静息心率 ）× 100%} + 静息心率
心率储备 = [207 −（0.7 × 16）−70] = 125.8
目标心率区间 = {（[207 −（0.7 × 16）] − 70 ）× 0.65} + 70 = 151.77 或 152
目标心率区间 = {（[207 −（0.7 × 16）] − 70 ）× 0.75} + 70 = 164.35 或 164

取最接近的整数，那么这个学生用以维持和提高基础有氧适能的目标心率区是每分钟 152 ～ 164 次。

以帮助学生获得精确的步数。步幅较小的年幼儿童和老年人仍会漏步，那些步态异常的人也一样。如果计步器对某种步态（或轮椅）无效，学生可以配对进行计步，以正常步态学生的步数作为两人共用的结果。

目前遇到的一个最大的问题是要走多少步才足够？包括成年人和儿童在内的许多研究已经尝试将每日步数和健康益处以及推荐的体育活动水平联系起来。因为儿童本身就比成年人活跃，所以成年人 10 000 步的标准（Hatano, 1993; Welk et al., 2000）可能有点低。为了达到体育活动生活方式奖（PALA）（详解见下文）的每日步数要求，体适能和运动总统委员会（2008b）要求 6 周内每周 5

体育活动生活方式奖（PALA）

体育活动生活方式奖是体能与运动总统委员会（PCPFS）为激励和奖励那些定期参与体育活动的人而设立的一个奖项。这不需要达到一个特别的体适能等级，所以 PALA 的目标是增加积极运动的健康美国市民的人数。

天，女生每天至少记录 11 000 步，男生每天至少记录 13 000 步。这些数字来自用计步器对青少年活动模式的研究结果（Le Masurier et al., 2005; Vincent et al., 2003）。图德尔洛克以及他的同事（Tudor-Locke et al., 2004）研究了每天步数和体重指数（BMI）之间的关系，他们发现，分别积累了 12 000 步和 15 000 步的 6～12 岁的男女生，体重易于保持在国际体重指数标准之下，不会出现超重或肥胖。我们仍需要更多的研究来探究一些问题，诸如健康的儿童是否只是因为走得更多，或者更多的步数是否一定能带来健康的身体。要注意的是，计步器不会记录骑车和游泳这类体育活动。

为了解决个体差异，潘格瑞兹、贝尔和西德曼（Pangrazi, Beighle, Sidman, 2003）建议通过基础步数和目标步数来实现。基础步数是通过连续 4 天（儿童）或 8 天（成人）穿戴计步器来计算出每天的平均步数，然后在基础步数上，每两周增加 10% 的步数，最终的目标是实现超过基础步数 4000～6000 步。例如，一个学生的基础步数是 6000 步，需要每隔两周增加 600 步，直到他达到每天 10 000～12 000 步。

最近，人们发现计步器最大的一个缺点是难以评估运动强度，无论强度差异如何，走 1000 步和跑 1000 步都以同样的方式计算。新的计步器可以在计步的同时记录时间，可以让学生将他们走的步数按照时间分成几个部分以获取他们的每分钟步数（SPM）。以 1000 步为例，一个学生可以在 10 分钟内走完 1000 步（1000/10=100 SPM）或者 20 分钟走完 1000 步（1000/20=50 SPM），那么可以对其进行假设，一个人每分钟走的步数越多，活动强度就越大。由于高中生更需要了解如何通过计步器记录其体育活动，下文将先介绍关于成人步速的信息。对于成人来说，中等强度是大约每分钟至少 100 步（Marshall et al., 2009）。为了达到目前成人 150 分钟中等强度体育活动指南的目标，成人必须在 30 分钟内走完 3000 步或者分为 3 个 10 分钟，每 10 分钟走完 1000 步（Marshall et al., 2009）。格瑞森、潘格瑞兹和文森特（Graser, Pangrazi, Vincent, 2009）通过跑步机测试了数名 10～12 岁学生从中等强度到高强度的步速，测试结果显示，男女生每分钟 120～140 步是对应中等强度到高强度体育活动的步数。高体脂率这类特殊人群，可以在 120～140 SPM 的基础上提高他们的步速来获得更多的益处。有 SPM 功能的计步器对教授学生关于强度、记录基础步数以及设定目标步数，是一个极好的设备。

计步器的推荐穿戴位置是在和腰线平齐的大腿正前方。但如果腹部脂肪或宽松的腰带让弹簧计步器向前倾斜了 10 度以上，计步的时候会不准确，那么选择另一个位置穿戴效果会更好（Crouter et al., 2005; Duncan er al., 2007）。解决这个问题的办法是使用可以放置计步器的弹性腰带，同时也解决了因腰带边缘太厚而导致计步器滑落的问题。还可以把计步器移到体侧腰部的位置上，看看计步器在哪个位置能计算出最精确的结果。在某些情况下，虽然把计步器移到身体的两边或背部就可以解决计步器倾斜的问题，但是这样会导致学生看不到计步器上的数字。为了找到计步器的最佳位置和提高准确性,库迪西(Cuddihy, 2005)和他的团队建议把计步器放在右腿中部上方的腰带上,走100步再看看计步器上的数字。如果有3步及以上的误差,将计步器往右移一点(略微地靠向髋部前方)然后重新测试。如果还是有3步及以上的误差,把计步器放在腰带的后面或放在弹性腰带上。这个测试假定计步器准确放置,误差应该在3步以内。有3种语音播报的计步器被放置正确的话,对视力有问题的学生来说是有帮助的(Beets et al., 2007)。

教师需要有高效的方法来发放、使用和回收计步器。计步器应统一存放在储存室,学生可以快速从储存室里挑选计步器让同伴帮忙戴上。让学生在他们自己的记录表上记录步数比教师记录要快得多。为防止损坏,推荐使用安全腰带,并且要蹲下或坐下戴计步器(至少是开始之前),这样的话即使计步器掉落也不会发生损坏。最近上市的计步器有多种记录功能,可以

记录多个指标,如步数、距离、热量、持续分钟数以及总活动时间。选择计步器种类的时候要根据使用最频繁的那项指标的可靠性来选。大多数创造性、指导性和激励性的课程都可以使用计步器(Lubans et al., 2009; Pangrazi et al., 2003, 2007)。

跨学科思想

在教授有氧适能概念时,有很多使用跨学科方法的机会。通过和各科教师合作,在非体育课时也可以向学生讲授体育活动的相关概念,进行一些补充。例如,数学老师可以教学生计算目标心率(初高中水平),那么学生在上体育课时就能训练自己达到目标心率区间。可以让小学生记录他们在体育课、休息以及在家时活跃时间的累计分钟数。数学好的学生可以预测步行一段确定的距离需要的步数,然后用其和慢跑的步数来比较一下预测的结果。

在语文课上,学生可以写一些他们参

脉搏数学

为了促进跨学科学习,可以简单地给出基于学生在不同的时间间隔内数自己的脉搏来计算心率的数学问题。为了增加学生的兴趣,可给出以下问题。

1. 孙同学在30秒内数了35次心跳,他同学的心率是多少?

60÷30=2

所以用35乘以2就能得到心率,

35×2=70次/分

2. 迪安德尔同学在10秒内测得心跳27次,她的心率是多少?

60÷10=6

所以用27乘以6就能得到心率,

27×6=162次/分

3. 谁更适合慢跑呢?孙同学还是迪安德尔?谁更可能在教室坐着?

这是一个将数学整合到课外活动的有用方法。4～6年级的教师很愿意给出这样的题目,并会给出时间让学生学习并完成练习。一些学生同样可以给同伴提出这样的题目并解决。这种有创造性的计算,可以给那些因健康原因不能参加体育活动的学生提供一个可以参与的活动。

教学提示：有氧适能教学

许多学生，尤其是年幼的儿童，当教师给他们提供一些额外的知识时，他们就能够有效地理解并监测自己的心率。例如，教师使用节拍器来教授关于心率的知识，学生可以很好地理解每分钟 200 次心跳听起来是怎么样的节奏。

另一种加强对心脏工作认识的有趣方法是问学生从他们出生到现在心脏总共跳了多少次。首先要弄清楚心脏每分钟跳多少次，然后再计算每小时、每天、每年，最后就得出从出生到现在的心跳数。鼓励学生在能力允许的情况下，将计算出来的结果精确到与他们的年龄一样。

卡罗琳·马斯特森（Carolyn Masterson），副教授
蒙特克莱尔州立大学
新泽西州北蒙特克莱尔

加过的体育活动；在体育课上，他们可以将笔下的文字转化为实际的行动。科学教师可以给学生讲一滴血液是如何流过心脏、肺，然后流入运动中的肌肉；体育教师可以在操场上画一个心脏运动的图表，让学生按照图表的强度进行活动。音乐教师可以教授节奏方面的知识，体育教师可以让学生创造出自己的有节奏的有氧运动。另外，可以将地理和地图学习及定向运动进行整合，历史可以在游戏中重现。可能性是无止境的，如果学生参加实际的体育活动以及学习综合性的知识，回报也是无限大的。更多的跨学科思想，请参考小学、初中及高中阶段的活动指南。

有氧适能的训练方法

有 3 种保持和提高有氧适能的训练方法：持续训练、间歇训练和循环训练。教师必须根据年龄、能力以及每个学生的体适能水平来调整这些方法的应用，让每个学生选择自己的活动方式可以帮助教师建立个性化的机制。例如，在间歇训练中给学生提供长一点的休息时间，或者让学生自己选择有氧适能循环训练的组合方式。要记住，学生可以自己监测心率，但是计算心率和目标心率区间只能适用于高年级学生，关于这一内容前文已有说明。

持续训练

持续训练是在相对较长的时间内进行相同的活动和运动。这种活动方式不适合儿童。持续活动定义为持续至少几分钟而不休息的运动（NASPE, 2004b）。前文提到，高强度的持续活动对 6 ～ 12 岁的儿童来说是不合适的，但是一些中等强度的活动是可行的（NASPE, 2004b）。如果教师让处于基础阶段的学生进行了持续活动，那么就要安排足够的休息时间。3 ～ 5 分钟中等强度的持续活动是基础阶段和体质稍差学生的上限，而 10 分钟是对稍高阶段（3 ～ 5 年级）学生的一个较合适的上限。20 分钟及以上的持续活动，根据具体目标和体适能水平，对初中生和高中生来说比较合适。表 5.1 介绍了关于不同年龄阶段的学生使用 FITT 指南的信息。

对于高中生来说，计算和监测运动心率越发重要。初中生可以计算心率，但是不用强求他们将心率维持在一个既定的区间内。通常高强度的活动容易让人失去兴趣，因此教师需要控制其时间，高强度训练更适用于运动员。初高中生可以使用成人模型计算目标心率或者以他们觉得舒适的速度来进行活动。

注意运用循序渐进和超负荷原则，FITT 原则（频度、强度、时间和类型）可以根据个人情况来强化，注意避免把这些参数提升过快，以免导致对运动失去兴趣。当一个人处于运动计划的开始阶段时，应先增加持续时间，在有规律地运动一个月及以上后，频度、强度、时间和类型这些变量可以逐渐调整增加（CACSM, 2010）。调整这些变量并让学生参与目标和运动计划的设计过程。灵活富有变化的游戏是长期坚持体育活动的有趣方式，教师可以给学生介绍一些在空余时间他们愿意参加的活动和游戏。对初高中生来说，通过一定时间的综合有氧活动来将心率提高至目标心率并保持下去，可能是更有趣的办法，这有益于提高学生整体的体适能水平。

　　"法特莱克训练"（Fartlek training）是持续训练的改良版，该方法通过在不断变化的条件下持续活动来增加运动强度。法特莱克这个词语来自瑞典语"速度运动"（speed play），而且这种高强度的爆发性训练并未像间歇训练那样能进行系统的控制。真正的法特莱克训练法只是针对教练和专业运动员，不适用于学校体育教育。这种类型的训练（如爬山）可以提高技巧、力量、肌耐力、一般有氧耐力以及心理健康（Greene and Pata, 1997），这些益处不完全是体育教师在课堂上教学的目标。这种方法只能用于教授那些诸如想在篮球这类专项运动中提高速度的运动员。尽管真正的法特莱克训练法有局限性，其改良版可以用于小学阶段的儿童，但应注意通过频繁改变运动强度与方向，全面刺激全身不同的肌肉（Virgilio, 1997）。图 5.4 展示了适合年龄较大的、身体状况较好的小学生的法特莱克训练课程示例，教师可以为年龄较大的学生设计相似的改良活动，尤其是学生可以自由选择强度的

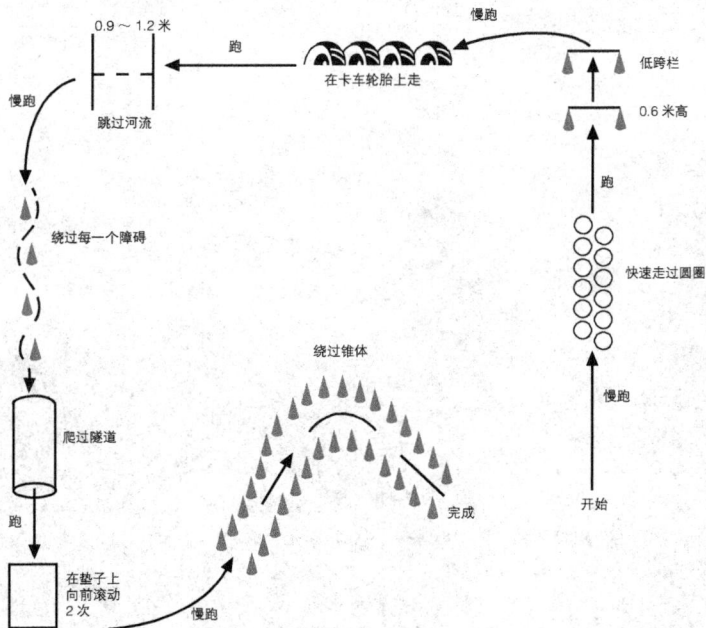

图 5.4　法特莱克训练课程示例。使用这个示例课程的学生应该是高年级小学生或者身体情况较好的学生
源自：Adapted, by permission, from S. Virgilio, 1997, *Fitness education for children*（Champaign, IL: Human Kinetics），149.

活动。

间歇训练

与持续训练相比，间歇训练可以在相同甚至更低的疲劳感下，完成更多高强度活动。这种类型的训练往往是有一定休息时间间隔的短时高强度训练。年幼儿童的天性更适合此类活动，但是教师要确保学生在每一个短时高强度活动期间有充分的休息时间。这种类型的训练也为年龄较大的学生提供了尽快开启其锻炼周期的契机。初高中生知道怎样测量心率后，可以让他们测量自身运动前的心率，并以恢复到该心率作为间歇时间的标准。为保证该方式可行、有效（在循环训练中），教师需控制每一个站点的人数。否则，当一个站点的学生心率下降，可以开始下一项活动时，可能下一个活动因上一个站点的学生心率并未恢复而无法顺利循环。

间歇训练也可以是由低、高强度的活动交替组成，而非一定需要休息时间。严格来说，这属于法特莱克训练的一种形式，而不是真正的间歇训练，因为其本质上是连续进行的。一个最恰当的例子就是中、快节奏交替跳绳。真正的间歇训练是，学生在短时间内以一个相对高的强度跳绳，休息，然后再进行高强度跳绳。

活动开始时必须保证每一个站点（运动项目）的学生人数相等，且每一个站点均需预留供额外 3～4 名学生使用的装备和空间。大部分学生都想进入（下一个）站点，尤其是在下一个活动很有趣的情况下。年长的学生有能力参与结构化的间歇训练，但是这超出了体育课的范畴。技巧就是让这种类型的训练变得有趣，不要像田径教练那样让运动员进行冲刺跑，教师可以让学生一边相互传球，一边以最快速

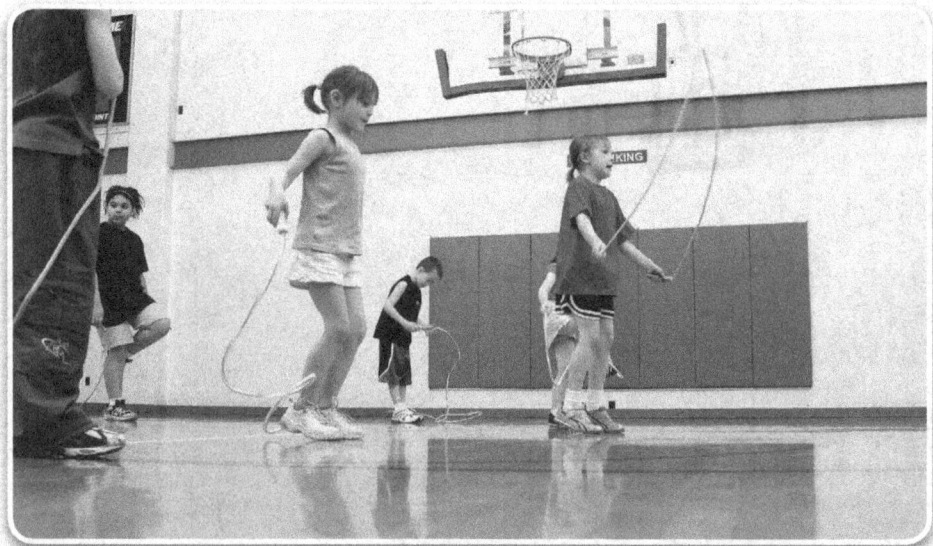

间歇训练不仅仅是冲刺跑。上图是学生跟随音乐的节奏在跳绳，可以在快和慢的节奏中交替进行。

度跑到终点。若把休息时间设定为运动时间（通常为 3～4 分钟）的一半或相等，那么间歇训练可以用来提高有氧适能。

循环训练

循环训练包括几种不同的运动和活动形式，当学生从一个站点进入下一个站点时，可以变换强度或活动类型。儿童的天性使其更愿意参与这种间歇性活动。贝利等人（Bailey et al., 1995）认为，有短暂休息时间的间歇性活动对学生的正常成长和发育是必要的。教师可以通过改变每个站点的运动时间和站点间的休息时间来调节活动强度（如在绕活动场地跑一周后做拉伸练习）。图 5.5 展示了适合小学生的

排队练习

维尔吉利奥（Virgilio, 1997）提出了一种持续的有氧适能活动。可以将这种活动视为法特莱克训练的一种形式（见"持续训练"部分），学生必须暂时加快速度才能跑到领头位置。

让 7～8 个学生站成一排，面朝同一方向，然后让他们保持直线队形，由领头人带队，可朝着任何方向慢跑或步行。听到信号声后，队伍最后的那个学生必须以最快的速度跑到队伍前面成为领队，然后重复这个过程，直到每个学生都有机会成为领队。

源自：Reprinted, by permission, from S. Virgilio, 1997, *Fitness education for children*（Champaign, IL: Human Kinetics），149.

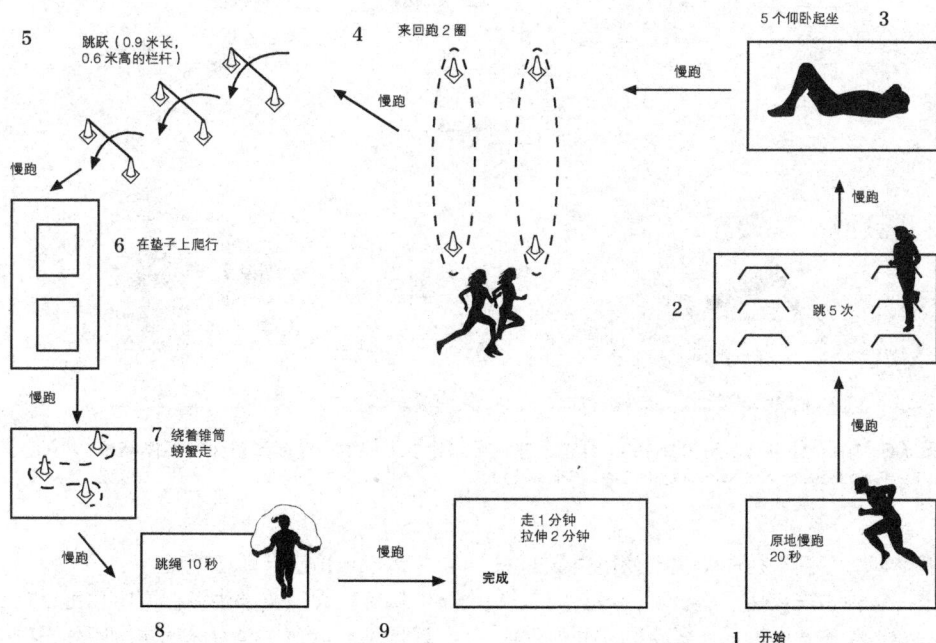

图 5.5 适合小学生的循环训练示例
源自：Reprinted, by permission, from S. Virgilio, 1997, *Fitness education for children*（Champaign, IL: Human Kinetics），149.

站点活动和运动设备

循环设置活动站点是高效使用设备的合理方式，同时还便于进行多种活动。例如，如果只有4台固定自行车，教师可以在一个运动循环的其中一个站点放置这些自行车，并将学生分成4组。其他站点可以进行有氧适能活动，如跳绳、快走和有氧舞蹈。如果台阶和跳绳较多，那么可以把这些设备放在多个站点内，这样可以让每个组有多种选择。这里有一些如何有效使用设备的建议，具体如下。

• 将站点活动作为一种技能复习方式。
• 设计适合学生年龄和年级的任务卡片——这是一种很好的激励方式。
• 让学生自己根据不同的主题或者体适能成分设计站点活动。
• 在不同站点设计不同强度和体适能成分的活动。

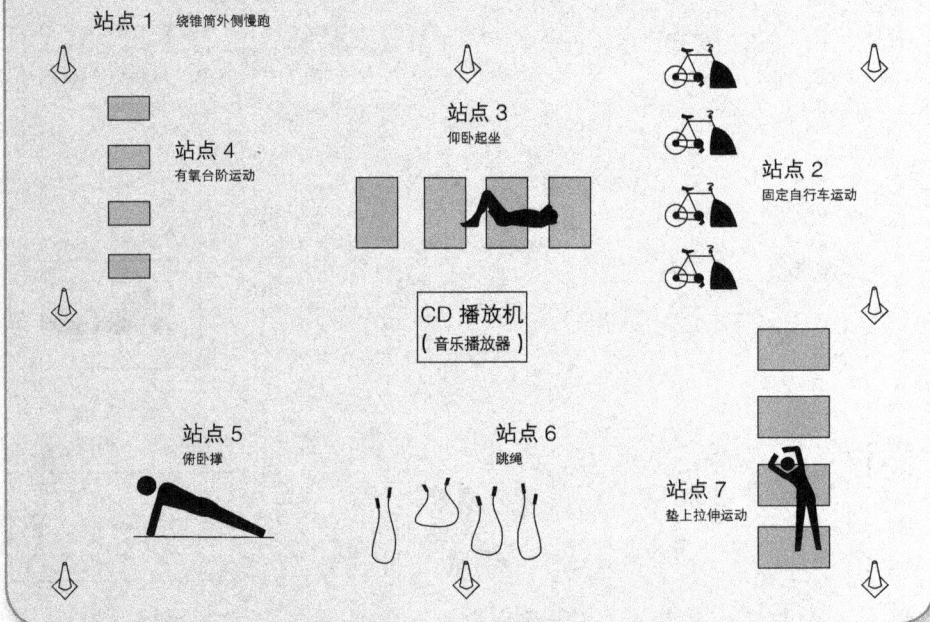

站点 1 绕锥筒外侧慢跑

站点 4
有氧台阶运动

站点 3
仰卧起坐

站点 2
固定自行车运动

CD 播放机
(音乐播放器)

站点 5
俯卧撑

站点 6
跳绳

站点 7
垫上拉伸运动

图 5.6 站点活动可以增加活动的多样性，并且可以让学生持续活动起来以保持整体健康
源自：From Mosston and Ashworth 2002; and Grineski 1996.

循环训练示例。初高中生会使用类似的安排，这种安排包括了适合不同年龄的有氧适能活动，学生可以在既定的时间范围内循环进行这些活动。循环训练可以让有氧适能活动变得多样化，这是因为每一个站点都可以自由组合活动项目。

年龄较大的小学生和初高中生可以自己设计站点活动，作为一种体适能知识的实际应用。例如，持续训练和循环训练本质上都是有氧活动，个体的体适能水平也决定了活动的强度和持续时间。为了保持活动可以组织有序地顺畅进行，可以考虑使用任务卡和箭头标志来促进活动的整体进展。

通过有氧适能活动提高运动技能

我们不应该忽视运动技能提升的重要性，尤其是对处于小学阶段的学生。《体适能教学与训练指导》将多种促进运动技能的活动融入有氧训练，也使其更加有趣。例如，在第 3 版"有氧运动"一节中便将不同专项运动技能作为站点活动内容添加在循环训练中。

很多活动都可以通过调整或变化其活动形式以提升有氧适能或运动技能，这种方法给学生演示了如何将有氧适能知识运用到实际的体育活动中。要尽可能将健康体适能和运动技能相结合。以下是 6 种可以将运动技能整合到有氧适能活动中的特殊方法。

- ▶ 在每一个站点的有氧循环训练中安排相关的专项运动技能练习。
- ▶ 障碍课程。
- ▶ 抢球游戏。
- ▶《体适能教学与训练指导》中的活动——含有运动技能练习。
- ▶ 轮滑。
- ▶ 游泳接力。

有氧适能活动安全指南

研究表明，儿童对运动的应激反应不同于成人（Bar-Or, 1993, 1994; Zwiren, 1988; Rowland, 1996），在帮助儿童提高他们的有氧适能水平时，有很多问题需

要考虑。作为一名教师，在应用训练原则时（Bar-Or, 1984; Rowland, 1996），要把下列成人和儿童不同的生理差异牢记于心。

- ▶ 儿童在休息和运动（相当于绝对负荷）时，会比成年人产生更多的能量消耗。
- ▶ 儿童流汗比成人少，因此蒸发散热对儿童来说会有难度。
- ▶ 青春期前的儿童和成人相比，其无法在高温环境下维持长时间运动。
- ▶ 在高温下运动时，儿童比成人更容易感到疲劳。
- ▶ 儿童在既定次最大强度的运动中会消耗更多的氧气，运动效率更低。
- ▶ 在休息和运动时，儿童的心率通常比成人高。
- ▶ 儿童的最大心率在 195～205 次/分，个体差异很大。
- ▶ 儿童的呼吸效率（呼吸的空气量）比成人更低。
- ▶ 和成人相比，儿童有较高的呼吸频率和较低的潮气量（正常静息呼吸下的吸入和呼出的空气量）。
- ▶ 在次最大和最大运动强度下，消耗每升氧气时，儿童的肺通气量更多。
- ▶ 儿童在运动时，换气的速度比成人快。

由于这些生理特点，儿童需要增加休息频率，尤其是对年幼的学生来说，要在运动前、运动中以及运动后饮用充足的水。为避免受伤，应让学生多做符合自身水平的运动并且要限制高强度运动。不要让小学生在过热和过湿的环境下运动，并且要根据教师的判断及时取消或减少初高中生的运动。尽管有氧适能活动对大多数学生来说相对安全，但是教师仍需要特别关注一些学生，要清楚哪

通过小心的计划和改良的活动，为有特殊需求的学生传授超负荷原则和循序渐进原则及 FITT 原则。

个学生有哮喘病、心脏病、糖尿病或者有没有做过矫形手术等。并不是所有这些情况的症状都很明显，所以教师需要查询学校记录、找校医和其他教师谈话、询问学生家长，并且要认真阅读学校的规章制度以确保自己充分了解学生情况。对于如何安全地适应超负荷和循序渐进的原则，以及如何遵循 FITT 指南，要对那些对此有疑问的同学进行辅导，让其能够处理这些问题，或寻求其他人的建议。如果有疑问，要获得家长的书面许可并找学生的医疗保健医生谈话（见第 11 章）。

小结

要让每一个年龄阶段的人能够进行且享受有氧适能活动。儿童可以在间歇的、有趣的活动中茁壮成长。初中生可以开始进一步提升有氧耐力，但还是不能参照目标心率区间的标准。高中生可以学习如何将强度、心率、摄氧量和自感用力度等级结合起来。教师可以教授不同类型的活动，并让学生在他们各自的水平上获得有氧运动的乐趣（见表 5.1）。实现快乐运动的有效途径是通过一些循环运动，其中包含了一些站点，可以很好地达到这个效果。有氧适能可以与技能提升相结合，还可以融入许多课外活动中。学生可以使用速度计测试、英里跑、英里走来学习如何评估自己的有氧适能水平。学生的终极目标是找到他们喜欢的有氧活动、养成健康的活动模式，以及理解如何应用 FITT 原则及其他训练原则，来达成自己的有氧适能目标。

第6章

肌力与肌耐力

乔·多伊奇（Joe Deutsch）

　　为了体适能的全面发展，一套全面的健康体适能训练计划必须包括肌力与肌耐力的内容。肌力与肌耐力训练对成人的健康极为有益，这一点在文献研究中已有非常翔实的记录，但其给儿童健康所带来的益处却鲜有记录。但是，这并不意味着儿童不用提升自己的肌力与肌耐力水平。在制定肌肉适能训练计划时，不可将儿童当成小版的成人，一定要牢记"成人的举重模式并不适用于儿童"。许多成人进行负重训练的目的并不仅是为了提升举重能力，往往还出于其他目的，如增强运动表现水平、防止肌肉受伤。但是这样的训练模式究竟是否适用于儿童，学界对此观点不一。青少年力量训练专家（Faigenbaum and Westcott，2009）建议，儿童在参与一项运动计划前，需要进行一定程度的力量提升活动来预防伤病并提高运动技能，有点类似于成人运动员的赛季前的体能训练。尽管这些训练和建议可能适用于儿童，但是体育课的重点还是应该放在为学生创造积极体验、注重技巧的活动上（见图6.1）。

通过这种方法，学生能够将这些技巧应用到休闲（体育运动）活动当中。学生应该根据自己的个人需求设定切合实际的学习目标，并且应认真学习抗阻训练的相关技巧及安全问题。教师应向学生展示各类基本的运动概念、潜在的健康益处以及安全高效的教学指南。本章将介绍一种可靠的、经过科学验证的方法，教授学生肌力与肌耐力的训练原则。

图 6.1　一些帮助学生提升肌力与肌耐力的活动示例：a.俯卧撑（肌力训练）；b.引体向上（肌力训练）；c.坐在瑜伽球上，利用腿部肌肉做跳跃运动（肌耐力训练）；d.张力带（肌力与肌耐力训练）

肌力与肌耐力的定义

为了让学生能够进行安全、高效的抗阻训练，教师必须透彻理解各种与肌力、肌耐力相关的术语。**肌力**指的是肌肉或肌肉群通过完整的收缩动作，释放出最大的力量以克服阻力的能力。完整收缩至关重要，因为任何运动，只要没有进行完整收缩，都无法达到预期的训练目的——只有进行了完整收缩后，肌力与肌耐力才会有所提升。肌力的表示方法一般为 1RM，即**只一次重复举起的最大重量**。在本章的后半部分，即"测定 1RM"部分中也提到该概念对于制定合理的训练负荷及开发适用练习的重要性。**肌耐力**指的是肌肉或肌肉群在一段时间内，反复释放次最大力量的能力。

本书将肌力与肌耐力统称为肌肉适能，因为在实际体育活动及运动中，二者难以区分，特别是对于初级阶段的学生而言。在本书中，大家会发现许多运动都利用儿童身体的重量作为阻力（见"教学提示：肌力的教学方法"）。

教学提示：肌力的教学方法

小学生需要学习不同重量的力量训练给身体带来的感受有何不同。可以让学生使用多种类、多尺寸（1～5千克）的力量训练器械进行练习，教会其感知不同重量的训练给身体带来的不同感受。

俯卧撑的做法不止一种，但是每种做法都需要保持背部的稳定。做俯卧撑时，可在背上放一个沙包或一个网球，帮助学生学习正确的俯卧撑姿势。要求学生在做俯卧撑时，保持沙包或网球不掉，长此以往，定会做出非常标准的俯卧撑。

卡罗琳·马斯特森，副教授
蒙特克莱尔州立大学
新泽西州北蒙特克莱尔

示：肌力的教学方法"）。

合理的负重训练中，无论对于成人还是儿童，在增加重量并减少重复次数之前，必须（在低重量下）保持动作标准且达到一定的重复次数。同时，切忌通过快速重复动作来借助动力辅助举重。练习者可以以 6 秒为一个练习单位，在练习过程中，用 2～3 秒将重物举起，再用 3～4 秒将其放低，过程中注意技术动作标准。此外，儿童不宜用过重的物体练习（少于 6 次重复）。对于儿童而言，普遍的标准为每组动作重复 6～15 次，以促进力量水平的变化。研究表明，单个动作完成 6～8 组，每组重复 6～15 次，能够使青少年的力量最大限度地提升（AAP, 2001; Faigenbaum and Westcott, 2009）。可以将这门课程命名为肌肉适能课，不用细分为肌力和肌耐力。

抗阻训练或力量训练是系统的、需要提前计划的一种训练。训练时使用不同方式（如自身体重或张力带）或是能够给运动系统（肌肉、骨骼）逐步增大压力以提升肌力的设备（机器或自由训练器械）（ACSM, 2003; Faigenbaum, 2007; Faigenbaum and Westcott, 2009）。另外，举重被视为一种展现最大力量的竞技性运动，奥运会中的举重项目被细分为抓举和挺举（AAP, 2001）。儿童并不适宜参加力量举重（一种结合硬拉、深蹲以及卧推的竞技性运动）或评判肌肉尺寸、对称性以及健美类的活动（AAP, 2001）。因为儿童在生理上还未发育成熟，所以难以看到肌肉尺寸、对称性以及线条的变化。

在进行抗阻训练时会出现健康问题，主要是由于人们对相关专业术语的混淆。许多人会采用成人的训练模式进行抗阻训练和健身，觉得训练重量越重越好，而且还会参加一些竞技性的举重运动，但这种模式并不适用于儿童。有许多关于抗阻训练的建议方法，可为儿童抗阻训练计划的制定提供指导（AAP, 2001；ACSM, 2009, 2006；Faigenbaum, 2003；Hass et al., 2001；NSCA, 2008）。权威专家普遍认同，抗阻训练或负重训练对于儿童而言是安全的，但举重、健美以及其他注重最大力量的竞技性运动并不适合儿童。在这种环境下，凡是涉及肌力与肌耐力训练的运动，都会提到"抗阻训练"这一专业术语，因为抗阻训练包括多种运动，不仅只是利用重物进行训练的方式。

抗阻训练的益处

抗阻训练的益处有很多，其中许多都与年龄相关，尤其是青春期后的青少年，能够从中获得更大的益处，提高运动表现水平。

抗阻训练的潜在益处如下。

► 增大肌力（Faigenbaum, 2003, 2007；NSCA, 2008）。
► 增加肌肉爆发力或力量快速释放的能力（Faigenbaum, 2003）。
► 增加肌耐力（Faigenbaum, 2003；Fai-genbaum and Westcott, 2009；NSCA, 2008）。
► 利用循环负重训练提升有氧适能（Faigenbaum, 2003）。
► 避免肌肉骨骼系统的损伤（Faig-enbaumand, 2003；Faigenbaum and westcott, 2009）。
► 增强运动表现水平（Faigenbaum, 2003；Faigenbaum and Westcott, 2009）。
► 降低成年之后的骨折风险（Karlsson et al., 2002）。
► 在骨骼生长期间，促进骨骼生成，包括增强骨骼强度及促进骨骼生长（Faigenbaum, 2003；Turner and Robling, 2003）。

青春期前的儿童不仅能获得上述益处，还会获得许多与成人抗阻训练计划相关的健康益处，主要如下。

► 改善血脂状况。
► 改善身体成分。
► 促进身心健康。
► 培养更加积极的终身运动态度（Faigenbaum, 2003）。

美国国家体能协会对青少年抗阻训练的看法

以下为 2009 年美国国家体能协会（NSCA）对青少年抗阻训练的看法。

1. 经过合理设计与监管的抗阻训练计划能够保证儿童和青少年的人身安全。

2. 经过合理设计与监管的抗阻训练计划能够增强儿童和青少年的力量。

3. 经过合理设计与监管的抗阻训练计划能够帮助儿童和青少年提升运动技巧和运动表现水平。

4. 经过合理设计与监管的抗阻训练计划能够避免儿童和青少年在运动和娱乐活动中受伤。

5. 经过合理设计与监管的抗阻训练计划能够促进儿童和青少年的社会心理健康发展。

6. 经过合理设计与监管的抗阻训练计划能够促进儿童和青少年的整体健康。

源自：Reprinted, by permission, from A.D. Faigenbaum et al., 2009, "Youth resistance training: Updated position statement paper from the National Strength and Conditioning Association," *Journal of Strength and Conditioning Research* 23(Suppl 5): S60–S76.

安全是健康体适能教育中的重要内容，但最重要的是要遵守本章末尾所归纳的安全指南。同时，还应探索其他与提升儿童和青少年肌力与肌耐力有关的训练方式，这些方式应安全有效。此外，在设计和实施相应课程计划以及活动时，应注重儿童的年龄差异、实际能力、身心成熟情况、运动经验以及每个学生的体适能差异。

抗阻训练的注意事项

在考虑训练设备和教学理念之前，体育教师必须事先了解部分与抗阻训练有关的注意事项，特别是对于青春期前的儿童。制定儿童抗阻训练计划之前，应仔细确认以下注意事项（Faigenbaum and Westcott, 2009）。

▶ 必须确保儿童在生理及心理上全都准备就绪才可进行。
▶ 训练过程必须由了解儿童抗阻训练以及青春期前儿童特殊问题的教师全程监控。教师与学生的比例应为 1∶5，教师与有运动经验的青少年的比例可以为 1∶10。
▶ 每次举重练习前，教师必须强调技术动作的准确性以及安全的重要性。
▶ 使用并不适合儿童的器械进行训练时，一定要格外谨慎。
▶ 抗阻训练不应被视为一种独立的训练活动——应被视为增强运动技巧以及体适能水平的整体训练计划的一部分。
▶ 抗阻训练前应当进行热身运动，训练结束后也应进行放松运动。
▶ 该训练计划应包括向心收缩（肌肉收缩）以及离心收缩（发力状态下肌肉伸展）。
▶ 需要强调的是，全程都要完成最大范围的活动。

除了上述需要考虑的因素之外，美国儿科学会还建议，儿童以及青少年在进行抗阻训练前，应进行一次体检，以排查限制或禁止其参与抗阻训练的身体问题或骨骼问题。尽管在进行抗阻训练时需要注意上述内容，但这并不应该成为教师在体育课上教导学生进行抗阻训练的障碍。只要方法合理、监护细心，无论哪个年龄段的学生都会体验到抗阻训练的乐趣，且不会出现安全问题（Sullivan and Anderson, 2002）。

根据不同年龄制定训练计划、训练内容的多样性以及合理的监护，都会让儿童进行更为安全、高效以及有趣的抗阻训练活动。教师要意识到，每个学生都是不同的，必须了解其生理和心理的独特性。相应地，学生也应该清楚抗阻训练的益处与风险。虽然学生的需求、目标和兴趣在不断地变化，但抗阻训练一直被视为安全且高效的训练运动，是青少年体适能训练计划的一部分（Faigenbaum, 2007）。

尽管根据年龄所制定的抗阻训练指导原则是源于 FITT 指南，要求抗阻训练应从较轻到较重的重量进行，但在制定抗阻训练计划时，还是应该根据"训练年龄"（如训练年限）进行具体安排。这样一来，便能够让年幼的、有经验的学生在合理指导与监护(利用循序渐进以及超负荷原则)的情况下，进行安全的自我挑战。利用每组运动的重复次数来决定练习重量，使学生每组运动达到 6 ～ 15 次重复次数。该方法避免了对"轻"和"重"的模糊定义。当学生能够完成 15 次重复之后，便可以将重量增加 0.5 ～ 1.5 千克（Faigenbaum and Westcott, 2009）。

肌力与肌耐力的
教学指导

即便没有先进的训练设备，学生也能够学习肌肉适能的概念以及抗阻训练课程。橡胶管或其他材质的阻力带，既便宜又方便购买。小学期间，大多数学生可以利用自身体重练习，部分学生甚至可以延续到中学阶段。还有一种方法是收集食物罐头，利用它们作为小重量进行锻炼（而且使用完之后，还可将其捐赠给当地的食物赈济处）。如果学生的教师或母亲有缝纫机，可以为学生缝制一个挂包，并在里面装一些不是很重的物体、食物罐头或是其他能够用于抗阻训练的物品。挂包的承重能力应该足够大，以便学生在每个站点可以选择适合自己的重量进行训练。学生也可以通过不同球类运动来训练自己的平衡和力量。此外，如果没有训练设备，还可进行双人抗阻训练。许多小学阶段的学生心理尚未发育成熟，无法参与正式的抗阻训练，但他们可以根据《体适能教学与训练指导：小学阶段》进行肌力和肌耐力的训练。该指导会为这一阶段的学生提供合适的肌肉适能训练活动。小学快毕业时，可给学生一个机会，让其接触较为正式或综合的抗阻训练计划（Faigenbaum，2003）。虽然大部分运动指南都是根据年龄顺序编写的，但还是要切记，在制定抗阻训练计划时，要时刻考虑训练者的心理以及生理的成熟度。

在选购训练器械时，要选择符合学生基本训练需求的器械。大多数器械的重量并不适合体型较小的学生，因此阻力带、哑铃、药球或是负重器械更加合适。但在使用以上器械时，一定要注意安全，因为阻力器械的使用可能会带来关于正确姿势以及运动技能方面的安全问题。绝大多数青少年在进行抗阻训练时受的伤都与不正确的举重技术动作、最大重量的选择有关，或是训练时旁边没有受过专业训练的成人监护（Faigenbaum，2003）；在进行硬拉、卧推或是过头推举时，也容易受伤。记住，使用传统的负重训练器械仅是训练方式的一部分。

学生在增加负荷前，应先对自身的体重进行管理。在《体适能教学与训练指导》中，我们已经提到了很多种运动和活动都可以在没有运动器械的条件下进行，并且也有很多有关肌力与肌耐力的概念。

青少年抗阻训练指南

- 提供合格的训练计划以及合理的监护。
- 消除训练环境的安全隐患，确保其安全性。
- 每次训练前的动态热身运动时间为5～10分钟。
- 开始时可以设计单组10～15次重复次数的练习，适度负荷。之后可根据需要或目标逐步调整为2～3组，每组6～15次重复次数。
- 随着力量的提升，逐渐增加阻力（5%～10%）。
- 注重技术动作的准确性，而非训练重量。
- 训练频率为每周2～3次，且不能连续。
- 利用个性化的训练日志监控进步状况。
- 系统规划不同的训练计划，时刻保持对运动的新鲜感，带给自己更多的挑战性。

源自：Adapted from A. Faigenbaum, 2007, "Resistance training for children and adolescents: Are there health outcomes?" *American Journal of Lifestyle Medicine* 1: 196.

训练原则

在第 3 章中，我们说明了抗阻训练的基本训练原则，教师可以教授学生多种练习以提升其肌力或肌耐力，学生只要遵循这些原则即可。在成人的训练模式中，调整运动模式、动作组数、重复次数以及重量都至关重要，但是近期研究（Faigenbaum et al., 1999）表明，与高负荷 7RM 的练习相比，中等负荷 14RM 的练习对于促进青春期前（无论男女）学生的力量增长更有帮助。如前所述，每组动作的重复次数为 10～15 次对于青少年而言才是最合适的。随着年龄的增长以及训练目标的转变（即由先前的技术动作学习转变为重量的增加，以适应后续的训练和运动状况），可适当增加动作组数。

本节会带领大家回顾第 3 章中提及的训练原则是如何具体应用到抗阻训练中的。

超负荷原则、循序渐进原则、专门性原则、周期性原则、个性化原则

超负荷原则对身体肌肉组织的能力要求更高，因此建议进行肌力或肌耐力提升训练的学生，必须在整个训练过程周期性地增加运动负荷，特别是针对运动肌肉需要采用比平时更大的阻力以应用超负荷原则。增加重复次数也是进行超负荷肌肉训练的方法之一，但此法只适用于肌耐力的提升，并不适用于肌力的提升。减少每组动作之间的休息间隔时间也是一种超负荷训练方法。记住，训练负荷的增加必须符合学生的年龄及体适能水平，以及生理年龄并不一定是决定负荷和重复次数的最佳标准。以上建议与成人的运动处方略有不同，以期能够更加安全有效地提升学生的肌力。因此，学生训练时，推荐使用动作组数为 1～3 组，每组重复次数为 6～15 次的训练模式。该模式使学生更易于完成，且当他们看到自己所达成的成就时会十分愉悦（Faigenbaum, 2003; Faigenbaum and Westcott, 2009）。

循序渐进原则，即逐渐增加训练强度，也就是利用一种更为系统的方式来增加活动的阻力以及强度。然而，为了避免受伤，学生必须了解循序渐进原则的含义，并据此制定训练目标。例如，对于初级者而言，要形成一个良好的肌肉适能基础，通常需要利用自身体重进行 1～3 组训练，每组重复次数为 6～15 次。最初练习时，重量的设定以每组动作能够进行 6～10 次的重复次数为标准（不得超过 11 次），随后可将重复次数渐渐加至 15 次。每次增加的重量应为 0.5～1.5 千克，相比一次增加过大的重量（超过 1.4 千克），这样的方式更为安全实际。任何情况下，都不可一次增加超过 2.5 千克的重量。在某些情况下，练习时，一项元素的提高往往伴随另一项元素的下降。例如，随着训练强度的增加，应慢慢减少训练量；反之亦然。确保所制定的健康体适能活动计划能够以一种安全且循序渐进的方式提升学生的体适能水平。《体适能教学与训练指导》中推荐的许多活动已经融合了循序渐进原则。

专门性原则是指"源于某个训练计划所产生的训练效果，特定于进行了的训练以及训练使用到的肌肉。"（ACSM, 2009）。就抗阻训练而言，该原则指学生所选的体育运动应能够帮助他们展现当天课堂上所学到的学习成果（见《体适能教学与训练指导》）。先前提到了超负荷以及循序渐进原则，为教学计划的专门性奠定了基础。

周期性原则指的是训练必须定期进行，这样才能有效果，长期停止训练会使训练时获得的收益消失。每周进行

2～3次肌力与肌耐力的练习，才能够使肌肉保持长久的健康状态。如第 5 章提到教师也很可能遇到有更高目标追求的学生，教师的责任是要提供给学生精确有用的信息，帮助对运动感兴趣的学生，在保证安全的前提下，达到自己的肌力与肌耐力训练目标。

个性化原则考虑的是每个学生对体育活动以及肌肉适能的目标不尽相同，而且他们的肌肉适能的初始水平也都不一样。对于儿童而言，体育课程应包含各类活动，以促进儿童运动技能的全面发展，因此，其中必然也要包括肌肉适能的训练活动。随着学生年龄的增长，发育的成熟以及对某项运动展现出的兴趣，这种多样性让他们拥有成功的机会，并给他们在日后体育运动领域取得进一步的发展从运动技能上奠定了基础。

FITT 指南

肌肉适能的训练指南是根据美国儿科学会（AAP，2001）以及美国国家体能协会（NSCA，2008）所提出的政策声明制定的。人们普遍认为，抗阻训练的频度应为每周 2～3 次。至于训练强度，情况更为复杂，与学生的身体成熟状况有关。根据学生的年龄以及美国儿科学会、美国国家运动医学学会、美国国家体能协会所提出的建议，表 6.1 简要概括了 FITT（频度、强度、时间、类型）指南。

人们普遍认为，儿童时期（青春期之前）学生的主要任务是学习基本的运动技巧，并利用自身体重进行训练，在其青春期过后，便可以使用成人的训练模式。加重的时候一定要慢慢增加（5～10 千克），并且重复次数的范围应控制在6～15次。抗阻训练的时间至少为一次 20～30分钟，或者要能够做完 1～3 组，且每组 6～15 次的重复训练，休息时间则应根据运动的目标而定。抗阻训练的休息时间间隔应为每组动作 2～3 分钟，而肌耐力或是爆发力训练的时间间隔应当更短，90秒较为合适。切记，儿童的无氧系统尚未发育完全，若在耐力训练期间不进行短暂

表 6.1 适用于肌肉适能训练的 FITT 指南

年龄	9～11 岁[a,b]	12～14 岁[a,b]	15～16 岁[a]	≥ 17 岁[c]
频度	每周 2～3 天	每周 2～3 天	每周 2～3 天	每周 2～3 天
强度	超轻重量	轻重量	中等重量	略轻于最重的重量（根据所选运动的类型而定）
时间	至少 1 组（也可以是 2 组），每组重复 6～15 次，运动时间至少为 20～30 分钟	至少 1 组（也可以是 3 组），每组重复 6～15 次，运动时间至少为 20～30 分钟	至少 1 组（也可以是 3～4 组），每组重复 6～15 次，运动时间至少为 20～30 分钟	至少 1 组，每组重复 8～12 次
类型	主要肌肉群，每块肌肉或肌群进行一次练习	主要肌肉群，每块肌肉或肌群进行一次练习	主要肌肉群，每块肌肉或肌群进行一次练习	主要肌肉群，每块肌肉或肌群进行 8～10 次练习；选择肌力或肌耐力练习

[a] 根据美国儿科学会修改（2001）."儿童和青少年的力量训练（RE0048）"《儿科学》，107（6）：1470‐1472.
[b] 根据弗根邦姆修改，A.D.，2007."儿童和青少年的抗阻训练：会带来健康的训练成果吗？"《美国生活医学期刊》1：190‐200.
[c] 根据美国国家体能协会修改，2008，《美国国家运动医学学会提出的运动测试及处方指南》第六次印刷.（巴尔的摩：利平科特、威廉姆斯、威尔金斯）.
源自：Adapted from AAP 2001; Faigenbaum 2007; American College of Sports Medicine 2008.

的休息，可能会导致轻度的恶心、头晕。

　　类型指的是抗阻训练的种类，如肌力、爆发力或耐力训练（见表 6.1），同时也指力量训练方法的多样性，如弹力带、负重器械、自重、机械重物或是双人抗阻练习。

测定 1RM

　　一旦涉及 1RM 的概念，我们必须格外谨慎。学生会非常自然地想知道自己究竟能够举起多重的重量，并且想挑战自己的同学，看看到底谁更强壮。记住，教师一定要事先教授学生安全的预防措施，并且不能以 1RM 的重量来设定训练强度（负荷）。在青春期前后，学生的训练强度不得超过预测 1RM 值的 70% ～ 80%，也不能用负重器械做爆发式的快速举重（Bompa and Carrera，2005）。这些建议适用于大多数学生和教育课程体系。在某些情况下，只要经过合理的训练和监护，青春期后期的学生也是可以学习爆发式举重技巧的。测量 1RM 的方法有很多，如可以先测量 10RM，之后利用表格来换算 1RM（Baechle and Earle；2008）；或者可通过多于 6 次但不多于 12 次的重复举重练习的重量来计算 1RM。对学生而言，通过 6 ～ 12 次的重复，预估出 1RM 往往比精准测量出 10RM 更为简单。青春期后期的学生（女生年龄为 13 ～ 18 岁，男生年龄为 14 ～ 18 岁）或者是高中生也需要进行 1RM 的预测。

　　预测学生的 1RM，可查询表 6.2。在"最大重复次数（RM）为 10/75% 1RM"栏中，首先会发现 10RM 的数据，之后再根据这一数据寻找最大重复次数（RM）为 1/100% 1RM 栏，以找出学生相应的 1RM。例如，如果一个学生的 10RM 为 75 磅（约 34 千克），那么其预测 1RM 则为 100 磅（约 45 千克）（Baechle and Earle，2008）。

控制训练强度

　　在总负荷相同的情况下，训练者可通过调整训练强度来进行肌力或肌耐力的训练。要想提升肌力，训练者可以通过增加举重重量，同时减少重复次数来增加训练强度（如一个学生的腿部推举的重量为 45 千克，重复次数为 6 次，那么其总负荷为 270 千克）。要想提升肌耐力，训练者可通过增加重复次数、减少举重重量来增加训练强度（如一个学生的腿部推举重量为 22.5 千克，重复次数为 12 次，其总负荷为 270 千克）。

　　举重练习的速度也会影响训练强度（Faigenbaum and Westcott，2009），但儿童的训练还未涉及速度问题。在固定的时间内进行多次重复的循环训练所涉及的运动，都应利用自重，如俯卧撑、卷腹运动或其他不借助器械或负重设备的运动。规定具体的重复次数，慢慢地以标准的姿势进行训练才更为合理，而非注重自己在 30 秒内所能重复的次数是多少（Baechle and Earle，2005）。注意，使用负重器械进行过快的举重动作可能因产生额外的动量对抗阻力，从而降低强度。对儿童而言，抗阻训练的重点应该放在纠正错误动作以及培养运动技巧上，而非通过加快动作速度从而改变运动强度。举重速度过快（4 秒重复一次，或者更快）很有可能使训练者受伤。弗根邦姆和韦斯科特（Faigenbaum and Westcott，2009）建议，6 秒重复一次（2 秒举起，4 秒放下），但他们认为 8 秒重复一次（4 秒举起，4 秒放下）以及 14 秒重复一次（10 秒举起，4 秒放下）也同样有效。适当降低动作的速度是有益的，其中原因有很多，如更长时间地保持肌肉的收缩、提升肌肉力量、降低冲量效应和减少受伤风险（Faigenbaum and Westcott，2009）。

表 **6.2** 预测 1RM 以及训练负荷

最大重复次数（RM）	1	2	3	4	5	6	7	8	9	10	12	15
% 1RM	100	95	93	90	87	85	83	80	77	75	67	65
负荷（磅）	10	10	9	9	9	9	8	8	8	8	7	7
	20	19	19	18	17	17	17	16	15	15	13	13
	30	29	28	27	26	26	25	24	23	23	20	20
	40	38	37	36	35	34	33	32	31	30	27	26
	50	48	47	45	44	43	42	40	39	38	34	33
	60	57	56	54	52	51	50	48	46	45	40	39
	70	67	65	63	61	60	58	56	54	53	47	46
	80	76	74	72	70	68	66	64	62	60	54	52
	90	86	84	81	78	77	75	72	69	68	60	59
	100	95	93	90	87	85	83	80	77	75	67	65
	110	105	102	99	96	94	91	88	85	83	74	72
	120	114	112	108	104	102	100	96	92	90	80	78
	130	124	121	117	113	111	108	104	100	98	87	85
	140	133	130	126	122	119	116	112	108	105	94	91
	150	143	140	135	131	128	125	120	116	113	101	98
	160	152	149	144	139	136	133	128	123	120	107	104
	170	162	158	153	148	145	141	136	131	128	114	111
	180	171	167	162	157	153	149	144	139	135	121	117
	190	181	177	171	165	162	158	152	146	143	127	124
	200	190	186	180	174	170	166	160	154	150	134	130
	210	200	195	189	183	179	174	168	162	158	141	137
	220	209	205	198	191	187	183	176	169	165	147	143
	230	219	214	207	200	196	191	184	177	173	154	150
	240	228	223	216	209	204	199	192	185	180	161	156
	250	238	233	225	218	213	208	200	193	188	168	163
	260	247	242	234	234	221	206	208	200	195	174	169
	270	257	251	243	243	230	224	216	208	203	181	176
	280	266	260	252	252	238	232	224	216	210	188	182
	290	276	270	261	261	247	241	232	223	218	194	189

源自：Reprinted, by permission, from NSCA, 2008, Resistance training, written by T.R. Baechle, R.W. Earle, and D. Wathem, 2008, *Essentials of strength training and conditioning*, 3rd ed., edited by T.R. Baechle and R.W. Earle （Champaign, IL: Human Kinetics），397.

肌力与肌耐力的训练方法

根据美国国家体能协会的规定（NSCA，2008），在指导学生从基础训练到中阶训练再到高阶训练时，增加5%～10%的负荷量对于大多数学生而言是较为合适的。对于初学阶段的学生而言，尤其是小学生，首先要利用自身重量、同伴或是较轻的药球进行循环训练，并且训练的量应少一些，强度也应处于非常低的水平（Bompa and Carrera, 2005）。在训练之初，尽量让学生慢下来，之后再根据个人需求以及目标逐渐增加频度、强度或时间。表 6.1 根据不同年龄，列举出了一些训练指南。图 6.2 所展示的训练日志也能够帮助学生看到自己的进步，获得成就感（见附录 A）。

自重训练

虽然很难量化训练强度，但是卷腹运动、俯卧撑以及其他自重训练，都能够帮助训练者提升肌力与肌耐力，而且还不需要借助器械。对于年纪较小的学生（从幼儿园到 4 年级）或是初学者而言，这种类型的抗阻训练非常合适。对于小学生或是那些觉得仰卧起坐或俯卧撑难度较大的学生而言，可以进行反向仰卧起坐，或是只完成俯卧撑的下降阶段且保持该姿势就行。这些运动既有趣又安全，还能够为学生带来积极的健康益处。同时也可以在运动中添加音乐或游戏，如"环游世界（游戏）"（Hichwa, 1998）（见下页的"环游世界"）。

肌力与肌耐力训练日志

姓名＿＿＿＿＿＿＿＿　日期＿＿＿＿＿＿＿＿

活动	第一组		第二组		第三组	
	重量	重复次数	重量	重复次数	重量	重复次数

源自：From NASPE, 2011, Physical education for lifelong fitness: The Physical Best teacher's guide, 3rd edition（Champaign, IL: Human Kinetics）. Adapted, by permission, from W. Kraemer and S. Fleck, 2005, Strength training for young athletes, 2nd ed.（Champaign, IL: Human Kinetics）, 58.

图 6.2　训练日志示例

源自：Adapted, by permission, from W. Kraemer and S. Fleck, 2005, Strength training for young athletes, 2nd ed.（Champaign, IL: Human Kinetics）, 58.

训练建议

- 无论多大年龄的学生，如果开始训练之前没有训练经验，那么应该让学生从较低等级的训练开始，慢慢过渡到更高的等级，如耐力训练、技巧训练、训练时长和身体的承受能力。
- 开始要慢，只做 1 组，重复 10 ～ 15 次，每周训练 2 次——让学生收获自信。
- 逐渐增加训练强度，可增加至 1 ～ 3 组，每组重复 6 ～ 15 次，每周训练 2 ～ 3 次。
- 大多数训练的运动负荷增幅为 5% ～ 20%（约 1 ～ 2.5 千克）。
- 强调全范围的运动。
- 强调运动的趣味性。
- 使用个性化的训练日志。
- 与他人分享个人成功的经历。
- 强调收获快乐。
- 与课堂活动的多样性相结合。
- 介绍新的练习形式。
- 改变运动模式。
- 改变动作组数与重复次数。
- 建立多元化目标。
- 不要将目标局限在增强肌力或肌耐力上。
- 让学生了解自己的身体结构和安全举重的技巧，培养他们对体育活动的积极态度。

源自：Adapted, by permission, from A. Faigenbaum, 2003, "Youth resistance training," PCPFS Research Digest 4（3）: 1-8; A. Faigenbaum and W.L. Westcott, 2009, Youth strength training: Programs for health, fitness and sport（Champaign, IL: Human Kinetics）.

环游世界

增强上身力量并在运动中加强数学能力。将学生分为 4～6 人一组。让每位学生保持俯卧撑的姿势，并围成一圈，脚向内，头向外。指挥学生一个接一个地传递沙包。之后，让每组学生在 30 秒内计算出沙包的传递次数，然后休息 30 秒。总共进行 3 次。

源自：Reprinted from Hichwa 1998.

自重训练的适用范围广。这种运动形式的优势在于不用借助任何的运动器械就能运动，这就意味着对于今后的训练而言，不用花费大量的资金来购置训练器械就能够达到提升肌肉适能水平的目的。自重训练也更加安全，不易使人受伤，并且即便是在休假期间也可以进行训练。各个年龄段的学生都必须学习各种自重训练的正确形式，即便学生所在的高中有健身房，也还是建议这样做。

对于学生而言，他们的最终目标是要学会对自己的身体健康负责。应该给学生机会，让其制定并实践个性化的训练计划。

双人抗阻训练

双人抗阻训练法是基于自重训练的一种拓展形式。虽然这种训练的强度很难评估，但在训练初期或是训练资金有限的情况下，这种训练方式还是很有帮助的。不借助器械或借助简单器械，如毛巾、绳子、弹力带。相比单人自重训练，双人抗阻训练更能有效针对各个肌肉或肌群。双人抗阻训练适用于各个年龄段的人群，从高年级小学生至成人，特别是对于那些年龄太小还无法使用标准器械进行训练的儿童（见图 6.3、图 6.4"双人抗阻训练"示例）。在选择训练伙伴时，一定要注意对方的身高、体重、力量水平都要尽可能地与自身相近，以确保训练的安全性以及训练的合理性。在训练时，鼓励双方有良好的交流，明确需求，并且注意安全。训练伙伴应彼此互助，以保持正确的技术动作，并通过互相监督和鼓励，提升彼此的动力。

可选的训练方法

阻力带训练法适用于小学高年级或是年龄更大些的学生。药球训练法适用于所有年龄段的学生，小学生也可利用不同重量的药球进行训练。阻力带训练包括使用橡胶管、橡胶绳或是专门为肌力与肌耐力训练定制的阻力带，如 Exertube、Dynaband、Flexi-Cord 或是 Thera-Band。橡胶管的厚度决定训练强度，厚的适用于高强度的抗阻训练，相反，薄的适用于低强度的抗阻训练。另外，学生也可以通过伸长或缩短橡胶绳来调节阻力强度。尽管使用者无法精准地测量出训练强度，但这种训练方法的确投入小、效率高，能够拓展肌肉适能训练计划。这种方法还有一个优点，就是规则要求较少。图 6.5 所示的"站姿橡胶绳胸部平推"就是一个利用阻力带进行训练的例子。

药球的重量及尺寸多种多样，训练者可以根据需要进行选择购买。弗根邦姆、韦斯科特（Faigenbawm and Westcott, 2009）指出，利用药球训练有 3 点好处：第一，该训练方式采用动态运动模式，并且可快可慢。第二，通过抓取和投掷，药球可用来训练上半身、下半身以及整个身体。第三，它能够训练核心肌群，包括腹部、髋部以及腰部的肌肉。而药球训练法也是一种增强学生肌肉适能的有效方法，使用这些方法可以使多名学生能够同时进行训练活动，并且花费投入不多（Westcott, 2003）。图 6.6 所示的"药球胸前传球"就是一个利用药球进行训练的例子。

壶铃已经有数十年的历史了，在最近

双人抗阻训练：肘部屈伸

- **准备姿势**：和训练伙伴面对面站立，手臂置于身体两侧，手肘呈 90 度弯曲，手心朝下。
- **第一步**：伙伴 B 将双手放在伙伴 A 的双手上方，并且下压。伙伴 A 需要支撑住伙伴 B 的力量，并且伸展手肘，直到手臂伸直为止。此动作完成后，休息 10 秒。
- **回复运动**：伙伴 A 弯曲手肘，伙伴 B 需要支撑住伙伴 A 的力量，但是要让手肘在 10 秒内呈 90 度弯曲。动作完成后，休息 10 秒。
- **双方换位**：伙伴 B 弯曲手肘，伙伴 A 将双手放在伙伴 B 的双手上方，重复此动作。

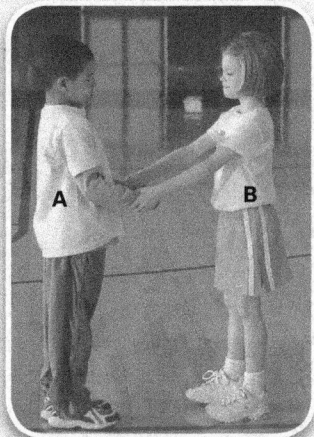

图 6.3 伙伴间利用手肘屈伸动作提供阻力

源自：Reprinted, by permission, from K. McConnell, C.B. Corbin, and D. Dale, 2005, *Fitness for life activity and vocabulary cards*, 5th edition（Champaign, IL: Human Kinetics）.

双人抗阻训练：屈膝

- **准备姿势**：伙伴 B 面部朝下趴在训练凳／毯上，双膝紧贴地面或板凳。如果是在训练毯上训练，伙伴 B 的左膝应弯曲 45 度。伙伴 A 需跪在伙伴 B 的脚旁，并用毛巾缠绕伙伴 B 的左脚踝，脚尖向下。将毛巾拉直与腿部垂直。
- **第一步**：当伙伴 B 尽可能地弯曲左膝时，伙伴 A 需要持续用毛巾给伙伴 B 施加阻力。动作完成后，休息 10 秒，将腿放低。
- **第二步**：换右腿重复上述动作。在此之后两条腿不断重复该动作，动作完成后可休息。
- **双方换位**：双方调换位置，并继续重复上述屈膝动作。

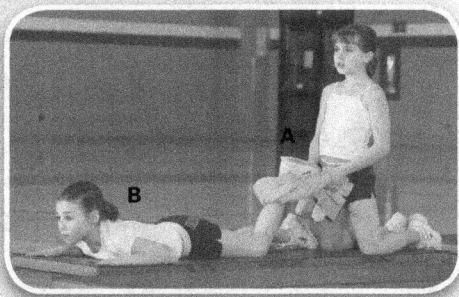

图 6.4 伙伴间利用屈膝动作提供阻力

源自：Reprinted, by permission, from K. McConnell, C.B. Corbin, and D. Dale, 2005, *Fitness for life activity and vocabulary cards*, 5th edition（Champaign, IL: Human Kinetics）.

站姿橡胶绳胸部平推

目标肌肉

- 胸大肌、三角肌前束和肱三头肌。

步骤

- 双脚分开与肩同宽,将橡胶绳绕至肩后。
- 紧握橡胶绳尾端,将双手(手心朝下)置于胸前,同时弯曲手肘。
- 慢慢伸直手肘,直到双臂完全展开。随后回到初始状态,继续重复上述动作。

技巧提示

- 做推出动作时,呼气;做收回动作时,吸气。
- 站直,避免身体扭动或呈"弓"字形弯曲。

图 6.5 学生使用橡胶绳进行胸部平推

源自:Reprinted, by permission, from A. Faigenbaum and W. Westcott, 2009, *Youth strength training: Programs for health, fitness, and sport*(Champaign, IL: Human Kinetics),103.

几年又开始流行起来。壶铃的尺寸及重量各不相同。该项运动近几年又开始流行的原因是人们开始注重对整个身体的训练。举起以及控制壶铃的过程需要整个身体的肌肉(特别是核心肌肉)协同收缩才可以做到,因此这项运动能够同时提升力量以及稳定性。教师必须训练学生正确使用壶铃的方式,否则很可能会引发严重的伤病。

瑞士球是学生提升肌力、肌耐力以及平衡能力的另一种方式。一个 45 厘米的瑞士球刚好适合青春期前的儿童的身高,他们也能够很轻松地运用它。8 ~ 12岁的学生训练时,选择一种能够锻炼全身肌肉并兼顾 3 ~ 4 种核心肌肉练习的锻炼方法或器械(Goldberg and Twist, 2007)。

负重训练

根据训练的目标、可用设备以及训练空间的大小,可选择使用负重器械进行训练。教师通过介绍每一项活动的目的,教授每项活动的正确发力技巧,概述适宜的负荷范围、重复次数以及速度,来向学生讲解一项活动。此外,将这些因素与强度、课程目标、个人目标相联系。在训练时一定要遵循前文提到的安全及健康指南,以

药球胸前传球

目标肌肉

- 胸部、手臂。

步骤

- 直立，双手握住药球，举至与胸部平齐的位置。
- 向前迈一步，并将药球在胸前下压。

技巧提示

- 将药球从胸前位置向外推出，呼气。
- 球推出离手后，身体保持直立，不要前倾。
- 其中一名训练伙伴在约 3 米之外接住药球。训练一段时间后，这个接球距离可以适当加大。距离越远，对能力要求就越高。
- 为了实现运动多样性，可以在将药球推离胸部时，跪在地板上，下压药球并保持身体笔直。

图 6.6 药球胸前传球

源自：Reprinted, by permission, from A. Faigenbaum and W. Westcott, 2009, *Youth strength training: Programs for health, fitness, and sport*（Champaign, IL: Human Kinetics），117.

确保负重训练计划的安全性和有效性。如果负重训练有可替代的其他选择形式，教师应教授学生这些可以用来锻炼相同肌肉或肌群的替代方法。同样，如果一套课程体系过度依赖器械才能进行，也需要教授其对应的自由重量（非固定）练习方式，以此来拓展训练机会，以便学生在课外也能进行训练。图 6.7a 所展示的肱二头肌胸前弯举就是靠运动器械进行的，而图 6.7b 所展示的就是自由重量的替代训练。大多数利用器械以及杠铃的负重训练方式仅适用于青春期后的青少年。表 6.3 提供了一些适宜青春期后青少年的运动项目（Bompa and Carrera, 2005）。附录 C 中含有对这些运动的具体解释。

通过肌力与肌耐力活动提高运动技能

更强的肌力与肌耐力能够为以后的锻炼打下良好的基础，能让技术动作精准可靠。因此，增强肌力与肌耐力能够提高运动表现水平。美国国家体能协会（Faigenbaum, 2007）认为，青少年和儿童不适合"塑身"训练，而且赛季的训练或赛前的训练需要一套完整的抗阻训练计划来支撑，以达到体育与娱乐活动相结合的目的。在该领域的多数研究表明，训练的适应性往往取决于运动方式、运动速度、收缩类型与收缩力量（Faigenbaum, 2003）。举重时一般禁止快速运动，但

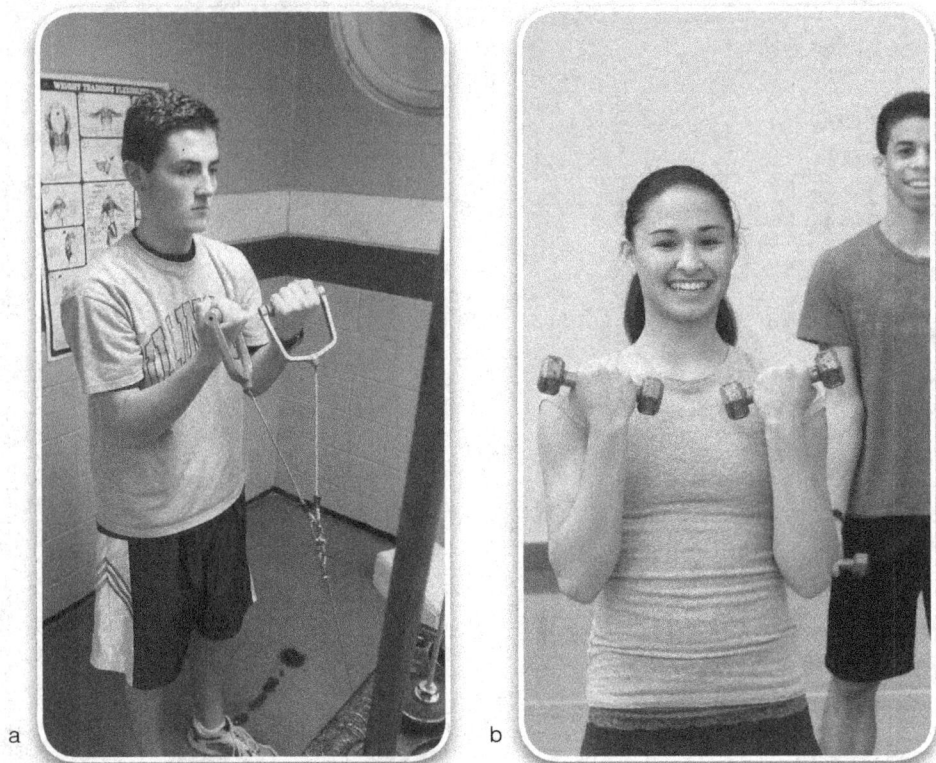

图 6.7 胸前弯举：a. 器械；b. 自由重量

如果合理监管训练强度以及训练量，儿童仍可进行增强训练（单足跳、跳跃及投掷）。弗根邦姆和楚（Faigenbaum and Chu, 2001）同样建议，在进行增强训练时，一定要十分谨慎。他们强烈建议，在进行增强训练前，要有一定的力量训练的基础，并且在其初期，不应进行强度过大的负荷训练。

教师可以让学生通过提升肌力和肌耐力来展示运动技能，如通过追逐游戏来展现不同的运动技能，这种游戏能够增强腿部肌肉的肌耐力。4 年级及以上的学生可能对需要强大臂力的团队游戏很感兴趣，如画大圆。该活动需要一组学生站成一圈，互相拉住彼此的手臂，后退让圆圈越来越大，直到到达极限、学生向后倾斜为止。该活动能够让学生真切地感受到特殊的力量活动（健身操和举重）是如何帮助一个人享受生活中的乐趣的，学生也能够学到一些让肌力和肌耐力练习变得有趣的实用方法。

教师应帮助学生，让他们在课堂上了解多种运动计划和体育活动，以及社区活动之间的联系。

表 6.3 肌肉适能运动 *

运动名称	目标肌肉和部位
站姿哑铃侧举	肩部
哑铃弯举	肱二头肌
哑铃肩上推举	肩部、斜方肌
仰卧飞鸟	胸部、肩部
胸前投掷药球	肩部、肱三头肌
Z 字形投掷药球	手臂、肩部
手腕投掷药球	手臂、身体、腹斜肌
头上投掷药球	胸部、肩部、手臂、腹肌
铲掷药球	髋伸肌、手臂、肩部、后背
仰卧起坐	腹肌、髋屈肌
药球后滚	腹肌、髋屈肌
药球侧传	腹斜肌、肩部
转体	腹斜肌
单腿后举	髋伸肌、脊柱
挺胸击掌	下背部
坐姿背部拉伸	后背、肩部
躲避绳	小腿、膝伸肌

* 具体描述及动作图片见附录 C。
源自：Adapted from T. Bompa, 2000, *Total training for young champions* （Champaign, IL: Human Kinetics）, 115–123.

肌力与肌耐力活动的安全指南

在过去，许多体适能及健康专家，甚至儿童的父母都会担忧抗阻训练对儿童来说十分危险。他们认为抗阻训练可能会损害骨骼的发育或阻碍儿童的生长发育，但研究表明，他们多虑了——只要有合适的、安全的抗阻训练课程计划，并且在成年人的适当监护下，儿童进行抗阻训练是完全没有问题的。美国国家运动医学学会（ACSM, 2003）与美国国家体能协会（NSCA, 2008）都认为只要训练、监管得当，负重训练对于儿童而言是十分有益的。美国国家体能协会也明确表示，即便是非常年幼的儿童也可以通过训练来提升

其力量，并且抗阻训练适用于各个年龄段的儿童（NSCA, 2008）。这些抗阻训练包括利用儿童自身重量进行训练（如仰卧起坐、俯卧撑以及类似的运动），或者利用重量较轻的物体或弹力带进行多次重复训练。但要想进行最大力量的举重训练，需等到骨骼完全发育之后才可进行，一般为 17 岁左右（男生年龄有时会更大一些）。

为了确定训练时每组练习的重复次数，可以先让学生以标准动作确定最大重复次数（最多 15 次），之后以测得数据的一半作为每组动作的重复次数。当完成一组练习感到非常轻松时，可利用循序渐进以及超负荷原则将其增加至 2～3 组。当能够完成 3 组也不感到困难时，便可重新测试最大重复次数。克雷默及弗莱克（Kraemer and Fleck, 2005）建议，如

果训练的目的在于提升力量，除非是年龄较大的学生（初中及以上），且他们也打算进行更为专业的训练，否则休息时间的制定要以学生们的身体发育水平以及体适能水平为依据。因为人体软骨的硬度远不如其他骨骼，而生长板（位于儿童长骨骼末端的区域）又是一块非常容易受伤的区域，所以，如果学生能够学会适当地进行抗阻训练，并使用较为适宜的训练负荷，那么受伤的风险就会降到最低（NSCA，2008）。

如前所述，青春期前的小学生应利用自身体重、阻力相同或是重量较轻的药球进行循环训练，并且训练量和强度不应过大（Bompa and Carrera, 2005）。如果指导合理、监护到位，那么年龄较大的小学生也可以利用阻力带以及较轻的自由重量进行安全的训练，且不会发生危险。图6.8 中的 a ～ c 就是利用自由重量以及药球所进行的运动示例。在训练时，一定要确保学生充分理解双人抗阻训练中需要注意的安全问题，并且在训练过程中不允许学生相互追逐打闹。同时，学生也必须明白自己的训练目的与那些青春期后的学生以及成年人不同，并不是练就一身强壮的肌肉，从生理角度来讲，这样的目标也是不切合实际的。若能力允许，初高中生可利用自由重量进行肌力与肌耐力的训练。训练活动的种类不应仅局限于哑铃和杠铃，阻力带、自重练习、自制器械（如填满沙子的塑料牛奶罐）都能作为训练器械，并且还能使更多人同时进行训练。

训练安全事项中最重要的一点就是：一定要根据自身情况制定个性化的抗阻训练计划。此外，教师还应鼓励学生不断地挑战自己，而非一味地与他人进行比较。

在进行负重训练的过程中，应当注重的是 6 ～ 15 次所举起的总重量，而非一次所举起的重量。对于未成年的学生而言——从幼儿园到高中——制定切合实际的训练目标，并且注重正确的技术动作，

图 6.8   a. 利用较轻的自由重量（网球）进行肱二头肌弯举练习；b. 利用自由重量进行肱三头肌的伸展练习；c. 手握药球深蹲

都是十分重要的，同时也是确保其训练安全的重中之重。为了满足部分学生的竞争精神，克雷默和弗莱克（Kraemer and Fleck, 2005）建议在比赛时一定要做到动作标准，而且不要将负荷重量纳入比赛范围（见图6.9）。

最后，如果学校建有举重室，而且学生也想进去训练，那必须确保出入方便且空间足够大。克雷默和弗莱克（Kraemer and Fleck, 2005）建议，每个器械之间的最小距离为1.5米，同时训练室空间也应当足够大，以防训练时器械突然倒塌。如果可能的话，在进行头部上方的动作时，尽量选用固定器械进行训练，如卧推架，不要选用自由重量（无固定）进行训练，但是卧推架的适用对象一般为年龄较大的高中生。

尽管有些使用重量较轻的运动不需要

哑铃卧推技巧

应用阻力

要想避免受伤并从哑铃卧推训练中获得益处，最基本的是要使用正确的方法。以低重量哑铃开始，只有在你掌握了正确的技巧后才能增加阻力。

开始姿势

手肘垂直（哑铃直线置于肩膀上方）；脚平放在地面上或板凳的末端；臀部和肩膀接触板凳；哑铃垂直于身体（手掌向上）。

分值区间：0~6

取得分数：

放下哑铃

控制哑铃下降；手肘分别向两边伸展；前臂垂直于地面。哑铃稍向两边伸展缓慢放下直到肘部稍低于肩膀；重复向后和向下卷动哑铃，就像肩胛被挤在一起并抽搐；双脚可地面放平；头部保持不动。

分值区间：0~7

取得分数：

举起哑铃

手肘向外伸向两边；手臂以同样的速度伸直；动作要保持连续和顺畅；手肘要动；肩胛骨不能从板凳上抬起；头保持不动；双脚在地面放平。

分值区间：0~9

取得分数：

完成姿势

和开始姿势一样。

分值区间：0~3

取得分数：

总分区间：0~25

取得分数：

技巧提示：

· 哑铃放下时吸气，举起时呼气。
· 观察员应在运动的头部区域，运动员完成时需帮助他们把哑铃拿下来放好。告诉年轻的学员在运动时有一个观察员在旁边很重要，因为哑铃在举起时在脸部、颈部和胸部上方，落下来的话会迅速受伤的。
· 用最轻的哑铃（2到5磅或者1到2.5公斤）练习运动技巧并定时完成。
· 使用一定重量的哑铃，这样可以让你在整个动作中保持正确的姿态和技巧。
· 不要在完成后把哑铃弄丢掉。肌肉处于相当紧张的状态，肌腱会迅速释放张力，可能造成伤害。
· 让你的背部保持自然的强度，这样你可以让你的板凳和下背部之间有一个小的间隙。

图6.9 正确的技术动作对于负重训练尤为重要，指导和评价的重点是技术。在附录A中有可以复制的表格模板

监护人在旁边，但为了保险起见，不论重量大小，最好都要有监护人在旁边。对于学生而言，在训练时有监护人在旁辅助，有助于其肌肉适能的发展，同时还能够避免一些安全问题。学生可配对进行训练，互相监护，观察对方的技术动作是否正确。

以上所述是为了给学生提供一个安全且有益的肌肉适能训练计划，儿童不能使用为成人甚至青少年设计的训练计划。所有的训练计划都需要慢慢地改进并使其个性化，之后还要常常反复评估其安全性及有效性。

小结

通过对本章肌力与肌耐力训练指南的学习，学生可以明白安全、高效地进行肌力与肌耐力训练的重要性。教师也要牢记，让每个学生进行安全训练较行之有效的方法就是为不同学生制定个性化的训练计划，并帮助其设定切合实际的训练目标。切记，千万不能勉强学生在训练时举起过重的物体，或要求学生再做一次。相反，教师可以通过营造一种欢乐且有支持性的

让学生学会和同伴相互监护

尽管监护方式尚有争议，但是所有负重训练领域的人士都认为有一点至关重要：适当的监护能保证参与训练人士的安全，同时也能提高整合FITT原则的效率。尽管本章并未具体讨论负重训练，但是作为健康体适能的一部分，负重训练是其中的一种方法，学生进行负重训练时必须有监护人。许多有关负重训练的书都采纳了监护技术，尤其是托马斯·拜可与巴尼·格罗福斯（Thomas Baechle and Barney Groves, 1998）合著的《负重训练从入门到精通（第2版）》。

课堂氛围，建立奖励机制，对努力上进且能够正确运用技术动作，而非只会用蛮力训练的学生进行奖励，以此来激励学生参与训练活动，并取得进步。《体适能教学与训练指导》中就含有多种适用于各个年龄段学生的肌力与肌耐力训练活动。抗阻训练也可以变得非常有趣。

在为学生选取训练活动时，一定要牢记：健康体适能教育的终极目标是让学生形成一种责任感，要对自己的健康负责，要对健康体适能负责，同时要将其作为自己的一种生活方式。

第 7 章

柔韧性

布莱恩·莫西耶（Brian Mosier）

　　学生对如何进行安全的柔韧性训练知之甚少，他们可能接触过一些相关的内容，这些知识（包括正确的和不正确的）是通过在家里、运动中或娱乐场所进行模仿而获得的。教师的任务应该是向学生传授安全、正确的拉伸技巧，还应该告诉他们良好的柔韧性会带来诸多健康益处。具体而言，精心设计的柔韧性训练（遵循第 3 章训练原则）有助于使肌肉放松，改善健康体适能、肢体姿态和身体对称性，还可缓解肌肉痉挛和酸痛，并减少受伤的风险——所有类型的体育活动都会因此变得更轻松、更安全（见图 7.1）。此外，拉伸运动可以缓解压力，增加幸福感，有助于使身体顺利地从休息状态过渡到运动状态。学生在结束训练项目之前，应该应用本章关于柔韧性和拉伸技巧的知识加以放松，他们在生活中也可以应用这些知识来实现并保持良好的柔韧性。

图 7.1 可以帮助学生提高柔韧性的拉伸示例

柔韧性的定义

柔韧性是指单个关节或多个关节（ACSM, 2006a）所能活动的极限范围。儿童可能不理解关节活动度的概念，但他们会明白自己身体弯曲和扭转的程度。对于年龄较小的学生，可以通过头部、肩部、膝关节、脚趾等部位的活动显示在不同水平上的弯曲和扭转。对于年龄较大的学生，教师可以使用橡皮泥来给他们演示柔韧性。在低温条件下，橡皮泥不能弯曲和延伸；而在高温条件下，橡皮泥会像肌肉般拉长。对学生进行坐位体前屈和肩部拉伸的评估测试，也可以让他们认识到柔韧性的重要性。

一个关节或一组关节能够自如活动是柔韧性良好的体现。关节过于松弛或过度活动都是不健康的，可能引发伤病。松弛度指的是某一关节异常活动的程度。关节松弛意味着韧带连接产生异常，骨与骨之间不能稳定地通过关节相互联合。活动过度是指某个关节的活动范围超过一定的限度（Heyward, 2002）。这两种情况都会造成运动损伤。关节存在过度活动情况的人应避免将该关节拉伸到极限位置，并应尽可能使所有关节处于稳定状态（ACSM, 2006b）。

柔韧性可分为两种。第一种是静态柔韧性，是指不强调速度的关节活动范围（Alter, 2004）。一个人静态柔韧性的极限是由其自身拉伸的极限决定的（Knudson et al., 2000）。第二种是动态柔韧性，是指在中等或较快的速度条件下，参与运动的一系列关节所能达到的最大活动范围（Alter, 2004）。动态柔韧性练习常用于特定的运动项目。弹跳式的运动并不属于动态柔韧性，因为它更接近于反弹式伸展，而非特定肌群控制的、有意识的主动拉伸（Faigenbaum and Mo-Farland, 2007）。

拉伸的种类

　　拉伸是一种维持和提高柔韧性的方式，它的种类有许多，体育教学应该倡导静态拉伸以及可控的动态拉伸。静态拉伸运动产生的消极影响小，同时带来的好处更多。专家们逐渐意识到动态拉伸是一种安全的弹性拉伸手段，动态拉伸的关键是通过调节活动范围以可控的方式进行运动（Corbin et al., 2009）。体育课上不应讲解关于弹性拉伸的知识。克努森、马格努森和麦克休（Knudson, Magnusson and McHugh, 2000）指出，弹性运动可能与速度、协调性、力量有关，而非柔韧性。能够促进柔韧性的拉伸有以下 6 种类型（ACSM, 2006b）。

　　▶ 在主动拉伸（独立的）中，拉伸者主动发力，通过动员拮抗肌来实现拉伸（见图 7.2）。
　　▶ 在被动拉伸（辅助的）中，人、搭档、重力或器械提供拉伸的力量（见图 7.3）。
　　▶ 静态拉伸是一种缓慢、持续的伸展，过程持续 10 ～ 30 秒。拉伸肌腱单位至感到轻微不适的位置，然后稍微向后退一点，保持拉伸到产生不适稍前一点的位置。这种拉伸通常被认为是安全的，而且不依赖于与搭档的合作。在体育课上，特别是在初级水平，这种拉伸往往是优先的选择。静态拉伸的优点包括降低关节拉伸超出正常范围的危险，以及减少肌肉酸痛（Fredette, 2001）。
　　▶ 弹性拉伸涉及快速移动、反弹和利用动量产生伸展。如 PNF（在后面的词汇表中予以说明），它会引起肌肉酸痛（Fredette, 2001）。PNF 拉伸一般专供专项运动的教练和运动员使用，并不适用于日常体育课。弹性拉伸的一个例子就是连续弯腰伸手够脚趾。
　　▶ 动态拉伸与弹性拉伸不同，它是指通过身体某个部位的运动，可以逐渐提高关节活动范围和移动速度。人们常常将动态和弹性两个术语混用，但动态拉伸与弹性拉伸不同，它不需要反弹性和突然性的运动。动态拉伸的例子包括控制腿和手臂的摆动，使之在学生的安全运动范围之内。
　　▶ PNF（本体感觉神经肌肉促进疗法）是一种静态拉伸，它融合了主动和被动拉伸技术（见图 7.4）。这种特殊的静态拉伸将收缩和放松动作相组合，利用反射和神经肌肉系统的原理去放松被拉伸的肌肉（Knudson et al., 2000）。PNF 对于提高柔韧性有很大的作用。PNF 的教学和实施相对较难，也会产生更明显的肌肉酸痛感（Fredette, 2001）。通常在第一次重复之后，关节活动范围会发生很大的变化，并产生持久的改变。PNF 拉伸每周需要进行一次或两次（Sharman et al., 2006）。这种类型的拉伸不建议 6 ～ 10 岁的儿童尝试，但处于青春期的学生（Bompa, 2000），或那些已经建立了坚实的运动基础，或有合格教练指导的职业运动员可以尝试。PNF 拉伸通常需要一个搭档，安全、适当的指导和责任心是进行这种拉伸运动的关键。当学生没有认真负责的态度，不听同伴的提示（而勉强拉伸），或者他们不正确地拉伸时，都可能会受伤。

瑜伽拉伸是一种独特的拉伸方式，属于静态拉伸，其重点是躯干肌肉组织的拉伸（ACSM，2006b）。这种拉伸形式起源于3000多年前的精神集中练习，即现在的瑜伽（Sherman et al., 2005）。人

图 7.2 主动拉伸示例

图 7.3 被动拉伸示例

PNF 腓肠肌拉伸

- 将毛巾拉向自己，直到感觉到轻微的紧张。
- 保持毛巾不动，并试着用脚趾对抗毛巾的阻力，保持姿势几秒。
- 放松，然后重复一次。

图 7.4　PNF 拉伸示例

们经常在工作室、健身俱乐部里练习多种形式的瑜伽，并将其融入从幼儿园到 12 年级的课程中。虽然其对心灵、身体、精神的影响是很难评估的，但目前的数据有力地证明了其对生理和心理上变化的促进作用。练习瑜伽可以减少压力，提高身体力量，并在相对较短的时间内提高柔韧性（Cowen and Adams，2005）。在体育教学中要格外注意瑜伽拉伸运动，因为有些极限的体式可能会大大增加受伤的可能性。

柔韧性的益处

专门性原则表明，每个关节的活动范

保持最佳的位置

许多专家提醒运动者应谨慎，在进行任何拉伸运动之前，应该至少做 5 分钟的低强度有氧运动进行热身。我们建议教师确保学生在开始柔韧性运动之前，进行了简单的准备活动（ACSM，2006 b）。

围都取决于在此关节处进行的柔韧性练习，因此，下述益处只有在肌肉和关节都得到拉伸的情况下才会产生。奥特（Alter，2004）总结了提高身体柔韧性的好处，如下所示。

► 减少肌肉紧张，使之放松。

▶ 运动更轻松。

▶ 提高协调性。

▶ 增大活动范围。

▶ 降低受伤的风险（尽管正常的柔韧性对肌肉健康十分重要，但没有明显证据证明柔韧性越高，受伤风险越低）。

▶ 更好的身体反应和姿势的协调性。

▶ 改善了体内循环系统和换气能力。

▶ 使肌肉收缩更流畅、更轻松。

▶ 可以缓解肌肉酸痛。

▶ 保持正常的柔韧性水平可以预防腰背疼痛和其他脊椎问题。

▶ 改善个人形象。

▶ 维持并提高运动技能。

　　每个人都具有柔韧性，无论是健康人还是残疾人士，每个人都可以学习拉伸，并从改善关节活动度中获益。这些益处有助于保持身体健康和获得个人幸福，其重要性在每天的体育课程中已经得到了很多次验证（见《体适能教学与训练指导》中的具体例子）。

运动能力和柔韧性

　　柔韧性的增强会提高运动能力吗？似乎是这样的，但实际上并没有那么明显。一些证据表明，在跑步效率方面，较低的静态柔韧性实际上可能有利于提高运动能力。在一些涉及肌肉的运动开始之前，做静态拉伸可能会造成力量和肌肉表现的下降（Nieman, 2008; Shrier, 2004）。目前尚无关于静态拉伸提高运动能力的研究（Thacker et al., 2004）。因此，学生最好在热身的时候做可控的动态拉伸，在放松时做静态拉伸（Faigenbaum et al., 2005）。至少在新研究证实前，教师都应该鼓励学生保持常规的柔韧性运动和正常的关节活动范围，给他们提供一个包括柔韧性在内的全面健身计划。

柔韧性的影响因素

　　不管柔韧性受什么因素影响，大多数人都可以通过合适的、规律的拉伸练习来提高其柔韧性（每周至少 2～3 天）。不过请记住一点，许多因素都影响着柔韧性，每个关节的柔韧性都受很多因素的共同影响。应该向学生强调的是，无规律地进行柔韧性练习也会产生不好的结果。俗语"用进废退"也适用于此。以下是影响柔韧性的一些因素。

▶ 肌肉温度影响肌肉弹性，也影响肌肉拉伸超出正常放松状态和从拉伸状态返回到初始状态的能力。

▶ 年龄和性别会影响柔韧性。儿童通常比成人有更好的柔韧性。此外，在小学和高中阶段会发生一些变化，即在 12 岁之前柔韧性会保持稳定或逐渐下降，而后在 15～18 岁增加到峰值（Knudson et al., 2000）。女性通常比男性拥有更好的柔韧性（Alter, 2004）。此外，研究表明，在生活中制定一个合理的柔韧性训练计划可延缓肌肉组织的弹性下降和退行性变化（ACSM, 2006b; Knudson et al., 2000）。

▶ 组织干扰，如过多的体内脂肪或者发达的肌肉组织，是另一个影响柔韧性的因素。这种约束也可能包括骨骼和关节的限制，如在肘关节位置，由于骨骼的限制，活动范围不能超过 180 度。不要让组织干扰、妨碍学生柔韧性的提高。高体脂通常是不运动的结果；而且过于发达的肌肉也是一种限制因素（一般在高中之前都不会），肌肉发达的学生往往缺乏柔韧性训练计划。

在教师的帮助下，他们都可以提升并保持较好的柔韧性（Heyward, 2002）。

► 遗传对柔韧性也有影响。由于每个人的基因构成不同，柔韧性可能受限也可能过度发展（过伸）。即使如此，个人也必须经常活动关节使之保持柔韧性。如果不这样做，就可能对其活动范围产生不利影响。

其他可能限制柔韧性的因素包括疼痛、较差的协调性和力量、运动强度，以及肌腱单元的延伸性（肌肉处于紧张状态）。注意，这些限制因素大多可以转变，起到促进柔韧性发展的作用（减轻受伤后的疼痛，加强协调性以及减轻肌肉的紧张）。设计柔韧性训练计划应该考虑每一个人的限制因素（Alter, 2004；Knudson et al., 2000）。

尽管在一个经过精心设计、循序渐进的柔韧性训练计划中，大多数的限制因素都可以被克服，但产生的疼痛不应该被忽视，骨骼或关节结构造成个人的局限性需要特别关注。某些疾病（如肌肉萎缩症和大脑性瘫痪）也会限制柔韧性，在这些情况下选择合适的拉伸活动时，人们应该咨询体育教师或医生。

柔韧性的教学指导

柔韧性是健康体适能的一个组成部分（Corbin et al., 2009）。柔韧性训练应该作为一个单独的课程形式来进行，而不应仅作为热身或放松运动。柔韧性训练是一个正在迅速发展的健康体适能领域。每个人都可以学会正确的拉伸，也都能从中获得益处。首先，选择能满足课程需要的拉伸类型，允许学生选择并参与

各种不同的柔韧性训练。训练可以在热身或放松运动中进行，或贯穿于整个课程（《体适能教学与训练指导》中有可选活动）。在完成了一套完整的全身练习后，教师可以使用站点卡片来调整热身或放松运动，或是让学生们选择具体的练习来满足他们的个人目标。

在体育教学中，静态拉伸通常是首选，这是提高活动范围的最安全的方法之一。最近的研究（Faigenbaum et al., 2005, 2006）结果显示，向课程中添加可控的动态拉伸是有好处的。一次有计划的拉伸活动（见图 7.5）不需要花太多的时间，就能充分保证每个人都可以正确地完成。

制定一个规律的柔韧性健身课程时间表并在课堂上进行拉伸运动，还应该做到符合 FITT 原则中的定义、基本概念和安全预防措施。这种方法不仅可以让学生知道拉伸的重要性，也能够将柔韧性的理念知识和健康体适能的各个方面进行整合，同时向学生解释了课堂上进行的柔韧性练习和体适能评估中坐位体前屈、肩部拉伸、躯体伸肌拉长等柔韧性测试之间的关系。与其他的健康体适能成分一样，进行定期的柔韧性评估可以让学生们了解他们现在的水平，有助于他们设定目标，不断进步。

就像举重训练一样，正确的姿势和技术对于柔韧性训练是很重要的。不恰当的拉伸会使学生的关节和结缔组织在活动中承受过大的压力而存在受伤的风险。同时，也应该强调在柔韧性训练中，无论有没有伙伴都不适合嬉戏玩耍，因为可能会受伤，在使用 PNF 或搭档进行拉伸运动时尤为重要。教育学生在进行柔韧性训练时要注重安全，要缓慢、渐进、个性化发展（请参阅图 7.6 的"合作拉伸腘绳肌及相关文字"，不要让柔韧性训练具有竞争性；相反，应该像肌肉力量训练一样，强调正确的技术动作。

柔韧性教学的两个主要优势是：第一，

图 7.5 静态拉伸（a、b）和动态拉伸（c、d）

不需要太多的设备；第二，许多地方都有足够的空间来进行拉伸。例如，学生可以在体育馆、教室、走廊或者人少的地方进行拉伸运动。可以将垫子等放在地上用来保护衣物。海报、任务卡和图片演示可以帮助学生在训练中独立练习。对有疑问的练习及更安全的替代方法，每个练习完整过程的图片展示、详细信息参见附录 D。柔韧性教学的目标是，学生应该理解柔韧性的定义、安全的拉伸方法，以及柔韧性的重要意义与提高和评估柔韧性的方法。

合作拉伸腘绳肌

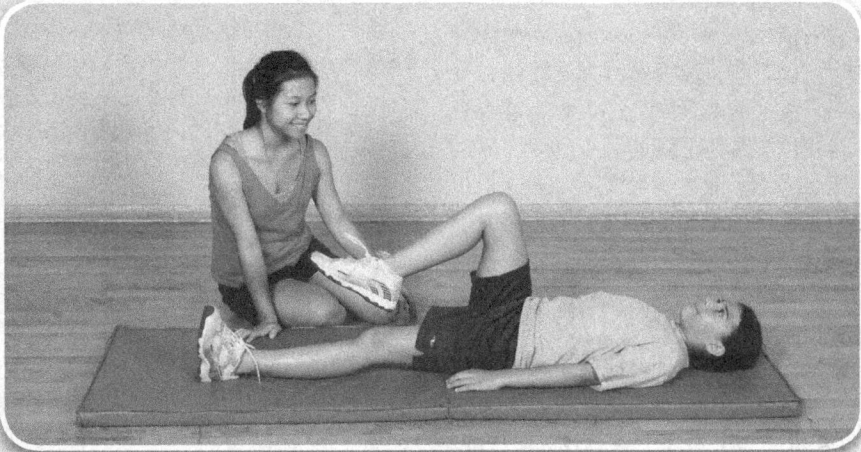

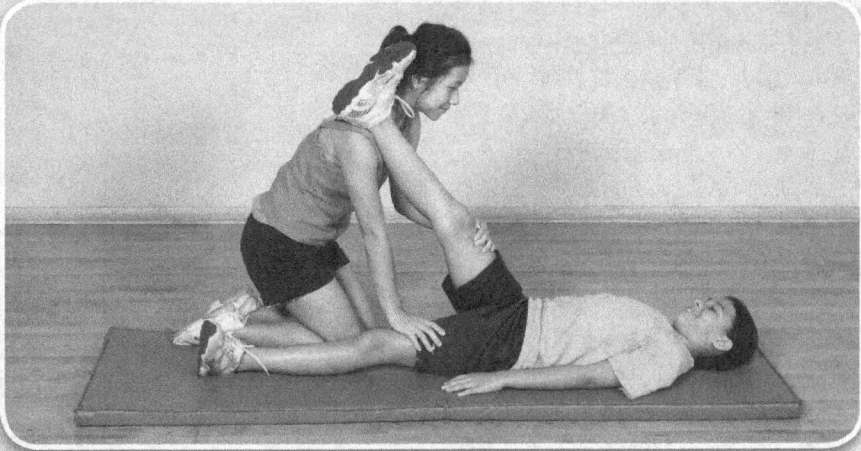

图 7.6　搭档间的合作要缓慢，保证安全，以实现有效的合作拉伸

1. 拉伸者仰卧，大腿抬起和髋部呈 90 度，膝关节弯曲。
2. 拉伸者尽可能地将抬起的腿伸直，搭档应该帮助其稳定腿的姿势。在此过程中，拉伸者应不会感到疼痛。这个动作延长了腘绳肌无痛范围的长度。拉伸者另一条腿应该在垫子上保持不动。
3. 搭档可以通过腘绳肌的等长收缩提供阻力，同时确保拉伸者的臀部能平放在垫子上。在拉伸过程中，搭档也要确保拉伸者能够稳定其髋部。
4. 搭档开始慢慢地把拉伸者的脚跟拉向地板，弯曲膝关节，等长收缩腘绳肌。
5. 拉伸者放松，深吸气。在这段时间里，拉伸者要保持腿位于开始时的位置。

源自：Adapted, by permission, from R.E. McAtee and J. Charland, 1999, *Facilitated stretching*, 2nd ed.（Champaign, IL: Human Kinetics），34.

训练原则

所有的学生都应该学习如何应用这些原则进行柔韧性训练。这些原则在第 3 章和每一章关于健康体适能的内容中都有介绍。运用这些训练原则有助于学生提高柔韧性，也有利于他们有计划地实施 FITT 指南（在后面的章节中介绍）。

超负荷、循序渐进、专门性、周期性、个性化

根据超负荷原则，若要适应并提高柔韧性，肌腱单位一定要拉伸，直到出现紧张感（轻微的不适）；然后就稍微后退一点，在某个位置上保持拉伸到出现不适。循序渐进原则要求逐渐增加每一次拉伸的时间，开始保持 10 秒，直至达到至少 30 秒。学生不应该使用该原则增加肌肉上的负荷（张力），因为他们只能在关节正常活动的范围内拉伸肌肉（ACSM, 2006b）。如果他们拉伸到轻微不适的程度，然后稍微后退一点，这便是超负荷时合适的紧张度。拉伸会让人感觉很紧张，但不是疼痛，最重要的是，让人打消了"没有疼痛就没有收获"的想法。柔韧性训练不应该产生疼痛感（见本章后面"柔韧性活动安全指南"）。专门性及其原理与健康体适能的其他方面一样，是为了提高某一特定部位的柔韧性。

一个人必须定期拉伸某个特定的肌肉或肌肉群，并形成规律。美国国家运动医学学会（ACSM, 2006a）建议每周最少 2～3 天，直至 5～7 天进行柔韧性训练。根据周期性原则，如果一个人停止柔韧性训练，那么他的柔韧性将不会提高和保持。正如在其他章节中所描述的训练原则，每个学生都应该根据需要、身体限制以及个人目标进行练习。

FITT 指南

表 7.1 提供了在做拉伸运动时如何根据 FITT 指南把握时间和类型的信息（搭档帮助拉伸和 PNF 拉伸）。建议每天进行柔韧性训练（每周最少 2～3 次，但最好是每天），这样的效果很好。每周增加的柔韧性练习次数也是增加肌肉负荷的方法，如从 3 次加至 7 次。如前所述，所有柔韧性训练的强度都应该控制在产生不适之前（拉伸到出现轻微的不适感，然后稍微后退）。在一项安全有效的柔韧性训练计划中，强度是一个非常重要的因素。超出限度产生不适的静态拉伸（疼痛）不仅会降低学生进行拉伸的意愿，也增加了受伤的可能性。进行一次训练的动作保持时间建议在 10～60 秒。美国国家运动医学学会（ACSM, 2006a）提出拉伸的时间至少为 10～30 秒（注意，学生刚开始拉伸时，应保持较短的时间，之后逐步延长到 30 秒）。这些拉伸类型旨在保持和提升柔

表 7.1　FITT 指南应用于柔韧性训练

	指南
频度	每周 2～3 天，最好是每天。要在热身运动提高了肌肉温度之后再进行训练
强度	缓慢拉伸肌肉，直到产生轻微的不适，然后稍微往后退
时间	每块肌肉或肌肉群最多可拉伸 2～4 次，每次拉伸保持 10～30 秒。在拉伸前要进行适当的热身运动
类型	体育课程的首选拉伸运动是可控的针对所有肌肉或肌肉群的拉伸

源自：Adapted from Knudson, Magnusson, and McHugh 2000; American College of Sports Medicine 2006a.

韧性，如静态拉伸、PNF 拉伸、合作拉伸和动态延伸。

在学生进行任何柔韧性练习之前，一定要提供适当的指导，让学生在拉伸运动前主动进行热身运动。年少或缺乏经验的学生应该学习基本的静态拉伸运动，这些运动有利于增强主要肌肉群的柔韧性，而年长或者有经验的学生可进行更多样化的专项拉伸运动，并学习先进的拉伸技术。

波姆帕（Bompa, 2000）建议在学生 6 ～ 10 岁的时候建立一个坚实的基础，即指训练的起始阶段。他还建议在学生成长期的不同阶段设置一种标准来指明学生在这些时期适合做哪一种基本类型的拉伸（静态、动态和 PNF）。PNF 拉伸和合作拉伸适用于成熟、负责任并接受过指导的学生。如果没有正确地进行这些类型的拉伸，可能构成安全隐患。

让学生遵循 FITT 原则，通过可控、稳定的拉伸，控制每一次拉伸直到刚产生紧张感而不是疼痛——无论他们之前学习过什么。学生应该被允许独自进行每一次的拉伸运动，只做对他们来说很舒服的运动，而不是他们的同学能够做到的运动。应该让学生明白，如果动作正确，弹性拉伸只适用于某些特定的专项运动。

如果学生的柔韧性过好（表现为关节活动度过大）、关节活动范围异常（关节松弛），或者严重缺乏柔韧性，甚至有其他不常见的骨骼或关节结构限制，这些异常都会造成严重的安全性问题，教师应该联系学生并和其家长见面。建议父母和学生咨询专业的健康护理人员，从而进行进一步的评估。

通过柔韧性活动来提高运动技能

如果有一个完整的关节活动范围，学生会更容易学习和掌握运动技能；相反，有关节活动范围限制的学生很难掌握同样的运动技能。例如，想要完成凌空踢球动作的学生必须有很好的臀部和腿部的柔韧性，良好的柔韧性有助于提高运动技能。指导学生通过柔韧性练习加强运动技能，并指出所教授的拉伸方法和学生在课堂上所学运动技能之间的联系。当学生在柔韧性和体育活动之间建立了联系，他们将更有可能继续运动以提高柔韧性，并将其作为一种生活方式。

如果学生想要在足球运动中完成凌空踢球动作或是在武术运动中完成高踢腿动作，那么一定要有良好的腿部柔韧性。

柔韧性活动安全指南

体育课上，关于拉伸运动有很多安全问题需要注意，前面讨论了柔韧性的限制因素。在进行拉伸运动之前，学生应该先完成全身的热身运动。那些身体有残疾的学生可能需要花费更长的热身时间来增强关节的柔韧性。在静态拉伸时，学生应该做出比较缓慢的动作，每次拉伸都要保持在轻微的不适感产生之前的位置（感觉不舒服的时候稍微后退），并持续 10 ～ 30 秒。对于动态拉伸，学生可以模仿某些专项运动的动作，动作幅度较大，但应该保持在可控的范围内（ACSM, 2006b）。按照这样的方式，教师可以让学生相对独立地进行训练。

其他通用的规则主要有 3 条。第一条规则是确保学生在进行柔韧性练习时，尽量避免某个关节没有练到。建议学生保持"柔软的膝盖"和"柔软的关节"，这样就可以帮助他们避免韧带在任何时候产生不必要的过度拉伸。

第二条规则是关于因勉强拉伸造成的过度拉伸。这一条要求学生注意疼痛和其他身体不适的感觉。学生在勉强拉伸时，韧带容易超出正常活动范围，可能会造成损伤。

第三条规则是绝不允许学生在拉伸的过程中过度弯曲（腰部弯曲）或过度伸展脊柱，因为这个动作会对脊柱的椎间盘造成额外的压力。在前屈的位置可以弯曲髋关节，但不可以只从腰部弯曲。下背部（腰）椎间盘压迫是实施坐位体前屈测试的原因之一。在腰部位置向前弯曲会增加椎间盘的压力。每次只拉伸一条腿可以减轻压力，但同样不建议过度的拉伸，因为这会向前挤压到椎间盘。可以从髋关节弯曲的位置开始拉伸，但是不能超出正常范围至过度拉伸。在某些情况下，医生可能会通过过度拉伸动作来治疗患者的下背部，但大多数人还是应该避免做这种动作。如果扭转或旋转运动与过度弯曲或过度拉伸同时起作用，则会加重椎间盘的压力。虽然这种动作可能不会立即产生损伤，但随着时间的推移，这些动作可能会导致椎间盘的慢性退变并伴随着腰痛。

禁忌练习

禁忌练习是指如果继续练习，会对练习者造成伤害或有可能提高运动风险的练习。在禁忌练习后，可能不会每一次都产生伤害，但对组织的重复轻微创伤可能会持续数周或数年的时间。有几项练习（见附录 D）应避免涉及，以降低关节损伤的风险。

之前已经讨论过有关活动范围过大、关节松弛以及柔韧性活动的安全等问题，当一名学生做了一项关节超出正常运动范围的练习时，如某些过度伸展或过度弯曲的练习，会造成关节松弛或受伤的可能性增加（Corbin et al., 2009）。

出于这些原因，教师应该为柔韧性练习提供替代方案，并记住运动处方的具体原则及可用性。一些体育运动对关节活动范围的要求很高，如体操、舞蹈；还有一些姿势对关节活动范围的要求也很高，如棒球捕手需要保持深蹲的动作。在这些情况下，有必要遵循规定的运动处方进行动态的和专业的柔韧性练习。在热身运动之后，需保持高度的专注进行积极的热身和静态拉伸。附录 D 中的一些练习动作对于团队练习来讲尚存疑问，甚至应该完全禁止，尤其不能出现在课堂教学中。在许多情况下，教师没有时间或不具备专业知识应对特殊情况的发生。科尔宾等人（Corbin et al., 2004）指出体育教师应满足大多数人的需求，做到在降低消极影响的同时带来最大的好处。如果用其他的练习替代可能会造成伤害的练习，那么这将是更安全、更有效的训练计划。

小结

柔韧性与健康体适能的其他成分类似，因此不应将它归为热身和放松运动。在适当的时候，可以将其作为课程的核心活动。这种方法将会让学生有时间来体验合理的柔韧性练习有多么重要，还可以保持轻松和快乐。此外，将学生在课堂上进行的拉伸运动和他们在课堂外进行的活动联系起来有重要的教育意义。可以参考《体适能教学与训练指导》中的柔韧性章节，其中有相应的示范课程，参考柔韧性训练原则和 FITT 指南，从而提高学生的柔韧性和其他方面的表现。良好的柔韧性为扩大关节活动范围打下良好的基础，它反过来又提高了健康体适能的整体水平，纠正了姿势，降低了受伤的风险，并且提高了进行体育活动的安全性。在健康体适能的教育活动计划中，可控的拉伸练习最为合适。此外，静态拉伸为大多数学生提供安全的柔韧性训练，且消极作用小。针对不同类型的拉伸练习，为学生提供相应的示范和经验，能够在保证安全的条件下维持个体的柔韧性。

第8章

身体成分

斯科特·葛因和美乐迪·凯瑟
（Scott Going and Melody Kyzer）

很多体育教育工作者都认同，在健康体适能教学中，身体成分是最敏感的领域之一。文化、社会、个人信仰和态度使之成为难以谈及的话题，因此，人们对其采取竭力回避的态度。但是了解身体成分至关重要，其中包括影响身体成分的因素以及健康的身体成分带来的益处。目前儿童肥胖症多发，且往往伴随着健康问题，在青少年阶段尤为严重。这也凸显了本章内容的重要性。精确计算出身体成分的多项指标虽然对少年儿童来说不那么重要，但他们仍需学习相关概念，了解积极运动的生活方式对身体成分产生的影响。年龄较大的儿童同样需要了解这些信息，以及可以在他们的一生中监测和影响身体成分的工具。这些信息对预防慢性疾病至关重要。

身体成分教学指南

身体成分是指去脂体重（除了脂肪以外的所有组织，如骨骼、肌肉、器官和体液）和体脂量，通常以体重百分比表示。脂肪超量以及脂肪肌肉比率偏高都说明身体健康有问题。有 5 种常用的方法可以用来测量身体成分是否达到健康水平，并有一系列数值说明是否达到健康体脂率的要求。表 8.1 和表 8.2 是推荐的体脂数据（Cooper Institute, 2010）。

教师要从学生的角度出发，以专业的态度指导学生学习身体成分的内容，需注意以下 4 个主要方面。

- 表明接受个体差异的态度，要求这些学生和其他学生一起跟随老师的引导。
- 尊重个人隐私（如不在公开场合收集身体成分数据）。
- 有效结合身体成分和健康体适能要素。
- 明确是否有能力帮助体脂不正常的学生，如出现临床表现，应让学生或家长寻求专业帮助。

接受个体差异

对于判定身体成分健康与否，教师应对是否存在绝对的指标持保留态度。谨记，由于健康范围标准不一，即使是专家也未必能在测量最佳身体成分上达成共识。在教学过程中，应将其作为个人的问题对待，每个人对此都应理解，切勿以某个学生的身体成分为例做正面或反面的示范。此外，要向学生解释遗传对身体成分也有影响（本章对此将有详细论述）。体育教育工作者应鼓励学生从整体健康和运动习惯中寻求个人满足感，而不是拼命达到一成不变的标准或迎合文化观念，应提醒学生各种体形都可以是"正常"的。

表 8.1 美国青少年体质健康测评系统男孩的身体成分标准

年龄	体脂率				体重指数			
	极瘦	健康标准	有风险	高风险	极瘦	健康标准	有风险	高风险
5	≤ 8.8	8.9 ~ 18.8	18.9	≥ 27.0	≤ 13.8	13.9 ~ 16.7	16.8	≥ 17.5
6	≤ 8.4	8.5 ~ 18.8	18.9	≥ 27.0	≤ 13.7	13.8 ~ 16.8	17.0	≥ 17.8
7	≤ 8.2	8.3 ~ 18.8	18.9	≥ 27.0	≤ 13.7	13.8 ~ 17.3	17.4	≥ 18.3
8	≤ 8.3	8.4 ~ 18.8	18.9	≥ 27.0	≤ 13.8	13.9 ~ 17.8	17.9	≥ 19.0
9	≤ 8.6	8.7 ~ 20.6	20.7	≥ 30.1	≤ 14.0	14.1 ~ 18.5	18.6	≥ 19.0
10	≤ 8.8	8.9 ~ 22.4	22.5	≥ 30.2	≤ 14.2	14.3 ~ 18.9	19.0	≥ 20.0
11	≤ 8.7	8.8 ~ 23.6	23.7	≥ 35.4	≤ 14.5	14.6 ~ 19.7	19.8	≥ 21.8
12	≤ 8.3	8.4 ~ 23.6	23.7	≥ 35.9	≤ 15.0	15.1 ~ 20.5	20.6	≥ 22.7
13	≤ 7.7	7.8 ~ 22.8	22.9	≥ 35.0	≤ 15.4	15.5 ~ 21.3	21.4	≥ 23.6
14	≤ 7.0	7.1 ~ 21.3	21.4	≥ 33.2	≤ 15.0	16.1 ~ 22.1	22.2	≥ 24.5
15	≤ 6.5	6.6 ~ 20.1	20.2	≥ 31.5	≤ 15.5	16.6 ~ 22.9	23.0	≥ 25.3
16	≤ 6.4	6.5 ~ 20.1	20.2	≥ 31.6	≤ 17.1	17.2 ~ 23.7	23.8	≥ 26.0
17	≤ 6.6	6.7 ~ 20.9	21.0	≥ 33.0	≤ 17.7	17.8 ~ 24.4	24.5	≥ 26.7
> 17	≤ 6.9	7.0 ~ 22.2	22.3	≥ 35.1	≤ 18.2	18.3 ~ 25.1	25.2	≥ 27.5

源自：From The Cooper Institute 2010.

表 8.2　美国青少年体质健康测评系统女孩的身体成分标准

年龄	体脂率				体重指数			
	极瘦	健康标准	有风险	高风险	极瘦	健康标准	有风险	高风险
5	≤ 9.7	9.8～20.8	20.9	≥ 28.4	≤ 13.5	13.6～16.7	16.8	≥ 17.3
6	≤ 9.8	9.9～20.8	20.9	≥ 28.4	≤ 13.4	13.5～17.0	17.1	≥ 17.7
7	≤ 10.0	10.1～20.8	20.9	≥ 28.4	≤ 13.4	13.5～17.5	17.6	≥ 18.3
8	≤ 10.4	10.5～20.8	20.9	≥ 28.4	≤ 13.5	13.6～18.2	18.3	≥ 19.1
9	≤ 10.9	10.8～22.6	22.7	≥ 30.8	≤ 13.7	13.8～18.9	19.0	≥ 20.0
10	≤ 11.5	11.6～22.4	24.4	≥ 33.0	≤ 14.0	14.1～19.5	19.6	≥ 21.0
11	≤ 12.1	12.2～23.6	25.8	≥ 34.5	≤ 14.4	14.5～20.4	20.5	≥ 21.9
12	≤ 12.6	12.7～23.6	26.8	≥ 35.5	≤ 14.8	14.9～21.2	21.3	≥ 22.9
13	≤ 13.3	13.4～22.8	27.8	≥ 36.3	≤ 15.3	15.4～22.0	22.1	≥ 23.8
14	≤ 13.9	14.0～21.3	28.6	≥ 36.8	≤ 15.8	15.9～22.8	22.9	≥ 24.6
15	≤ 14.5	14.6～20.1	29.2	≥ 37.1	≤ 16.3	16.4～23.5	23.6	≥ 25.4
16	≤ 15.2	15.3～20.1	29.8	≥ 37.4	≤ 16.8	16.9～24.1	24.2	≥ 26.1
17	≤ 15.8	15.9～20.9	30.5	≥ 37.9	≤ 17.2	17.3～24.6	24.7	≥ 26.7
> 17	≤ 16.4	16.5～31.3	31.4	≥ 38.5	≤ 17.5	17.6～25.1	25.2	≥ 27.2

源自：From The Cooper Institute 2010.

尊重个人隐私

教师要对学生的测量结果或体脂率保密；另外，要妥善保管相关信息，确保学生无法获取这些信息，并且要注意有些学生的身体成分并非完美，他们可能不愿意在其他形体更健康的同龄人面前接受身体成分测量。教师应主动私下进行皮褶厚度测量、称重以及其他测量。请另一位成人协助进行皮褶厚度测量，或是当自己正在给学生测算无法抽身时，请其协助其他学生进行剩余的测量工作。要向学生说明，身体成分是个人隐私，应关注自己的测量信息。教师要与学校管理人员核对可能已投入使用的教学指南，如测量皮褶厚度时，需要获得家长许可（或至少在测量之前通知家长）。要注意的是，测量时需要另一名成年人在场，以进行必要的监管。

身体成分与健康 体适能要素

如同其他各项健康体适能要素，一个人的身体成分并非孤立于其他要素而存在的。事实上，向学生展示所有健康体适能要素之间的关联是很重要的，这样他们才能明白个人选择是如何影响健康体适能的。虽然遗传、环境以及文化对身体成分存在重要的影响，但通过定期参加可以改善其他体适能要素的运动，也能够改变身体成分（如有氧适能活动和肌肉力量训练）。

- ▶有氧适能——有氧运动可消耗的能量。
- ▶肌力和肌耐力——在休息时，肌肉率偏高的无脂肪组织比脂肪组织消耗（代谢）更多的能量。应向学生强调，遵循训练原则（见第3章）

的体育活动有助于保持正常的身体成分。

- ▶柔韧性——柔韧的身体能更好地进行有氧适能活动、肌力和肌耐力训练。瑜伽是一种可以提高柔韧性的运动。练习瑜伽的人会更注重健康和形体，做一些促进健康的事情，如健康饮食。

© Stockdisc Royalty Free Photos

Susan Rae Tannenbaum

全面了解身体成分、影响身体成分的变量，以及健康的身体成分能给健康体适能带来的主要益处。

需指出的是，体育活动、饮食、身体成分三者的关系与日常生活、娱乐活动以及体育活动等紧密相关。同样需要强调的是，遗传性肥胖的学生即使在体重和身体成分没有显著变化的情况下，通过锻炼也能显著地降低健康风险。无论肥胖程度如何，即使不限制热量摄入，体育活动也能有效地降低患慢性疾病的风险（Ross et al., 2000; USDHHS, 1996）。多个研究表明，相比过度肥胖但经常锻炼的人，体形瘦但从不锻炼的人存在更大的健康风险（Haskell et al., 2007）。

力量训练与身体成分管理

力量训练十分有助于身体成分的管理。减肥计划在减脂的同时也会消耗非脂肪组织（主要是肌肉）。力量训练可以避免去掉体重的显著减少，从而防止静息能量消耗（REE，即身体处于休息状态时所消耗的能量）的降低，肌肉组织每增加 0.5 千克，每天的 REE 可提高 35 千卡）（Campbell, 1994），这对全年的总能量消耗和体重控制能起到重要的作用。

学生需要知道，与有氧运动相比，力量训练虽能消耗能量，但其效果相对来说不是很明显。他们还必须清楚，从生理层面上看，肌肉细胞是不可能变成脂肪的，反之亦然（这是一个常见的误解）。有氧运动和力量训练相结合才最有利于身体成分管理。

身体成分的测量方法

专家们在身体成分最佳测量方法的问题上并未达成一致看法。小学生应学习身体成分的基本概念和影响因素，初高中生应学习身体成分测量的具体方法以及各方法的优缺点。

皮褶厚度测量

皮褶厚度测量是体育教育中一种常用的测定方法，用于测定身体成分。该方法需使用皮褶卡钳在特定身体部位来测量皮褶厚度（见图 8.1）。

皮褶厚度测量是体育教师普遍使用的方法，也是测量身体成分较为精确的方法。这种方法的花费相对较少，但是要获得准确可靠的测量结果，测量人员则必须受过良好的训练。该测量过程会耗费大量的课时和教师精力，而且这种方法会与学生发生肢体接触，可能会因此引发敏感问题。如果教师在测量过程中感到不合适或无法胜任，应接受进一步的培训或者安排经验更丰富的人员（可能来自当地大学的体育教育学院或运动训练学院）进行协助。库珀研究院最新出版的《美国青少年体质健康测评系统》（见附录 E）中有皮褶厚度测量的具体实施方法以及适龄指南。

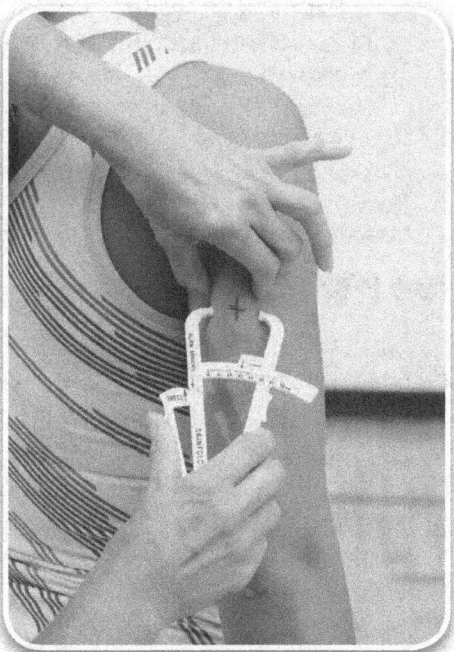

图 8.1　使用卡钳测量上臂皮褶厚度

皮褶厚度测量贴士（注意事项）

许多教师在测量体脂率时由于种种原因而感到无所适从，其中包括如下原因。

- 学生可能因自己的测量结果而感到尴尬。
- 不论采取何种形式，教师可能不愿与学生发生肢体接触。
- 不论采取何种形式，学生可能不愿让教师与自己发生肢体触碰。
- 准确测量皮褶厚度需要经过训练和实践。

下面是解决上述问题的方法。

- 开展训练和实践以实现精确测量。针对 Physical Best [1] 和 Fitness-gram [2] 提供的测算技巧，NASPE-AAHPERD 可提供讲习班和在职培训。邀请有资质的健身教练、大学体育教师、校医或者有资格认证的运动教练来进行此项测量。
- 向年龄较大的学生展示如何使用皮褶卡钳。这种方法能够培养学生的责任感，确保测量结果的私密性，还可以与信任的伙伴合作，观察整个测量过程，但要懂得考虑他人感受。如果班上有超重的学生，让学生互相测量的办法（超重的学生可能会受到嘲笑）可能不妥。有些卡

钳的测量范围有限，无法测量较厚的皮褶。如果学生正在接受测量，在这种情况下，学生会感到很难堪。另外，学生应认识到人的身材生来不同，所有人在体育活动中都应该感到自己是被接纳的、舒适自在的。尽管后天可以养成好习惯，但每个人生来就是不同的。

- 着重让学生意识到所有人所做的个人选择都会对自身的身体成分产生影响，这能帮助学生将目标定位在积极锻炼的过程和健康生活方式而非结果上。另外，还需告诉学生脂肪过多、过少都不利于健康。如果学生到了合适的年龄，可以和他们讨论进食障碍。
- 条件允许的话，按照一人一间的标准进行测量，这样可以缓解一些学生对测量过程的不适感。
- 如果教师与学生的肢体接触会引发顾虑，可另安排一个专业人士参与测量工作。此外，Physical Best 可提供多种选择来计算身体成分。可运用体重指数计算法来代替皮褶厚度测量法。

体重指数

最近，媒体愈发关注体重指数（BMI），但这种测定身体成分的方法并不新鲜。多年来，BMI 一直是人口研究中用于衡量超重和肥胖的标准。联邦机构上报关于肥胖的统计数据时，通常使用这一方法。以下定义适用于成人。

- ▶ 小于 18.5——体重偏轻。
- ▶ 18.5 ～ 25——最佳体重。
- ▶ 25.1 ～ 29.9——超重。
- ▶ 超过 30——肥胖。
- ▶ 超过 40——病态肥胖。

如果成人的 BMI 值大于 30，健康风险（源于过高的体重）将显著增加。健康风险会随着 BMI 值的上升而增加。

[1] Physical Best 是澳大利亚理疗师丽莎·文斯莱克创办的健身网站。
[2] Fitnessgram 是库珀研究院于 1982 年成立的非竞争性的健康体适能评估体系。

BMI 值是体重与身高之比，该公式与普通人群的体脂相关。BMI 最适用于青春期后的学生，在儿童和青少年阶段，BMI 标准因年龄和性别而异，女孩和男孩成熟的年龄不同，表现不同。因此，美国疾病控制与预防中心（CDC）制作了各年龄阶段的 BMI 表，这些量表考虑到了性别差异、快速生长期以及男孩和女孩身体发育成熟时 BMI 和身体成分之间关系的变化。儿童从 2 岁成长至 20 岁，均有相对应的 BMI 值（见附录 E，图 E.1 和图 E.2）。CDC 在相关网站发布了儿童 BMI 计算器。针对儿童和青少年（18 岁以下），不同性别、各年龄段的百分位可用于确定 BMI 的理想范围。建议标准如下。

▶ 少于第 5 个百分位——偏瘦。
▶ 大于第 85～94.9 个百分位——超重。
▶ 大于或等于第 95 个百分位——肥胖。

20 世纪六七十年代，CDC 曾对当时的男孩、女孩的身高和体重进行了测量，制作了全美国男孩、女孩身高体重分布图。而与 CDC 的百分位相对应的 BMI 值正是在该基础上提出的，当时儿童肥胖现象还不是很普遍，这些 BMI 值无须和 Fitnessgram 提供的健康标准的 BMI 值一致，因而 Fitnessgram 提供的健康标准的 BMI 值并没有与之同步发展。Fitnessgram 的标准 BMI 值的基础是与体脂率的理想范围相关的健康基准（如心血管疾病的危险因素）。过去的数据取自博加卢萨心脏研究（Bogalusa Heart Study）的研究数据，该研究是一项长期的心脏病的自然史研究（Williams, 1992）。美国国家健康和营养调查——历时最长，以全美人口为样本开展的监测研究——公布了体脂率测量结果。这是首次从全国范围代表性样本的身体成分和疾病风险因素的测定中得出的青少年标准数据。

体脂率的数值能帮助人们有效分辨青少年患慢性疾病的风险大小，通过测定出该数值，制定出如表 8.1 和表 8.2 所示的身体成分标准。这些修订过的标准数值将纳入新的 Fitnessgram 软件（8.6 版）和报告当中。通过寻找最能区别不同体脂率区域的 BMI，得出了如表 8.1 和表 8.2 所示的相应的 BMI 标准。表示男孩和女孩偏瘦的 BMI 和在 CDC 中针对年龄和性别的 BMI 得出的第 5 个百分位相同，其已被广泛接受为表示偏瘦的标准。

通过 BMI，学生能够快速进行身体成分检查，而且可以自己完成。这种方法无须花费太多的课时和教师精力，而且也方便学生课后使用。但其主要缺点是过于简化了身体成分，未能将去脂体重和身体脂肪加以区

BMI 计算方法

要计算一个人的体重指数，只需用体重（以磅为单位）除以身高（以英寸为单位）的平方，然后乘以 703。

BMI=[体重（磅）÷ 身高²（英寸）]×703

例如，一个体重 150 磅，身高 65 英寸的男孩，可按如下方法计算其 BMI。

步骤 1：
BMI=[150÷（65×65）]×703
步骤 2：（150÷4225）=0.0355
步骤 3：0.0355×703=24.9
该男孩的 BMI 为 24.9。

如果使用的是公制，则以千克为单位的体重除以米为单位的身高的平方。

BMI= 体重（千克）÷ 身高²（米）

还是该名男孩，其公制下的身高为 165 厘米（1.65 米），体重为 68 千克。

步骤 1：
BMI=68÷（1.65×1.65）
步骤 2：68÷2.722=24.9
该男孩的 BMI 为 24.9。

体脂率与 BMI

BMI 无法估算出体脂率，只能给出与身高相对应的体重适当值（CIAR，2004）。下面的例子说明了两名经过 BMI 计算，身体都处于健康范围(HFZ)的学生，他们的体脂水平有相当大的差异。在该例子中，简（Jane）的体脂率是 35，不在健康范围内，而珍妮特（Jeanette）的体脂率是 19，在健康范围内。

两人年龄均为 16 岁，体重 130 磅（约 59 千克），身高 5.6 英尺（约 168 厘米）。尽管她们的 BMI 相同，但身体成分测量显示，简的脂肪约为 45 磅（约 20.4 千克），而珍妮特只有大约 25 磅（约 11.3 千克）的脂肪。

简的体脂率计算如下。

$45 \div 130 = 0.35$

（公制 $20.4 \div 59 = 0.35$）

$0.35 \times 100 = 35\%$ 的体脂率

简的 BMI 计算如下。

$130 \div 66^2 \times 703$

$130 \div 4356 \times 703$

$0.0298 \times 703 = 20.9$

或用公制公式计算如下。

$59 \div 1.68^2$

$59 \div 2.82 = 20.9$

珍妮特的体脂率计算如下。

$25 \div 130 = 0.19$

（公制 $11.3 \div 59 = 0.19$）

$0.19 \times 100 = 19\%$ 的体脂率

珍妮特的 BMI 计算如下。

$130 \div 66^2 \times 703$

$130 \div 4356 \times 703$

$0.0298 \times 703 = 20.9$

或用公制公式计算如下。

$59 \div 1.68^2$

$59 \div 2.82 = 20.9$

因此，虽然身高体重对照表和 BMI 可以提供通用的健康标准，但并不能确定体脂率，因此也无法完整说明身体成分的情况。

分。例如，两个人的 BMI 和体适能水平均相同，但他们的脂肪肌肉比不同（基于遗传因素和其他身体成分的差异，如骨骼大小），连体脂率都会有很大的差异（见"体脂率与 BMI"）。不论一个人的 BMI 是偏瘦、超重还是肥胖，其健康状况可好可坏。尽管如此，BMI 还是提供了一个说明健康状态的指标，并且广泛地应用于流行病学的研究当中。有需要时可以帮助达到 BMI 极值的学生寻找问题原因和解决办法，并鼓励他们完成更为准确的身体成分评估。

青春期后的学生可使用"BMI 计算方法"计算自己的 BMI 值。

身高体重对照表

身高体重对照表最初是由伦敦大都会人寿保险公司的保险精算师路易斯·都柏林（Louis Dublin）发明的。保险公司想要科学地预测客户投保的概率，所以才制定了这些图表。和 BMI 一样，身高体重对照表没有涉及体脂率，所以身体成分的数据过于简化，它们只对合理的体重范围起到一定的指导作用。教学挂图可使教学更省事，但通过这种方法得到的结果并不准确，而且经常导致学生的身体成分被公开进行比较（应竭力避免此事）。

腰臀比

研究表明，体内脂肪的分布与其产生的不良影响的大小相关，因此科学家们研究了腰臀比和健康风险之间的关联。研究结果表明，梨形身材比苹果形身材相对较好。也就是说，相比腰部脂肪超标，臀部和大腿上的脂肪超标相对较好

（Wickelgren, 1998）。事实上有研究表明，苹果形身材的人有多余的脂肪堆积在腹部，这会增加日后患心脏病和糖尿病的风险（Ziegler and Filer, 2000）。腰臀比可以简单评估一个人是梨形身材还是苹果形身材。例如，一个人腰围是 71.1 厘米，臀围是 96.5 厘米，则腰臀比为 0.74（71.1÷96.5=0.74，四舍五入至小数点后 2 位）。若女性的比值超过 0.86，男性的比值超过 0.95，说明该人属于苹果形身材并更易患心脏病、糖尿病和癌症。但针对儿童的腰臀比数据还没有进行调整或验证，因此该评价方法在健康体适能的教学中作用有限。

虽然苹果形身材和梨形身材的概念可以帮助儿童和青少年理解脂肪的分布，但腰臀比就没那么容易理解了。例如，腰围大或臀围小，其比值也会大于 1.0。鉴于这种不确定性，单独利用腰围值更加常见，原因是腰围值与腹部脂肪以及不利的健康风险之间存在紧密的联系。不论是成人还是儿童，腰围值不仅大有用处而且更容易测量（Katmarzyk et al., 2004）。尽管当前能被认可的青少年腰围标准还未公布，但它正在研究中。不论年龄、性别、种族，若儿童腰围超过 90 百分位，则有很高的患肥胖并发症的风险。该结论得到美国国家数据分析的支持（Fernandez et al., 2004）。

在得出更准确的标准之前，90 百分位以上的腰围可以作为让学生进一步检查的依据。

生物电阻抗分析仪

生物电阻抗是一项非侵入式替代技术，操作简单易行。公立学校进行身体成分测量时，越来越倾向于选择生物电阻抗来替代皮褶厚度测量法。研究表明，如果采用针对大众人口的测算公式来估算身体成分，生物电阻抗法可以准确测量成人和儿童的去脂体重或体脂率（误差与皮褶厚度测量法大致相同）（Heyward and Wagner, 2004）。将不同振幅（800 或 500 微安培）的微小测量电流（50 千赫兹）通过放置在手腕和脚踝上的 4 个电极送入人体。这种替代性电阻抗仪器使用的是手持设备或置于两个金属支架上类似浴室磅秤的仪器。受试者站在 2 个金属脚垫上，通过该仪器来估算身体成分。含有大量水和电解质的组织可以导电，而储存大量脂肪的组织则无法导电，生物电阻抗法则运用了这一简单原理。虽然这种方法便于管理、易于操作，但也有一些注意事项。除非所测量的是同一部分人群，而且所使用的测算公式是经过了检验和交互检验，否则不建议使用厂商设置的测算公式。

如果决定使用生物电阻抗法代替皮褶厚度测量法来测算身体成分，请遵循以下建议。

- 购买包括儿童公式在内的多个公式功能的生物电阻抗分析仪。
- 另一种选择是购买可为使用者提供阻抗、电抗和阻抗读数的仪器，再根据测算对象的年龄、性别和群体，运用合适的公式（Heyward and Wagner, 2004）。
- 根据厂商建议对测量协议进行标准化。
- 避免使用金属桌或可导电的平台。
- 确保学生的四肢张开，稍稍远离仪器主机。
- 要求学生取下金属饰物。
- 保证学生体内水分充足。
- 进餐或运动后间隔一段时间（至少 2 小时）方可进行测量。

在选择公式时，以下建议可供参考。

- 10 ～ 19 岁学生可用的最佳公式由侯特库珀等人（Houtkooper et al.,

1992）开发。

▶ 10 岁以下学生应用罗曼（Lohman）或库什纳等人（Kushner et al., 1992）的公式。

▶ 为特定民族开发的公式已有针对日本男孩（9～15 岁）和女孩（9～15岁）的公式（Kim et al., 1993; Wat Qnabe et al., 1993）。

▶ 目前未经交互检验的阻抗公式分别适用于美国印第安人、亚裔美国人、非洲裔或西班牙裔儿童。

帮助体脂超标或体脂过低的学生

无论是通过公式的测算还是非正式的目测，都可以判断学生体脂率是否正常。作为体育教育工作者，不能自己去解决诸如进食障碍、极度肥胖等严重问题，而是要把学生交由他们的父母，寻求专业帮助。以下内容将讨论肥胖症和进食障碍的症状和成因，以确定影响因素。

肥胖症

根据美国疾病与控制中心的数据，大约 65% 的美国成年人存在超重或肥胖问题。此外，在过去 30 年里，超重或肥胖的青少年的比例增加了一倍多。据估计，6～17 岁的美国儿童中，有 15%～20%的人超重（Ogden et al., 2010）。根据这些数据，很可能每节体育课上都有超重的学生。肥胖是指比理想体重超出 120%或更高，或是成年人的 BMI 大于 30。对于儿童和青少年（18 岁以下），其年龄、性别对应的 BMI 大于或等于 95 百分位即被认为是肥胖，相当于是成人的肥胖状况。肥胖有 3 个主要的影响因素：遗传、饮食和体育活动。在准备体育课程计划项目时要牢记这一点。

▶ 遗传——研究表明，基因决定了一个人 30% 的体重（Zeigler and Filer, 1996）。遗传基因是多样的，

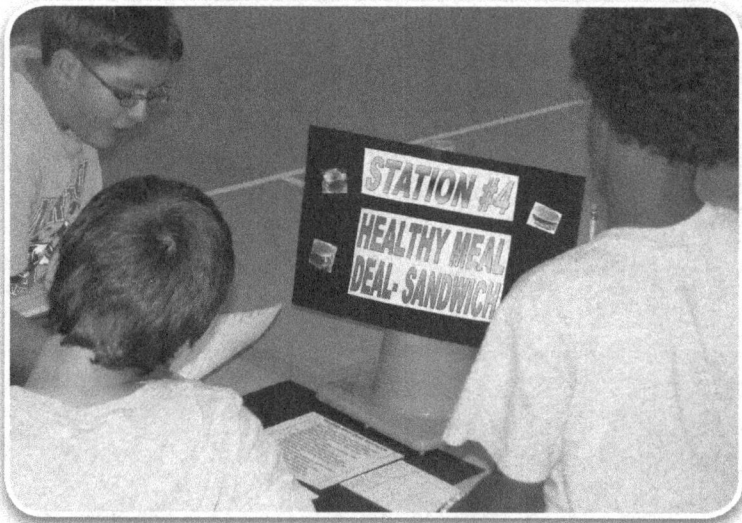

餐馆和快餐店能为许多学生提供一个社交场所，但教师应该鼓励他们明智地点餐，考虑所点食物的营养价值。

决定了新陈代谢、过量脂肪囤积部位（臀部、手臂和腹部等）、胃肠道功能、食欲、对某些食物的偏好，如糖果和咸味零食，以及对运动的应激反应。这涉及许多因素，但具体是哪些基因，其所产生的作用以及相应的生化机制仍在研究中。

▶ 饮食——目前美国人的平均饮食热量比 30 年前高出 14%（McDowell et al.，1994）。每天额外摄入 9.5 卡路里热量，一年就有 0.45 千克的多余脂肪。美国人现在经常在外用餐，食用快餐和油炸食品也越来越多。美国人这种忙忙碌碌的生活方式十分典型，也就有了长期食用零食和大量外卖的习惯。根据美国疾病控制与预防中心的数据（2002，2004），60% 以上的青少年每天摄入过多的脂肪，按建议每天食用 5 种以上水果、蔬菜的青少年不到 20%。这些在儿童时期形成的不良饮食习惯可能会贯穿他们的整个成年时期。

▶ 体育活动——体育活动可以让身体消耗更多的热量，有助于维持正常体重并促进整体健康。在美国，体育活动水平持续下降。尽管有大量文献证明运动带来的益处，包括长期良好的健康状态、改善身材、减少抑郁，但是有 60% 以上的美国成年人久坐少动。不仅成年人有这种问题，30% 以上 9 ～ 12 岁的青少年也不经常参加体育活动，电子游戏和电视已经取代了很多课后体育活动。此外，每天参加高中体育课的人数从 1991 年的 42% 下降到 1999 年的 29%（NCCDPHP，2003）。

进食障碍

与肥胖症相对的是进食障碍。虽然肥胖是存在于当今青少年中最严重的营养问题，但体育教育工作者不能只关注肥胖问题。事实上，想变"瘦"的压力来自心理和社会两方面，这让一些年轻人走向极端，

教学贴士

除了《体适能教学与训练指导》中的许多活动外，教师还可以使用以下的课堂教学理念，让学生学习与身体成分相关的营养概念。

使用教学模型

创建课堂脂肪模型来补充课堂内容，激发课堂讨论。从当地的快餐连锁店获得营养分析资料。关于快餐食物营养成分的大量信息可参考相关网页的内容。注意，5 克脂肪相当于一茶匙的菜油或人造黄油。给塑料杯贴上标签，清楚标记食物类型和正确的脂肪含量（克），这可以帮助学生直观地了解他们最喜欢的快餐食品中的脂肪含量（见表 8.3）。

收集菜单

如果有请求，餐馆会提供菜单和很多外卖宣传单。从当地的餐馆选择最健康的食物，在课堂上开展最佳菜单选择的讨论时，这些资料就可以派上用场了。

记日记

让学生完成一份饮食日记，记录过去 24 小时内吃的所有食物。学生应该记录下他们吃东西时的感受（情绪）、食用时间、选择吃这些食物的原因。这样做的目的是说明人们频繁地食用快餐并非出于饥饿，同时也解释了他们选择食物的原因（选择食物时，人们更多的是为了快捷、便利、美味，而不是为了健康。虽然年幼的孩子可能无法每天选择自己的食物，但是可以在学校和餐馆进餐时进行某些选择）。

表8.3　受欢迎的快餐食品的营养价值

食物	热量	脂肪热量（%）	总脂肪（克）	饱和脂肪（克）	胆固醇（毫克）	蛋白质（克）	总碳水化合物（克）	纤维（克）	糖（克）	钠（毫克）	钙（%RDI）
					麦当劳						
汉堡	280	32%	10	4	30	12	35	2	7	560	20%
芝士汉堡	330	39%	14	6	45	15	35	2	7	800	25%
牛肉汉堡	420	45%	21	0	70	20	36	2	8	700	20%
芝士牛肉汉堡	530	51%	30	13	95	28	38	2	9	1250	35%
巨无霸	580	52%	33	11	85	24	47	3	7	1050	35%
鱼柳堡	470	51%	26	5	50	15	45	1	5	730	20%
麦香鸡	430	49%	23	4.5	45	14	41	3	6	840	20%
麦乐鸡（6块）	310	58%	20	4	50	15	18	2	0	680	2%
炸薯条（大包）	540	43%	26	4.5	0	8	68	6	0	350	2%
沙拉（无沙拉酱）	15	0	0	0	0	1	3	1	1	10	2%
田园沙拉板烧鸡腿堡（无沙拉酱）	270	44%	13	5	75	28	11	3	4	830	15%
田园沙拉酱（一份）	290	93%	30	4.5	20	1	4	0	3	530	4%
低脂肪香醋沙拉酱（一份）	40	63%	3	0	0	0	4	0	3	730	*
三层巧克力厚奶昔（小杯）	430	26%	12	8	50	11	70	1	61	210	35%
鸡蛋松饼	300	37%	12	5	235	18	29	2	3	840	30%
培根、蛋和芝士饼干	480	58%	31	10	250	21	31	1	3	1360	15%

续表

食物	热量	脂肪热量（%）	总脂肪（克）	饱和脂肪（克）	胆固醇（毫克）	蛋白质（克）	总碳水化合物（克）	纤维（克）	糖（克）	钠（毫克）	钙（%RDI）
火腿、鸡蛋和芝士百吉圈	550	36%	23	8	255	26	58	2	10	1500	20%
奶油糖浆松饼	600	25%	17	3	20	9	104	0	40	770	10%
薯饼	130	54%	8	1.5	0	1	14	1	0	330	*

* 每日营养量少于2%

必胜客											
手抛比萨，芝士，1块	240	38%	10	5	10	12	28	2	1	650	20%
厚比萨，意大利辣香肠	620	40%	20	11	30	20	70	5	< 2	1430	30%
肉香厚比萨，1块	470	49%	25	11	50	22	40	3	2	1430	25%
蔬菜厚比萨，1块	480	42%	22	8	10	19	57	10	< 10	1410	25%
薄饼芝士比萨，1块	200	80	9	5	10	10	22	2	1	590	20%
布法罗辣鸡翅，5块	200	110	12	35	150	23	< 1	0	0	5.0	2%
面包棒	130	35	4	1	0	3	20	*	1	170	无
酱汁面包棒	30	5	0.5	0	0	< 1	5	< 1	2	170	无
至尊三明治	640	250	28	10	28	34	62	4	7	2150	30%

出现了进食障碍，给健康带来了严重威胁。

进食障碍在学龄阶段的学生中十分常见，包括神经性厌食症、贪食症和暴食症。体育教育工作者和教练必须能够识别这3类进食障碍的危险信号。为了帮助学生达到并维持理想的身体成分，教授学生平衡热量摄入、消耗和行为活动之间的关系。体育教育工作者必须向学生强调，健康的人没有特定的身材标准，并让学生讨论媒体中经常出现的不切实际的身材形象。行为矫正包括进食频率、进食量等方面，以及积极生活方式的态度。如果怀疑学生患有进食障碍，请咨询校医院医护人员，并将学生和家长介绍给合适的专业人员。

▶ **神经性厌食症**（见侧栏"厌食症的危险信号"）是一种可能致命的严重疾病，以自发挨饿和体重骤减为特征。根据美国国家饮食失调协会（NEDA，2003）的说法，神经性厌食症有以下5个主要症状。

- 拒绝维持正常体重（尽管临床上没有确定临界值，但体重骤减，不到理想体重的85%可以认为是危险的）。
- 对体重和变"胖"的强烈恐惧。
- 尽管体重急剧下降，仍感觉自己"肥胖"。
- 女性停经。
- 极度关注体重和外表。

大约95%的神经性厌食症患者是女性。神经性厌食症会对健康造成非常严重的后果，包括心率异常缓慢、骨质减少、脱发、头发干枯，以及严重脱水（这可能导致肾衰竭）。神经性厌食症患者会长出一种叫作"lanugo"的类似胎毛的绒毛层，有助于身体保暖。5%～20%的神经性厌食症患者会死亡。

厌食症的危险信号

- 体重骤减。
- 过于关注体重、热量和脂肪量。
- 拒绝进食某些食物，严重时会抵制所有食物。
- 尽管体重骤减，但还是经常表达肥胖或超重的感受。
- 担心变胖。
- 不承认饥饿。
- 养成进食模式（如以某个固定的顺序进食，过量咀嚼，在盘子里重新布置食物）。
- 一直找借口避开进食时间或涉及食物的场合。
- 过量、固定的运动（不顾天气恶劣、身体疲劳、疾病或受伤）——迫切想要消耗摄入的热量。
- 退出以前的朋友圈，不参加过去经常参加的活动。
- 对减肥、节食、控制食物过度关心，并在行为和态度上有明显表现。

源自：Reprinted, by permission, from the National Eating Disorders Foundation, 2001, *Warning signs of anorexia nervosa*.

▶ **贪食症**（见下页"贪食症的危险信号"）是一种可能致命的严重进食障碍，其特征是暴食与呕吐的恶性循环。根据美国国家饮食失调协会的数据，贪食症有以下3个主要症状。

- 短时间内大量进食或暴食，通常都是秘密进行的。
- 在暴食之后，会采取补偿措施来消耗热量的摄入，这种行为包括呕吐、滥用泻药、滥用利尿剂、禁食或强迫性运动。
- 极度关注体重和体形。

贪食症患病率的估算虽不一致，但

1% ～ 5% 的美国人患有此症。估算存在差异是由于贪食症无明显病兆，较长时间内难以发现。大约 80% 的贪食症患者是女性。不同于神经性厌食症患者，大多数贪食症患者的体重正常，甚至有时略超过正常体重。贪食症对健康的影响包括蛀牙、溃疡、电解质紊乱以及胃破裂风险。

▶ **暴食症**（见侧边栏"暴食症的危险信号"）。是一种进食障碍，其特征是经常性暴饮暴食，但不经常采取补偿措施来消耗暴饮暴食所摄入的热量。根据美国国家饮食失调协会的信息，暴食症对健康最主要的影响如下。

- 高血压。
- 高胆固醇。
- 心脏病。
- 糖尿病。
- 胆囊疾病。

美国暴食症的患病率是总人口的 1% ～ 5%。相较于男性，女性受其影响更大。暴食症通常与抑郁症状有关，暴食症的患者通常会对他们的饮食行为感到苦恼、羞愧和内疚。

暴食症患者经常吃掉大量的食物，远超过正常食量，在发病时觉得对进食失去控制。与贪食症或神经性厌食症不同，暴食症患者不催吐食物、不经常锻炼、不会吃少量的某种食物。正因为如此，暴食症患者往往超重或肥胖，暴食症患者也可能有如下情况。

贪食症的危险信号

- 暴饮暴食的证据，如在摄入大量食物后，残留的包装物和容器。
- 有催吐的行为，包括饭后经常去洗手间、呕吐的迹象或气味、泻药或利尿剂的包装袋。
- 过量、固定的运动（不顾天气恶劣、身体疲劳、疾病或受伤）——迫切想要消耗摄入的热量。
- 脸颊和下巴周围出现异常的肿胀。
- 因自我催吐而留在手背和手指关节上的伤痕。
- 牙齿变色或染色（因呕吐胃酸）。
- 开始复杂的生活方式、日程安排或者行为模式，以腾出时间进行大量进食、呕吐。
- 退出以前的朋友圈，不参加过去经常参加的活动。
- 对减肥、节食、控制食物过度关心，并在行为和态度上有明显的表现。

源自：Reprinted, by permission, from the National Eating Disorders Foundation, 2010, *Warning signs of bulimia nervosa*.

暴食症的危险信号

- 暴食症的依据，包括在短时间内吃完大量食物，或者是留有摄入大量食物后残留的包装物和容器。
- 养成固定的进食模式（只吃一种特定的食物或食物种类，如调味品），过度咀嚼，各种食物必须分开。
- 窃取食物或把食物储备在奇怪的地方。
- 穿宽松的衣服，遮掩身材。
- 开始复杂的生活方式、日程安排或者行为模式，以腾出时间大量进食。
- 不按时吃饭，或者在正餐时间只吃极少量的食物。
- 经常冲动性地连续进食，无法控制，直到胃撑得不舒服。
- 不催吐。
- 偶尔禁食或重复节食。
- 从正常体重发展成轻度、中度或严重肥胖。

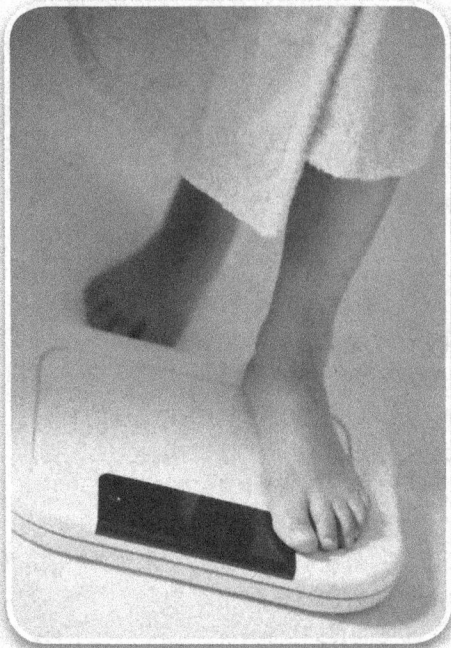

对大多数青少年来说，外表和身材都很重要。减肥带来的巨大压力会导致进食障碍，如厌食症。

警告

　　尽管体重严重过轻（低于理想体重的 90%）是进食障碍的症状，但有些学生偏瘦是遗传因素。身体形象感知扭曲以及不健康的危险饮食习惯是诊断进食障碍的标准。

► 在暴食症发作期间，吃得比平时更快。
► 不停地吃，直到胃撑得不舒服。
► 不饿的时候也吃。
► 由于感到尴尬，所以单独进食。
► 吃过量食物后，感到恶心、沮丧，或有罪恶感。

美国大约有 2% 的成年人（多达 400 万）患有暴食症。

解决方法

　　遵循以下指导方法，以专业的方法来处理问题。

► 始终保护学生和家庭隐私。
► 有技巧地与学生和家长交谈，一定要避免让他们从言语上感到指责的意味。
► 正如神经性厌食症的问题，除非教师认为学生情况危急，否则请尊重家长的意愿。
► 与校医院的医护人员和辅导员等学校工作人员协作，并申请书面许可，允许与学生的卫生保健员分享你的观察结果，同时咨询如何制定计划以满足学生的需要。学校可安排注册营养师，为有体重问题或进食障碍的学生量身定制用餐计划。学生全天规律、均衡地饮食，可以减少暴饮暴食的冲动，帮助超重的学生减轻体重，并改善身体成分。
► 确保体育课的趣味性，促进所有学生把体育活动当作生活的一项选择。
► 避免不合理的期望。例如，相比中等强度至高强度的体育活动，低强度的活动对肥胖儿童来说更容易坚持下去，而且大有裨益（USDHHS，1999）。
► 处理非紧急问题时，把有严重问题的学生交给有治疗能力的专业人士。

小结

在体育教学中，处理好身体成分的问题难度很高，而这部分与健康体适能任何一个要素一样重要。教师关注的焦点应该放在积极运动的生活方式对身体成分所产生的积极影响上，而非过分强调测量结果，这样才能专业、有效地进行身体成分教学。

将这些资料与健康体适能各要素相结合，让学生自主参加测量过程，尊重每个学生的隐私。最后，当学生的身体成分存在严重的健康问题时，要学会识别危急情况，把问题交给有资质的卫生保健专业人员处理。阅读第 4 章"营养"会对身体成分教学有所帮助。

课程设计与
教学方法

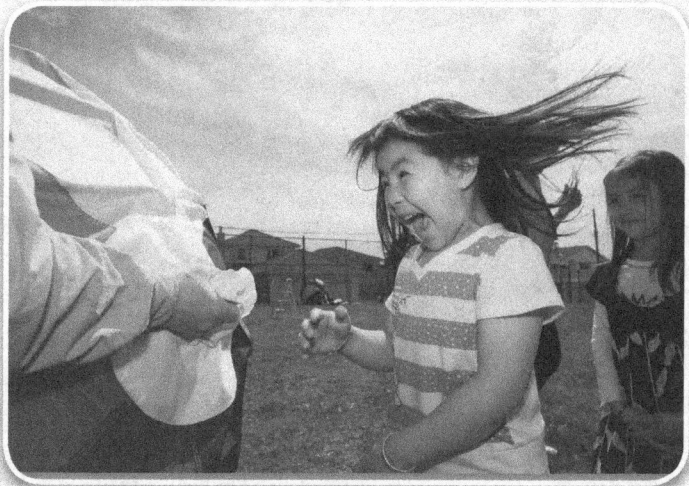

　　第三部分的主要内容为：课程设计以及与健康体适能教育相关的教学方法，包括与体适能教育内容有关的学生的基本信息，且这些学生的能力以及背景都不尽相同，同时该部分也包含课程设计的基本原则、核心内容推荐以及活动选择等相关内容。第10章介绍的是教学风格的探索，其中包括合作学习方法的使用以及一些教学策略，如课程安排，还有对教学环境以及教学工具的讲解。第三部分的最后一章为第11章，主要是对前两章的总结，还根据不同学生的具体需要提供了一些实际的建议。另外，还谈及了性别差异、文化差异以及能力差异。

第9章

将健康体适能教育结合到课程中

贝恩·麦克卡拉肯（Bane McCracken）

　　美国国家体育教育大纲标准明确规定接受过体适能教育的人群具有哪些特征，并为体适能教育课程的设计指明了方向。凡是高质量的体育教育，都有一套成文的课程体系，其作用就好比一张地图，以指导教师完成教学任务，同时方便教师时刻掌握学生的进步情况。本章旨在帮助体育教师开发一套课程体系，包括健康体适能指导（NASPE 标准 4），此外，还旨在大力推动学生养成积极运动的生活方式（NASPE 标准 3）。

有关精品课程的概念，人们一直争论不休。本章将为大家解决这一问题，精品课程具有以下元素。

▶ 课程目标概述。
▶ 课程范围，即包含哪些具体学习内容。该范围可以是具体的课程等级，也可以是只针对中学生或是整个学校的体育课程，抑或是国家级的课程体系。
▶ 课程的具体目标应与国家标准一致。
▶ 针对每个目标，具备检测学生进步程度的评估工具。

"最佳体适能"并不是一套完整的课程体系，相反，它仅是课程体系的补充，旨在帮助健康体适能教育与传统课程的融合。"最佳体适能"的材料、理念以及资源可以用来创建一套适用于学校或组织的完整的体适能教育课程模式。每每谈及各式各样的课程模式时，"最佳体适能"多次被视为体适能教育模式的典型代表。但在此章节中，"最佳体适能"仅被视为一套课程体系的补充资料。

本章对课程开发的讨论将包含体育教育的其他内容，但重点是体育活动和健康体适能的发展目标。

课程开发

理想情况下，当地教育机构应配有一位体育教育的协调员，其主要负责体育课程的开发工作。为了开发新的体育教育课程，或是将健康体适能教育融入现有的课程当中，必须发挥协调员的作用，组织课程研发小组，编写新的课程体系；之后再由相关教育系统的教师进行审核、评定、修订、出版；随后还要进行调整和排序，才能应用到幼儿园至12年级的教学当中。但在有些情况下，教育机构并没有相应的协调员，此时则由教师负责课程开发的工作。

无论在哪种情况下，编写课程体系首先要考虑的有：范围和连续性、地方及国家要求和政策、适当的运动技能和形式以及使用者的便利性。

范围和连续性

课程范围指的是需要根据学校的数量以及类型来确定课程的研发内容。课程计划有可能是为城市、乡村或是区级的一所小学或所有学校而制定的。最好的方式就是设定一个贯穿全部课程等级的课程范围。如果无法完成教学内容从一个年级到下一个年级的协调整合，那么培养接受体育教育的学生将会非常困难。成文的课程体系应推广至该教育系统中的每所学校，但要具有充分的灵活性，尤其是在更大的教育系统当中，以便学校能够有效利用具有当地特色的体育活动的良机。

课程连续性要求依次展现并安排相关运动技能的教学内容，对技能水平的逐级提升进行协调和整合。为了实现上述两点，最有效的方法便是在编写课程体系的同时，列出所有年级的相应运动技能水平，促使学校之间、各年级之间技能水平的过渡和衔接更加流畅。还有一点也至关重要，那就是课程体系的平稳过渡，包括从幼儿园至2年级，到3～5年级，再到初中，最后到高中。恰当的课程连续性、个体技能的评估方式、良好的记录习惯都能帮助教师尽快了解新学年的首要工作、如何进行个性化教学以及如何记录学生的进步情况。

地方及国家要求和政策

据《2006年美国国家体育教育概况》（NASPE）报告，美国各州都已陆续采用 NASPE 中所规定的体育教育标准。这些洲际标准以及地方的要求与政策应当为地方课程体系的开发奠定基础。

各州以及地方学校的要求和政策决定了学生的学习机会。有些学区的体育教育器材以及设备十分精良完善，而且还有具备专业资格的教师开展日常体育教育工作。而有些学校则没有自己独立的体育器材，体育课通常与食品服务课共用一套器材，而且每周仅只有 30 分钟的体育教育时间。虽然设立高标准可能是一个不错的方法，但一味地为迎合标准而编写一套不切实际的课程体系并不可取。

时间是开发课程体系的限制因素。教学会产生哪些成果以及教学成果的大小，都是由学生与教师相处时间的长短决定的。就小学而言，每周上一次体育课与每天上体育课所产生的结果是完全不同的。如果教师无法抽出大量的时间与学生相处，则应该利用创造性的方式进行弥补，以使学生达到一定的要求，进而获得相应的学习成果。例如，教师可以提供给学生体育器材，让其在休息、午饭前后、上学前、放学后对体育课上学习的技能进行练习。此外，还可以定期布置体育家庭作业，给学生提供额外的学习机会，鼓励学生改掉懒散的坏习惯，培养学生的责任意识，让其为自己的学习负责。

在校期间，能够给学生提供充足的时间用以练习课堂上所学技能的学校寥寥无几。要求学生在课外对所学技能进行练习（体育家庭作业）有助于培养其良好的运动习惯，增加练习时间，有助于学生养成积极运动的生活方式。

高效的体育家庭作业应该是让学生做到将更多的时间用在高质量的练习任务上，而非游戏、玩耍上。练习完成后，学生应该在家继续练习，而且要在下堂课上进行成果展示。父母与兄弟姐妹也可参与进来，但必须使用活动日志，且日志上必须有一位负责的成年人的签名。除此之外，当父母意识到体育活动的重要性以及如何掌握孩子的进步情况时，可以在学校定期举办父母之夜或是家庭狂欢夜。中学生的进步可以用数码相机、录像机以及视频幻灯片来体现。例如，在高尔夫球课的第一周，学生会录下自己的击球动作。随后观看视频，学生就会自己评判击球时的挥杆动作，并制作一张标注出技术错误的幻灯片。在高尔夫球课的最后一周，学生还需要录下打球时的视频，之后再制作一张幻灯片，呈现自己长时间练习所取得的进步。

适当的运动技能和形式

要想设计一套合理的课程体系，体育教育工作者必须考虑所选内容的适当性。所谓适当的体育活动指的是那些与学生生理成长情况、年龄、能力水平、兴趣爱好以及知识经验相适应的体育活动。基于不同年级的学生，制定不同的方案，是课程设计的基本要求。首先，仔细研究由该领域专家所制定的教学指南，如由美国国家运动与体育教育协会（NASPE）所制定的教学指南。这些教学指南包括已经出版的部分文献，如由美国健康、体育教育、娱乐和舞蹈联盟）出版的评估系列、适用练习系列等。此外，经验也是最好的老师，通过不断的尝试让不同学生群体能够发现问题、解决问题。但是，一定要牢记：为学生寻找适合其年龄的运动十分重要，但不能忽视其已经形成的运动习惯和实际水平。例如，对于一名有氧适能不足的高中生来讲，追逐游戏并不是一种合适的活动，而根据其年龄以及能力，一边阅读喜爱的杂志，一边骑固定式自行车，才是最为合适的体育运动。无论是追逐游戏还是固定式自行车，它们实现的最终目的都是相同的。

运动内容的选择应该是一个自然的连续过程，全面涵盖了从儿童到成人的活动。图 9.1 即为有氧适能活动的连续示例，从低

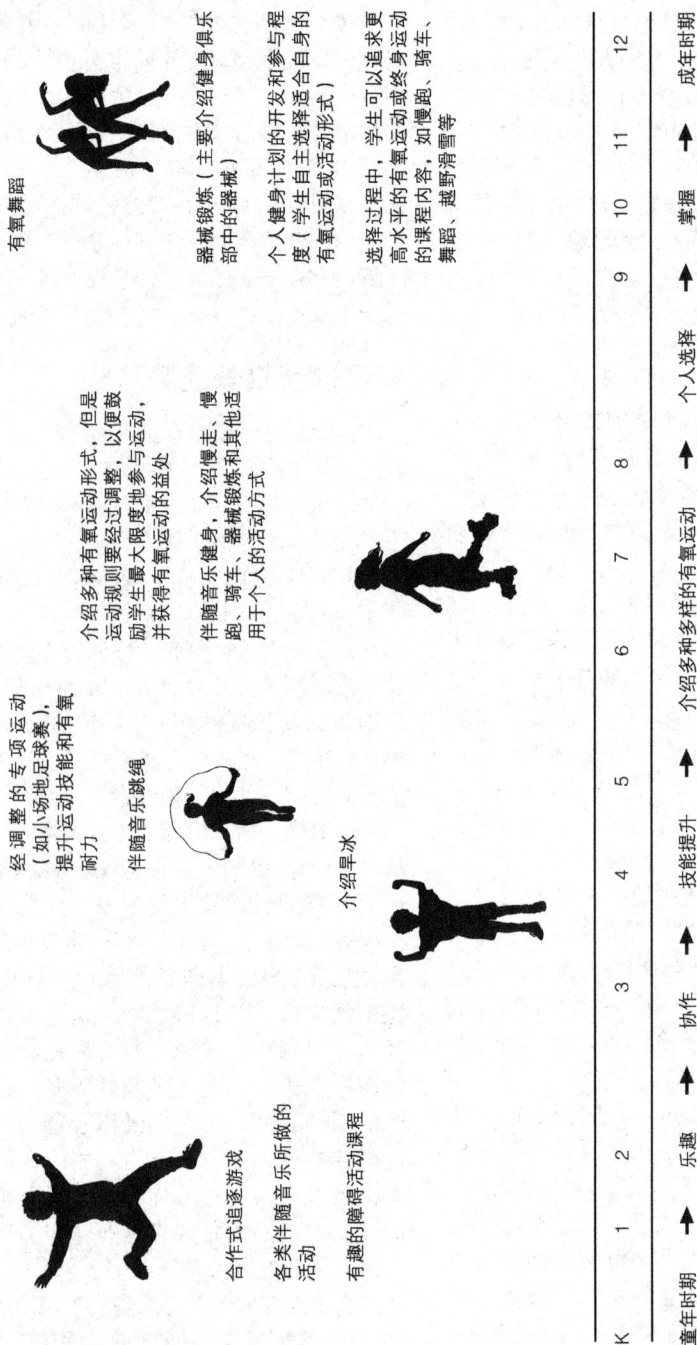

K	1	2	3	4	5	6	7	8	9	10	11	12
童年时期	乐趣		协作	技能提升		介绍多种多样的有氧运动			个人选择		掌握		成年时期

有趣的障碍活动课程

各类伴随音乐所做的活动

合作式追逐游戏

介绍旱冰

伴随音乐跳绳

经调整的专项运动（如小场地足球赛），提升运动技能和有氧耐力

介绍多种有氧运动形式，但是运动规则要经过调整，以便鼓励学生最大限度地参与运动，并获得有氧运动的益处

伴随音乐健身，介绍慢走、慢跑、骑车、器械锻炼和其他适用于个人的活动方式

有氧舞蹈

器械锻炼（主要介绍健身俱乐部中的器械）

个人健身计划的开发和参与程度（学生自主选择适合自身的有氧运动或活动形式）

选择过程中，学生可以追求更高水平的有氧运动或终身运动的课程内容，如慢跑、骑车、舞蹈、越野滑雪等

图 9.1 所选活动应具有连续性，从童年时期到成年时期是一系列连续的活动。此图展示了连续的有氧适能活动。

年级的儿童活动到高中时类似成人的活动。

使用者的便利性

　　课程最终要由教师使用。可是，正式的课程文献多次被扔在包装袋中，或是被放在书桌的抽屉里，无人问津。因此，为了教师能够更好地利用这些文献，编写时应尽量做到简洁易懂。委员会应当组织一个专家团队，尽其所能地开发一套实用、方便的课程体系。

健康体适能教育推荐的核心课程内容

　　健康体适能教育课程应教授学生基本的体适能训练原则、安全性、营养补充、消费意识以及体育活动的益处。此外，该课程还应让学生明白体育活动是个性化的，其过程可以让人感到十分享受。"最佳体适能"将以健身为基础的课程模式与学生个人情况紧密结合，因此新的课程体系一定要包括一整套的核心能力以及相应的信息才符合逻辑。至少，新的课程体系应含有以下内容。

▶ 健康体适能以及体育活动原则和技能的基本知识——所有这些涉及健康体适能的内容，学生应该掌握与循序渐进和超负荷原则相关的具体知识，包括均衡的营养补充、安全问题以及身体对运动的适应情况。此外，还应包括健康体适能每个具体成分的训练技巧，如跑走结合能够减少体能消耗，使运动者跑得更远。因此，学生在运动时，必须学会判断自己的体能以及速度情况。另外，学生还应掌握跑步生物力学的基本知识以及其他运动技巧（如适当的拉伸练习以及安全的举重运动），以免运动时受伤，确保自己能够安全、高效、长期地进行体育锻炼。学生必须能够利用特定的方法来确定自己运动的频度、强度、时间以及类型。另一种健康体适能的技巧包括精准的心率监控能力和基本的伤病预防及治疗策略的应用能力。学生应提供参加体育活动的证明材料，对于高年级的学生而言，还应提交一份自己制定的个人健身计划。

▶ 消费意识——学生需要了解健身、体重控制、营养补充以及其他产品的真正内涵，尤其要学会如何分辨广告中的真假信息。在购买健身器材、设备以及选择自己感兴趣且有能力进行的体育活动时，一定要将其与同类产品或活动进行对比。

▶ 了解体育活动的益处——学生应了解目前的和长期的体育活动究竟会给自己带来哪些益处（如自我感觉更加良好）。切记，年轻人并不会考虑自己老了以后才可能出现的问题。因此，虽然他们了解体育活动的益处十分重要，但是现在的他们也许只关注即时的好处，以保持自己的兴趣。

▶ 了解自身的体适能水平——学生需要了解哪些活动最适合自己。并非人人都要进行同一项体育活动，但一定要选择对健康有益的活动。因此，该课程体系应该注意提供多种运动方式供学生选择。

▶ 了解体育活动的乐趣——课程设置应包括实验课和体育活动日，让学生在欢快的学习氛围中应用课上所学技能。有的学校会安排一周两天在教室上体育课，三天在体育活动场所上体育课。

当然，课程的具体细节还是要根据特殊的指导原则、学生人数、学校以及社区的教育资源而定。然而，一般情况下，所选的活动必须具备以下 3 个特征：教授学生在日常生活中使用健康体适能知识，培养高水平的思考及问题解决能力，鼓励学生勇于承担个人责任。

体适能教育课程分析工具（PECAT）

美国疾病控制与预防中心和美国国家运动与体育教育协会通过召集体育教育领域的专家，共同研发了 PECAT。PECAT 旨在帮助各个学校进行明确、完整、连续的体育教育课程分析活动。PECAT 的分析结果能够帮助学校进一步开发高效的体育课程，并将体适能教育融入目前的体育教育。学校不需要负担任何费用，就可以使用 PECAT。

PECAT 的使用培训课程已在全美国开设，且后续还会增加内容。PECAT 不仅可以用来分析目前的课程体系，还可以作为开发新课程体系的指导方针。PECAT 包含适合各个年级和不同标准的课程教育成果。以下为 PECAT 根据 NASPE 标准 4 所提供的建议示例。

幼儿园（学前班）至小学 2 年级

- ▶ 身体对体育活动的反应的具体课程（如心率加快、呼吸急促、出汗）。
- ▶ 健康体适能组成部分的基本知识的具体课程（如心肺功能、肌耐力、肌力、柔韧性和身体成分）。
- ▶ 允许学生在体育课上进行短时间、高强度的间歇性体育活动。
- ▶ 讲述体育活动中自我选择的概念，这些体育活动的选择将如何对体适能带来提升。

- ▶ 明确指出并对适合各个年级，应在后续教学中引入的体适能相关活动和各个概念做出具体的说明。

选自 CDC 2006。

小学 3 ～ 5 年级

- ▶ 体适能自我评估的具体课程（如利用附有参考标准的标准体适能测试，美国青少年体质健康测评系统的体适能自我评估进行教学活动）。
- ▶ 介绍体适能各成分的定义以及如何合理地使用评估工具，对每个体适能成分进行评估（如柔韧性、身体成分、肌力和肌耐力以及有氧适能）的具体课程。
- ▶ 使得学生能够长时间地进行中等强度到高强度的运动，且不会感到疲劳的针对性课程。
- ▶ 允许体育教师向学生讲解如何解释体适能测试结果，并为学生选择合适的运动方式，以增强其体适能的具体课程。
- ▶ 明确指出并对适合各个年级，应在后续教学中引入的体适能相关活动和各个概念做出具体的说明。

选自 CDC 2006。

初中 6 ～ 8 年级

- ▶ 教授学生评估个人体适能各成分的状况，并利用评估信息加之老师辅助，在基本不需要教师帮助的情况下，独立制定个性化的体适能目标。
- ▶ 讲解体适能训练的基本原则（如超负荷、专门性）以及如何利用这些原则帮助学生提高体适能水平的具体课程。
- ▶ 给学生提供大量机会，使其参与能够提高自己体适能各成分的体育活动，并对其进行有效监管的具体课程。

▶ 理解体适能各成分是如何与整体体适能相联系的具体课程。

▶ 明确指出并对适合各个年级，应在后续教学中引入的体适能相关活动和各个概念做出具体的说明。

选自 CDC 2006。

高中 9 ~ 12 年级

▶ 为体适能的各组成部分编制合适的、能够帮助学生达成个人体适能训练目标的具体课程。

▶ 教授基本的运动生理学概念，如大脑发送信号以及接受肌肉所发出的信号的能力、心肺系统适应不同强度体育活动的能力和为竞技体育活动或娱乐活动做准备的训练原则。

▶ 为不同年龄和性别的学生制定相应的健康体适能的训练标准，并具体讲授如何监控及分析学生的体适能数据。

▶ 允许学生根据具体的个人目标制定健康体适能的训练计划。

▶ 明确指出每个年级需要学习的与体适能教育相关的概念和活动，并将其有序地应用于个性化体适能教育课程体系的开发。

选自 CDC 2006。

注意，PECAT 在此所推荐的课程示例仅适用于 NASPE 标准 4，且都与提高体适能水平相关。如想了解适用于其他标准的推荐课程，请参考 PECAT。

一名教师可采用以下两种方式，将健康体适能教育和体育活动依次纳入体育课程体系：将两者作为独立的教学单元，或者将健康体适能的目标融入运动技能的教学中。在小学阶段，学生首先学习辨别运动给身体造成的生理改变（应激），然后开始分辨中等强度和高强度运动的区别，并在学习基础运动技能的同时，了解体适能的各个成分。在学习运动技能的同时，小学生也许还需要学习如何对比慢走、跳绳、慢跑和快跑之间的运动强度。将俯卧撑、改良版引体向上、卷腹运动与肌力和肌耐力相联系，以积极运动的方式，向学生讲解体适能的各个成分。例如，教师可以让 1 年级的学生将自己的手放在胸前感受自己的心跳，并向学生讲解这样的生理活动是如何发生的。而 3 年级的学生则可以练习计算心跳的次数，并进一步更加具体地讨论心率与体育活动的关系。教师可以教授 5 年级的学生感受自己的脉搏的方式主要有两种（桡动脉以及颈动脉），或者可以利用心率监测仪监测学生在进行不同的体育活动后的心率情况，并以图表的形式呈现出来。

初中时期，学生主要学习如何将自己在小学阶段所学的运动技能应用到具体的运动形式当中，同时了解这些体育活动对于体适能的提升有何益处。教师可让学生根据自己的体适能水平对各类体育活动进行排列，并确定一项最符合专项运动所需的体适能成分。初中时期，学生开始学习 FITT 体适能训练指南以及循序渐进和超负荷训练原则。初中毕业时，学生就应该明白快走 30 分钟给体适能提升所带来的益处多于打 2 小时垒球。7 年级学生需要进行不同的体育活动，且每周都要对自己的心率进行监测，并记录监测结果，此外，还要撰写一份检测报告，对比心率差异并分析原因。高中生需要根据自己的目标心率制定一份运动计划，按照计划进行锻炼并记录结果（需要明白如何监测自己的脉搏）。学生们也可以撰写一篇论文或进行一项研究，分析人体承受负荷时心脏的反应情况。

高中的体育课程应设立具体的教学目标，要求学生选择一项可以终身进行的体育活动，并对其相关技巧、知识以及必要

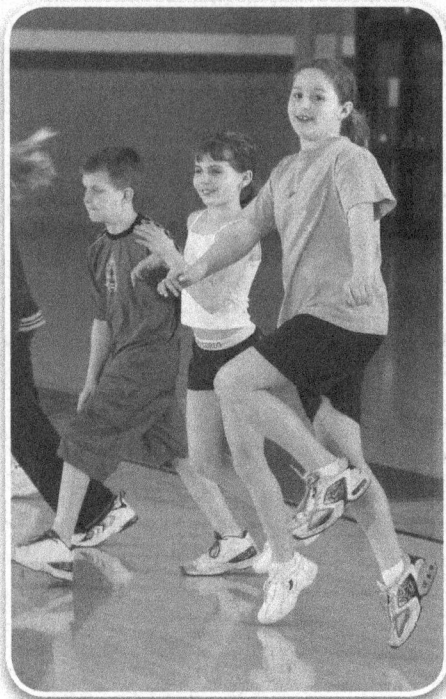

学生逐步掌握健康体适能的相关知识，了解自己所参加的体育活动影响健康的方式。

性做出阐述。体适能教育目标应作为一个独立的学习单元，它同时也是个性化学习单元。一个单独的体适能教育单元的学习目标，应要求学生对自己的体适能情况进行评估，并制定一份可提高并维持自身体适能健康水平的终身计划。在此学习单元中，学生应学会如何运动。在其他学习单元中，学生则需学习将各种各样的训练技术应用到体适能训练的实践当中，提升运动表现水平，并使自己的体适能保持在特定水平，以便今后坚持运动。学生可利用哑铃增强臂力，这样不仅能提升网球水平，还能降低网球肘的发病率。若是排球运动，则需要进行超等长收缩训练，进而提升跳跃能力，或在拉伸运动中增强需要用到的特定肌肉群。

课程设计

健康体适能教育的重点和目的是使学生更加关注自己的健康、体适能以及身体状态。总而言之，幼儿园至 12 年级的课程目的就是逐渐完成体适能教育的终极目标，培养一批能够终身坚持体育活动的公民。在设计课程时，应遵循"由结果推过程"的原则，从终极目标出发，进行课程编排。高中毕业时，学生应掌握哪些知识、学会哪些运动呢？例如，完成高中体适能教育后，学生应学会骑车、网球、排球、个人健身和高尔夫球，进而形成一种积极运动的生活方式。体育活动应分为数个单元进行，每项活动都应设有相应的成绩任务。一般情况下，每个单元的成绩任务能够反映学生在完成该单元的学习任务后的知识掌握以及能力提升情况。例如，网球单元的成绩任务是要求学生在完成该单元的学习任务后，具备参加当地网球比赛的能力；而骑车单元的成绩任务可能是要求学生掌握相关知识、技能，并理解参加当地骑车活动的必要性。

另一种设置合理课程计划的方式是利用一个钻石型框架，如图 9.2 所示。在该课程框架中，小学生的学习目标是培养基础的技能和知识（既包括体适能教育也包括相关运动），以便他们以后终身参与体育活动；而初中生应当利用这些技能对各种各样的体育活动进行尝试和选择，使学生对各类体育活动形成个人认知；高中阶段，学生则需要筛选出几项体育活动进行主要的专业训练，并制定个性化的体适能训练计划。在小学阶段，掌握了各项运动的基本技能，打好坚实的基础之后，到了高中阶段，便可以提升对自选体育活动的熟练度，以便养成未来成年后的健康体适能的训练习惯。

编写课程计划的下一步是设立课程目

美国国家教学标准及教学指南

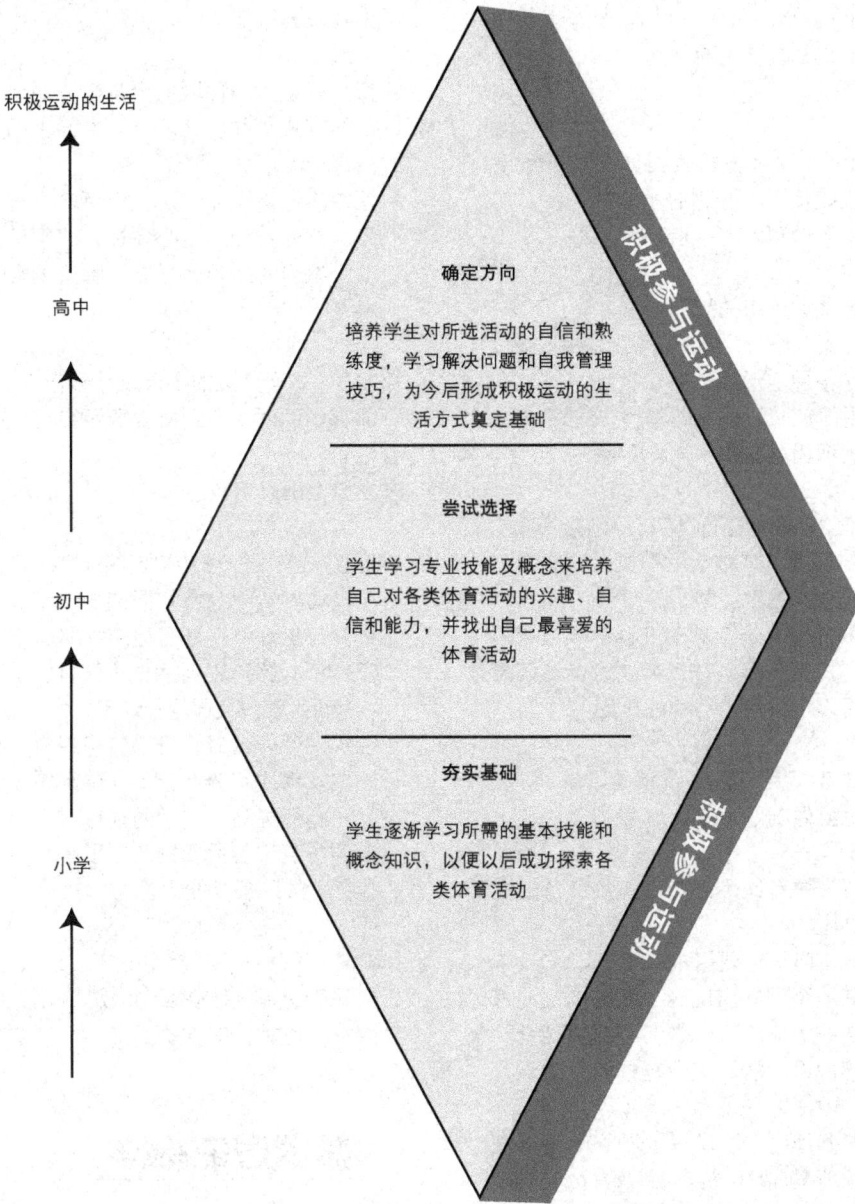

积极运动的生活

高中

初中

小学

积极参与运动

确定方向

培养学生对所选活动的自信和熟
练度，学习解决问题和自我管理
技巧，为今后形成积极运动的生
活方式奠定基础

尝试选择

学生学习专业技能及概念来培养
自己对各类体育活动的兴趣、自
信和能力，并找出自己最喜爱的
体育活动

夯实基础

学生逐渐学习所需的基本技能和
概念知识，以便以后成功探索各
类体育活动

图 9.2　此钻石型框架以另一种方式描述了终身参与体育活动的连续性

源自：Reprinted, by permission, from C. Himberg, 2003, *Teaching secondary physical education in the 21st century*（Champaign, IL: Human Kinetics），19.

标，具体描述完成成绩任务所需的知识、技能以及概念。该目标的达成办法可参考 NASPE 体适能教育标准，以及与每条标准相对应的具体目标。例如，骑车单元中符合国家体适能教育标准的学习目标可能包括以下 6 点。

标准 1　展示进行各类体育活动所需的运动技能及运动方式的能力。

学生要做到以下两点。

▶熟练运用相关技能，如上车、下车、开始、停止、刹车、换挡、踩踏板，在各种地形上转弯、上坡、下坡、沿轨道骑行、跳轮骑行、过路障。
▶展示基本的自行车保养及维修能力。

标准 2　学生进行体育活动的学习或实践时，要展示其对于运动概念、原则、策略以及战术的理解能力。

学生将继续分析骑车技能、参与骑车活动，以提高技能，并且需要意识到技能的提升可以增加骑车运动的乐趣。

标准 3　定期参加体育活动。
学生要做到以下 5 点。

▶研究并对比不同自行车及装备的性价比。
▶骑车时一定要佩戴头盔。
▶在地图上标出地区、区域以及国家举办的骑行活动地点，如越野骑行、骑行设计区、美国越野骑行组织、美国探索专线。
▶明确地区、区域以及国家的骑行资源情况，如自行车店、骑行俱乐部、美国骑行联盟和美国自行车骑士联盟等。
▶坚持写体育活动日志，记录除课堂以外所参加的骑行活动。

标准 4　达到并保持一个有益健康的体适能水平。
学生要做到以下两点。

▶将骑行视为一种增加自身体育活动量的方式，并达到一个有益健康的体育活动水平。
▶评估自身体适能情况，分析骑行对体适能的益处以及必要性，明确记录所参与的提升体适能和骑行表现水平的活动。

标准 5　展现负责的个人及社会行为，在进行体育活动时，做到既要尊重自己也要尊重他人。
学生要做到以下两点。

▶了解并遵守关于骑行的道路规章（应与机动车驾驶者遵守同样的道路规章），在每个设有标记的岔路口都应停止骑行，还包括靠右骑行、单列骑行、注意交通信号灯等。
▶了解并遵守越野骑行的道路规章，如按规定线路骑行、不乱留车辙、遵守骑行规则、与别的骑行者共用一条车道（包括动物），了解其他骑行者的装备及能力。

标准 6　评估体育活动对健康、娱乐、挑战、自我表达以及社会互动的影响。
学生将利用骑行的方式，参与社交并提升个人乐趣。

美国国家标准

只注重技能提升并只教授竞技类团队运动的体适能教育课程已不再适用，现在的体育课程必须同时注重体质健康与真正受益终身的体育技能，并且符合国家体适能教育标准。那些教授学生如何将体育活动的乐趣贯穿终身的体适能教育课程应当包括一些具体的课程目标，使学生积极运动并形成一个有益健康的体适能水平。表9.1 至表 9.3 列出了美国健康、体育教育、娱乐和舞蹈联盟所提出的标准。这些标准与"最佳体适能"有密切的联系，并且被着重强调。这些标准全都被列入《体适能教学与训练指导》，以此来显示每一项体

表 9.1　国家体育教育标准

标准 1	展示进行各类体育活动所需的运动技能及运动方式的能力
标准 2	学生进行体育活动的学习或实践时，要展示其对活动概念、原则、策略以及战术的理解能力
标准 3	**定期参加体育活动**
标准 4	**达到并保持一个有益健康的体适能水平**
标准 5	展现负责的个人及社会行为，在进行体育活动时，既要尊重自己也要尊重他人
标准 6	评估体育活动对健康、娱乐、挑战、自我表达以及社会互动的影响

源自：Reprinted from NASPE 2004.

表 9.2　国家健康教育标准

标准 1	**学生需理解与促进健康和预防疾病相关的知识概念**
标准 2	学生需具备获取有效健康信息、促进健康的产品和服务的能力
标准 3	**学生需具备促进健康的行为的实践能力，以及降低健康风险的能力**
标准 4	学生需分析文化、媒体、科技以及其他因素对健康的影响
标准 5	学生需具备通过使用人际沟通技巧来提升健康水平的能力
标准 6	**学生需具备通过使用目标设定和决策制定技术来提升健康水平的能力**
标准 7	学生需具备促进个人、家庭以及社会健康的能力

源自：Reprinted from American Association of Health Education 1995.

表 9.3　国家舞蹈教育标准

标准 1	确定并展示舞蹈表演中的运动元素及技能
标准 2	了解舞蹈设计的原则、过程及结构
标准 3	明白舞蹈是一种创造和交流的工具
标准 4	应用并展示舞蹈中重要的创造性思维技巧
标准 5	了解不同文化、不同历史时期的舞蹈特点
标准 6	**将舞蹈与健康生活联系起来**
标准 7	将舞蹈与其他学科联系起来

源自：Reprinted from National Dance Association 1994.

育活动与适用标准之间的联系。

体育教育所教的是终身享受体育活动的技能。体育教育不是休息、不是娱乐，也不是为学生提供健身的场所，不应被视为是进行体育活动的机会。体育教育的课堂应该就是学生们学习技巧的地方，因为在课堂上学到的东西，学生们也会更积极地参与体育运动。

初级的体育教育课程必须注重基本运动技能的学习（如投掷、抓取、击打、躲闪、截击）。初中阶段，教师应利用当地所举办的各类体育赛事向学生提供机会，让学生学习各类体育活动的基本技巧，这些体育活动可以包括团队运动、个人及双人竞技类运动、个人非竞技运动、户外冒险运动以及节奏型运动。教师应将课堂的绝大部分时间用来教授学生各类运动技能，并开展能够让尽可能多的学生参与且符合其运动水平的游戏。

高中阶段，应让学生从他们初中时期就已经很感兴趣的活动中选出几项，继续提升技能，且培养学生养成终身运动的习惯。

一套编写完备的体育课程必须包括一些课程目标，使学生形成健康运动的生活方式（标准3）。仅在课堂时间参与体育活动是无法达成这一目标的，在课下，学生也应继续参与课堂上学习的活动。若学生没有参与课程计划中编写的体育活动，那么教师应该了解原因。为了找出答案，教师必须仔细分析课程内容、教学实践方法以及当地政策。

高尔夫球就是一个终身运动的范例，非常适合编入众多初中和高中的课程体系，但在经济落后的地区却不太合适，因为那里的人可能会认为这种运动的成本过高。排球在许多初中和高中的体育课程中很受欢迎，但许多学生一进入高中就不喜欢排球了，因为高中的排球教学效果很差，缺乏连续性，或是将大量的时间用在打球

上，以至于学生没有足够的时间来学习技巧，从中获取乐趣。

我们发现，当地的教育政策是最大的限制因素。尽管给学生提供各类体育活动的想法很好，但有的课程体系不切实际，因此学生的选择就变得十分有限。在这种情况下，初中和高中之间的课程协调就变得十分重要。

研发终身受益的体适能教育课程

20 世纪上半叶，农民手举成捆草料，矿工手拿铁锹、铁铲，工人手工制造产品。所有的家务都是由双手完成，草坪由推式割草机修剪，大多数学生走路上学，家人们聚在一起玩耍嬉戏，而非成天对着电视机。我们不需要知道什么是体适能，因为我们的生活方式本身就是积极健康的，我们自然而然地就会达到健康的体适能水平。

20 世纪下半叶，我们的生活方式变成了"坐式"。1996 年出版的《美国卫生总署关于体育活动与健康的报告》告诉我们一个已经人尽皆知的事实：体育活动对人类健康是有益的。适当参加中等强度到高强度的体育活动能够帮助我们达到一个健康的体适能水平。高质量的体育教学课程的定义早已发生改变，开始注重体适能教育。我们意识到，学生必须能够意识到体育活动为健康体适能带来的益处，明白不同运动对体适能的要求，并学会制定一个能够帮助自己达到并维持健康的体适能水平的计划。许多教师还未做好准备适应这一改变，所做的准备工作并未包括与体适能相关的工作。因此，我们需要找到一些资源，能够帮助我们开发新的课程计划，教授学生与体适能相关的知识。

经过一段时间之后，我们现在已经适应了体育教育重点的必要改变。当前，我

通往终身健身之梯

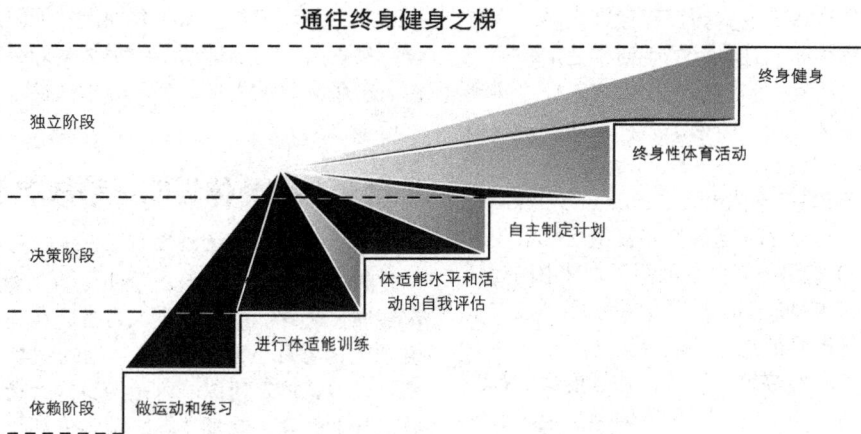

独立阶段

决策阶段

依赖阶段

终身健身

终身性体育活动

自主制定计划

体适能水平和活动的自我评估

进行体适能训练

做运动和练习

图 9.3　《终身体适能之路》介绍了教师用于指导学生保持终身健康的步骤

源自：Reprinted, by permission, from C. Corbin and R. Lindsey, 2005, *Fitness for life*, 5th ed.（Champaign, IL: Human Kinetics），12.

表 9.4　运动等级示例

	初级（幼儿园至 2 年级）	中级（3～5 年级）	初中（6～8 年级）	高中（9～12 年级）
卡尔宾与林赛所著的《通往终身健身之梯》	第一步——定期运动	第二步——达到健康的体适能水平	第三步——形成个性化的运动模式	第四步——自我评估第五步——解决问题、做出决策
心率	将手放在胸前，分别测量高强度运动前后的心率值，并进行对比	脉搏计数；学习如何通过部分计数计算心率	练习通过部分计数计算心率的方法；利用图表将检测到的心率数据表示出来；根据数据图表评估自己的运动强度	根据自己的心率以及 THRZ（目标心率区）制定相应的运动计划
跑步	学习正确的跑步步态；从具有灵活性的跑步游戏开始	利用评价量规分析同样的频数，设计一些组织简单但需要大量跑动的游戏	教授他人如何进行更有效的跑步；撰写一篇关于跑步是如何成功地帮助人们爱上一项体育运动的报告	制定一个间歇运动计划，根据自己的心率状况选择高强度或低强度的运动方式；为朋友制定一份有趣的运动计划
上身的力量训练	利用操场的单杠进行训练	进行有趣的俯卧撑游戏（Hichwa, 1998）；学习利用弹力带练习	学习更多弹力带的练习方式；设计不用借助器械就能增强肌力的练习方式	学习如何安全地进行举重训练；制定一份个性化的举重训练计划；寻找举重训练途径，并分析成本

们有许许多多的资源可以帮助教育工作者教授学生如何在今后的生活中更加积极地运动，研发一套能够帮助教育工作者实现这一目标的课程体系的一种方法就是利用NASPE标准。

卡尔宾与林赛（Corbin and Lindsey, 2005）所著的《通往终身健身之梯》（见图9.3）就是一个很好的例子，其中简要介绍了在终身运动的过程中，教师必须对学生进行指导的过程。低年级的学生可能应先进行较低等级的训练，并且更加依赖教师的指导；相反，高年级的学生则应进行更高等级的训练（见表9.4）。

一套编写完备的课程体系必须包括能够使学生在体育课之外也能形成积极运动的生活方式的课程。例如，小学阶段的课程体系应具备以下功能：帮助学生区分中等强度与高强度的运动，帮助学生选择课外体育活动的类型，监测学生所选体育活动的强度等级，记录学生的课外体育活动情况。初中阶段，则要求学生记录课外的体育活动情况，并根据自身的体适能评估结果制定相应的运动计划。高中阶段，学生应将记录课外体育活动情况作为学习单元的一部分，此外，还应对各类体育活动的设备进行研究，并为自己今后的体育活动制定一份经济支持计划。高尔夫球学习单元，学生应参与一场高尔夫球比赛；若是网球学习单元，学生则需要参加一场地区网球锦标赛；而骑行学习单元，学生应在课后自行举办一场团队骑行比赛。

学校也可将学生分派去调查研究体育活动资源的相关信息，将课堂所学与校外体育活动资源相结合。学生可在一些俱乐部以及组织进行调查研究，如美国自行车骑士联盟、"无限鳟鱼"、YMCA运动俱乐部、美国高尔夫球及网球协会，这可以帮助学生了解体育活动的资源。这些组织的地方分支会定期举办会议及活动，并且许多组织还设有青年人培养计划，也会招募新的组织成员。如果参加过"无限鳟鱼"举办的一场当地活动，那么可能会对钓鱼产生浓厚的兴趣，甚至会永久性地爱上这项活动。

让学生为校外体适能运动做准备

如果在不理解体适能概念、运动技能不足的情况下进行锻炼，会使运动变得异常枯燥、乏味。由于许多人常常会在新年伊始的时候下定决心开始自己的锻炼计划，重塑体形，所以一月是健身房会员人数飙升的时期。遗憾的是，很多人不仅没能获得立竿见影的健身效果，反而筋疲力尽、浑身是伤。有些人一遇失败就灰心丧气，停止锻炼，因此要不了几周的时间便不去健身房，回归到往常的生活方式。培养学生对运动技能、原则以及策略的理解能力也应该作为高质量的健康体适能教育课程的一部分。一个受过良好体育教育的人应当呈现出高效的运动表现，并且将运动作为一种保持有益健康的体适能水平的方式。

健康体适能教育的目标应该是教会学生在今后的生活中，如何达到并保持有益健康的体适能水平。为了达到这一目标，学生们需要了解体育活动的益处以及所选活动对体适能的要求，并制定一份体适能运动计划以提升体适能水平，进而坚持运动。

凡是符合国家体育教育标准的课程体系，都应明确指出并融合体适能教育。学生学习的不仅是运动技能。例如，在骑行学习单元中，学生应制定一份有助于积极运动的学习计划，并将骑行作为一种方式，帮助他们达到有益健康的体适能水平；其他运动的学习单元，如高尔夫球、网球、排球，也应该包括具体的课程目标，并要求学生将其作为一种生活方式，帮助自己保持有益健康的体适能水平以及课外运动的习惯。

教授能够终身坚持的健身活动

任何一种在课堂上参与的体育活动，都需要学生在课后花时间练习、巩固。通常情况下，逐渐成熟所带来的责任感使得学生无法频繁参加高尔夫球课、网球课以及骑行活动，糟糕的天气也会减少学生运动的机会。当参加娱乐活动的机会受到限制时，我们必须采取其他措施来保持有益健康的体适能水平。教师必须将体育活动与健康教育融入课程体系，帮助学生在课后也能够继续实现自己的终身体适能运动目标。

学生从初中向高中过渡时，应选择与其现在和未来生活相关的体育活动进行学习。教师可以向学生展示年轻的成年人群所进行的体育活动，在本地寻找自行车道、排球联盟、越野滑雪、慢走步道、健身俱乐部等，将野外远足这一活动形式介绍给学生，使其作为众多活动选择中的一种。教师也可以邀请体育组织的成员（如健康健身教练、联盟负责人、跑步俱乐部领导人、运动设备所有者以及相关人员）来到学校，给学生介绍新的体育活动形式，并告诉学生如何才能参与这些活动。向学生布置与现实生活相联系的家庭作业，如消费教育。或者让学生选择一个自己成年后要加入的健康俱乐部，并撰写一篇论文，阐明自己这样选择的原因。简而言之，学生的年龄越大，体育活动的实用性应越强。

大多数体育活动都对体适能有益。然而，一局高尔夫球、开一圈高尔夫球车所提供的益处却十分有限。较之慢走而言，开高尔夫球车并不能提升心率和有氧适能水平，也无法达到一个提升健康的体适能水平。瑜伽和太极虽然能够提升练习者的身体柔韧性，但对心肺功能的益处却十分有限。慢走和远足虽然对心肺功能十分有益，但却无法有效提升肌肉力量以防止受伤。

所以学生不仅要学习多种运动方式，多参与体育活动，还必须了解这些体育活动能为身体带来哪些益处。了解体育活动的体适能益处能够帮助学生意识到，参加不同的体育活动对于形成并保持促进健康的体适能水平是非常必要的。高尔夫球运动爱好者应当了解慢走比乘坐高尔夫球车对体适能益处更多，而练习瑜伽则能够提升身体的柔韧性，进而提升高尔夫球运动的乐趣。远足者应明白举重训练可以使背包远足更加轻松，并减轻旅途疲惫，进而增加远足的乐趣。了解所选体育活动可以给体适能带来的益处，能够帮助学生意识到单项体育活动并不能促进并保持体适能各个成分达到一个健康的水平。因此，要想使体适能的各个成分都得到提升，并形成和保持一个平衡的、促进健康的体适能水平，就必须参加多种体育活动。

明确具体运动对体适能的要求，能够帮助学生学习如何进行终身运动，还能使运动更有乐趣。越野滑雪是一项非常有趣的运动方式，同时还能为体适能带来大量的益处。对于那些适合滑雪的人而言，在冬季，参加越野滑雪运动是十分有趣的。通过明确各项体育活动对体适能的要求，如越野滑雪，学生会了解并关注参加和选择这项体育活动所需的体适能成分，进而提升滑雪运动所需的体适能水平。越野滑雪要求高水平的有氧适能以及肌耐力，学生应能够辨别有助于心肺功能提升的其他体育活动形式，如游泳，可以为滑雪运动做好充足的准备。

了解所选运动为体适能带来的益处和对体适能的要求，能够帮助学生制定终身健身的计划。学生应学习如何通过练习并参加特定的体育活动训练课程来提升自己的体育表现水平。大多数顶级的职业运动员也会参加能够帮助延长其职业生涯、提高表现水平的训练课程。当学生完成对职业运动员，如布雷特·法瑞（Brett Farve）和凯瑞·沃尔什·詹宁斯（Kari Walsh Jennings）的调查研究后，他们就会发现特定训练的重要性，并能够利用这些示例来制定自己的训练计划。学生应了解，有些活动为有氧适能带来的益处是微不足道的，如垒球，且这些运动本身并不能够帮助身体形成并保持促进健康的体适能水平。

然而，若是在参加垒球运动的同时，也能够参加一些其他运动，如慢走、慢跑或游泳，这就是一份非常全面的运动计划了。诸如举重训练之类的其他运动，能够增强垒球运动中所需的肌力，并提升运动表现水平；瑜伽也会提升身体的柔韧性，并帮助运动员降低受伤的风险。

终身健身

美国使用最广泛的个人终身健身计划课程就是由查尔斯·科尔宾（Charles Corbin）和鲁思·林赛（Rute Lindsey）合著的《通往终身健身之梯》。《通往终身健身之梯》课程体系很好地弥补了"最佳体适能"中的不足，并且将"最佳体适能"与美国青少年体质健康测评系统进行了全面的整合，而两者中的"HELP理念"也是相同的。"最佳体适能"是类似课程体系的基础，强化了类似课程体系完成后所需的终身体适能运动技能及概念。

《通往终身健身之梯》所涵盖的内容则更为全面，包括从幼儿园到12年级的课程，这些课程主要用来帮助学生学会如何对自己所选的运动、体适能以及健康负责，此外，还为其成年以后的健康、积极运动的生活方式做好准备。这套基于美国国家标准所设计的课程体系细致地说明了教学方法的合理范围和顺序，进而提升学生的运动成绩，使其取得进步。这一课程体系由人体运动出版社出版，其中含有丰富的体育信息资源。

判定每个单元或不同年级的学习成果

判定每个单元学习成果的有效方法是制定相应的成绩和任务要求，能够反映学生在结束一个单元的学习后的运动能力水平的测试计划。例如，背包远足单元的合格标准就是能够在阿巴拉契亚山脉进行远足。但这并不意味着让学生真正地在阿巴拉契亚山脉进行远足活动，而是要让学生展示自己对所选体育活动所需技能和知识的理解。每条标准下的学习成果要求都不尽相同。

标准3要求下的背包远足学习成果也许包括：定位阿巴拉契亚山脉以及其他国家级历史景区的远足线路，计划并参与当地举办的远足或野外露营活动，制定预算表，研究当地法律法规，申请活动许可证，等等。

而标准4要求下的背包远足学习成果也许包括：制定一份日行程为32千米且携带27千克背包的远足训练计划，分析日常饮食结构，计算并对比背包远足与不背包远足所消耗的热量的数值差异。

针对不同的年级，定制不同的成绩表现，便于随着年级的增长，维持循序渐进的课程目标，同时也可以做成记录学生取得进步的文档。表9.5中已经列出了不同年级水平的成绩和任务要求及学习成果，以及标准3和标准4包含的不同年级水平的排球课程目标。制定好成绩和任务要求后，就可以根据不同标准和年级水平的课程目标来指导学生学习。

表 9.5　排球运动的成绩目标示例

年级	成绩和任务要求及学习成果	标准 3 包含的学习目标	标准 4 包含的学习目标
6 年级	在体育课上参加改良版的排球运动，用沙滩球进行练习，同时运动人数也应有所减少，而且运动场地也较小、球网也更低、规则也更加宽松，并可利用其他机会在学校进行排球运动技巧的练习	•在体育课上练习排球技巧 •利用在校的其他时间以及课后，练习排球技巧	明确排球运动为体适能带来的益处
7 年级	在体育课上参加改良版的排球运动，用重量较轻的排球进行练习，同时运动人数也应有所减少，而且运动场地也较小，并可利用其他机会在学校进行排球运动技巧的练习	•在体育课上练习排球技巧 •利用在校的其他时间以及课后，练习排球技巧 •对所进行的与排球有关的体育活动进行记录	明确排球运动对体适能的要求
8 年级	在体育课上参加改良版的排球运动，在较小的场地练习，同时运动人数也应有所减少，并可利用其他机会在校外进行排球运动技巧的练习	•在体育课上练习排球技巧 •利用在校的其他时间以及课后，练习排球技巧 •对校外进行的改良版排球运动进行记录	确定并参加能够提高排球水平、与排球相关的体适能构成成分的各项运动
高中	参加体育课或是校方赞助举办的半竞技性的排球比赛，并在校外寻找机会参加当地举办的排球比赛	对在校外参加的排球比赛进行记录	制定一份涵盖定期排球训练的终身体适能训练计划

小结

　　高质量的体适能教育课程给学生提供了一个框架结构来学习必要的健康体适能概念。它将运动技能以及体育活动融入从幼儿园至 12 年级的课程体系和其他学科领域，以此形成了一种平衡的、有意义的教学方法。这样的课程体系所培养出的学生会将体育活动视为一种有价值的、愉快的以及需要终身努力的活动。学生会发现自己感兴趣的体育活动，并学会设计和实践符合个人需求的、个人情况的、个性化的健康体适能训练计划。一套设计完善、合理规范的体育课程能够激励并鼓励学生踏上积极运动的生活道路。

第 10 章

教学方式和教学策略

戴安·腾内尔（Diane Tunnell）

教学对于教师而言就如同烹饪之于厨师。尽管可供厨师参考的食谱众多，但所有名厨都知晓要烹制美味的食物，仍然需要独特的食材和厨师的匠心独运。教学也是如此。教学是多种教学形式的组合，而教师需要针对这些组合做出明智的决策，达到最佳教学成果。

卓越教学的秘诀在于教师了解每位学生所具备的独特能力和资质。教师必须能够结合学生的特点、教学形式或策略、教学环境以及教师本人的个性特征，达到最佳的教育效果，使每位学生学有所得。正如厨师不会依赖某种有名的食谱去满足食客各种各样的口味，教师教授学生也不会仅采用某种单一的教学方法。因此，优秀的教师如同出色的厨师，善于利用各种各样的教学方法来最大限度地提高学生的学习效果，并确保所有预期的目标能够实现。

教学形式只是教学的一个方面。在实施任何教学形式之前，教师必须考虑其他因素，如教学内容、使用某些特定教学形式的实体环境的容纳量、实施教学所需的时间、课时分配时间、教师的个人风格以及最为重要的学生本人。全国范围内的学校人口统计数据正在发生变化，教学形式务必进行修改，以应对学生群体更加多样化所带来的挑战。鉴于以上因素，本章围绕教学形式和策略进行介绍，教师应考虑特定的教学形式是否符合课程目标、课程内容和学生发展水平，以及如何改进教学实践让教学形式适合课堂。每种形式都有其独特的效果，没有任何一种教学形式被证明可以帮助所有学生增进学习效果。恰当地使用各类教学形式，将会确保所有学生的需求得到满足。体育教学的主要目标是让所有学生在运动氛围中获得成功。

教学环境准备

教育成功的定义是学生学业有成。课程的有效性会受到一些因素的影响，如学生是否在课程结束时学到了该课程所涵盖的知识？学生是否达成了课程设定的目标？教学的最终目标是学生的学习。体育教学环境对于建立学习氛围起着重要的作用，尽管某些环境因素（如运动场地的大小等）无法改变，但是教师可以创造一个有吸引力、鼓舞人心并且安全的学习场所。

创造充满吸引力的学习环境。设计新颖有趣的公告板和其他教学展示墙，并整合学生的练习和运动图片。利用视觉辅助工具作为课堂焦点，如使用人体心脏模型、骨架模型以及一个用来展现肌肉拉伸的超大的橡皮筋，或使用有吸引力的海报以展示本周正在研究的骨骼或肌肉。对于低年级学生，教师可以准备一个硬纸板骨架，可在研究身体的解剖学结构时，把它们拼接在一起。

演示有助于增强学生的学习效果，尤其当学生在课堂上可以近距离看到或亲自演示教具时。学生、家长和其他志愿者可以帮助进行这种演示。艺术教师也可考虑将这种演示整合为一个特殊项目，运用到他们的课堂上。

结合音乐。音乐是增强学习氛围的好方法。音乐可以用于欢迎学生，提示站点变化，并且可以提供邀请参与的背景。将音乐与良好的节奏相结合，也有助于开发肢体动作和空间意识的动觉感知。音乐有利于帮助学生整合多种感觉技能，以完成各种体育活动。允许学生自带合适的音乐（在上课使用前会进行筛选）。

提供一个安全的环境。安全的环境是学习的基础，如果学生感到害怕就无法学习或享受体育活动。安全的教学环境包括不能有碎片，不能发生危险和其他不安全的状况。确保重新粉刷过运动区、更衣室和教室并保持这些场所的洁净、安全。此外，要教导学生具体的安全注意事项，经常提醒学生相关安全问题，并进行应急演练。

有吸引力的学习环境有助于学生参与课堂教学。

确保学生积极参与

学生能够从成功的学习环境中受益。不论课堂环境多么乐观向上、富有魅力，发挥重要作用的始终是学生。教师可采纳以下建议，确保学生一直参与课堂。

▶ 每学期或每学年伊始，利用几天时间让学生参与团队建设或合作运动，以提高其参与运动的积极性。设计一些运动，提供机会让学生与同学合作，实现具体成果和学习领导技能。

▶ 在这样的学习环境中，相关的任务和活动能够使学生在运动环境中学习并与外部世界建立联系。让学生自己选择想要学习的内容，这会增强学生的参与性。通常可以通过多种方式实现规定课程的目标，让学生参与这些决策过程。

▶ 加强学习、明确意义，在教导学生形成积极的生活方式时，让他们在社区中找到校外可以参与运动的方式或渠道。

▶ 提供健身房或操场，以便学生在课外时间运用运动教学所学知识进行实践。教师在课堂上通常要传授大量信息，因而削减了实际的练习时间，所以需要提供额外练习时间（上学前、放学后或者午休）使学生达到更加熟练的程度，并受益终身。

▶ 每堂课上，运用积极的、建设性的语言或非语言交流手段与尽可能多的学生进行互动，学生们能够敏锐地察觉到肢体语言和语气。如果对学生表现出真正的关注，他们可能会更加努力学习，从而就会更积极地参与课程。如果学生不了解任务，请不要以威胁的方式再次重复基本步骤。例如，教师可以说："塞瑞娜（Serena），试着再练习一遍那个技巧，这一次注意手肘不要弯曲。"而不是说："塞瑞娜，你为什么就是记不住手肘要伸直？"

▶ 将自身融入课堂之中。不要只教学生应该做什么，而是要把自己也融入课堂。适当的时候，加入课堂活动，和每一组学生互动几分钟，向他们展示如何完成动作。

▶ 根据参与运动学生的年龄、经验和能力，为他们量身设计或修改运动。如果在俯卧撑课堂练习中，个别学生的上身力量不足以进行全身俯卧撑，可以让他们练习简易俯卧撑或墙壁俯卧撑。另外，为可以进一步提升能力的学生提供加强型运动。那些能够轻松完成全身俯卧撑的学生可尝试肱三头肌俯卧撑（双臂间距与身体同宽，而不是与肩同宽）、指尖俯卧撑（仅使用手指而非整个手掌撑地）或拍手俯卧撑。

▶ 在开展新活动时，有些学生因为种种原因不愿参与，他们可能认为自己不够熟练，害怕失败或尴尬，也许是学习新技能的经历不太顺利。在学生参与运动之前，让他们有机会去观看。如果教师宽慰学生并相信他们能够成功，就可以帮助他们克服忧虑。

器材

拥有足够的器材有助于最大限度地增加学生运动锻炼的机会。值得一提的是，没有人会在排队等候时还保持活跃、增强健康体适能。

▶ 在上课之前布置好器材，测试视听设备和计算机程序。

▶ 每月至少检查一次，确保器材处于正常的工作状态。

▶ 确保跑步机和固定自行车等运动器材能够安全使用，无成年人监督时则禁止使用。

▶ 设计运输和分配器材的程序。

▶ 分配队长、特定学生或学生助理，以便运动结束时返还器材。

以下想法有可能帮助缓解或解决器材短缺问题。

▶ 联系相关单位捐赠优质二手器材（当然会有税收减免）。当地的健身俱乐部可能愿意将一部分淘汰的器材捐赠给学校，以加强健身房建设。

▶ 搜索销售和分类广告，以便能够低价购买优质二手跑步机、椭圆机、划船机、举重床、哑铃、稳定球或固定自行车。

▶ 家长可能愿意捐赠二手器材。

▶ 考虑让学校或具备资格的单位做一些器材，如标志点健身垫。这种器材很容易制作，成本仅为新制垫子的 1/3。垫子由厚的防滑橡胶构成，呈正方形，尺寸通常是 60 平方厘米或 90 平方厘米，上面有 5 个永久性标志点（见图 10.1）。

▶ 与其他学校（在财务和设备上）联合，共享资源。几个学校可以合作购买器材并设计一个轮换制度以供学生使用。

▶ 在学校允许的情况下，主办筹资项目以帮助购买器材。

▶ 获取购买器材资金的另一种方式是申请补助金，可以申请州政府和联邦政府补助金。在美国国家运动与体育教育协会网站，可查询申请补助金的授权申请书和授予金额事项。

图 10.1　标志点健身垫

教学形式

教学形式在很大程度上会影响学生的兴趣和乐趣，因而学生对体育活动的态度也会受影响，故此使用不同教学形式是必要的。正如厨师使用各种配料烹饪一样，优秀的教师会使用一系列教学形式和策略来提高学生的学习效果。根据所选择的教学形式或策略，可将被动学习转化为主动学习。

教学形式和策略是指学生和教师之间的互动类型。它是从基础教学、直接指导到学生主动学习的连续教学体系，在这一体系中教师担任协调者，学生的学习责任更大。

连续教学

莫斯顿和阿什沃思（Mosston and Ashworth, 2002）定义了从直接指导（教师发起）到间接指导（自学）的 11 种教学形式，这些教学形式可以促进健康体适能教育。连续教学的教学形式是帮助学生获得知识的绝佳途径。在体育教学的初期阶段，使用直接指导形式能够使学生从中受益。随着学生不断获得并熟练掌握知识、技能和经验，以学生为中心的教学方法支持独立学习，允许学生对自己的体育活动选择负有更多责任。

莫斯顿和阿什沃思（Mosston and Ashworth, 2002）确定了教学形式，包括命令式（直接）、练习式、互助式、自测式、包容式、引导发现式、集中思维式、发散思维式、学生设计式、学生创造式和自教式。虽然教学形式形成了由教师中心到学生中心的层级结构，但并没有以线性方式实施。当新增教学内容且学生缺乏独立运动所需要的理解力时，同时进行命令式（直接）和练习式教学形式将没有效果。例如，一种特定协议规定了美国青少年体质健康测评系统中卷腹（仰卧起坐）的标准动作，此时教师应使用直接讲解的教学形式为学生提供正确信息。另外，还可允许学生在了解特定流程的基础上，主动使用更加自主的学习方式改进或增强特定流程，这一方式是恰当的。随着学生的责任感逐渐增强，他们可能会为了今后的健康做出更好的选择。

命令式（直接）。教师是决策者；同时，学生按照教师的要求做事。这种教学形式适用于教授新技能和管理高度结构化的课程。当任务步骤十分重要且不得偏离任务序列时，如教导如何进行心肺复苏时，直接教学也同样适用。直接教学形式也适用于在学生执行任务之前

教学提示：改变教学形式

高水平的教师拥有涵盖多种教学形式的教学技能。尽管很难发现哪种方式在不同情形下能够使学习效率最高，但不同课程、技能和概念的学习都将受益于教师使用的不同教学形式。如果学生较好地掌握了教师的不同教学形式，就有可能尝试使用它们。将教学比作木工，如果教师的工具只有一把锤子和一把锯，那么他们的工作就会受到限制。同理，如果一位教师的教学技能只包含两种教学形式，那么教好所有学生的可能性将会降低，学生学习的机会也会受到限制。

凯瑟琳·希姆贝格（Catherine Himberg），体育教育学教授
加州州立大学奇科分校
加利福尼亚州

源自：Himberg, Hutchinson, and Rousell 2003.

讲授一些必不可少的信息。直接教学同样适用于其他课程内容的教学，如计算静息心率并在图上记录数据以确定哪种运动能增加心率。

练习式。教师决定教学和演示的内容，也可使用任务表介绍技能，决定学生练习的时长，观察学生并给予他们反馈；学生决定练习的次数和练习技能的顺序（如果一堂课中技能训练的类型不止一种）。这种方式常用于体育教育，不过尽管该方式有价值，但也不能过度使用，它适用于教授新技能和练习技能。与命令式教学相比，练习式教学为学生提供了根据自身需要选择训练量的更大自由。例如，高中生可能被要求将心率达到目标心率区，但学生可以从 4 种不同运动中进行自由选择。再如，让学生在各站点展示任务卡上呈现的不同技能

和不同强度的任务训练（如可选择常规、简易或墙壁俯卧撑）。

互助式。可为学生提供让其变得更独立的机会。任务设计旨在使学生协同合作（通常两两成对或三人成组），并为他们提供关于彼此表现的反馈。每组学生都会拿到一个任务表，其中包含他们要扮演的角色和具体说明，学生既是观察者又是展示者。这种方式主要适用于学生练习技能。社会互动是交互教学的一个重要方面。互助式教学也是实现美国国家运动与体育教育协会所提出的国家体育教育标准 5 的一个良好途径：在体育活动中表现出尊重他人和自己的负责任的个人和社会行为。教师的任务不是纠正学生的表现，而是监督学生互动，并鼓励观察者向展示者提供积极的、高质量的反馈。这种教学形式让学生更积极地自主学习，由此也可以更好地理解学习内容。例如，使学生做好准备进行体质健康测评，他们可以两人一组或多人一组进行个别测验，而且小组成员还可彼此提供信息和动力。

自测式。如同互助式一样，学生参与自我表现评估。教师决定要完成的任务，标准表是评估学生表现的工具。每个学生都要完成所要求的任务，并填表提供反馈意见。这种教学形式适用于熟练技能和培养自主能力，也适用于进行自我监督的任务，对完成体育活动的指定作业十分奏效。例如，要求学生记录课余时间进行的有氧适能活动时间，学生可选择适当的运动并监督自己的进度。

包容式。包容式教学提供给学生可以选择的教师设计好的任务，有助于教师设计个性化课程。学生选择要完成任务的特定难度级别，学生承担学习责任，为自己的健康负责，并选择何时进行难度更高的任务。例如，执行跳绳任务时，学生可以选择跳绳方式（单脚跳或双脚跳）

或跳绳速度（正常或快速）。同样，在进行肌力和肌耐力训练时，学生可以选择使用不同重量的哑铃（给定某些参数）或不同拉伸强度的弹力带。对于低年级学生，教师可以设置 3 个高度不同的圆锥体，让他们选择进行滑雪式跳跃练习，锻炼肌耐力。教师应明确对学生的期望，以便学生了解他们有希望增加的锻炼难度。

引导发现式。在这种教学形式下，教师不仅应竭力提高学生的运动能力，同时还要帮助他们提升批判性思维能力。教师决定任务并设计出一系列问题以引导学生给出正确答案。教师仅起引导作用，并不给出答案，学生成功与否取决于教师按照逻辑顺序安排任务的能力。这种教学形式有助于学生积极参与学习过程。例如，让学生撰写一份报告回答以下问题。

> ► 你能确定从学校或家里出发用时 20 分钟的慢跑或轮滑路线吗？就这一问题，学生需要尝试几条路线才能最终确认符合条件的路线。
> ► 你应该穿什么？你的穿着会因时间和天气的变化而变化吗？
> ► 哪些安全问题是你必须考虑的？这些问题会因时间或天气的变化而变化吗？

再如，让学生在规定时间内进行跳绳、慢跑、轮滑 3 项运动，并使用心率监测器记录心率的监测结果。当完成所有运动后，让学生确定哪一项运动能帮助他们达到并保持其最佳目标心率，以及他们最喜爱哪一项运动。他们很可能会发现自己最喜欢的运动效果也最佳。

让低年级学生回答以下问题：在指定的运动中，哪一项运动使你的心跳最快？可允许学生先尝试 3 ～ 4 项活动再回答问题，如跳绳、绕着体育馆跳、原地慢跑或在两个圆锥体之间往返爬行。

一个引导发现式教学的例子可能是指派学生撰写一份报告并回答一个问题，如："在你居住的小区里轮滑或慢跑时，你应该注意哪些安全问题？"

集中思维式。学生需回答有唯一答案的问题。他们要尝试发现，最终确定答案，教师在这一过程中是促进者。学生要不断地尝试和犯错，在教师的鼓励下培养独立性和批判性思维。

例如，高中生可以撰写一份关于开始参加有益的有氧适能活动所需物品的报告，或者回答以下问题："增重或减重（身体脂肪）对你的心率有什么影响？"学生可通过完成几项任务进行试验，在每次试验的运动中增加或减少一些重量以找到答案；也可在每次试验的运动中使用手持哑铃、踝部沙袋、书籍或药球来增加或减小阻力，以找到答案。

发散思维式。提出一个开放式问题，让学生解答，这种教学形式适用于准备独立运动的学生。例如，向学生提出这样一个情景问题："你的脚踝已经受伤，但你绑着石膏绷带也想要保持良好的有氧适能水平。"这就要求学生必须制定一个应对这一挑战的有氧适能计划，低年级学生可能会制定一个日常训练计划，包括3项适度的体育活动。

加德纳（Gardner）多元智能理论

实施各种教学形式仅是提供积极学习体验的一部分，重点在于学生学习的方式。学生的学习方式多种多样，认可和欣赏学生的学习方式是另一个确保学生学有所成的策略。人们在学习如何进行体育活动时一般使用3种基本感觉：听觉（听）、视觉（看）和动觉（做）。如果教师准备的课程包含改进个人学习方式的策略，那么学生就会提高学习效率。加德纳多元智能理论（1983，1993）认为，每个人会通过各种方式来达到最佳学习效果，因此学生需要抓住机会加强弱项，并通过强项脱颖而出。

多元智能理论可应用于开发课程，如提出健康体适能概念，并使用概念构图法了解如何将不同智能与教学结合。将多元智能理论应用于教学，将会使得更多学生参与进来，并促进其学习。下面的例子是关于教师如何运用8类智能教授有氧适能的概念。

▶ 身体运动智能（从实践中学习；体能学习）——做动作、做运动，了解有氧适能。
▶ 空间智能（图片）——使用图片任务卡进行运动。
▶ 人际智能（社会；合作）——成对或以小组形式进行体育活动，动力

更强。
▶ 音乐智能（音乐或节奏；有节奏的运动）——随着音乐节奏跳绳。
▶ 逻辑数学智能（数字专家）——计算1分钟内心跳的次数。
▶ 内省智能（自我学习；自我反省）——进行两种形式的有氧运动，测量心率并比较两种运动的优点。
▶ 自然探索智能（环境主义者）——设计你住所附近的步行或慢跑路线。
▶ 语言智能（语言能力）——解释为何运动时心跳很快。

《体适能教学与训练指导》一书结合了健康体适能概念，在挑战性和趣味性体育活动的教学中采用多种教学形式和策略。例如，"小学生训练指南"中的"疯狂球"是一种将数理、空间和运动智能相结合的活动。"身体成分残留物"是一种二级活动，结合了语言、合作、运动智能和引导发现式教学形式。"站点运动"为整合实践教学形式、语言智能和健康体适能概念提供了有效的途径。学生从一个站点到另一个站点进行规定的活动，同时任务卡上被贴上相关概念，学生务必阅读并在小组内完成任务。课程结束时，他们可以在各自的日志上写下或讨论提出的概念。

"中学生训练指南"中的"健康探索"活动很好地说明了这一概念。它强调有氧适能的重要性，正如学生需要进行各种不同的运动。再如小学生做基础"肌肉运动"，强调肌力和肌耐力的重要性。

结合各种教学形式和智能可以强化学生对某种概念或运动的理解，从而提高学习效果。中国有一句谚语："不闻不若闻之，闻之不若见之，见之不若知之，

知之不若行之，学至于行而止矣。"[①]

身体运动智能。身体运动智能是一种身体运动的天赋、能力，能够影响人的健康体适能。身体运动智能强大的人善用身体解决问题或进行创作，他们喜欢体验动作或感觉身体在某些情况下做出反应的方式。

为利用这一智能，低年级的学生乐于模仿动作（如肌肉收缩伸展动作），喜欢上实践科学课（如将彩色的水滴在质量好的纸巾上显示毛细血管的运动），喜爱强化概念理解的手工艺品（如在一张节日许愿卡上，写下使心脏更健康的饮食许诺）、戏剧（如表演肺换气）和其他创造性动作。

基于运动的课程模式是加强和整合身体运动智能的最佳途径。这种课程模式的主题以身体和身体与空间、时间、精力及流程的相互关系为主。将健康相关概念与运动基础课程的主题相结合，如让学生与搭档做俯卧撑。另一个例子是让学生以不同的步伐（慢、中、快）或不同的速度（低、中、高）移动，以确定在哪种方式下心跳更快。

这种方法也适用于身体运动和空间关系。初高中生的任务可以是制作一个教小学生提高体适能水平的视频。利用身体运动智能的另一种方法是让学生制定并实施个人健身计划，学生可以使用手持哑铃、踝部沙袋、平衡板或健身踏板锻炼，使肌肉更加发达。身体运动智能体现了接受过体育教育人群的实际运动能力。

空间智能。空间智能是人对物体在空间中位置的感知，也是一种强烈的空间方位感和准确的实物视觉辨别能力。尽可能

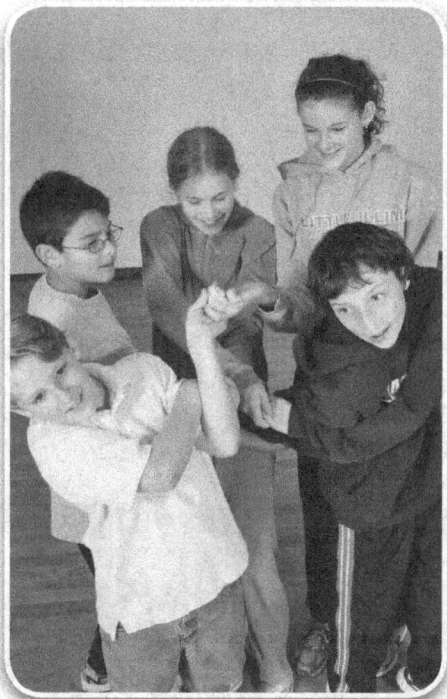

在这项运动中，学生利用批判性思维、解决问题能力以及合作技巧来解开手结。

地融合教师和学生的演示活动，学生可以表现出特定的技能，也可分析彼此的动作技巧。小组活动中的"结"就是使用空间智能的一个例子。

学生们围成一个圆圈，并将双手放在中央，随后所有人向中间靠拢，大家的手相互交织缠绕在一起，形成一个混乱的"结"。学生必须尝试解开结但不能放手，这一过程可能需要学生跨过、钻过和绕过其他学生。所有学生必须协同合作，并确定如何解决这个空间问题（LeFevre，2002）。

从更具认知性的层面而言，学生可以创建图表、曲线坐标图、示意图和三维模型。在绘制心率表、记录重量训练成绩以及参加的体育活动上，这种做法非常有效果。还可以让学生蒙上眼睛，从不同的角度感

[①]译者注：出自《荀子·儒效》，意思是"（在学习中）听说比不听好，见到比听说好，知晓比见到好，实践比知晓好，学习的最终就是实践，实践了，就明白了。"

受活动。

人际智能。人际智能指有效地理解别人及与人交往的能力。人际智能突出的人群的兴趣通常在于小组头脑风暴、合作活动、同伴辅导、模拟和社区活动。学生可以以小组为单位设计一个有氧适能循环训练，以班级或小组形式用头脑风暴方式解决问题，或模拟教授现实生活中的人际交往技能。例如，提问："你如何在这个社区花费 100 美元参加体育活动？"要回答该问题，学生需要先收集关于设施设备等费用的数据（作为家庭作业），然后小组合作，互相帮助做出令人满意的明智抉择。培训学生作为社区的同伴辅导员或志愿者参加健康体适能服务项目（如在日托中心举办游戏）。

音乐智能。音乐智能是解释、转换和表达音乐形式的能力。使用说唱、歌唱、节拍和音乐概念是引导学生的理想方式，学生倾向于以这些方式进行学习。

音乐和运动高度融合，让学生有机会去体验音乐并探究音乐与健康体适能的关系。音乐也可以用来促进体育活动，设定运动的速度。学生可以通过说唱、歌唱形式加强展示环节。

逻辑数学智能。逻辑数学智能是一种有效运用数字和推理的强大能力。在这方面表现优异的人似乎喜欢将大多数问题与数字问题或难题联系起来，他们也喜欢从事解决问题的任务和批判性思维活动。在体育活动场景中，学生可以多种方式使用逻辑数学智能，帮助自己理解某些健康相关概念。

初高中生可以挑战健康体适能问题，如计算目标心率区、特定食物中的热量百分比、爬楼梯消耗的能量或步行与跑步 1000 米所消耗的能量。小学生可以设计跳绳的运动顺序和模式，包括在增强肌力和肌耐力、有氧适能时，计算技能重复次数。这种智能也可以与空间智能相结合。教师可以问学生从 A 点到 B 点的距离有多远，如果他们步行、跑步、双脚跳或单脚跳分别需要多少步，然后让他们通过参与运动找到答案。

内省智能。内省智能突出的人群往往更具内在动力、自我反省、独立自主的能力，他们仅需极少的动机就能完成任务。由于他们拥有自我反省的能力，似乎更容易实现目标。这样的学生喜欢独立自主地学习，参与自定速度的运动，自我设定目标。

健康体适能教育项目会引导学生更加独立，如自我测试和反思日志的写作可帮助学生将自己与信息建立起联系。具有多任务或多水平的运动站点鼓励开发内省智能，如参加跳绳站点的学生可以选择双脚前跳、后跳或十字交叉 3 种跳绳形式。另外还可以让学生自己计算时间，看看他们可以在 15 秒、30 秒或45 秒内完成多少次俯卧撑。低年级学生只需培养阅读技能，教师在各运动站点用图片帮助学生进行合适的运动，高年级学生可以研究和尝试自己认为有趣的各类体育活动。教师也可以提供自定速度的活动和学习中心，这样学生有机会挑战自我。

自然探索智能。与自然环境相关的运动能够增强人的自然探索智能。擅长自然探索智能的人，更喜欢置身于室外，通过与环境的类比进行学习。教师可以使用与大自然相关的主题、故事和诗歌将这种智能应用于教学，以促进发展健康体适能的运动体验。例如，学螃蟹和熊走路、学海豹爬行有助于幼儿在自然中学习运动，同时也能提升肌力和肌耐力。在初中或高中阶段，可以请科学教师开展一个关于动植物在高海拔地区如何生活的研究，以及在高海拔地区运动对人类生理的影响（如高海拔地区的动植物要如何适应？人类在高海拔地区有什么剧烈反应？什么是高海拔长期适应？）。所有学生（不论年龄大小）可以考虑体育活动在自然环境中的价值，如远足、皮划艇运动和漂流。

冒险课程是加强自然探索智能的一个良好途径。教师可以以自然环境（户外活动营）为教学点，教授包括社会学、科学、数学和体育在内的综合内容并评估学生的整体成绩。学生有机会参加徒步旅行、皮划艇运动、定向运动和攀岩运动。

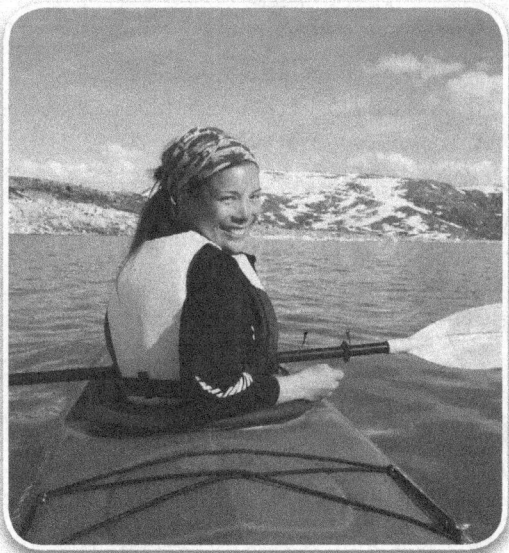

冒险运动（如徒步旅行和皮划艇运动）有助于学生在自然中学习运动，同时提升肌力和肌耐力。

语言智能。语言智能是有效地运用文字的能力，语言智能强的学生可以被称为"语言天才"。他们对阅读、讲故事、辩论、写作和参加小组讨论的机会感兴趣。教师可将语言智能应用于教学活动，如坚持记录参与活动的情况；也可以结合语言智能和音乐智能，为学生提供机会，让他们伴着自己创作的诗歌、说唱及常规计划进行体育活动；还可以让学生坚持写日志，描述日常活动中学到的内容以及具体应用；还可以使用 FITT 原则[①]制定一个健身计划，调整运动方向以便进展适宜，使低年级学生也能够参与类似运动。

合作学习

合作学习是指学生共同完成指定任务或达成某一目标，学生肩负起学习责任，它能够促进形成一个更积极的学习环境。合作学习形式的多功能性使其能够整合多种智能，同时也具有合并 3 个学习领域的可能性。实体环境是合作学习的实体场所，因为学生必须以团队或小组形式进行诸多传统的体育活动。也正是由于合作学习的主体是群体而非个体，合作学习有助于学生更多地参与体育活动。同伴之间可以相互鼓励，努力学习或引导帮助那些正在努力的人。

拼图是合作学习的一个例子。团队的每位成员都需要完成一个特定任务，接着每位成员带来自己的作品，并将其"拼图"碎片与其他成员的碎片组合在一起，最终形成一张完整的图片。下页的"拼图任务"

---

① 译者注：FITT 是频度（Frequency）、强度（Intensity）、时间（Time）和类型（Type）这 4 个英文单词的缩写，它是从事体育锻炼、增加健康所必须采用的基本监控原则。要想在安全的锻炼过程中取得良好的锻炼结果，就必须在体育锻炼中科学地控制锻炼的频度、运动的强度、持续运动的时间，并选择恰当的体育锻炼类型。

提供了一个关于学生如何在体育教学环境中使用拼图策略的例子。学生有机会自我承担学习责任，将合作学习策略应用于认知、心理活动和情感三大学习领域。教师作为协调者，为学生提供指导性反馈。

合作学习的另一个优势是彼此激励、提高素质。学生可以自由地与朋友一起学习，解决问题，并与各种性格的人进行互动。

增强课堂环境中的健康体适能

尽管教授健康体适能课程并不一定要局限于课堂教学，但课堂环境却可以成为讨论生理学、心理学、运动原理和目标设定技巧等内容的合适场合。开展认知理解课程能够确保学生接受全面的体适能教育。

规划

1. 创建课堂教学以补充现有课程。教授课程，该课程通过参与体育活动强化参与过程中习得的概念。学生应积极参与培养自主学习责任感的活动。本章前文所述的教学形式可用于课堂教学。
2. 根据健康体适能概念进行课程组织。
3. 将学生在课堂上所学与运动环境相联系。

以下内容示例可用于课堂教学。

健康心脏的说明。低年级的学生可以制作几个心脏模型，并附上强调保持心脏健康方法的特别说明。给每组（3～5 人）发一些由薄层粘制成的心脏薄片，每部分薄片是学生拼接完整心脏所需的一部分。完成模型后，学生可以讨论哪些需要特别说明。

拼图任务

单元：健康体适能成分

拼图说明

1. 将学生按照 4 人一组进行分组，给每位小组成员分发一个成分，或允许他们自行分配。
2. 给小组成员布置 3～5 个增强特定健康体适能成分的活动任务。如果时间允许，让学生自己设计或安排活动。
3. 所有成员重新进行分组，设计 3～4 个热身环节，其中包括 4 个成分。
4. 确保有适当的材料可用。
5. 另一种方法是将此任务第一部分布置为家庭作业，另安排一课时的时间进行小组任务部分。
6. 接下来几周，可以让该小组引导全班进行热身环节。

拼图活动示例：移动，移动，移动

进行该活动时会播放好听的 4 拍节奏音乐。踏板操运动的音乐会很奏效。

1. 每 4 个或更少的学生分为一组。
2. 每组将会分配有必须练习的特定运动，让学生跟随音乐节拍进行短时间的动作练习，具体如下。

- 第一组：原地跳 8 次。
- 第二组：左右脚单脚各跳 4 次。
- 第三组：双脚开合跳 4 次（双脚开合跳一次，计为 2 次跳跃）。

3. 再次将学生重新分组，新组成的小组成员分别来自原来各自不同的小组，并代表不同的运动。
4. 让各小组成员结合各自的动作形成一套新的运动顺序。
5. 让学生练习这一新运动顺序。
6. 各小组为全班表演其运动顺序。

运动发展需符合年龄水平。低年级学生可使用图片和文字描述其运动，高年级学生只需文字解说。也可以让他们自己设计一套 4/8 拍动作。

拼图活动示例：有氧运动顺序

当学生进行几天有氧运动或踏板操运动之后，要求学生将其设计的运动顺序教给全班同学。

将 3～5 名学生分为一组，每位小组成员将针对一个健康体适能的特定成分设计一组运动顺序，接着聚集在一起将一组运动顺序与音乐相结合。

一名学生设计热身环节，2～3 名学生设计有氧运动环节，另一名学生设计放松环节。

源自：Adapted from Rink 1998.

解析心率数据。初高中生可以计算其静息心率和目标心率区（见第 5 章），绘制心率曲线图，记录运动结果以及计算平均值。

健身计划。高年级学生可以担任报纸杂志的健身专家顾问。写几封咨询健身专家意见的虚拟信件，学生写完信后，让他们公开展示或在课堂上大声朗读并进行讨论。例如，①我是一名（棒球）投手，我希望我的手臂更强壮以便我能够更有力地投掷。我需要做些什么才能实现这个目标？②明年我想成为校队队员，但我不是很强壮，我可以做些什么练习或运动来提高整体力量，让我跑得更快？

治疗伤病。预防受伤是一种方法，但学生需要理解即便他们很小心也可能受伤。请联系美国红十字会或美国国家安全委员会了解更多有关基本急救和心肺复苏的信息。推荐的伤病治疗课题包括以下内容：冷热相关问题（热应激、热衰竭、体温过高和体温过低）、补液（脱水）、晒伤和皮肤保护以及在减少伤病和改善整体健康和体适能水平中膳食营养的作用（见第 4 章）。

成为理智的健身消费者。 现如今，流行广告购物、有线电视购物和互联网购物，做一名理智的健身消费者至关重要。学生需要懂得如何货比三家，以便在购买器材、用品和服务时使自己的利益最大化。学习如何辨别产品的性价比是一项重要技能。以下是针对适合学生年龄和能力的消费教育活动的建议。

▶ 要求学生将维生素补充剂说明与研究进行比较，并根据他们的发现向同学提出建议（同学在课堂上讨论、决定是否同意）。

▶ 直接引导学生观看一则宣传节食或者一种具有惊人效果的运动器材的广告，要求学生以口头或书面形式描述广告说明是否真实以及原因。

▶ 讨论使广告宣传有效的可能因素（如夸耀、快速锁定信息、有力的宣传等）。让各小组学生撰写杂志广告，或将电视上宣传健康体适能活动好处的广告表演出来（如运动之前、过程中和之后喝大量水，做活动而不是看电视等）。

▶ 参观当地的运动器材商店，要求学生就他们感兴趣的器材准备一些可提出的问题，请销售人员帮助学生对比类似产品的功能。参观之后布置家庭作业，要求每位学生选择其中一种产品，并以书面形式说明这件产品为什么是满足自己需求的最佳选择。

记录体育活动数据。 教室是教学生如何制定适当目标和记录体育活动日志的理想场所。教学重点可以是准确记录数据。如果学生可以进入计算机室，他们可以使用体质健康测评系统和活动日志记录自己的运动成绩。教师可以向学生展示如何使用程序（如微软 Excel 办公软件）来记录体育活动日志或设计体适能活动日程表。日程表还可以包括目标和一些特殊活动以强调超负荷原则。学生可以使用电子表格和计算机日志记录跑步和其他有氧运动。教师要帮助学生了解他们记录的结果与体育活动和健康体适能评分变化之间的联系。学生可以记录成绩并在它的基础上制定新的目标。

设定目标。 课堂环境提供了解释目标和设定目标机制的机会（见第 2 章）。班级活动范例包括以下内容。

▶ 为一名虚拟的人设定合适的目标（如一个青少年如何增强上半身的力量，以便能够爬上攀岩墙？一个人希望改善身体成分，有什么方法帮他实现这一目标？）。

▶ 学生与朋友合作，互相帮助设定切合实际的目标并制定训练活动，以实现目标。指导他们考虑互相激励措施（如"如果我们都按照计划练，我们将购买这些新衣服"，或者"我们可以一起走着去商场，这样可以边运动边说话"）。

▶ 以头脑风暴的形式列举人们可能不能坚持自己的体育活动计划的原因，直至达成目标。选择一个问题并列举解决方法。

给低年级学生一份包括具体活动的列表，让他们估算自己在规定时间（15 秒、30 秒等）内每个活动能够做多少次，让他们完成活动并记录实际完成的次数。若他们完成了最初的目标，就将最后的数字圈起来；若没能完成最初的目标，就在最后的数字上打上"×"。讨论目标期望值，可以使用年度记录表帮助学生看到自己的进步，这也是设计个人运动计划的准备步骤。

制定个人计划。小学生可以开始选择如何实现健康体适能的各成分的个人目标。材料分为各个小部分，以便学生能够理解和应用所学内容。提供多少信息取决于学生的发展水平，《体适能教学与训练指导》提供了开发适用于健康体适能具体成分的运动示例。

随着学生的进步，个人健康体适能计划也要随之调整。达成目标后展示如何选择和重新设定目标是重要部分，学生可以着手了解制定一个计划的过程以适应他们的当前需求。

作业理念

许多州设有体育教育标准，包括认知、心理和情感领域的具体成果。为了达到这些标准，教师布置家庭作业的时候要求将体育活动和锻炼的场所从体育馆转回家庭和社区。家庭作业允许学生探索一个主题，允许跨学科形式，允许融入各种教学策略，这可以增加家长、学生和学校三者之间的沟通。

家庭作业的布置应当是有目的的。

▶ 将实际体育活动纳入家庭作业或作业的一部分。如果学生制定活动计划，应确定活动是计划表中的一部分（见图10.2）。
▶ 确保家庭作业与当前课程相关，以便学生将课堂所学应用到实际生活中。学生生活在当下，所以把家庭作业和当前课程结合起来可以让他们的经历更有意义。
▶ 家庭作业可以要求家庭参与。将家庭与学校联系在一起的机会将会使所有参与者受益，这既可以增加学生可参与的体育活动，还可以拓宽家庭与学校沟通的渠道，建立良好的家庭关系。

家庭作业多样、类型众多，其任务既可以容易如完成工作表一样，又可能复杂如制定一个综合投资项目。从幼儿园到高中生都可以布置家庭作业，关键是制定难度不同的任务。前文所述大部分信息（如课堂环境的主题）都可以作为学生的家庭作业，从而为实践活动留出更多的课时。

增加体育活动时间

不同的州、不同的学校、不同的年级，体育教育工作者和学生在一起的时间是不同的。不论教师多久见一次学生，都可以利用一些策略延长除体育馆场所以外的活动时间。这样做的目的是让学生养成自己锻炼身体的习惯；让学生保持对活动的兴趣是很重要的，这样学生就不会觉得这些额外的活动是一件苦差事。采用以下建议以符合学生的年龄阶段和学校设施，这些想法应该作为体育教育的延伸而非重新定位。换言之，其目的在于加强体育课的教学内容。管理人员务必了解这一点，不要将课外体育活动作为减少体育课时的理由。

▶ 体适能间歇——体育活动可以在短时间内持续一天，这是一个越来越受欢迎且有益的选择。教师要支持增加体育活动时间，受过训练和具有资格证书的体育教育工作者必须训练学生进行这样的间歇运动。根据学生在课堂表现中的得分提供相关信息，如运动会增加流到大脑的血液，有助于人们更好地思考。教

家庭作业示例

这些示例可以用作给学生的反馈，或活动结束的总结，也可以当成家庭作业，布置给同学们完成。

体育报道

学生在学校参加体育比赛，他们观看比赛，注意运动员有效完成某项运动所需的健康体适能和技能的相关成分。比赛结束后，观看比赛的学生报道他们所观察到的健康体适能和技能的相关成分。

采访

学生就体育活动习惯调查、采访家庭成员并撰写采访总结。

脑力

学生使用健康体适能术语为同龄人设计填字游戏或寻找单词的游戏。

今天的问题

设计一个问题，让学生在当天的课程中进行思考。例如，当进行高尔夫球单元的教学时，教师可能会问："通过定期参加高尔夫球训练，你可以保持或提升哪些健康体适能成分？"

论文研究

学生选择一名成功的运动员，确定其在比赛中保持生理机能和情绪处于巅峰状态所用的运动方法。

积极运动的安迪（Andy）和讨厌运动的苏西（Suzy）

例如，小学生的家庭作业可能是讨论积极运动的意义以及他们在家或课外能做什么活动以保持运动状态。拍下学生运动或不运动的照片并让他们带回家，要求学生在运动照片的旁边画一个笑脸，在不运动照片的旁边画伤心脸。

健康日程表

让学生设计一个上体育课、健身和保持健康的日程表，日程表可以涵盖一周、两周或一个月（教师来选择），学生计划在这段时间内做的运动并记录他们的成绩。图10.2是一个为美国国体育周（五月第一周）设计的日程表。

星期日	星期一	星期二	星期三	星期四	星期五	星期六
1	2	3	4	5	6	7
	不能看电视或玩电子游戏，要去外面做一些运动	跳绳至少15分钟	在公园或社区散步20～30分钟；和朋友一起散步或遛狗	在观看你最喜欢的电视节目时，请做仰卧起坐、俯卧撑、伸展、抬腿和肱二头肌弯举等坐姿练习	自行车骑行30分钟。告诉父母你要去哪里，遵守道路交通法规，注意安全	

图 10.2　坚持制定日程表是一种帮助学生记录和规划参与体育活动频度的激励方式

师可能需要在课堂上对几项活动进行 5 分钟的概述。教师可以放轻快的音乐让学生以跳舞的方式休息 5 ~ 10 分钟，学生跟着音乐不断运动。将音乐换成缓慢的节奏让学生保持安静，还可以让学生通过冥想活动进行放松。另一个建议是，如果天气允许的话，将学生带到操场，让他们在指定的范围内运动至少 10 分钟。许多网络资源都有提供这种无须专用设备的简单的间歇运动。

▶ 课间活动——确保学生进行体育活动的所需器材充足。学生的投入是有益的。体育教学过程中的运动经常用于课间活动。

▶ 午休时间——多数学校午休的自由活动时间只比课间休息的时间稍长一点，所以可以延长午休时间。体育教师既可以作为个人健身顾问，也可以训练学生志愿者进行有趣的体育活动。

▶ 校内——这些体育活动项目在同一所学校的学生团队或个别学生之间进行。改变一个项目，增加活动课程并确保其有趣，使之在有参加意愿的学生中广受欢迎。考虑让学生记录运动用时或计算消耗的热量，作为持续关注运动和体适能的一种方式。考虑让学生交流时使用鼓舞人心的语言并作为加分项，保持对社会发展和乐趣的重视。

▶ 学校课前、课中和课外项目——创建新课程或强化现有课程，训练家长、高级志愿者或幼儿工作人员等其他人以协助开展这些项目。创建一个健身俱乐部并提供参与奖。

▶ 家庭活动——让全家人参与任务，如"家庭健康运动时间"。向学生介绍一个具体的健康运动主题，让他们回家后与家人讨论（或向家人解释）相关信息。尝试让他们每周有两三次专门留出几分钟时间，每次提供新信息或提供一个主题与各种子主题。让学生设计可以边看电视边活动身体的方法，如在广告时段，家人可以参与运动挑战，每位家庭成员在插播一个广告的间歇做 5 个仰卧起坐动作或者做 10 次单脚跳。另一个方法是在广告期间做各种拉伸动作以提升身体的柔韧性。广告时间通常持续 15 ~ 30 秒，故此间隔时间适合做拉伸运动。在广告时间，家人也可以利用手边的哑铃进行各类上身运动（侧举、前举、肱二头肌弯举）。

▶ 社区活动——家庭之夜、健康游园会、跳绳或篮球赛（由 AHA 和 AAHPERD 主办），这些活动覆盖了更多社区，兄弟姐妹、父母和老年人均可参加。这些活动不仅可以帮助学生更加健康，也能为课程起宣传作用。

技术

播客[①]、短信、（便携式）苹果播放器和数字 DVD 这些先进的技术相继出现，但是技术对健康体适能计划有什么作用？在课堂上使用技术是一种通过提高学生学习动机、士气和信心以促进健康体适能教学的策略。现如今的学生在技术知识方面远胜过许多老师（从短信到视频制作），因此将技术与健康体适能学习相结合是

---

① 译者注：Podcasting，英文全称叫 Personal Optional Digital casting（个性化的可自由选择的数字化广播），中文译为播客。这是一种让用户自由地在互联网上发布文件，并允许用户采用订阅内容的方式来自动下载文件的技术和理念，是一种全新的广播形式。

有益的。海耶斯和希尔伯曼（Hayes and Silbermann, 2007）认为，电子游戏的受欢迎程度与高效信息传递的特点可能有助于增进学生在体育活动中的积极性、理解力和表现水平。

硬件。DVD、计算机和视频设备可以显著增强健康体适能概念的教学效果。关于健康体适能主题（如心肺系统功能、训练原则、虚假广告等许多其他领域）的DVD可以用于帮助学生进行理解。学生可以使用计算机下载、分析、制作图表和存储心率监测数据。学生可以使用互联网研究健康体适能的主题，或通过电子邮件鼓励其他学校的"健身伙伴"。学生可以分为小组，完成健康体适能报告，然后录制新闻广播与同龄人或低年级学生分享。有些学校为此配备了内部使用的电视和广播电台。

使用掌上计算机可以更方便地记录数据，减少笔的使用。教师可以进行健身测试，便于将结果记录在手持设备上，并可以稍后下载到学校或部门计算机上进行学生个体分析或生成报告。液晶投影机可用于将目标、日常运动和活动结束后的提问放大至海报尺寸，这有助于明确要说明的重点和目标。

软件。美国青少年体质健康测评系统不仅向教师提供了打印报告和信息组织的功能，还为学生提供了一种模式，学生可以通过该模式（输入密码）跟踪自己健康体适能的进步。测评系统的另一个特点是允许教师和学生监控运动水平。电子学习档案是每学年跟踪学生进步的良好途径，学生也可自己设计学习档案并记录自己的进步。

电子游戏已经出现很久，被认为是致使年轻人久坐不动的一个重要因素。游戏公司已经推出了交互式电子游戏作为回应，旨在让玩家提高身体素质。这些游戏不仅支持运动，许多还建立了基于技能表现的

评估和评分系统，以及心率监测器（Trout and Christie, 2007）。几个运动产品公司目前正在促销舞蹈或敏捷性运动程序，这些程序可以让学生以观看视频和模仿电子地毯上经过特别设计的动作的方式改善健康体适能，"劲舞革命"[①]（Dance Dance Revolution）就是这种产品。Wii Fit[②]是于2007年推出的一款游戏软件，包含多种游戏活动，旨在帮助人们提高健康体适能。

设备。心率监测器可以为教师和学生提供有价值的信息，学生在有氧运动期间学习如何监测心率。运动心率区、恢复心率和静息心率在高强度体育活动期间都能提供所需信息。简单的单功能和双功能监测器可以向学生提供反馈，复杂的多功能监测器可将个人心率信息编程并下载到计算机上。

计步器是学生用来监测课内外体育活动水平的另一种技术形式，计步器有简单的单功能机和多功能机。

许多产品可用于评估身体成分，有些设备和手持设备的工作原理一样，允许用户下载结果，其他设备要求用户将信息手动记录在纸上并将其发送到计算机上。

过去几年中，可编程的运动器材（如跑步机、椭圆机、爬楼梯机、体重计）已经发展到能够记录心率和目标心率区。

---

① 译者注：1998年KONAMI公司旗下的BEMANI音乐游戏小组所开发的全球第一台跳舞机"Dance Dance Revolution"（简称"DDR"），舞台以←、↓、↑、→排列的十字形式亮相，玩家可以按照音乐的节奏来踩踏从下到上而来的箭头，其中有着3D人物在画面中伴舞，目前家用版已扩展到多个游戏主机平台。

② 这款名为Wii Fit的体感动作游戏于2007年推出，该游戏使用一种四方形、类似鱼鳞状的控制器，或者控制板，玩家需要站在板上依照屏幕上的操作提示保持平衡，可以在板上练习瑜伽或跳动感舞蹈操。Wii Fit总共包含40种以上的各类健身游戏，包含的种类相当丰富，适合各种年龄层的人群使用。

使用体育课程辅助技术（如心率监测器和计步器）可帮助学生学习监测自己的体育活动，并将其应用于课外活动。

　　网络。通过使用网络资源，如视频剪辑、网络广播、地图定位和许多其他新应用，可以提高教学质量。教师可以设计探索网络任务，要求学生从各种教育网站中查找信息。

　　使用技术提高包容性。技术能够帮助所有学生更加积极地参加体育锻炼并了解健康体适能。残疾学生和正常学生都有学习的权利，使用技术还提供了帮助各类残疾学生的新方式，提高了包容性（有关包容的更多信息，见第 11 章）。

采购技术

　　在决定购买新技术之前，请考虑以下4 点。

　　▶不要冲动地立刻出门购买，相反，应尝试从同事那里借用该技术或进行一些研究，以确定这项技术是否适合学生。考虑向销售代表提出借用设备。

　　▶考虑这项技术或软件是否能帮助学生实现课程成果？不要总是相信公司的宣传册和展示册，而应该上网搜索该设备的评论，试着了解设备是否会在几年内淘汰以及设备的可持续使用年限和成本。

　　▶补助金可用于资助购买健康体适能技术。美国国家运动与体育教育协会有专门的网页，可以帮助确定体育教育和相关项目的资金来源。

　　▶技术可以辅助教学，但不能代替教学，技术产品很容易成为昂贵的玩具。教师应确保每项技术产品对于学生和课程都有教育意义。

　　"体育教育工作者正在促进受益终身的体育活动事业"。如果"交互式电子游戏成为体育教育中的有效工具"（Trout

and Christie, 2007:45），那就充分利用它们。

小结

创建有效的学习环境能够促进健康体适能教育计划。教师可以通过采纳本章所述的原则，鼓励学生追求受益终身的健康体适能运动。

创建一个积极有趣的学习环境，使用合适的教学形式，并应用加德纳多元智能理论设计个性化的课程以满足学生的需求。确保每个环节有序、有趣、安全，并具有包容性，以便选择适合学生发展的各类学习体验。

将间歇健康体适能训练与学生的日常生活相结合，以此增加体育活动时间，使小学生的课间休息富有成效。教授学生在课外时段能够做的运动，布置运动类的家庭作业和任务以巩固体育课所教授的内容，让家庭成员参与家庭作业。参与课后任务的家庭越多，学生将定期体育活动融入生活的可能性越高。

尽管《体适能教学与训练指导》强调了结合健康体适能知识与实际体育活动的原则，但是在课堂环境中深度讲授这一原则并非总是有效。结合技术与健康体适能教育，让学生在课堂上运动，有兴趣和积极参与的学生将会学到更多。

第11章

包容每个学生

乔尼·莫里森和金妮·博比奥莱克
（Joni Morrison and Ginny Popiolek）

包容指的是在对身体有残疾的学生和发展势头良好或优秀的学生的教学过程中，使用合适的教学辅助系统进行教学，而不是让他们在被隔离的环境中获得教育。本章深度探讨了包容的概念，同时还聚焦于满足每一个学生的需求，无论学生的性别、文化和民族背景或者能力水平（不管学生是否被认定为有残疾）。在"最佳体适能"项目中，包容指的是创造一个学习环境，无论是需求和能力超出同龄儿童范围的学生，还是文化和宗教信仰与大多数人不同的学生，这种学习环境对所有学生都是开放的、有效的。简而言之，包容的意思是以一种合适的方式将所有学生都涵盖在内，这样他们就都可以发挥他们最大的潜力。

相关法律

包容是教育和社会（通过伦理哲学）的总体发展趋势，但这不是由法律赋予的，法律只赋予了我们最小受限制环境和公民权利。在配合《不让一个儿童落后法案》的过程中，《美国残障人士教育法案》（IDEA）于 2004 年被修订并将发挥法律效力。法案中的条款于 2005 年生效，该法案中的修订条款为残疾人确定了体育课程内容的范围。这个条款确定了体育作为一门课程提供给所有残疾儿童。最小限制环境（LRE）规定，要最大限度地保证那些身体有残疾的学生，能够与正常的学生受到同等的教育。联邦立法中心表示，"如果有必要，体育服务要进行特别设计，必须保证每一个残疾儿童都能接受免费的、合适的公共教育"。图 11.1 展示了一系列可供残疾学生选择的安排。在这一系列的选择中，残疾学生可以根据他们不同的需求来选择是上行还是下行。尽管一些人提倡要在任何时候都照顾到所有学生，但是体育教师仍要牢记法律条款，并且不管学生选择哪种安排，都要给残疾学生提供一个高质量的体育项目。

《美国残障人士教育法案》致力于改变学生的现状，并且基于学生的需求及能力尽最大可能帮助有特殊需求的学生发展。教育工作者首先需要关注的是学生能做什么，而不是他不能做什么。1972 年《美国教育修正法案》第九条规定，禁止性别歧视，并阐述了公共机构应如何不论性别地确保个人的公民权利。《美国残疾人法案》（ADA）通过将残疾定义为任何显著损害主要日常活动的个体特征，扩大了包容的范围。

与其他民权立法一样，这一法律开创了一种对个人权利和需求的敏锐的意识。

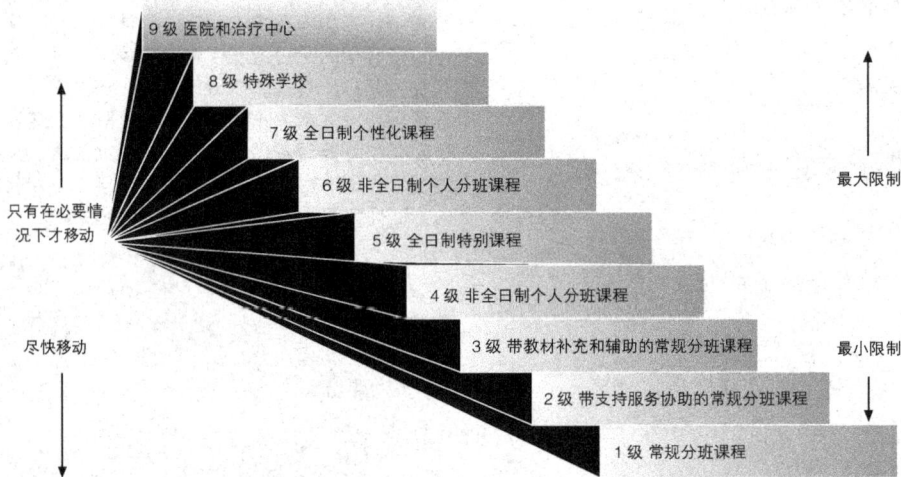

9 级 医院和治疗中心
8 级 特殊学校
7 级 全日制个性化课程
6 级 非全日制个人分班课程
5 级 全日制特别课程
4 级 非全日制个人分班课程
3 级 带教材补充和辅助的常规分班课程
2 级 带支持服务协助的常规分班课程
1 级 常规分班课程

只有在必要情况下才移动

尽快移动

最大限制

最小限制

图 11.1 最小限制环境下提供的一系列安排
源自：Adapted, by permission, from J. Winnick, 2010, *Adapted physical education and sport*, 5th ed. （Champaign, IL: Human Kinetics），24.

抛开法律不谈，给所有学生提供一种他们都能感到受欢迎的和成功的学习环境，使他们发挥最大的能力，让他们从多样化中学习，抛开法律不谈，即使从简单的道德伦理上讲，也是非常正常的事情。多元化是我们社会的一部分，教师应该模拟一种让学生和成人紧密联系在一起的社会，并且至少要在表面上和那些与自己不同的学生建立合适的行为模式。

包容的好处

所有学生都能从真正的包容中获益，从体验社会多样性中获益，从那些看上去与自己不一样的人身上获益，从寻找共同点的机会中获益。包容能让有其他文化背景的学生看到文化包容的模式，这种模式可能会积极地影响他们未来对其他文化的反应，证实他们自己的文化并促进他们自己在大多数文化中的学习。残疾学生可以从同龄人的表率行为和参与体育活动的过程中获益。同伴辅导是一种适当且有效的策略，它可以提供有意义的练习和高水平的运动，还有助于最大化主动学习时间（Lieberman and Houston-Wilson，2002）。所有学生，包括残疾学生和正常学生都能从解决包容问题的过程中获益。人们希望通过这些互动可以打破屏障，促进残疾学生和正常学生之间互相接纳并建立友谊。总之，学生们可以从这些项目中获益是因为当他们共同致力于发展积极的终身体育活动的目标时，这些项目对所有学生来说都是有效的。

无论他们的能力水平如何，所有儿童都应该学着共同参与体育活动。成年人的工作、娱乐以及锻炼都是和不同能力的人一起进行的，因此，儿童尽早学习如何合作可以帮助他们在今后的生活中与其他人更好地合作。

包容那些看起来不投入的学生

　　我在教一组青少年学生时，他们中的大多数人几乎很少穿适合体育活动的衣服，并且其他指导老师也认为他们的着装不合适。我引入的是游戏分析而不是既定的活动。我们用的是剩下的、废弃的和破损的器材，如坏的球拍和没气的球。我们还尽可能地使用了其他器材（如4个垒位、由不同大小和形状的球以及当地一个建筑工地遗弃的、由大的橙色锥体组成的障碍物）。渐渐的，当他们有了改变游戏的想法时，他们发明了一种类似棒球的运动。直到今天，我还不能完全明白他们的这个游戏的方方面面，但是他们做到了！

　　这个游戏有8垒，运动员可以朝着他们选择的方向跑，要至少两个人以上才能同时站在一个垒上，3组队伍同时竞赛，击球员不仅要根据击球的方式，还要根据球的种类来击球。这是一个疯狂的游戏，但是不久之后，每个玩家都全身心地投入到游戏中，他们穿着合适的服装，布置和完成相关的作业。通过游戏分析，这个游戏的主导权就已经转移到玩家身上了。

源自：Text is reprinted from G.S.D. Morris and J. Steihl, 1998, *Changing kids' games*, 2nd ed.（Champaign, IL: Human Kinetics），41–42.

包容的方法

　　这一切对健康体适能教育计划意味着什么呢？把那些技能和能力在期望值以下的学生包容在这些项目里面，是为了根据学生的需求进一步将体育活动个性化，改进所有学生的活动内容以及和同龄辅导者、父母、其他志愿者协调合作。

　　为所有学生改进活动项目的一个例子是，允许学生自己选择并完成他们喜欢的有氧适能活动。通过这种方式，残疾学生可以自己选择评测方式，并最大化地发挥自己的能力，如盲人学生可以选择独立进行台阶测试，而不选择需要别人帮助的一英里跑（AAALF-AAHPERD, 1995）。下肢瘫痪的学生可能需要完全改变这种运动，因为他可以从上半身肌力和肌耐力测试中获得更多的益处，这样可以使他们有足够的力量来推动和上下轮椅（AAALF-AAHPERD, 1995）。

　　"布洛克波特体适能测试"是一种适用于不同能力水平儿童的评估工具。通过指导和评估来解决与健康体适能成分相关的问题，可通过27项测试项目进行改良，以解决有氧适能、身体成分以及骨骼、肌肉功能的问题（肌力和肌耐力以及柔韧性或者关节活动范围）。这个评估的结果可以给指导老师提供必要的信息，以满足学生们特殊的指导方面的需求（更多的信息可见第13章）。

满足独特需求的调整

　　为每一个人改变活动内容意味着有更多的学生会积极参与活动（需要特殊对待的学生和不需要特殊对待的学生），教师可通过多种方式调整活动内容以满足所有学生的需求。不管有特别需求的学生在何时进行体育活动项目相关的调整评估，教师都要实施下列安全措施。

▶复查学生的记录。
▶与学生的父母沟通。
▶可能存在的禁忌证（如脊柱侧弯、反复弯曲、自闭症，或讲解时周围声音嘈杂）。
▶合适的教室空间和教学支持。
▶教学环境。
▶教学策略。

　　从安全措施中获得必要的信息后，这些信息应安排到包容的文件表格中（见图

了解残疾人的时间

西部联合小学的教师（北卡罗来纳州，瓦克斯壕）想提高学生们对残疾学生的理解度和接纳度。为了可以使他们在两天的运动会上收获更多，学生在本学年之初就开始了解各种各样的残疾。在运动会开始之前，学生们会被简要告知活动内容及其目的，并且提醒他们届时会接待特殊来宾。这次活动可以帮助学生们了解残疾人可以做什么，而不是取笑他们。学生举行了"为金牌跑步"运动会，为特殊奥林匹克运动会筹集了资金。这场运动会比主运动会要早一天时间举办。

主运动会的第一天，3/5 的学生参加了 6 个室内活动：一个复活节海豹协会的代表介绍了在和残疾人交谈时要使用合适的礼仪和语言；一个有听力障碍的教师分享了她的日常生活经历；学生把他们的手指捆在一起，用夹板夹住手臂来模拟运动障碍；学生戴眼镜来模拟不同程度的视觉障碍；学生在手上穿袜子来模仿有精神障碍和学习困难的人去完成运动任务；学生在口里含棉花糖来模仿有说话障碍的人。我们鼓励学生通过各种艺术手法和写作活动来处理学到的知识。同时，幼儿园中班学生可以在 6 个户外活动中玩得开心（模拟的内容在括号里面）：动作字谜游戏（非语言交流）、座位篮球（轮椅篮球）、非惯用手扔沙包（针对有大脑性瘫痪这类生理障碍的学生）、地面排球（针对有截肢和瘫痪的学生）、无声 100 码快跑（有听力损伤的学生）。一位 Tarwheels（北卡罗来纳州的一个轮椅篮球队）的成员说，他也可以展示自己的天赋并永不言败；一位有视觉障碍的学生的父母和我们分享了孩子在柔道与田径上的成功。第二天，这两个年龄组交换日程表进行活动。

源自：Reprinted, by permission, from M. Jobe, 1998, "Disabilities awareness field days," *Journal of Teaching Elementary Physical Education* 9（1）：10–11.

11.2）。

在搜集必要的信息以支持个体需求之后，我们认真思考了 4 个涵盖不同属性的教学和学习环境领域（Lieberman and Houston-Wilson, 2002）。请参阅表 11.1 的提问列表。教师要根据课程需要开始改变具体的教学，表 11.2 提供了基于特定教学主题的修改示例，其中多数修改可在整个教学期间使用。对残疾学生教学的调整通常也用于所有年级的学生，无论这些学生有无残疾。

第 194 页的"包容帕布罗"的侧栏中介绍了一种创造性的方式，以适应高中的重量训练课程，使之更具包容性。教师应该使用课堂提问策略和机会让学生改变游戏、练习和活动内容，以满足每个人的需求。

课程的拓展和完善可以发展出一种积极活跃的课堂环境。《体适能教学与训练指导》为每个活动提供了包容的建议，这些建议代表体育教师可能会遇到学生各种各样的需求。许多想法都可以适用于不同的活动。

教学策略

在体育教育中，许多教学策略可以有效地指导学生进行体育活动，这些策略包含了多级方法和任务分析。在多级方法中，所有学生都在同一目标领域运动（如柔韧性），但是每个学生都朝着适合自己能力的目标努力前进。例如，没有残疾的 4 年级学生可能会尝试此运动项目中某一特定区域的拉伸运动，同时，轻度残疾的学生可能会专注于学习一种新的拉伸运动，严

包容文件

学生姓名＿＿＿＿＿＿＿＿＿＿＿＿＿
学生出生年月＿＿＿＿＿＿＿＿课程教师＿＿＿＿＿＿
残疾代码＿＿＿＿＿＿＿药物＿＿＿＿＿＿＿＿＿
体育教育目标：＿＿＿＿＿＿＿＿＿＿＿＿＿＿＿＿＿
＿＿＿＿＿＿＿＿＿＿＿＿＿＿＿＿＿＿＿＿＿＿＿
＿＿＿＿＿＿＿＿＿＿＿＿＿＿＿＿＿＿＿＿＿＿＿

医学信息或医学禁忌证：＿＿＿＿＿＿＿＿＿＿＿＿
＿＿＿＿＿＿＿＿＿＿＿＿＿＿＿＿＿＿＿＿＿＿＿
＿＿＿＿＿＿＿＿＿＿＿＿＿＿＿＿＿＿＿＿＿＿＿

行为管理计划：＿＿＿＿＿＿＿＿＿＿＿＿＿＿＿＿＿
＿＿＿＿＿＿＿＿＿＿＿＿＿＿＿＿＿＿＿＿＿＿＿
＿＿＿＿＿＿＿＿＿＿＿＿＿＿＿＿＿＿＿＿＿＿＿

活动调整：＿＿＿＿＿＿＿＿＿＿＿＿＿＿＿＿＿＿＿
＿＿＿＿＿＿＿＿＿＿＿＿＿＿＿＿＿＿＿＿＿＿＿
＿＿＿＿＿＿＿＿＿＿＿＿＿＿＿＿＿＿＿＿＿＿＿

相关服务提供者（听力、视力等）：＿＿＿＿＿＿＿
＿＿＿＿＿＿＿＿＿＿＿＿＿＿＿＿＿＿＿＿＿＿＿
＿＿＿＿＿＿＿＿＿＿＿＿＿＿＿＿＿＿＿＿＿＿＿

更衣室：＿＿＿＿＿＿＿＿＿＿＿＿＿＿＿＿＿＿＿＿
＿＿＿＿＿＿＿＿＿＿＿＿＿＿＿＿＿＿＿＿＿＿＿
＿＿＿＿＿＿＿＿＿＿＿＿＿＿＿＿＿＿＿＿＿＿＿

图 11.2 教师应在记录表中记录并管理学生的信息，如总概况表。在附录 A 中有总概况表的复制版

重残疾的学生会努力掌握一种不需弹跳的拉伸运动。为每个级别安排一种运动并要确定哪种学生适合哪种级别，这样整个班级就都能积极地参与运动。图 11.3 展示了一种能用来评估残疾学生做仰卧起坐所需要的协助等级。要注意的是，任务已经被分成了几个部分，称之为"任务分析"。一个人或多或少需要把任务拆分成多个任务，这需要根据他的残疾程度来决定。然后再计算反映独立程度的分数，这可以为教师提供很多有价值的信息，包括对学生的支持等级和类型。制定一个可以提高学生独立性的计划以促进参与者体适能能力的发展（Houston-Wilson, 1995）。

仰卧起坐评估

姓名：＿＿＿＿＿＿＿＿＿ 日期：＿＿＿＿＿＿＿

指南：圈出完成任务需要的协助等级，把每一栏的协助等级分数相加，写在小计栏里面。把每一栏的总分相加，总分数写在个人得分那一栏。根据表中分数确定个人独立百分比，最后把数字写在个人阐述得分那一栏。

协助等级关键词
IND= 独立完成，不需要协助就能完成任务
PPA= 部分身体协助，需要一些协助才能完成任务
TPA= 完全身体协助，全程都需要协助才能完成任务

仰卧起坐
1. 躺在地面上，膝盖弯曲
2. 双腿微张，脚平放在地上
3. 手平行于身体两侧
4. 双手放在垫子上，伸出手指
5. 头放在搭档的手上
6. 向前弯曲身体
7. 头触碰到搭档的手后回到起始姿势

图 11.3 教师应该使用像仰卧起坐评估表这样的形式来帮助有特殊需求的学生，确定他们在进行体育活动时需要的协助等级。表格在附录 A 中可以找到复制版

源自：Reprinted, by permission, from J. Winnick and F. Short, 1999, *The Brockport physical fitness test manual* (Champaign, IL: Human Kinetics), 131.

协调合作

为了让残疾学生参与体育课，必须建立支持系统网络。支持系统网络可以用来设置常规课程或者扩大学生的参与机会，如组织学生参与在学校时的运动和放学后的运动。这些都是可供教师选择的机会，以帮助那些正在经历艰难、不断进步的学生。

合作可以包容许多人，包括同龄辅导者、学生父母、社区服务志愿者、专职辅助人员以及咨询师。要根据学生的需求、可利用的资源以及个性化的教学计划（IEP）或 504 计划（内容稍后会在本章

表 11.1　改善活动的教学思考

教学领域	问题	答案
教学	什么方式适合最大限度地理解教学内容	在接收语言指令时，学生往往可以从直观演示中获得更多益处
	需要什么样的支持来协助教学（如沟通机制、人员等）	如可调整设备、技术、沟通机制（Mayer-Johnson 符号）以及人员等，来考虑支持性需求
规则	这些规则能让每个学生都参与运动并保持运动的完整性吗	在篮球比赛中，有特殊需要的学生可以向前走 3 步而不运球，这样做不算违反比赛规则
	每个人都能理解这些规则吗	可简化像越位这类复杂的规则，以帮助学生理解
	这些规则可以给每个人提供一个安全的环境吗	为坐轮椅的学生安排一个人员来帮助他们投球和接球，轮椅周围会划出一个安全区域
环境	场地的大小适合学生运动吗	一个大型多功能体育场沿着中场区设置了一条锥形隔离线，以腾出一小块区域供学生运动。这个可用于教自闭症儿童的一年级体育课
	教学区域是否清楚界定	2 年级的课程要在一个被围起来的地方上课，以防学生乱跑
	噪声程度、温度、空气质量或者光亮程度会影响学生参与运动的能力吗	学校的管理员会定期在晚上对校园的草坪进行除草等维护工作，因此有哮喘或者过敏的学生也都可以参与室外体育课
设备	所有的设备都可以让学生使用吗？或者在调整后能保证所有的学生都参与运动吗	跳绳用的绳子是经过改良的，被切去了一半，这样可以让不能弹跳的学生也能跳绳。此外，我们还提供了尼龙搭扣球和手套
	从发育角度来看，这些设备对学生来说合适吗	那些高中体适能课程计划中的学生都在参加对身体发育有益的体育活动，但并没有命中目标
	这些设备（如橡胶制品）对所有学生来说是安全的吗	我们会提供乳胶球（无橡胶制品）

中呈现）来选择合作者的类型。

为了确定学生可能需要的帮助类型，请咨询给学生提供直接服务的人员，如教师、体育教育专家、职业治疗师、理疗师、语言治疗师以及其他相关的服务供应者。在让学生进行体育活动之前，一定要搜集每一位学生的所有相关信息，要时刻关注学生的药物需求和日常行为需求。通过协调合作获取的信息对学生的学习和体育活动质量会产生直接的影响，在咨询其他专家后，才能把搜集到的信息整合到学生文件表中。对于大多数学生来说，这些文件表对确保他们的安全以及成功是至关重要的（见图 11.2）。

教学助理和志愿者必须经过相关的训练。他们要知道如何去帮助一名学生，如何避免伤害（精神和身体上），以及在何时要寻求帮助。

表 11.2   专项包容的修改

器材	教学	环境
投球和接球		
•脚印	•图片线索	•明显标记的边界
•碰碰球	•小群体	•适当的辅助空间机动性
•塑料圆点	•任务卡	•悬挂目标（弹性绳索）
•条纹球	•同伴指导	•尽量减少视觉杂物
•大目标	•引导发现	•缩短距离
•哔声或其他听觉信号	•镜像	•消除空间障碍
•方块地毯	•视觉或口头提示	•高处放置设备满足学生的需
•反差颜色	•任务变化	要
•序列图片	•问题解决	
•纱线球（布球）	•身体（运动）辅助	
•气球	•增加任务时间	
•各种重量	•积极加强	
•尼龙搭扣手套	•Mayer-Johnson 符号	
•各种型号	•平行运动	
•悬挂物体	•合作伙伴运动	
•围巾	•演示或示范活动	
•托圈	•过渡进度表	
•带绳子的球		
•不滚的球		
•拴起来的球		
•极速小球		
•橡胶球		
•气泡		
•铲子		
•尼龙搭扣背心		
击球技巧		
•脚印	•图像线索	•明显标记的边界
•沙包	•合作伙伴运动	•减少干扰
•塑料圆点	•任务卡	•向教师提供安置
•条纹球	•直观教具	•辅助机动性的适当空间
•大目标	•引导发现	•尽量减少视觉杂物
•哔声或其他听觉信号	•镜像	•允许学生坐下
•方块地毯	•身体辅助	•修改站点区域
•反差颜色	•同伴指导	•成功导向
•序列图片	•口头命令	•高处放置设备满足学生的需
•纱线球（布球）	•问题解决	要
•气球	•增加任务时间	
•各种重量	•小群体	
•尼龙搭扣手套	•积极加强	
•悬挂物体	•变化距离	
•大型航天飞机或小鸟	•光线充足	
•T 形物或大的锥体	•手牵手	
•更大的网络和场地	•Mayer-Johnson 符号	
•短的和大型的设备	•更接近的垒位	
•大的球拍	•平行运动	
•泄气的球	•简化模式	
	•时间限制	
	•修改握法	
	•让击球员坐下	
	•过渡时间表	
体适能		
•Dyna 绳	•图像线索	•适当的辅助空间机动性
•改良的跳绳	•贴出规则	•身体辅助
•更轻的重量	•任务卡	

器材	教学	环境
体适能		
• 毛巾 • 心率监测仪 • 计步器 • 安装脉搏器 • 治疗球 • 无重量杠铃 • 小型手持重物（如哑铃）尼龙搭扣 • 小楔形或垫子	• 直观教具 • 引导发现 • 镜像 • 身体辅助 • 同伴指导 • 增加任务时间 • 小群体 • 积极加强 • 同伴指导 • Mayer-Johnson 符号 • 每日带回家的日历 • 布洛克波特评估 • 修改的日志表 • 过渡时间表	• 减少干扰 • 成功导向 • 高处放置设备 • 满足学生的需要
综合运动		
• 楔形垫 • 隧道 • 篮筐 • 坡道 • 地板平衡木 • 更宽的平衡木 • 绳索上的铃 • 更大的垒 • 重绳 • 平衡板 • 带线 • 长跳绳 • 振动器 • 跳绳 • 软边飞盘 • 半球 • 各种球 • 不同颜色的垒 • 改良跳绳	• 图像线索 • 修改规则 • 任务卡 • 直观教具 • 引导发现 • 镜像 • 身体辅助 • 同伴指导 • 口头命令 • 小群体 • 增加任务时间 • 串联运行——单行跑 • 积极加强 • 认知线索 • 缩短垒间距 • 简化舞蹈 • 游戏中的具体任务 • 减少节拍 • Mayer-Johnson 符号 • 目标设定 • 减少步骤 • 过渡时间表	• 适当的辅助空间机动性 • 身体辅助 • 成功导向 • 改良障碍课程 • 尽量减少视觉杂物 • 明确界定的边界
团队倡议		
• 球棒（棍） • 任务卡 • 叠杯子 • 叠卡片 • 沙包 • 甲板环 • 橡胶鸡或猪 • 图片卡 • 长短绳 • 降落伞 • 方形地毯 • 步行者 • 塑料圆点 • 滑板车板 • 魔杖 • 面条 • 呼啦圈 • 悬挂目标	• 图像线索 • 合作伙伴运动 • 任务卡 • 视觉辅助 • 引导发现 • 镜像 • 身体辅助 • 同伴指导 • 口头命令 • 小群体 • 增加任务时间 • 修改规则 • 积极加强 • 适应区域 • 标记场内位置 • 团队参与 • Mayer-Johnson 符号 • 过渡时间表	• 明确界定的边界 • 减少干扰 • 教师优先安排 • 适当的辅助空间机动性 • 身体辅助 • 减少视觉杂物 • 成功导向 • 高处放置设备满足学生的需要

源自：Reprinted, by permission, from Harford County Public School.

包容帕布罗

森特维尔高中 10 年级举重训练课程中有几个被认定为有残疾的学生，其中一个学生名为帕布罗（Pablo），他不能独自行走，只能通过一台手动轮椅移动。帕布罗一直在学校和其他同学一起上课，但是他们已经很久没有看到帕布罗离开轮椅了。大多数时候帕布罗参加体育活动只是当裁判，记录一下分数，像是团队中多余的那个人，或者是只能参加一些体育馆旁边可选择的活动。所有的学生都喜欢帕布罗并愿意和他互动，但是他们不清楚他能做哪些体育活动。

开学第一周，一位新体育教师来到了班上。她创造了一种举重训练表格，这种表格之前也在班上使用过，但是不同的是这个表格记录了帕布罗能参加的活动、举起的重量以及他完成特定项目的重复次数。这位教师要求其他学生志愿做帕布罗的举重训练伙伴。她解释他们会和帕布罗使用同样的器械，这样如果帕布罗需要帮助，他们可以帮助帕布罗训练，并且他们还有时间完成自己的运动。这些同伴会轮流运动，这样他们也可以帮助其他人。这位教师与帕布罗以及其他同学进行沟通，她让帕布罗演示他是如何独立应用各种室内举重器械（但是需要别人帮助更换重量的）。班上的每个人都为帕布罗能够离开轮椅而感到很激动，距离他们上次看见帕布罗离开轮椅来参与体育活动已经过了很长时间。他们也意识到举重训练对帕布罗是多么重要，这个课程可以帮助他增强力量，这样他才能摆脱轮椅的束缚。

因为班级里的每个人都会在帕布罗需要帮助时给他提供帮助，而帕布罗的需求很少，所以学生们对帕布罗成为班级中的一员并参与活动感到特别高兴。这位教师也会定期来举重训练班看看帕布罗的表现如何。班级里的每个人都会告诉教师帕布罗的表现以及他是否在进步。

源自：This story was taken from an adapted physical education teacher who provided consultative adapted physical education in Maryland.

在进行体育活动之前，教师一定要花时间为这些学生制定一个特别的训练计划，讨论学生的基本需求和能力（在不侵犯学生隐私的情况下），而模拟学习情境是一个提供训练的好方法。在团队协作会议中要有一些专业人士，患有严重残疾的学生需要经过专业训练的助手帮助他们进行运动。

需要包容的主要领域

尽管热量消耗和心率不同，但是残疾人和正常人对运动会产生同样的生理反应。为了构建一个包容的学习环境，下列问题必须解决：有特殊需求、性别差异、文化差异以及能力水平在正常标准之外的学生。

有特殊需求的学生

每个有特殊需求的学生都应该带着 504 计划或者 IEP 来到课堂上。IEP 记录了学生目前的表现水平，确定了可实现的年度目标，包含了学生应该花多少时间在常规体育课程上，需要怎样的教学指导来支持帮助，以及支持帮助的程度和目的。尽管要成为 IEP 团队中的一员需要花费大量的时间，但是这个过程对学生学习来说至关重要，并且一定要引起适当的重视。

为满足学生的兴趣，教师应根据 IEP 或 504 计划设计课程和教学方法，一定要和涉及特殊帮助的人员、家长以及医务人员进行多次的直接沟通。我们建议要与一位合适的体育教师合作，以确保学生能得到其需要的教学指导。在为残疾学生制定健康体适能计划时，要记住以下 4 点（改编自狄博福，1996）。

> ▶ 残疾人对运动通常会产生和正常人同样的生理反应（一些残疾人不会以和正常人相同的方式来反应，如有脊髓损伤的人的热量消耗和心率可能会不同。这应当让他们的家人去咨询医生）。
>
> ▶ 尽管一些特别的残疾症状会影响运动的强度、持续时间、频度以及运动的类型，但是残疾人同样可以从训练中获益，并且还能提高他们的运动水平。
>
> ▶ 可以调整并改良轮椅（需经专家同意）来提高他们的体育活动水平。
>
> ▶ 运动员在轮椅上可以打篮球、打羽毛球以及做其他运动。

要最大限度地利用一些信息来保证残疾学生参与课堂活动。在决定怎样教授残疾学生时，应关注他们本身而不是他们的残疾，换言之，不要主观评判一个人。要关注每个学生能做到的事，而不是他们做不到的事。

性别包容

如果根据学生的性别来安排活动，那么要确保活动是相对平等的，并且不要采用老一套的方法。"最佳体适能"建议在小学阶段不要把男女生分开，在初高中阶段也要避免此类问题。男女生一起可以做很多运动来达到体育教学的标准。要有目的地选择运动（如选择符合国家标准的运动），不要仅选择以前做过的运动。

一些专家认为，在一些不常见的案例

构建一个尊重他人的环境

克拉夫特（Craft, 1994）提出以下 5 种教授正常学生包容行为的建议。

- 不要让学生做出对任何人不尊重的行为。
- 让学生知道每个人犯错误都是很正常的，也包括自己。
- 帮助学生理解那些取笑和看低别人的人是因为常常没有安全感，害怕别人看到自己的不同，以及对自己的能力不自信。
- 教会学生以一种积极的方式来讨论关于差异的问题，这样可以消除他们被忽视的心理。
- 挑几个积极的残疾学生作为表率来分享他们是怎样享受体育活动的。

这些建议可以鼓励学生不必顾虑文化背景、性别以及肤色，每个学生都可以参与体育活动。

中，因为男女生身体和力量的区别，有的时候出于安全考虑会在初高中阶段将男女生分开。但是要记住，有很多基于目标的课程都有很多可选的活动。因此，要让学生知道他们有很多的运动可以选择。要将运动视为达到课程目标的策略。

对成人来说，体育活动是没有性别之分的，男性和女性可以一起参加健康俱乐部、骑车和跑步俱乐部、跳舞（一种很好的锻炼有氧适能的运动）、攀岩、滑旱冰以及其他体育活动。在许多社区，最受欢迎的成人运动是男女垒球和男女排球。

学生在课堂中应该享有同等的机会。有研究表明，老师更倾向于下意识地偏向男生，如在体育课上，男生更有可能接受并给出积极的具体反馈或具有纠正性的详细反馈（如"我注意到你百米跑的步数是如何分配的"，或者"再多用脚趾发力"）；女生则更有

男女同班和体育教育

在体育教育中，讨论最广泛的领域之一是男女同班。在当今社会，大多数教师不会对学生进行性别分组，但有些教师还是在对待同一班级里的不同性别学生的问题上犯难。性别分组的班级里禁止男女生互相交流、学习、运动和玩耍。按照性别分组，会限制男女生在体育运动领域对传统意识进行重新审视的机会。

把男生和女生安排在同一节体育课中，这只是向学生提供研究他们对异性的先入之见机会的第一步（见图 11.4）。图 11.4 展示了维持性别平等的 6 个步骤。并不是每个教师都需要经过这 6 个步骤，但是教师要有能力确定目前正在使用的步骤。第六步是完全平等，男女生都有相同的机会来展示技能、回答问题、接受反馈以及得到教师和其他同学的尊重。第六步还包括了一种环境，在这种环境里教师要使用包容性语言（如用"学生"代表全班，而不是"小伙子"），并且要避免使用老一套的陈词（如"你扔得像个女生"）。

教师在从第二步向第五步逐步近进时，要不断反思自己的教学行为。当男女生不能很好合作的时候，要审视学习环境并确定导致这个问题的原因。我经常听到体育教师说男生从不让女生碰球，但是团队要得分，女生就必须碰球。当我问那个教师是不是她班上的男生拒绝和女生分享时，她马上反驳道："不是，这只是一些激进男生的做法。"这个教师的反应告诉我，目前的境况似乎和男女同班的体育教育没有一丝关联，因为同一个男生也会阻止其他男生碰球。解决这个问题的办法不是制定必须让每个人碰球的规则，也不是减少团队的人数来让团队中的每个人都参与赢得比赛的过程。要求女生在小组得分之前必须碰球，这给我们传达了一个女生需要特殊对待的信息，这只能助长"女生能力不如男生能力"这类老思想的歪风（Mohnsen, 1997）。

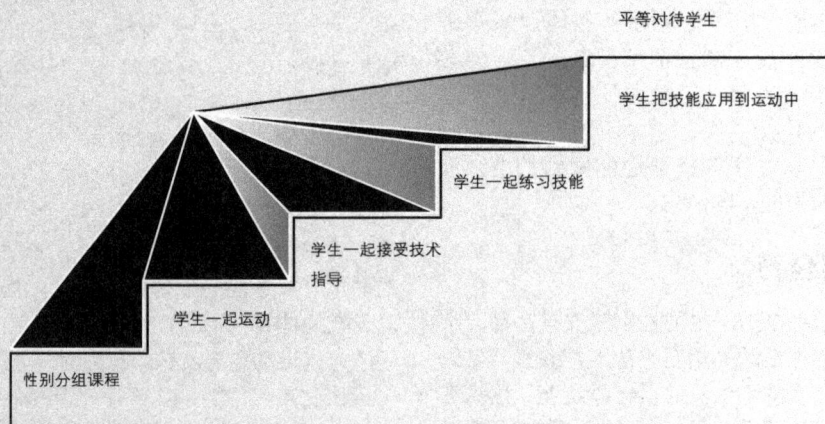

图 11.4 男女同班和体育教育
源自：Reprinted, by permission, from B. Mohnsen, 2003, *Teaching middle school physical education*, 2nd ed.（Champaign, IL: Human Kinetics），57.

教学提示：性别包容的教育意义

如果体育课的目的是传授终身可进行的体育活动，那么男女同班是具有实际意义的。当在班级里采用基于任务的方法时，学生们可以了解到：一个人享受和其他人一起参与活动的乐趣，不一定需要高水平的技能。让学生处在有机会学习如何与同学合作的环境中，不必顾虑性别，可以培养他们对自己、对他人和对体育活动的积极向上的态度。让学生有机会通过体育活动学习社会技能，可以将我们这个学科和其他学科区分开。

柯尼·哈里斯（Connie Harris）

2008 年美国运动与体育教育协会（NASPE）区优秀教师

东区中学

西湖高中

马里兰州瓦尔多夫

体育教育性别平等问题清单

- 课程内容对性别是否有包容性？
- 学生会在男女同班的班级里上课吗？
- 教学风格是否会因要适应学生不同的学习风格和喜好而改变？
- 是否使用了包容性别的语言？
- 教材是否将两种性别均描述为各种活动的积极参与者？
- 在进行课堂活动期间，如提问、展示和反馈，男女生是否受到了同等的重视？
- 是否使用了当地社区资源来帮助消除参与运动的性别壁垒？
- 为男女生之间的交流对话预留时间了吗？
- 是否对男女生设置了较高的期望？
- 性别平等是全校的一致目标吗？

源自：Reprinted, by permission, from L. Nilges, 1996, "Ingredients for a gender equitable physical education program," *Journal of Teaching Elementary Physical Education 7*（5）:28–29.

可能作为被动的观察者且更倾向于接受一般的反馈（如"你好棒"或者"再试一次"）。男生也更加可能会接受老师的鼓励以完成任务，而女生则可能会被允许退出比赛（Cohen, 1993; Hutchinson, 1995; Sadker and Sader, 1995）。

监督教学中的性别歧视的一个方法是把教师的教学过程录下来。对男女生反馈类型进行记录并评分，可以强化教学模式。如果没有录像设备，可以让其他同事或者其他经过专业训练的观察员评估教师的教学行为。图 11.5 展示了一种抽样调查记录表。

另一种消除性别歧视的方法是保证男女生都能平等地参与运动，可以邀请没有性别歧视的嘉宾一起参与体育活动，让学生在不考虑性别的条件下参与可以提高健康体适能的各种运动。

文化包容

文化可以显著影响一个人对学习和运动的兴趣。帮助学生了解哪些体育活动对他们来说是有趣的，是健康体适能教育的重要一步，同时在这个领域保持敏感性也是必要的。教师可以设计一个调查问卷来帮助学生确定自己的兴趣，然后将这些信息纳入项目计划中。罗瑞（Lowry, 1995）写道："如果学生相信他们的观点和看法是有价值的，那么教师就可以采取第一步来建立一个敏感的文化环境。"教师可以与其他科目的教师一起采取这些基本步骤，让健康体适能教育课程更具文化包容性，努力将体育活动、比赛、传统文化以及音乐等其他文化元素融合在一起。整合这些通过文化联系在一起的运动，可以落实不同的民族背景，给每个学生提供了一个文化连接的机会，并且促进学生对班级里所有学生的接纳与理解。班克斯（Banks, 1988）建议教师在备课和设计整体教学计划时，应该考虑以下 3 个方面。

▶ 整合内容——利用其他文化的活动来实现教学目标，如来自其他国家

女生			男生		
一般正面反馈	特殊正面反馈	纠正反馈	一般正面反馈	特殊正面反馈	纠正反馈
卌 ‖	‖	‖	卌	卌 ‖‖	‖‖

图 11.5 抽样调查记录表

源自：Reprinted, by permission, from L. Nilges, 1996, "Ingredients for a gender equitable physical education program," *Journal of Teaching Elementary Physical Education 7*（5）:28–29.

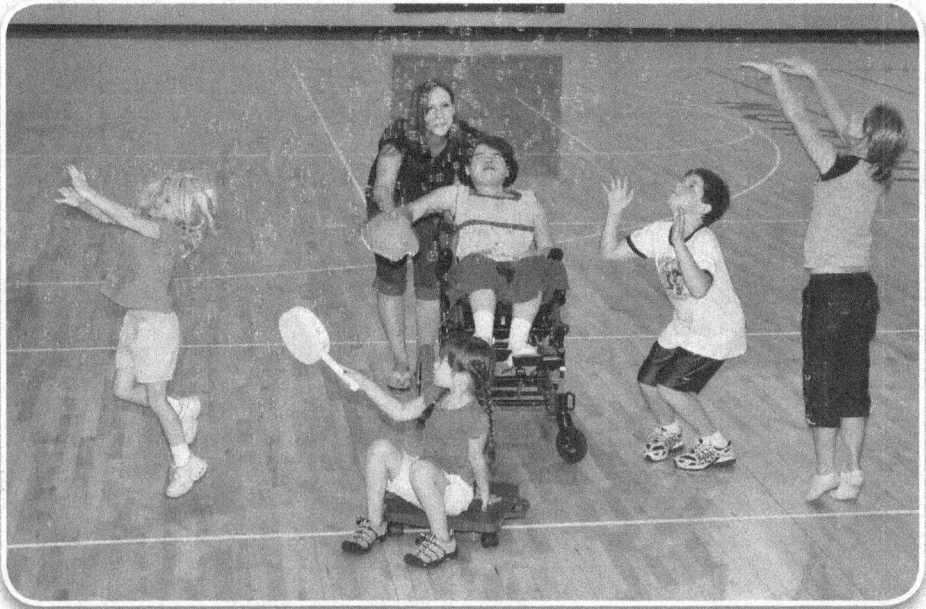

趣味游戏可以帮助不同文化背景的学生适应新环境。

的游戏在提高有氧适能方面能和其他类似的游戏一样有效。

► 计划如何减少偏见——设计一种可以促进文化间相互理解的活动，如讨论不同文化的不同运动的着装方式。

► 采用文化反应式教学法——尊重差异，学习传统文化与价值观背后的历史和意义。

体育教学中对非英语母语学生的教学

一个不是以英语为母语的学生也能在体育教育中获得成就并享受这个过程。以下 8 点可能会帮助这种学生。

· 安排一个说英语的学生在体育课上帮助非英语母语的学生。如果可能的话，让一个说相同语言的学生帮助非英语母语的学生（Mohnsen, 2003）。

· 通过一种技能来帮助学生理解教师的预期。

· 使用手势和其他视觉辅助，如玩偶和小球（Mohnsen, 2003）。

· 使用面部表情和语音变化来强调重点。

· 记住，要说得慢一点且吐字清晰。

· 给学生强调重点目标技能的单词和词组，对学生的伙伴也要这样做。

· 学生在利用技能来帮助自己学习那些与动作相关的词汇时，鼓励他们重复提示词或短语。

· 从这些学生的母语中学习一些重要的单词和短语。

源自：Reprinted, by permission, from B. Pettifor, 1999, *Physical education methods for classroom teachers* (Champaign, IL: Human Kinetics), 259.

让来自不同文化背景的学生和家长分享他们的信仰与个人要求，这个过程可以帮助人们提高对影响体育教学和健身态度的社会学问题及哲学观点的认识。最后，尊重文化价值的差异，如性别平等在一些文化中是具有攻击性的概念。尊重不同文化中男女生的期望，给每个学生提供平等的机会。如果学生的文化和宗教信仰没有得到支持，教师需和学生以及家长讨论如何解决这个问题，让学校管理者和辅导员参与讨论。如果宗教信仰规定女生不能穿短裤，教师可以和家长讨论其他服装的选择并确定在参加体育活动时要穿的衣服（如裙裤——看起来像裙子，但作用像短裤）（Mohnsen, 1997）。要记住，并不是每个人都必须穿得要从体育活动中获益那样。给学生选择的机会能建立一个文化多样性的氛围，而不是消除文化多样性。

能力包容

运动有困难（但是未归到残疾）和天赋极强的学生也要被包括进去。

体育精英学生

萨拉（Sara）可以在 6 分钟内跑 1 英里（1.6 千米），吉米（Jimmy）可以做 150 个仰卧起坐。尽管这类学生不需要太多关注，但是也不能忽略他们。其实，体育尖子生是很好的同龄指导员。给学生安排这个角色，可以让他们对运动计划感兴趣并会提高他们的社会技能。但是不要让这些学生过于频繁地指导其他学生，以至于他们自己的需要得不到满足，而且让其他学生感到有所偏袒。此外，可以在课堂上让有天赋的学生去探索更高水平的体育活动。通过挑战这些学生，教师可以帮助那些在体育课上觉得无聊（或者还会扰乱秩序）的学生成为班级中的好学生。例如，可以让高中的"体育优秀生"阅读如何成为教练的书籍，然后让他作为助手来帮助其他学生。还可以安排这个学生去面试当地健身俱乐部的私人教练（让学生写一个报告）。要对学生的课外体育活动产生兴趣，并且要让他们在班级中分享自己的经验。通过鼓励中学生运用健康体适能训练原则持续不断地挑战自己，让学生学会独立健身。

运动困难的学生

瓦尔（Wall, 1982）将运动困难的学生定义为"没有神经肌肉的相关问题，但是仍然不能很好地表现运动技能的学生"。不要以为这类学生自己会摆脱这个问题，许多学生根本做不到（Schincariol, 1994）。这类学生易于对运动产生气馁情绪，并最终导致不再参与体育活动，这只会加重他们的问题。

可以对学生的运动技能进行评估以及对学生的运动技能进行筛选排查（Schincariol, 1994）。例如，《总体运动发展测试》（Ulrich, 2000）可对此提供有用的信息。咨询体育教育专家和家长来给学生制定一个体育教学计划（Schincariol, 1994）。

运动困难的学生需要以额外的训练时间、教学指导和鼓励的形式得到帮助（Schincariol, 1994）。运动困难的学生需要一对一的帮助。安排这些学生与经过训练的志愿者、老师以及同龄指导员合作，这样可以为运动困难的学生创建一种能学习、获得体育成就以及乐趣的环境，给学生提供学习体育活动益处和价值的机会。给这些学生提供多样化的体育活动选择尤其关键，这样可让运动困难的学生坚持参加体育活动。例如，利用跳绳来建立一个运动循环，给那些不能跳绳的学生提供台阶有氧运动（跳上跳下）的选择。当学生因缺乏运动技能而不能进行更好的体育锻炼的时候，这个方法可以让学生参与运动。

教学提示：鼓励那些不敢尝试的学生

第一节课后，本（Ben）偷偷地找到了我，严肃地对我说："海科瓦（Hichwa）先生，你的演示很好，但是我不参加体育活动。"他告诉我，他在4年级时被校足球队除名了，他小学时的体育教育很糟糕，因此他不想让自己在6年级时再次失败并被别人嘲笑。我感谢本如此坦诚，并建议他下次以观察者的身份上课，他同意了。课后，我问他是否对参与班级活动感到愉快。我花时间倾听了他的诉说，对他的担忧表示尊重，并给了他足够适应新环境的时间，本最后同意试一试。在一整年的时间内，他尽了最大的努力参与每一节课，最终不再害怕参加体育活动，并开始享受运动的乐趣。

6年级伊始，克莱尔（Clare）在同龄人中个子很高，有点胖，很笨拙。她从不运动，她甚至将同学的鼓励都视为一种侮辱，也会因此感到愤怒。通过在有益身体发育的体育活动中做出变化，她发现体育活动并没有那么让她感到害怕。她开始慢慢地有一点成就感，也慢慢地增强了自信心。她在问题解决倡议中表现得很好，逐渐获得了同学们的尊重。随着她积极地参与，她的跑步时间越来越多，有时她还感觉运动时间太少了。到8年级的时候，她已经有足够的自信展示自己的定点投篮技术了。

约翰·海科瓦（John Hichwa），教育顾问
1993年美国运动与体育教育协会（NASPE）年度最佳初中体育教师
康涅狄格州雷丁镇

源自：From J. Hichwa 1998.

低体适能或肥胖儿童

造成健康体适能水平低和肥胖的原因有很多，例如缺乏体育锻炼，饮食、社会经济水平影响，以及高科技造成久坐的生活方式。体育教师必须鼓励学生向更高水平的体育活动努力，这样才能提高体适能水平。通常会误认为肥胖或低体适能是因为懒惰造成的。肥胖者和低体适能的学生比高体适能的学生有更高的运动负荷，低体适能和肥胖的学生会因害怕尴尬和失败而不想参加体育活动。

对于这些学生来说，第一步是测体脂率来确定肥胖的严重程度（见新版《美国青少年体质健康测评系统测试管理手册》）。要向家庭医生确认，疾病、健康问题和遗传病不是造成学生肥胖的原因，最高原则是保护学生隐私和尊重家长意愿。可以考虑召开一个家长、教师和学生参加的三方会议，来表达各方的担忧和帮助的意愿。如果学生在服用药物，要和家庭医生以及学生家长为学生参与班级活动建立一个机制。初中与高中学生能从分享他们不好的经历以及对体育活动和身体成分的担忧中获得益处。教师可以和学生私下见面，让他们表达自己的感觉，这样有助于学生改变态度，积极地对待适合他们的体育活动。

在提出医疗问题后，教师应和学生以及家长共同设定合适的目标，并设计一个个性化的健身计划，要强调趣味性和多样性。肥胖学生可能还需要营养指导。强调适度运动的好处是增加体育活动量的重要步骤，学生要有自己设定个人运动进度的机会。鼓励学生的每个家庭成员都积极行动起来，这样有助于增加学生参加体育活动的时间。让学生建立自己的进度表，可以促进他的进步。教师要对影响超重和肥胖学生的因素特别敏感，体育活动一定要是积极向上的。下面是一些建议。

▶ 要平等对待学生，不要拿他们互相比较。

▶ 鼓励学生参加多种体育活动，包括但不限于非负重训练，如游泳、水中运动和骑车。

▶ 鼓励学生参加一些影响较小的运动，如走路，并且要向学生提供一些低强度（如步行）的和高强度（如慢跑）的运动选择。

▶ 要安排休息时间以便于学生恢复。

▶ 确保用正确的运动技巧来降低受伤的风险。

▶ 选择合适的运动服装。

▶ 在进行负重练习时，必须穿着耐磨损的鞋子，要在软地面而不是硬地面（如混凝土地面）进行锻炼。

▶ 给学生制定不同的任务以符合不同能力的学生，包括低水平、容易的任务。

▶ 要注意潜在的问题，如呼吸困难、运动限制、水肿（液体滞留导致肿胀）、擦伤、出汗过多和运动不适。

▶ 鼓励学生在家和学校进行常规运动。

▶ 有可能的话，给肥胖和超重学生提供一个私人的运动场地，而不是公共空间。

▶ 让肥胖学生遵守制定好的个人运动计划（根据他们特殊需求和能力）。

▶ 鼓励学生从学校、家庭和朋友那里获得指导与支持。

▶ 教师要经常给学生积极的反馈和持续的鼓励。

源自：Adapted, by permission, from J.P. Harris and J.P. Elbourn, 1997, *Teaching health–related exercise at key stages 1 and 2* （Champaign, IL: Human Kinetics），27.

其他健康问题——哮喘

其他健康问题可能会影响学生的能力以及参与课堂活动的意愿，哮喘是一个典型的常见例子。有哮喘的人呼吸道较窄，这让呼吸变得很困难。有多种因素会引起呼吸道狭窄（如刺激物、变应原、天气变化、情绪变化、病毒感染和运动）。这些因素因人而异，也会随时间而变化。

运动诱发性哮喘在运动后可能会发作，常见症状是喘息、咳嗽、胸闷和呼吸不畅。常规的体育活动对于有哮喘的学生来说有特定的好处（如发病次数减少、严重程度降低），对于儿童来说，这些好处就更加明显。因此，有哮喘的学生更应该积极参与运动，并且教师要让学生尽可能全身心地投入到体育课和体育活动中。有哮喘的学生应该有能力适应和同伴一起参加运动。在寒冷干燥的环境中，学生进行中等强度的有氧运动超过6分钟（如越野跑），就极可能引发由运动导致的哮喘。附录F包含了一个"学生哮喘行动卡"，教师可以用这个文档来记录学生的信息。尽管教师需要区别对待每个学生，但是在学生锻炼时教师仍需要采纳以下建议。

▶ 鼓励学生在运动前5～10分钟使用吸入器。
▶ 鼓励学生多准备一个吸入器以备用。
▶ 如果学生在运动时遇到了呼吸道收缩，应马上终止运动。
▶ 运动前至少热身10分钟。
▶ 允许学生进行间歇性爆发运动，以减少运动强度。
▶ 允许学生进行低强度（简单）的运动。
▶ 鼓励学生游泳——有哮喘的人更容易适应室内泳池的温度以及湿度。
▶ 在寒冷干燥的天气，鼓励学生戴围巾或者在户外戴上运动面罩以遮住口鼻。
▶ 鼓励学生在低强度运动中通过鼻子呼吸，这样可以让吸进去的空气变得温暖湿润。
▶ 不要让有哮喘的学生在感冒或病毒感染时运动。
▶ 建议有严重哮喘的学生尽可能避免在一天最寒冷以及污染最严重的时候运动（尤其是早上和晚上）。
▶ 如果学生有突发状况，让他们立即停止运动并使用吸入器，休息至恢复正常。
▶ 如果学生突发哮喘，要迅速寻求医疗救助，联系学生家长，给学生服用药物；保持冷静，让学生缓慢呼吸，确保学生舒适。

只要在运动前和运动中做好预防工作，就没有什么能阻止大多数有轻度和中度哮喘的学生参与体育活动的热情。

关于吸入器的一些信息

尽管我们鼓励有哮喘的学生尽可能全身心参与体育活动，但是有些限制仍然很重要。要做到让学生易于获得和使用吸入器，学校不能把哮喘药物集中放在一个地方。了解相关知识的教师才更有能力帮助有哮喘的学生过上正常的生活。

源自：Adapted, by permission, from J.P. Harris and J.P. Elbourn, 1997, *Teaching health–related exercise at key stages 1 and 2* (Champaign, IL: Human).

小结

健康体适能教育的包容性意味着让所有学生都有机会参与体育活动并享受其中

的乐趣。因此，包容可以帮助学生实现最大的目标，这个目标就是成为重视和追求体育活动生活的成年人。同时，包容也可以教会其他学生宝贵的人生课程，诸如社交技巧、文化尊重，以及对那些不太懂得包容的人来说，别人做什么事情、怎么做事情，可能会有不同的容忍度。为了实现包容性（不是简单地通过运动），教师应该致力于设计和实施包容的运动计划。与学校人员以及非学校人员合作可以让这项任务更简单，并确保必要的投入，使计划满足所有学生的需求。

健康体适能和体育活动效果评估的基础

　　第四部分对与健康体适能和体育活动相关的评估问题进行了概述，针对基本评估原则及其与健康体适能的关系、健康知识、自我承担责任和态度几个方面进行了讨论。第 12 章涉及国家体育教育标准的评估基础，并以此评估标准来评估健康体适能和体育活动，包括选择评估工具及应用、使用评估结果来制定计划。第 13 章探讨健康体适能和体育活动评估的适用方法，提供了测评指南，利用有效和有用的方法分享结果。第 14 章总结了这一部分的评估，并提出了具体的建议，以便使用适当的工具来评估认知、个人责任和情感领域。应用这一部分的概念和建议将有助于创建一个运动计划，促使每个学生形成积极的终身参与体适能运动的习惯。

第12章

评估的原则

希丽亚·勒然巴尔（Celia Regimbal）

在现实生活中，私人教练一般不会对客户进行评估并划分等级。但客户的期望往往包括体适能评估，以及在评估的基础上制定和说明个性化的计划，以帮助他们达到更高的体适能水平。现如今，体育教师面临的任务也是如此。学生期待参与体适能评估，然后在此基础上，教师根据评估结果给出最佳的运动建议。

体适能评分等级对学生的体育活动水平没有什么影响。在理想环境下，所有的学生都会收到一份关于他们当前健康状况的详细报告。教师根据这份报告，协助每位学生制定一个符合预定目标的个性化运动计划。基于个人体适能评估的信息，可以帮助学生建立并达成健康体适能的目标。

等级与评估的目的不同。评估是指对学生表现信息的持续收集和详尽描述，教师和学生通过评估获得信息；等级是上述表现的结果，等级是总结性的。本章将介绍使用评估和等级的适用策略的案例。

评估

学生评估是一个高风险的事件。评估结果反映了所有科目教师的教学效果，包括体育教学在内。美国许多州和学区都采用了美国国家运动与体育教育协会（NASPE）制定的国家体育教育标准。这些标准用于指导学生选择运动内容，以满足其个性化需求。标准4提出"达到并保持促进健康的体适能水平"，需使用正规的评估工具，如美国青少年体质健康测评系统。除此之外，体适能评估结果要用于确定体育教育的教学效果。许多州，如加利福尼亚州和得克萨斯州，公开报告美国青少年体质健康测评系统的评估结果，其他州则使用综合体适能评估学校报告卡（如西弗吉尼亚州和南卡罗来纳州）的部分。

体适能评估得分仅能评估学生目前的体适能水平。评分指出了当前需要调整的方面，但并未提出调整的具体方式和内容。体适能分值与个人的血压结果类似，分值不一定会影响未来的结果。积极运动才能达到更好的体适能水平。评估可作为一种诊断工具，教师和学生可以利用评估

结果一同创建和提供维持及提高体适能的工具。评估可用于帮助确定需要提高的健康体适能成分。

传统评估在体育教育中往往采取某种规则的评估形式（如针对特定的游戏和运动）及技能评估和教师非正式观察的形式。传统评估形式在体育教育中具有一定的地位，但相对耗时，与学习成果的关系不明确。选择评估包括使用系列评估组合、日记和角色扮演方式来收集学生学习和计划目标实施成效的相关信息。

选择评估通常和真实评估交互使用。真实评估是在能够代表实际生活或者可以复制实际生活的真实环境中进行。真实评估还包括考虑运动的内容，其更能有效评估学生在游戏中或真实生活中使用知识的能力（Lacy and Hastad, 2005）。真实评估非常适用于体育教育，教师应开展适当的真实评估，包括对学生的个人评估，以及他们参与体育活动的情况。应该比较学生自上次评估以来的进步情况并检查其成长发育状况，而不应该使用单一的评估分值（总结评估）或其他学生在课堂上的表现（标准参考评估）。

体适能的真实评估还可以包括使用计步器记录每天的步数，或在运动开始和结束时测量心率，并据此反映体适能的变化。在运动过程中，学生可以使用评估准则完成对搭档的评估，这是一种将同伴评估整合到整个单元的有效方法。

使用心率检测器和计步器进行评估，能够帮助学生建立对运动强度、静息心率和心率恢复时间的理解。学生和教师可以共同创建一个反映课堂集体经历的运动图表。OMNI自感用力度量表从0～10级量化：0级表示几乎不用力，呼吸和心率几乎没有变化，大概每分钟10～20次；10级表示"我已经无法做其他事情，甚至呼吸都感到费力！"（见

表 5.2 以及 OMNI 自感用力度等级量表的文字部分内容）。计步器的信息可以用来追踪学生在感到疲劳之前可以走的步数，或者学生在同样的时间内可以走多少步。这些例子显示了学生如何使用评估来关注体适能水平的改善。教师还可以使用笔记本电脑或台式计算机记录学生的成绩。学生可以使用打印出来的信息作为设定个人目标的指南，并将此信息纳入其日记或系列评估工具。

健康体适能教育的真实评估应该引导和激励学生参加体育活动，进而促进学生整体的身心健康。在体育活动或游戏期间评估学生表现，能够提供有价值的信息。当学生爬梯子、做运动或执行特定的健康体适能活动时，观察学生的简单行为，如在《体适能教学与训练指导》中指出的，可以用来设定健康体适能重点目标的可用信息。

国家标准和评估

最佳体适能课程符合国家体育标准。该标准的内容指导教师选择合适的体育活动，以便学生能够达到最好的具体效果，是精神运动、认知和情感目标指导运动选择的结果。NASPE 的国家标准 4 指出，"达到并保持促进健康的体适能水平"，具体涉及个人体适能领域。在开发活动内容时，教师们可能会问："开始体适能评估的适宜年龄是多少？应该进行什么类型的有氧适能评估？对于一个高中生来说，做多少次的仰卧起坐是在标准范围内？高强度体育活动的生理指标是什么？学生如何学习自我评估和建立可实现的健康体适能目标？"在第 2 章和 NASPE 系列评估以及《体适能教学与训练指导》中讨论了类似问题。

评估的重要性

评估可以提供支持学生达成目标所需的信息，其既是过程性的，也是总结性的。在指导期间进行过程性评估（如单元评估、学期评估等），通常这种类型的评估可以提供有关学生掌握情况的信息，并有助于指导教学内容的开发。过程性评估可开始于学年初期，以便于确定学生未来的发展目标。此方法可以直接指导教学内容的选择和开展，以满足特定的学生需求。过程性评估还有助于确定教学效果，学生所达成的相对成果。总结性评估是在学期结束时进行的，通常结合了众多方法来提供最终某单元或某门课的等级。总结性评估可用作评估学生健康体适能水平的诊断工具。

评估能够提供许多有用的结果，具体如下。

> ▶有机会掌握个人学习成果。
> ▶有机会了解健康体适能各成分。
> ▶用于指导每个学生的个人目标设定并提供具体反馈，通过具体的活动和练习来了解如何提高健康体适能各成分。
> ▶对教师的教学效果进行反馈。
> ▶对整体计划效果进行反馈。
> ▶是关于学生教学需求的重要反馈。
> ▶指导未来规划的信息。
> ▶家长了解子女体适能状态的信息，以及可以做些什么来改善或保持此状态。
> ▶在管理者、学生和家长的心目中，整个项目的公信力。

最佳体适能课程侧重于开发 3 个学习领域的整体方法。NASPE 指出（2004a，11），"体育教育的目标是培养具有知识、技能和信心的受过良好教育的个人，使其终身享受健康的体育活动。"**精神运动领域**是指技能、运动或运动模式。该领域通常在练习、技能评估和游戏活动中进行评估，学生通过参与体育活动改善健康体适能。过程性的评估工具可以包括心率监测器和计步器，用以测量中等强度和高强度活动。**认知领域**是指关于体育、游戏和健身、规则、项目程序、安全和关键要素相关概念的知识。知识水平和理解程度通常通过书面评估、口头报告或最终项目来进行评估，还可以使用如日记、开发体适能常规活动、角色扮演和同伴评估活动等其他评估方法来记录学生的认知学习成果。**情感领域**是指学生在体育活动期间的态度和价值观。虽然更难测量，但情感行为可以通过日记、量表、问卷调查和系统观察学生行为来进行评估，评估内容包括与他人相处以及遵守课堂标准和规则。

正式和非正式的评估对于优质的体育教育计划都很重要，它们可以用于评估各个领域的学习成果。非正式评估可以通过反馈反复了解：教师观察学生表现并提供反馈以鼓励学生，这种反馈可以帮助学生纠正表现或提供表现所需信息。非正式评估是一个重要的教学策略，因为它提供了学生学习情况的快速评估方法。通常，教师或搭档在体育活动中观察到的内容，会以非正式反馈的形式，让学生们知道，但他们也可以使用自我评估技能进行自我表现评估。自我评估允许学生实践一些在课堂之外可用的策略。非正式评估需要较少的时间，可以帮助教师做出关于教学速度、选择合适的教学策略或内容修改的决定。

正式评估是对学生学习情况的一种更精确的衡量方法，并在记录期末成绩的记录数据中反映结果。正式评估包括教师或学生的清单、任务表、体适能评

> ## 学习领域目标示例
>
> **精神运动评估**
> - 学生可以对教师的指导进行修改。
> - 学生能够在体育课期间保持适度的体育活动。
>
> **认知评估**
> - 学生可以描述健康体适能的各部分。
> - 学生命名一个有助于健康生活方式的活动。
> - 学生识别参加体育活动所引起的身体变化。
>
> **情感评估**
> - 学生自愿回应参加体育活动的邀请。
> - 学生参与校内外的健康体适能活动，旨在提高或维持有氧适能、肌力和肌耐力、柔韧性和身体成分。

源自：Adapted from Moore 2006.

估准则、学生日记、系列评估和活动测评以及体质健康测评结果的打印输出。这些例子证明了正式评估的标准化以及教师主导的性质。

评估选择

健康体适能评估包括认知和精神运动领域。认知评估衡量学生的知识水平和理解程度，内容包括体适能概念和原则、目标设定和自我评估。健康体适能的认知评估包括评估学生对拉伸运动重要性的了解及其对安全拉伸的认识，还包括让学生解释为什么他们应该避免弹震式

拉伸和应该拉伸多长时间。

认知领域评估可以有效吸引学生投入学习。将认知发展与体育活动相结合的许多例子都可以在《体适能教学与训练指导》中找到，在此以拉伸举例，在学生参与拉伸运动时，只需要提出简单的问题，比如拉伸到什么程度，或拉伸中要注意锻炼哪块肌肉，便可以实现。口头提问是检查学生理解程度的一种非正式的方法，并不提供书面的记录。口头提问能够提供有效信息，而正式评估策略可以作为学生对体适能理解程度的书面档案永久保存。真实的认知评估包括收集关于学生执行某些任务能力的信息，如使用心率检测器测量心率和使用计步器报告其体育活动水平。拉伸的认知评估包括确定某特定活动的恰当的柔韧性练习，适当的知识可以帮助学生选择安全并且愉快的活动。评估学生在 3 个领域的表现有助于制定一个整体的体育教育的教学和学习方法。

精神运动领域评估经常在体育教育中出现。此领域评估涉及检查体育活动技能和策略的实际应用。依然以拉伸为例，精神运动领域评估包括评估学生的拉伸程度，或更具体的是身体某关节的活动范围。

情感领域评估可能是评估领域中最困难和最抽象的，但它也是激励学生终

护背式坐位体前屈评估是评估学生健康体适能的一种方法。

身参与体育活动的一项有力工具。情感评估的衡量对象是学生对体育活动的感受和态度。与拉伸相关的情感领域评估可能涉及如何使学生感觉到拉伸。学生觉得柔韧性提高是否改善了运动能力？或者是否因学习如何正确拉伸而让他们的运动表现更好？学生在进行大量课外活动之前进行拉伸的频率反映了学生对拉伸的态度和价值观。参与度是反映学生情感或感受的行为，但不应在不考虑其影响因素的情况下做单独评估。

频繁的正式和非正式评估应被视为教学的重要组成部分，因为评估向教师及学生提供的信息可能会激励学生养成定期进行体育活动的习惯。确定评估任务能否在现实生活中执行至关重要。

推荐评估工具

可收集学生进步的精确信息的评估策略多种多样，学生根据个人优势可发现某种评估方式比其他形式更易于执行和理解。向学生均衡提供各种可使用的评估工具类型，让学生有机会以各种方式体现个人优势，并给学生提供更多机会，令其了解哪种方式可以激励自身。

每一种评估策略都被设计成可发展的，且既可靠又有效。评估的目的是回答这个问题："学生是否正在朝着健康体适能教学计划的最终目标迈进？"

评估量表

评估量表是一种用于确定学生表现标准（Lund and Kirk, 2010）的评分工具。评估量表从检查清单到工具，全方位地评估技能、态度和知识。评估量表清单上可能会列出某些技能，如"高抬腿跑步，身体略向前倾"或"向队友提供鼓励和支持"，如果技能能够执行正

确，则需在空白处放置一个标记或笑脸。评估量表也可能是具有分析性的，在此过程中，技能被分为若干等级，1 到 5 的数值可以表示频度的"从不"到"总是"，也可以代表游戏的难度等级。最后，评估量表是整体性的，对各个水平的表现均有表述。每个不同层次的表现都包括几个不同的维度和特征（精神运动、体适能、情感和认知），并且与点值或级数一致。

设计合理的评估量表会告知学生要想达到标准或达到某一特定等级所必须达到的条件。教师、学生和同龄人可以利用评估量表来评分和评估这些在本章节中利用大部分评估工具所获取的信息。评估量表也可以作为一个任务表，让学生在课堂上关注关键要素或知识概念，或者指导教师和同龄人给出反馈的观察清单。此外，无论谁使用，评估量表都是标准化的评估方法，这种方法可以减少不同观察者之间的主观性。因此，制定和使用有效的评估量表是重要的教学及评估技能（见图 12.1）。

观察

教师观察是学生学习和课堂管理的重要组成部分。通过观察学生在体育活动中对健康体适能概念的整合和应用，教师能够获取每个学生的个人信息。对于课程调整来说，观察是一个重要部分。例如，许多学生可能在寻找测量心率的合适体位的过程中困难不断。基于此种情况，教师应该停止观察活动并提供相关解释说明。

利用录像方式记录学生表现也是一种观察技术，可以帮助教师对学生进行评估。有一些公司提供了用于运动分析的应用软件。定期录像为学生、教师和

评估计算和使用心率的知识

学生姓名_____日期_____
分值_____班级_____

目标组成	1分	2分
是否知道哪些网站可以统计心率	知道一个网站	知道两个网站
是否了解心率是如何反映强度的	理解一些	清楚明白
能精确地数指定时间内的脉搏，然后用计算器精确计算出每分钟心跳吗	有些时候	大多数时候
可以描述增加或降低心率的方法和理由吗	理解一些	清楚明白

源 自：From NASPE, 2011, Physical education for lifelong fitness: The Physical Best teacher's guide, 3rd edition（Champaign, IL: Human Kinetics）.

图 12.1　用评估准则来评估计算和使用心率的知识。在附录 A 中有可复制版本

家长提供了回顾表现水平的机会。学生们应该明白，个人评估是为了提供重要的内容和提高表现水平，通过体育活动所获得的信息可用于制定个人运动计划，并增进了解和提升表现水平。同伴评估也能够向学生提供运用知识和理解体适能成分的机会，并运用训练原则制定计划，改善团队成员的健康体适能。

在循环训练中，使用视频的自我评估或同伴评估可以作为一个特定的站点活动。使用视频和评估准则来评估学生表现，可以更准确地观察到关键要素、行为及事件（Lacy and Hastad, 2005）。但是需要注意的是，仅有非正式的教师观察并不是适当的评估方法。教师需要以正式的、规范的方法去观察学生表现，才能向学生提供具体、有用的反馈意见。

日记和日志

日记和日志提供了一种将写作整合到体育课程中的方法。写作评估可以用来确定学生的理解水平，内容的应用也可以通过日记和日志来确定。日志提供行为的基本记录，并帮助形成与体育活动频度、强度、持续时间或类型相关的个人基础目标。日志可以有关于表现的简要反思，但主要用于记录相关数据。例如，学生在日志中可以记录他们在课外参加的有氧适能活动的日期和时间，记录和分析每项活动之前、期间和之后的心率数据。日志中的学生反思能够解释学生日志中记录的心率数据与有氧适能水平提高之间的关系。

日记包括书面记录及讨论每个活动之后学生的感受。鼓励学生讨论他们获得的成功。日记通常不仅有记录，也有反思。反思是对学习过程的思考，以帮助改进学生的表现和态度（Melograno, 2006）。结合日志和日记进行反思，学生有机会审查自身的进展情况，以激励自己继续进行体育活动。教会学生如何完成有效的日记和日志，如图 12.2 和图 12.3 所示。

家务活动的步数日志

家务	监护人	监护人	孩子	孩子	平均家务步数
扫地					
除尘					
扫树叶					
擦窗					
洗衣					
除草					
个人总计					

源　自：NASPE, 2011, *Physical education for lifelong fitness: The Physical Best teacher's guide*, 3rd edition（Champaign, IL: Human Kinetics）. Adapted, by permission, from R. Pangrazi, A. Beighle, and C. Sidman, 2007, *Pedometer power: 67 lessons for K–12*, 2nd ed.（Champaign, IL: Human Kinetics）, 152.

图 12.2 此样本日志表显示了家庭成员如何使用计步器记录步数。可在附录 A 中找到家务活动的步数日志

源自: Adapted, by permission, from R. Pangrazi, A. Beighle, and C. Sidman, 2007, *Pedometer power: 67 lessons for K–12, 2nd ed.*（Champaign, IL: Human Kinetics）, 152.

反思伴随着指导和实践而完善。鼓励学生反思喜欢和不喜欢的活动、积极和消极的参与感。低年级学生可以通过使用活动测评等方式来记录自己的活动，该方式使用起来很容易，也比较有趣，并且记录活动可以作为家庭作业，让父母参与任务。应鼓励高年级学生利用教师提示的内容对活动进行反思，然后自行选择反思内容，让学生变得更加习惯于反思性的记录。

可在 NASPE 的教师工具箱中找到日志的示例。

评估反思性日记应侧重于学生对作业的理解。虽然可以在学校的其他课程进行评估，如拼写和语法，但重点是应用和理解体育教育的内容。记住，当学生分享自己的感受时，没有正确的答案，只有理解程度的不同。在图 12.4 中，NASPE 提供了在探险课程教育（如绳索课程、攀岩等）期间进行的日记示范标准和评分准则。

第 14 章提供了一些使用日记和日志

将日志转成反思日记，检查家务活动的步数日志。反思关于 FITT 原则的日志，你的反思应该包括以下这些问题。

1. 在一天中，哪个家庭成员步数最多？ 哪个家庭成员步数最少？
2. 解释为什么你相信步数最多的人运动更积极？
3. 你相信步数最多的人是主动保持健康吗？ 为什么？
4. 与＿＿＿＿＿＿＿＿＿＿＿（家庭成员）相比，你认为你的步数为什么较少？
5. 你可以想办法增加你在活动量较低的日子里的步数吗？描述你将选择的策略。
6. 你活动量最高的日子是哪一天？ 与活动量最高的日子相比，你在不活动的日子里有什么不同？
7. 你能达到你的日常目标吗？
8. 你能经常达成每周的目标吗？

图 12.3 反思日记问题示例

挑战团队运动

评估团队和每个人的表现都是具有挑战性的，设计团队项目的评估标准很困难。在每个项目开始时，应该让学生了解该项目的判断标准。简单地分享用于评估的标准很有帮助，然后考虑允许团队和个人自评和互评，同时考虑教师的正式评估。例如，如果三名团队成员都私下给了第四位成员差评，这个评估可能会支持教师对这名学生的结论。不过要注意，这些问题可能很麻烦。熟练的教师将努力确保学生不会感到尴尬，并帮助和鼓励学生进行有针对性的活动。构建一个支持性和开放式的教学环境是让每个学生都能进入最佳状态的关键。与相关人员讨论明显的差异是重要的教学技术，使用个人问责工具也可以提供帮助，如日记或测验。

来评估情感领域和认知领域的示例。《进入未来：国家体育教育标准》（NASPE, 2004）中也提供了很好的示例和指导方针。

学生项目

学生项目可以包括多项任务，鼓励个人、搭档或小组在实际生活环境中应用基本体育知识。通过教师指导，学生或学生小组探索感兴趣的活动，设定目标，计划如何实现这些目标，然后努力实现（Melograno, 2006）。例如，学生可以调查肌力和肌耐力如何提升特定运动的表现水平，然后就他们所发现的有助于提升表现水平的内容进行方案的制定、评估和报告（口头或书面）。项目往往是跨学科的，将内容和技能汇集在几个学科领域内，可以开发一个评估标准来评估项目的每个部分。

NASPE（2004）为有效开发和使用

日记的评分标准

评分标准如下。
4 分——典范，表达个人参与及与朋友分享的感受。
3 分——可接受，确认个人参与的感受。
2 分——需要提高，难以表达参与的感受。
1 分——不可接受，没有日记。

评估日记的标准	评分			
分析并表达对体育活动的感受	4	3	2	1
确定活动中存在的成功、挑战和享受的证据	4	3	2	1
解释冒险活动提供的挑战	4	3	2	1
描述这一经验对朋友和同伴带来的积极影响	4	3	2	1

图 12.4　冒险活动教育中反思日记的评分标准和得分
源自：NASPE 2004.

项目提供了以下准则。

> ▶使用各种教学形式。
> ▶早期从小项目开始，为以后更复杂的项目做准备。
> ▶在项目开始时，解释清楚评估标准和评分程序。
> ▶需要有其他人员对这个项目进行评分，如社区专家或其他专业学科的同事。
> ▶在晋升或毕业前，对所有重大项目进行测试。
> ▶利用这个机会制定个性化的计划，以满足每个学生的需要。
> ▶为项目的每个部分设计一个评分准则。

源自：Based on *Moving Into the Future: National Standards for Physical Education* [2004] with permission from the National Association for Sport and Physical Education [NASPE], 1900 Association Drive, Reston, VA 20191–1599.

与同伴合作是成功的关键，这种相互依靠的关系可以培养社交技能以及健康体适能技能。例如，通过小组合作，设计一个循环训练来提高健康体适能各成分，然后一组执行，另一组监测。

对小组项目进行评估，对整体小组和个人表现进行评估。可以建立评估准则来评估小组的成果，个人也可以上交日记。《体适能教学与训练指导》为健康体适能教育的个人和团队项目提供了许多建议。

健康体适能评估

健康体适能评估，如美国青少年体质健康测评系统（由库珀研究院开发并由NASPE认可）中提供了评估健康体适能每个领域的标准化方法（见图12.5）。作为真实评估方法的一部分，评估结果可用于帮助学生创建计划、维持并提高健康体适能的各个成分。教育学生如何独立地或与同伴合作进行健康体适能评估。这些自我评估机会对于学生设计自己的健康体适能计划至关重要。每学年结束时，学生可进行更正式的评估。正式评估的目的是向国家教育机构报告体适能教育的成果。从个人和同伴评估中获得的成果可以让学生用于设定个人健康体适能目标，教师也可

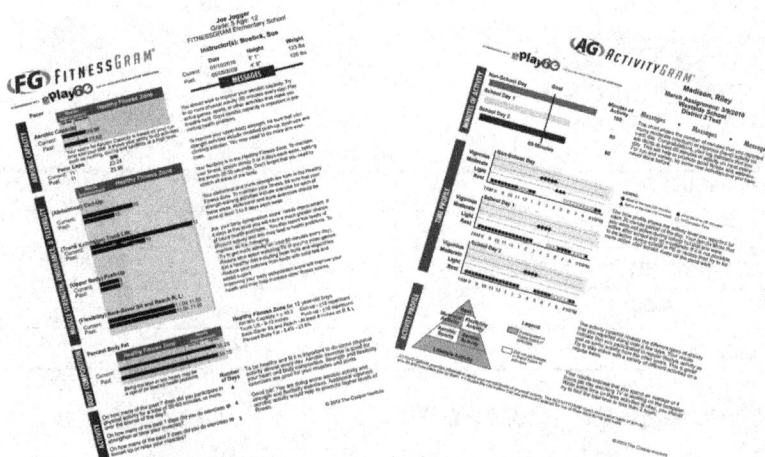

图 12.5 美国青少年体质健康测评系统和活动测评根据学生的体适能评估分数为学生提供个性化的报告

源自：Reprinted, by permission, from The Cooper Institute, 2010, *Fitnessgram/Activitygram test administration manual,* 5th ed. （Champaign, IL: Human Kinetics）, 68.

以使用评估结果来评估体育教育计划。

书面形式的评估

通常我们将书面评估视为客观测试（如真或假、匹配度）或记录。虽然很多测试确实可以衡量学生的学习进度，但书面评估提供了一种更为彻底和全面的理解。除了学生日记和日志外，学生还可以为自己或其他人开发体适能训练计划，包括一些研究性和完善性的项目。这包括但不限于杂志期刊、用于负重训练的录像、正确或者错误示范的练习照片。可靠的评估用于判断学生的理解以及整合和应用水平。

讨论

学生的讨论可以为教师提供丰富的信息。评估手段可以很简单，如在折叠式拉伸，或要求更高的拉伸时，对于学生们的理解程度进行检验，或者在参加训练的学生中进行采访。在循环训练中暂停课程，向学生提问或提供全班讨论的机会，都可以成为收集学生理解信息的有效工具。学生讨论的目标是明确学习成果。问题是计划好的，而且需要指向学生的预期学习结果。可以有效利用放松活动中的时间进行课程结束时的总结讨论（同样是折叠式拉伸）。

以下是有效开展课堂讨论的策略（改编自 Woods，1997）。

▶ 至少等待 3 秒钟，然后再向学生提问。这个时间可以让学生们能够更加从容、积极地思考准备。
▶ 只让一个人或一个小组提供答案，如果其他人同意此答案，举手表决。
▶ 让每个人在同一时间对一个特定的信号进行口头的回应，也可以

通过让学生对"真或假""是或否"用竖起大拇指或使大拇指向下的手势来实现。
▶ 要求合作伙伴分享彼此的答案，在他们相信教师说出的是正确答案（口头表述的多重选择）时举手。
▶ 质疑应该是快速的，以保持课堂的活跃气氛。

快速讨论，不留书面作业，特别有助于评估书面沟通困难的学生（Woods，1997）。

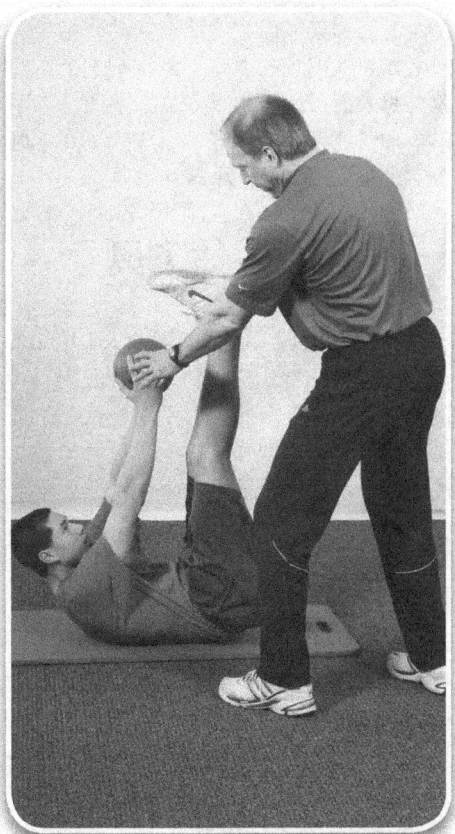

与参与循环训练站点的学生进行简短的讨论，可以进行一个快速的评估。

民意调查

学生投票同样可以收到与讨论类似的效果，但花费时间更少。提出问题并让学生"投票"回应，可以快速收集所有学生的信息。高年级学生可以匿名投票，而低年级学生可能会喜欢参加类似扑克筹码调查（Graham, 2008），他们将两种颜色的扑克筹码表示为是或否、真或假、不同意或同意等。学生可以在上课的时候投票，投票结果可用作小组评估以帮助计划和改进课程，并为随后的课程开发提供依据。一个有效的投票方法就是要求学生在课堂结束时，如果他们喜欢这个活动就举手，或者如果他们想在课堂上再次玩这个游戏就竖起大拇指。投票是评估一般团体态度的一种快速有效的方式，它避免了要求每个学生单独做出个人反应。

运用评估工具

NASPE标准4（NASPE, 2004）指出，体育教育要让学生"达到并保持促进健康的体适能水平"。此外，希望学生们"更熟练地计划、执行和监控适合提升体适能的体育活动"。以下部分将讨论适用于自我评估和同伴评估的工具。

自我评估

教学生监测自己的进展情况或开展自我评估是达到最终目标的关键因素，即如何为自己设计适当的体育活动计划。自我评估还可以帮助学生将重点放在改进表现而不是结果上，因为他们更需要了解关键要素（过程环节），从而提高表现标准和成果。本章开始部分的讨论，包括使用评估准则、日记和日志来监测学生的进展情况和评估体适能水平。日记和日志也可以让学生学会为自己负责。以下日记示范为学生提供了反思自身学习和理解程度的机会。

▶ "帮助你的朋友……"让学生用书面形式描述如何安全地进行特定的健康体适能活动（或让低年级学生从一对或一系列显示正确或不正确表现的图片中做出适当的选择）。

▶ 记录感受。让学生在体育课和其他体育活动后记录他们身体和情感上的感受。

▶ 记录表现。让学生记录他们执行体育活动的次数，如每次拉伸后进行计数和标记。低年级学生可能喜欢在每个标记旁边画一个笑脸或皱眉的样子，以表明他们对每个表现的感受。

▶ 分析表现。让学生记录自己在不同活动上的表现，以及他们将如何努力提高表现水平。

同伴评估

同伴评估是指让学生分析彼此的表现，这是发展体适能、认知和社交技能的重要组成部分。分析他人的表现可以帮助学生理解他们需要学习的关键部分，从而加强自身学习。大多数学生需要重复的指导才能正确评估同龄人。评估量表可作为在同伴评估过程中使用的具体标准。

学生组成一对或组成小组，相互分析对方的表现。学生使用与自我评估相同的量表进行同伴评估。教师必须教授学生具体的方法并提供有用的反馈。角色扮演有助于同伴评估。

当进行每日同伴评估和自我评估时，

学生可学到更多内容，评估更准确并表现得更好。多次使用同伴评估和自我评估，可以提高学生对数据收集和记录的理解能力、记忆力和准确性（Lund and Kirk, 2010）。

利用系列评估对学生进行评估

应该定期进行正式评估，如日常观察、同伴评估和自我评估。将评估量表和课堂作业结合起来，形成更全面、更实用的数据图，以说明每个学生在系列评估中的进展情况（见侧栏）。一个系列评估为评估、等级划分和家长教师会议提供了参考信息。

一个精心设计的系列评估是帮助教师评估每个学生的工具。系列评估可以

系列评估管理

针对学生的系列评估可能相对耗时较多，但教师可以制定一个可管理的计划用来审查系列评估。

- 首先，明确使用系列评估的目的。
- 让学生或志愿者制作完整的系列评估。使用一个传统的三孔文件夹，一个折叠的 30 厘米 ×45 厘米硬纸板，加上口袋、平底盒、悬挂文件或其他适当的容器。创建系列评估的另一个实用方法是利用计算机。创建文档、视频和项目网站或其他电子记录正在变得简单、易行。
- 在箱子、便携式悬挂文件箱或更大的箱子中，按类别存储组合。在小学阶段，可以尝试让课堂教师负责器材存放以便在每节体育课上使用。
- 训练学生提交自己的文件或为低年级学生提交文件（但保密），可按班级或年级进行彩色编码。建立文件的课堂管理流程也会有所帮助。
- 如果使用电子系列评估文档，请求技术教师或其他教师负责帮助实现技术技能，同时创建体育评估系列。
- 制定传递和收集系列评估的协议。
- 定期选择或让学生从评估活动中选出具有代表性的内容，以保留在系列评估文档中。在这个过程中会有

一些内容需要分类。指定要选择多少内容，然后讨论怎样创建一个良好的项目。使用"按时完成"这样的信息标记每个人，代表这一评估不会被用作学生评估的一部分，减少书面工作，保留学生责任制。在运动完成后指定系列评估，将有机会激励学生在每项任务中尽最大努力。
- 将某些正在进行的评估（如体适能评估记录表）装订或粘贴到每个系列评估的首页或尾页上。
- 决定是否装订几张纸，作为每个系列评估内部的日记。使用单独的笔记本写日记，或者在写日记时，将单独的表单添加到系列评估中。

是三孔文件夹、悬挂文件，甚至可以是保存在 DVD 或网站上的电子文档。因为系列评估强调学生的进展情况，是提高学生自我效能的重要方式。主观能动性有助于培养学生的自信，让学生具有学习和参与能力。

系列评估应包括什么内容？各种任务和评估展现了每个学生进步和成就的整体情况，包括非正式和正式评估，如定期的体质健康评估，反映情感领域、认知领域和精神运动领域的评估表格，日记、视频剪辑，也可以包括各种项目。高年级学生可以选择自己的系列评估内容（依照预期标准）。

系列评估可以跨年级或者在同学校之间应用，这样可监测学生的长期发展情况。在这方面，电子系列评估效率高，且方便携带。系列评估也可以监测计划的执行效果，并据以设计进阶课程。

学生进展评级及报告

评估和评级的目的明显不同。评估是告诉教师和学生应该如何改进计划的目标或标准。每个等级就是一次总结或一个综合分数，该结果会成为学生永久记录的成绩，且必须能够体现所有计划目标的成果（Lacy and Hastad, 2003）。如果必须提供单一的等级，则应代表多种评估和进步后结果的汇总，而不是对学生状态的片面或单一的评估。莱希和哈斯塔德（Lacy and Hastad, 2003）也提醒过，教师必须对影响评级的因素足够敏感，等级划分也必须与学校等级划分的程序相一致。在评级开始前，必须确定评估和评级之间的有效联系。

确定一个公平、均衡的单一等级，毫无疑问是评估过程最困难的层面之一。虽然保持体适能水平是一个重要的计划目标（如 NASPE 标准 4：达到并保持促进健康的体适能水平），但体适能评估标准涉及各成分的评估和几个标准的相互交叉。关于评级和体适能评估，应该根据个人目标和学生实现这些目标的情况，重点提供清晰和准确的反馈。建议教师鼓励学生进行自我评估。如果学区要求提供一个综合或单一的等级，可鼓励教师提出可选的有用反馈，如个人体质健康测评报告附综合评级。这一方法能够帮助学生理解达到和维持健康体适能水平的过程。切勿主要根据体适能评估的具体得分进行评级，这种等级会阻碍学生继续坚持运动。

对于那些正在寻求将体适能成果纳入综合评级的教师，可能的解决方案包括以下 3 个方面。

▶ 专门为健康体适能提供结果或分数。许多教师提供专项的体育教育等级，使他们能够在不同的领域界定学生的表现。这种方法也可以用于报告健康体适能表现水平。
▶ 列出健康体适能结果以及体育报告卡上的具体运动技能表现情况。
▶ 在过程性评估完成后，将个人体质健康测评或活动测评打印输出并发送到学生家中。

运动内容的效果反馈应该做到如下 4 点。

▶ 帮助学生了解他们在哪些地方可以改进。
▶ 帮助教师了解学生的表现是否符合计划目标和内容标准。
▶ 将健康体适能教育计划推广到学校和社区中。
▶ 证明在课程中始终需要健康体适能教育。

与学生及家长共同分享信息

与学生和家长共同分享评估反馈。使用包含所有领域的评估工具均衡评估每个学生，包括现有知识、情感体适能和运动技能评估。这种方法有助于学生和家长了解如何促进身体的成长发育。

强调内在动因而非外在动因。情感评估数据必须以恰当的方式进行处理，让学生能够感觉舒适，进而坦诚沟通。

家长会是分享信息的最佳方式。与家长或监护人的互动提供了以积极关爱的方式交流信息的机会。会议可以用集思广益的方式来帮助学生找到家人也认可的体育活动。家长会在制定一个学生及其家庭都重视的计划时非常重要。

把教师学生会议作为循环活动的一部分，可以根据反馈设定学生个人目标。

使用评估制定计划

定期评估的主要原因是利用信息来制定满足学生个性需求的计划，评估不应导致活动时间的减少。演讲在健康体适能教育计划中的作用不可忽略，但目标是让学生尽可能坚持积极运动。学生可以通过实践来学习。如果学生难以掌握如何在一英里跑中加速，教师就需要设计一个游戏活动，教授这个概念，并使之衔接自然、明确。请记住，学生喜欢运动。如果学生不喜欢体育活动，他们就不太可能将其融入自己的生活方式。除了健康体适能和体育活动（如舞蹈、户外活动和冒险活动）之外，还包括其他各种运动形式，可以激发不愿运动的学生对体育活动产生兴趣。

通过评估进行激励

仅知道如何在生活中运动是不够的，学生必须追求积极运动的生活方式。让学生记录自身进步情况也是一种激励（Hellison, 2003）。应避免学生之间的对比，应该专注于帮助学生设定个人提高的目标，让他们每次参加体育活动时都更容易获得成功。即使是一个很小的学生，也可以设定一个简单的目标，如用每周放学后参加 3 次体育活动，而不是看电视。

目标设定应根据目前的个人健康体适能水平、自我效能、FITT 指南和训练原则，制定各种类型的计划和活动，并明确设定目标的目的。

可以通过设定基准（如健康体适能区间），让学生监测自身的进步，并指导学生完成自我评估和目标设定（见第 2 章）。这个过程让学生学会对自己的学习和进步负责。这种方法帮助学生根据指导原则，独立自主地将追求健康体适能融入自身的生活方式。

学生可以通过仔细监测自己记录的进展情况来实现他们与教师所设定的目标。要实现这一目标，必须有足够的时间以便取得进展。专注于迈向目标的每一小步，学生从自己的记录中可以看到的每一次进步，对他们都是最有效的激励。这些是培养成就感的有效方式（有关策略和指南，请参阅第 2 章）。

小结

在体育教育的评估中，必须允许学生在现实生活中为实现自身目标而努力，成为一名积极运动的成年人。体育教育计划应激励学生在实际生活中学会运用运动技能、知识和方法，其中包括健康体适能知识。在激励方面，教师应将健康体适能评估与体育评级体系加以区分，使用替代方法提供具体的反馈意见，让学生了解实现个人目标的方法和取得的进展情况。本章将评估与评级加以区分，为学生学习评估和评估方法提供建议，并介绍了评估工具。此外，还讲述了传统与实际评估、过程性评估和总结性评估，以及正式和非正式评估之间的区别。第13章和第14章阐述了本章中讨论的一些工具及其在评估健康体适能、知识和情感领域的应用。

第13章

健康体适能和体育活动效果测评

玛丽·乔·萨里斯卡尼（Mary Jo Sariscsany）

　　帮助学生终身参与体育活动是体育教育的首要目标。第13章讨论了体育教育和校外评估健康体适能和体育活动水平的具体策略。体适能评估和课程计划体现出国家和国家标准中重点推荐的健康体适能各个成分。学生评估通常包括预先评估，以确定个人基本目标的起点以及提高健康体适能具体成分。体适能测评体系在不断完善，其以往重点是技能或运动体适能（如通过100米跑测量速度，通过立定跳远测量爆发力）。将学生的成绩与其他学生的成绩进行比较（规范评分），会导致许多学生认为自己不适合运动。但是，一些学生主要是因为他们的基因而获得了很好的成绩，这并不能客观反映他们现在的体适能水平。

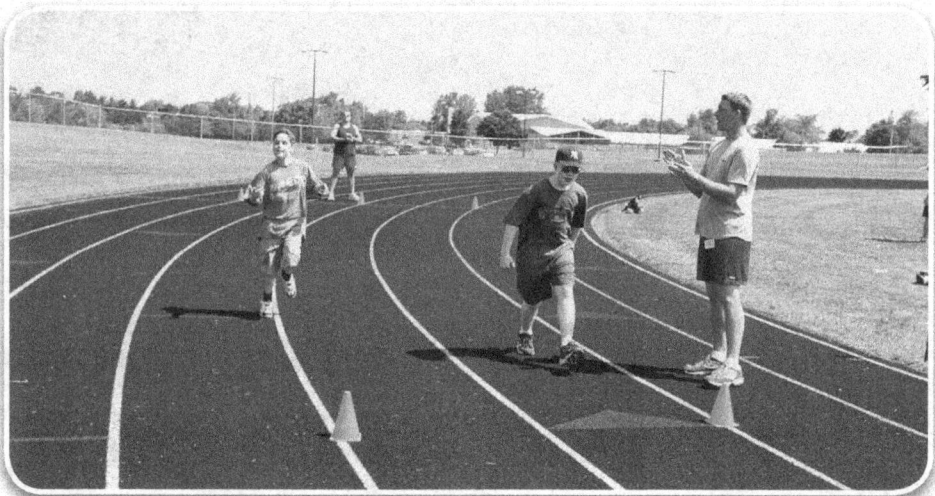

活动设计应能够让所有学生都可以取得成功。

有效的健康体适能测评并不是用于学生之间的比较，只是用作每个人测量体适能水平的手段。适当的健康体适能测评包括测量有氧适能、身体成分、肌力与肌耐力和柔韧性等各种体适能测试。使用适当形式的体适能测评得到的分数可用于设定个人目标，使学生达到体质健康的水平。个人目标（而不是同伴竞争）才是重点，让学生根据自己的成绩水平取得成功。

健康体适能测评指南

体适能测评包括过程测量和结果测量，记录学生在健康和疾病预防方面取得的进展。体适能测评是整体课程的一个组成部分。以下准则可用于将测评与整体体育教育计划联系起来。

▶学生需要有机会展示其在日常生活中参与体育活动的能力。

▶自我测评有助于使健康体适能概念成为课程的重要内容。

▶自我测评符合个性化教学和渐进学习的原则。

▶为学生提供实践经验，树立提高能力的信心。

▶学生应了解如何将测评和目标设定融入生活方式的变化中去。

指导学生练习健康体适能测评的适用项目。表13.1显示了从教师指导测评到学生自我测评的连续过程（以及在这个连续过程中每个阶段的目标）。

随着学生的技能和对体适能理解的不断提高，他们变得更加独立。其最终的目标是成长到可以自主设计体育活动计划并进行自我测评。小学生需要更高水平的教师的直接监督，初中生应完成下表循环中的前3步（教师指导的自我测评实践、正式的、教师管理的测评和非正式的自我测评），高中生应该能够进行正式的自我测评。请记住，目标设定和参与体育活动是

表 13.1　学生从教师指导测评到自我测评的连续过程

	形式	目标
1	教师指导的自我测评实践	让学生熟悉测试程序
2	正式的、教师管理的测试	提供准确的基准数据
	目标设定	重点培训工作
	体育活动	达成目标
3	非正式的自我测评，由同伴检查	与基线数据进行比较，提供更多的测试实践，并确保准确性
	重新设定目标（如有必要）	重点关注未来的努力
	体育活动	达成目标
4	非正式的自我测评	自我监测进展情况，提供更多的测试实践
	重新设定目标（如有必要）	重点关注未来的努力
	体育活动	达成目标
5	正式自检，由教师检查	确保当前数据的准确性
	重新设定目标（如有必要）	重点关注未来的努力
	体育活动	达成目标
6	正式自我测评，不检查	独立监测进展情况

完成自我测评后的重要步骤，将有助于持续进行测评、目标设定和参与体育活动的连续循环。

体适能测评

体质健康测评中的体适能测评（Cooper Institute, 2007）是用于测评有氧适能、身体成分、肌力与肌耐力和柔韧性的综合工具。体适能测评标准以健康标准或与之相关的标准为基础，科学地界定满足最低健康水平所需的体适能。体适能测评使用健康体适能区间（HFZ）来界定健康状况良好的体适能范围。健康体适能区间基于参考标准而设定，且考虑到不同年龄和性别的学生保持健康所需的体适能水平。规范性标准（如百分位数）反映了个体在特定人群中的相对水平，但不提供排名或与个人健康相关的敏感信息（Corbin and Pangrazi, 2008）。

首字母缩略词 HELP 可以用于解释体适能测评的理念。体适能测评是为个人体适能自我测评、机构测评、家长报告和个人记录而设计的，自我测评是体适能测评的重点。教师应该教授学生如何评估和理解他们的成绩，学生可以用他们的分数来制定个人计划。可以向学生解释结果，并根据相对于 HFZ 的分数来制定提高和维持计划，这反映了身体健康所需的体适能水平。低于 HFZ 的分数被归类为"需要改进"，表示学生需要将他们的分数提高到健康体适能区间。

作为体质健康测评报告的一部分，学生可以获得分数和分数的解释以及个性化建议，以帮助他们提升分数低于 HFZ 的方面的分数（参见图 12.5）。反馈是即时的，基于个人健康体适能测评得分提供的信息可以帮助学生了解他们的分数与实现健康生活方式的关系。关于健康行为的强化言论也鼓励学生继续做出积极运动的行为。

合理的体育教育计划中需要进行健康体适能测评，这有助于教导学生在整个生命周期中维持身体健康水平。此外，它提供了每个学生目前的体适能水平的概况，便于教师和学生制定改进计划。

活动测评

体质健康测评中的活动测评部分帮助学生了解校外的活动行为如何有助于增进个人体质和健康体适能水平。活动测评旨在帮助学生自我监测他们的体育活动模式。学生可以了解他们身体的实际活动量，可以用这些信息，为他们的活动计划设定目标。通过自主管理他们的活动水平，学生开始学习对终身坚持体育活

合理使用美国青少年体质健康测评系统

- 个人测评，目的在于帮助学生测评其健康体适能水平。
- 机构测评，让教师能够查看群体数据（用于课程开发）。
- 个人最佳测评，允许个别学生私下确定表现水平。
- 教授学生参考正确的健康标准，并尝试他们所需的活动类型。
- 帮助学生记录测评结果（如在系列测评中）。
- 体质健康测评已被应用于学校管理，而且记录学生的自我测评。

源自：The Cooper Institute 2008.

动至关重要的技能（Dale and Corbin, 2000）。鼓励学生将测评视为一种生活方式，而不是学校考试。

体育活动测评被纳入体质健康测评，以强调学生培养定期体育活动的终身习惯的重要性。虽然学生的体适能很重要，但除非积极运动，否则他们难以维持健康体适能水平。体育活动测评基于经过验证的体育活动仪器（Previous Day physical Activity Recall，建议译为"每日体育活动回顾"）（PDPAR; Weston, Petosa and Pate, 1997）回顾学生的体育活动。在测评中，学生按 30 分钟的时间跨度来报告他的活动水平。该形式由两个在校日和一个非学习日组成三日回顾。

该软件提供有关学生活动习惯的详细信息和关于学生应该如何进行锻炼的运动处方反馈。学生应该在 5 年级就开始使用体育活动测评。

用体质健康测评来准备学生测评

体适能测评可以成为学生们一次积极的体验。良好的体适能测评管理可以使整个过程更顺畅，以下建议将有助于简化管理体适能测评的过程。

1. 学生准备——允许用 2 ～ 6 周的时间让学生练习每个项目，并提高他们的体适能水平。在学年开始时进行体适能测评可能会导致肌肉酸痛和挫折感。另外，可能会发生误导性后果，因为学生在习惯了这些项目之后可能会迅速地提高体适能水平。

2. 仔细阅读所有说明——参见新版本的《体质健康测评／活动测评管理手册》"。

3. 必要的设备——准备好所需的设备并确保其正常工作。设备来源列入《体质健康测评／活动测评管理

手册》。

4. 准备记录表格——复制必要的表格（请参阅新版本的《体质健康/活动测评管理手册》）。根据教师使用的形式，妥善地记录学生姓名。有些教师可能会选择使用手持式电子设备来录制学生表现。但该方式有所不足，因为作为记录评估的重要部分，学生可能在测试中难以配合录制。

5. 组织测评站点——创建一个活动循环，如图 13.1 所示。确保活动安排允许教师和学生从一个站点顺利进入下一个站点。站点的位置应让教师可以看到所有的学生，使监管更全面、更容易。确保每个站点都提

供表单、铅笔和剪贴板，以便学生记录他们的结果。

6. 组织学生——提前决定如何将学生分组，哪个小组将在哪个站点开始。

7. 使指导效果最大化——合理地安排体适能测评和其他活动，以保证不影响教学进度，并让所有学生都保持运动。

源自：Adapted, by permission, from The Cooper Institute, 2007, *Fitnessgram/ Activitygram test administration manual,* 4th ed.（Champaign, IL: Human Kinetics）.

另外，为了提高有效性和可靠性，在开始较大规模的测评之前，先对一组学生或同事进行体质健康测评。

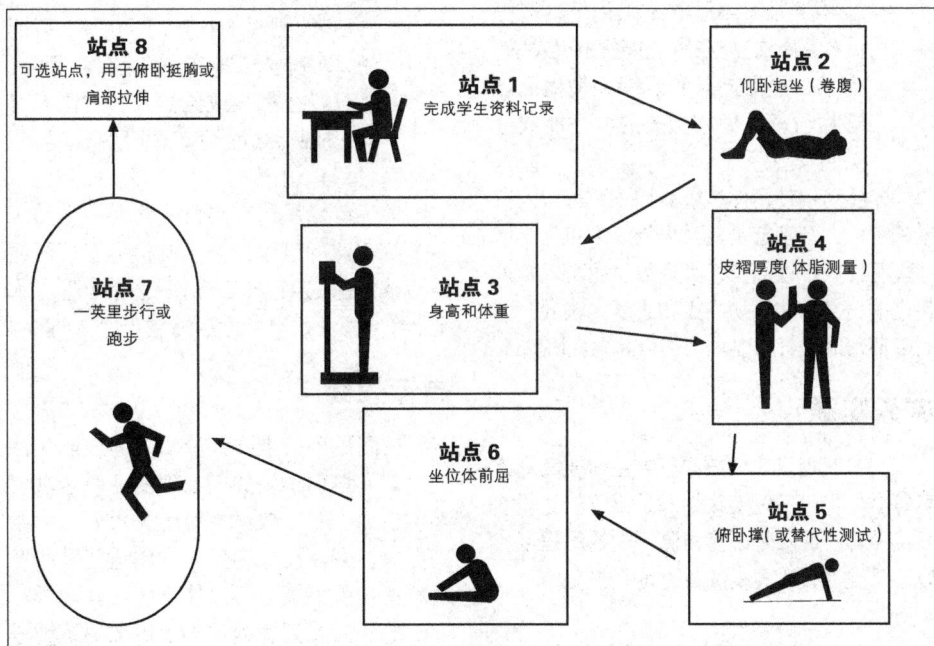

图 13.1　创建体适能测评循环可以帮助教师化测评过程

关于学生

大多数人通过实践获得最好的学习成果。要培养未来能够自我指导并积极参加体育活动的学生，学生必须参与体适能测评的每一部分。学生在开始了解体适能测评的目的后，更愿意承担责任，并将分数与他们做过的或没做过的事情联系起来。教师可以通过以下步骤帮助学生培养个人责任。

- ▶指导学生学习合适的项目，并提供实施自我测评和同伴测评的练习机会。
- ▶学生定期测评健康体适能的各个成分，记住，没必要同时完成体适能测评的所有环节。
- ▶为学生提供机会学习自我测评项目。
- ▶让学生保留自己的结果记录，以协助他们制定个人体适能提高计划。
- ▶为学生提供指导和反馈，使他们能够为与每个健康相关的体适能成分练习设置目标。

学生可以使用体适能测评系统来录入自己的分数，并确定与其结果相关的目标。体适能测评软件很简单，大多数学生可以输入自己的分数。如果初中生和小学生输入分数时需要帮助，可以要求家长和高中生协助。

有效实践

为了获得最佳的效果，学生需要反复练习每个项目。确保实践结果是出于体适能水平的差异，而不是因为对测评的熟悉程度。以下是提供有效实践机会的简单建议。

- ▶讨论并展示每个测评项目涉及的正确技术（关键要素）。以多种形式提供此信息——海报，通过语言或图片描述关键步骤，或是通过自我测评和同伴测评检查清单上的步骤。
- ▶让学生与朋友一起练习。为学生提供测评量表供其在练习中使用，以便合作伙伴可以提供关于技术和鼓励支持的反馈。反复练习将有助于确保成功。
- ▶开设课堂测评站点，让学生定期进行自我测评。
- ▶鼓励学生在练习时尽全力。
- ▶布置父母参与的体适能活动任务。
- ▶关注个人提高，谨慎保护学生隐私。体适能测评不是竞争性的运动，学生表现如何不应与其他学生进行比较，而且（以成绩）评判学生这种行为并不可取。
- ▶先解释每个测评背后的概念，然后进行测评。与学生讨论测评结果，完成教学工作。
- ▶鼓励家长帮助测评和记录成绩，以便测评顺利进行。除了方便测评项目外，也可以让家长或监护人、志愿者对体适能测评进行明确的了解。

学生可以从练习和自我测评中获益。多个练习课程可以让学生有机会了解体适能概念并设立个人目标以提高体适能水平。练习设置可以让学生专注于个人提高。

测评规则

在测试手册中详细说明了体适能测评的规则。培训学生如何管理测评对于发展以学生为中心的教学环境至关重要，为学生提供机会，让其为自身的体适能健康发展负责。以下策略可以使学生更好地遵守正确的测评规则，帮助学生更加熟练地进行自我测评和同伴测评，并帮助教师和学生获取体适能测评的积极体验。

- ▶用几天时间向学生解释并实践测评

的标准和目标，同时让学生练习、练习、再练习。在测评日再次复习此信息。

▶ 在练习期间使用海报、规则说明或任务卡（列出关键要素或常见错误）。

▶ 在每个站点放置描绘正确形式和常见错误的图表。

▶ 提前宣布测评日。非预期的体适能测评可能导致学生对体适能和体育活动持消极态度。如果准备和练习充分，学生的焦虑感就会下降。鼓励学生尽全力完成练习。

▶ 如果环境太热或太冷，可推迟体适能测评。鼓励学生适当着装。在大运动量测评（如配速跑或一英里跑）的运动前、运动中和运动后提供水。

恰当的练习对学生获得有效和真实的体适能测评得分至关重要。学生练习测评

教学提示：开展体适能测评

教师可以在整个学年当中，将体适能测评与其他环节和活动结合在一起，而非一次性整体测评。当测评与学生正在学习的概念相匹配时，测评体适能各个成分会有助于将测评与他们的生活联系起来。学生看到概念、课堂活动和测评之间的联系后将能更好地完成自我测评。因为这种方法把概念和与之相关的测评以及练习自我测评这些环节联系到了一起，所以更节省时间。这种方法比进行正式的测评更有利。

劳拉·波斯多芙（Laura Borsdorf），教授

乌尔辛纳斯学院，运动科学系
宾夕法尼亚州

越多，越能适应体适能测评。

制定健康体适能测评体系

体质健康测评旨在满足各种能力水平的学生需求，可以使用替代测评项目与能力匹配。例如，配速跑可以用于代替一英里跑。学生的有氧适能水平不一，能力低一些的学生经常在能力更强的学生完成跑步后还在跑，这种情况可能会导致青少年感觉不适，非常难为情。配速跑测评将使学生在不同时间停顿，而有氧适能水平更高的学生将会完成更多组数的来回。因此，有氧适能水平较低的学生被关注的可能性要小得多。此外，配速跑还为学生提供了一种容易使用的方式来设定目标。低年级学生可能会更容易设想将其配速跑成绩提高1～2圈，而不是减少一英里跑的时间。

场地通常不是配速跑的问题，但是教学空间较小的人员可以选择15米的配速跑。不过请注意，由于更多的急停和变向会增加疲劳感，15米的配速跑只能由小学生使用。交错开始的一英里跑可以在一定程度上掩盖速度较慢的学生，相对比较适用。另一个思路是让能力相近的学生组成小组，在不同的时间或在不同的日子进行跑步练习。理想情况下，学生们可以选择他们喜欢的有氧测评，这不仅增加了自主性，还可以激励他们尽全力完成测评。

小学生和初学者

小学生和一些缺乏经验的学生需要在监督下练习个人的体适能测评项目，目标是让低年级学生参加各种测评项目。由于体适能与幼儿体育活动并没有很大的联系，所以建议将体适能测评作为 5 年级及

以上学生的正式测评。低年级学生应该进行练习，使他们熟悉体适能测评和自我测评的各个部分，但不用记录分数。4 年级之前的表现往往不可靠。完成个人体适能测评是实施体质健康测评的主要原因。教授学生理解成绩的意义，低年级学生缺乏高阶思维技巧来理解他们的成绩。将高年级学生与低年级或没有经验的学生配对可以提供必要的指导和鼓励。

考虑在正式测评之前介绍、教学并练习每个测评项目。教师可以将一个测评项目整合到每个教学单元中，如在体操教学单元，将重点放在柔韧性上（例如，坐位体前屈测评）。在 3 周极限飞盘的教学单元中，与健康体适能的结合重点可以是有氧适能和心率恢复时间。这种方法可帮助学生熟悉每个测评项目，并教导他们每个健康体适能成分与应用之间的关联性。

初中生和高中生

在适当的监督下，高年级学生应逐渐增加自我测评的责任心，过度指导会使学生认为自己无法独立完成自我测评或同伴测评。初中生和高中生经过适当的关于健康体适能测评方法和规则训练后，往往会展现出负责任和成熟的行为。每个学生必须完全了解健康体适能背后的目的并尊重同龄人的隐私。教师应成为推动者，监督测评环境，必须仔细考虑每个学生的成熟度和知识水平，为学生提供掌控测评环境的机会，可以增强学生在测评和维护个人健康与体适能水平方面应承担个人责任的概念。

不愿测评或过度焦虑的学生

一些学生可能在过去有糟糕的体质健康测评经验，或者可能比其他人更保守和内敛。不安和焦虑是每个测评中的常见情绪，但积极的体适能测评环境有助于防止这些情绪进一步发展。缓解这些情绪的关键是让学生在轻松和安全的氛围中经常长时间地练习每个测评项目。让学生自由选择相同体适能成分的不同测评项目，如用配速跑、一英里跑或步行 3 种不同方式来测评有氧适能（对于中学生），也可以帮助学生放松。必须确保学生测评分数的隐私性。细致谨慎地对待学生的感受，让学生相信，个人成就是该计划的重点，将有助于创建一个积极的环境。学生将从自我测评的实践中获益良多，但是在以消极情绪被迫参与的正式测评中却获益甚微。

残疾学生

一般情况下，残疾学生健康体适能的定义、成分、测评项目和标准应与正常学生相同（Lacy and Hastad, 2007）。体适能测评会针对残疾学生进行调整，有关如何调整的信息，请参见《体质健康测评/活动测评管理手册》的第 4 章"特殊人群测评的注意事项"。作为补充，布洛克波特体适能测试也对残疾人健康体适能有所涉及（Winnick and Short, 1999）。

布洛克波特体适能测试是由美国教育部资助项目开发、专门用于测评不同程度的身体和精神残疾个体的健康体适能水平。布洛克波特体适能测试是一项健康体适能测评参考标准，适用于 10～17 岁的青少年，其中包括 27 项具体针对有氧适能、身体成分和肌肉骨骼功能领域的测评项目。许多测评项目可以用作标准健康体适能测评的替代项目。经常检查每个学生的 IEP，并咨询物理治疗师、职业治疗师、语言治疗师等相关服务提供者，以了解所有残疾学生的

残疾学生的体适能测评应衡量学生在日常活动中的功能水平，并考虑到学生的兴趣。

医疗背景。

布洛克波特体适能测试资源如下。

▶布洛克波特体适能测试手册。
▶布洛克波特体适能训练指南。
▶布洛克波特体适能测试管理视频。
▶体适能挑战软件。

当设计残疾学生的个性化体适能计划时，请记住，体适能测评的主要目的应该是衡量一个人在日常活动中的运动能力，评估每个人的需求和限制，并设计替代方案来避开这些限制，同时要考虑到个人的兴趣。例如，如果一个坐在轮椅上的人想要更熟练地打轮椅篮球并且提升自己的耐力，那么体适能计划应该可以提高这个人在这方面的能力。然后，体适能测评应能判断这个人是否在感兴趣的相关领域取得了进展。鼓励个性化测评，教师可以辨别每个学生的健康问题，然后教师和学生可以一起选择要测评的领域和使用哪些测评项目（Winnick, 2005）。

有关如何整合残疾人个性化体适能测评的更详细指导，请参见第 11 章。

适当使用健康
体适能测评结果

健康体适能测评结果提供了有关学生健康的重要信息。应给予学生和家长一份副本，其中包括对每个测评项目的结果以及改进或保持建议的明确解释。家长以及学生应该了解为什么要进行测评，学生需要知道为什么以及如何使用测评结果来确定未来的目标和运动计划，学生和家长也必须了解与健康相关的体适能测评得分不会用于等级划分。

与学生和家长分享测评结果

讨论并解释测评的目的和结果背后的含义。对于学生来说，该讨论可以在课程开始时作为课程介绍的一部分。在测评之前，应通过信件来通知家长，解释结果的理念、方法和使用，确保学生和家长都能尊重学生的隐私。分发用于记录和解释测评结果的表格（相关表格见《体质健康测评/活动测评管理手册》软件）。在家长之夜介绍测评方案，可以作为高效的沟通手段，用以解释测评方案及其步骤。

空白的体适能表格可用于回顾测评项目和结果的目的和意义。注意私下分发个人报告单，如在学生教师会议或家长教师会议上将个人报告单放进密封的信封发给他们。在体育活动中设置一个站点，可以私下讨论测评结果，而学生小组的其他成员可以参与活动以保护隐私。通过解释测评结果，可以向每个学生提供关于如何改善健康的信息和指导，帮助学生在此期间设定合理的目标（见第2章）。

等级划分

体适能测评结果不应作为评级的基础。伦德和基里克（Lund and Kirk,

2010）总结了如何恰当地使用健康体适能测评。

除非需要使用体适能测评的结果来改善学生的学习，否则不应该进行测评。此外，体育教学大纲标准要求学生使用这些信息来制定个人体适能提高计划（NASPE, 2004）。基于测评时的表现，教师可能会要求学生在分析个人体适能测评结果和了解最佳体适能水平的基础上，学习以成人的方式使用测评结果，制定对其体适能水平有所帮助的运动计划。

拓展这一概念，评级可以以适龄的自我测评和测评结果的解释，以及对体适能概念和原则知识的书面测评为依据。关于如何制定目标和规划个人计划的过程也是据以评级的有利安排，并包括在总结性评级报告中。

这些重点帮助学生成为可以自主制定运动计划，并积极投身于其中的成人。相比之下，完全基于测评结果的评级可能会对学生在离开课程后继续积极运动产生消极影响。如果想对体适能测评成绩的提高进行奖励，切记，对于已经处于较高体适能水平的学生来说，提高将会微乎其微，因此等级划分系统应该对较高体适能水平的学生不利。可考虑将实现体适能目标作为衡量成功的标准，并将提升体适能水平的体育活动反馈给家长。许多教师给家长发送体育等级，并附上一个单独的体质健康测评报告作为有关健康体适能的反馈。这种方法不需要额外的工作，而是在用一种比较正确且适当的方式来报告学生的测评结果和健康状况。

计划

为了成为实际测评的一部分，体适能测评必须提供有助于制定健康体适能教育计划的反馈。健康体适能测评结果可用于帮助教师和学生规划未来的学习和体适能目标。例如，如果学生在肌力和肌耐力方面几乎没有进展，那么可以设计改善这些方面的练习。高年级学生可以加入与个人体适能测评得分相关的问题解决任务。鼓励学生制定与目标领域相关的具体过程性目标，如"我每周不间断地进行 2～3 次上肢负重训练，每周会增加至少 1 个俯卧撑数量，直到我到达健康体适能区间。我会继续这样做以保持上半身力量"。目标设定将有助于学生量身定制他们的个人体适能计划以满足其特定需求。教师可定期对学生进行监测互动，并提供修改建议。

体质健康测评是一款优秀的健康体适能测评标准，提供新的和敏感的健康状况测评，且易于实施。本章中的信息可以帮助教师计划、实施和跟踪体适能测评，指导学生参与个人设计的有效体适能计划和体育活动。

适当的体育活动测评指南

很多教师根据学生的努力程度和参与度给他们打分，这种做法缺乏可靠性和一致性，因为不同学生的体适能测评结果可能差异很大，但努力程度确是相似的。实际上，与体适能水平和肌力较高的学生相比，身体肥胖或体适能水平较低的学生，在完成非常简单的运动（如步行）时，会付出更多的努力。

努力决定了一个学生的投入程度。虽然努力奋斗是竞争性社会中被高度重视的特征，但每个测评中适当的测评基准是对有助于达到 HFZ 的体育活动频度、强度、时间和类型的真实测评和量化。计步器是监测每天进行的运动总量（如步行、跑步、跳跃）的有效方式。许多计步器可以测量步数和运动时间，这些测量为学生提供准确的目标设定信息。个性化分数可用于设定有意义的目标，实现这些目标则可以使用激励方法。努力通常与激励程度直接相关，通过创造安全的学习环境和成功的经验，可以最大限度地强化动机。

高质量体育课程的目标是培养终身积极参与体育活动的生活模式。但是当涉及健康体适能测评时，今天的成绩并不一定表示长期的结果。基因优秀的 5 年级学生可以在不用努力的情况下获得高分，而其他同学可能已经做出很大的努力，但其成绩仍然很糟糕。但是，如果跑一英里用时最短的学生最终会变成电视迷，而测评结果差一点的学生继续花时间参与各种活动，那么后者可能会过上更健康的生活。

最终，体育教育工作者想要的是一个拥有健康的、积极运动公民的国家，而不是一个只有精彩体育直播，而居民健康状况不佳、医疗费用上升、生产力下降的国家。奖励长时间或坚持运动的学生，因为他们如果坚持下去，将有助于保持终身健康和较高的体适能水平。

同样，对于测评结果也应给予适当鼓励。体适能测评标准帮助教师为更多的学生获得合适的结果。另外，还要考虑：班级里一英里跑速度最快的学生，在课堂上达到目标心率区间的时间是否和那些速度较慢的学生一样？鼓励高水平的学生做得更好，设定更高的时间或距离目标。让每个学生挑战自己的最佳水平，并对花时间参加体育活动的学生进行奖励。

测评体育活动的策略

有效测评体育活动的策略是将体适能概念融入体育活动。随机观察时，学生可能会表现得很活跃，但仍需要对活动数据进行更仔细的测评，以确定学生是否真正将超负荷、强度和专门性的体适能原则应用于形成终身健康体适能的目标。

日记和日志

将体育活动信息记录在表格、图表或日记中，可以作为参与体育活动总时间的证据。然而，单一的时间指标并不能代表体育活动水平是否合适。自感用力度量表可以被学生用来反映参加体育活动时的自感强度。使用 0 ～ 10 级的自感用力度量表可让学生很好地理解强度水平，并为他们提供改变活动强度以达到预期成果的信息（有关 OMNI 自感用力度等级量表的信息，请参见表 5.2 以及第 78 页关于 ONMI 自感用力度等级量表的内容）。向学生说明他们个人的自感用力度量表很重要，而不是与其他学生进行比较。使用以下策略获得学生的体育活动信息。

▶ 指导学生使用自感用力度量表，以便他们可以在自己的日记或日志中记录这些数据。

▶ 记录强度水平与活动持续时间，鼓励那些没有表现出改变的学生检查他们的目标并调整策略。

▶ 鼓励学生使用心率监测器和计步器，记录强度的指标，如心率及单位时间的步数变化。

▶ 让学生家长或监护人定期在学生的日记或日志上签字。

心率监测器

根据基里克帕特里克和比恩鲍姆（Kirkpatrick and Birnbaum, 1997）的观点，学生可以使用心率监测器更准确地测评体育活动强度，并获得个性化反馈。心率监测器可用于有氧适能的自我测评，如高中生可以使用来自心率监测器的信息来确定他们在中等强度的步行期间的心率是否低于目标心率区间。若某个学生不能通过快走将心率提升到目标心率区间，则应鼓励其选择更高强度的活动。学生可以确定需要调整的强度水平以进行更有效的有氧适能活动，如在慢跑或轮滑未达到目标心率区间的情况下。

目标心率区间不能有效地用于年龄较小的儿童（小学到初中阶段），但心率监测器仍然可以为青少年学生提供一个途径。年龄较小的学生可以在活动之前检查静息心率，然后比较运动心率和静息心率之间的差异。

年龄较小的学生可以玩一种心率宾果游戏（Kirkpatrick and Birnbaum, 1997）。在宾果卡上标注出静息心率和运动后心率的不同范围，每名学生都领到一张卡片，也可以设计一个包含所有学生的班级卡片。在卡片上留出一个空白区域让学生记录自己的静息心率。每次运动后，让学生在卡片（个人或班级的均可）上标注出自己的运动心率。

学生每天记录自己的运动心率，并填写在自己的卡片上。当学生通过填满一排、一列或对角线获得宾果时，上交卡片获得奖励。奖励可以是作为活动的带头人或选择课堂活动的项目。如果使用了班级宾果卡，当班级完成一个宾果，他们可以从列表中选择下一节课堂的活动或其他的激励项目。

计步器

计步器可以提供对日常体育活动的真实测评（Pangrazi et al., 2007）。计步器可用作激励工具，针对体育活动的持续时间（距离）或强度（运动时间内的距离）提供反馈。罗兰德和伊斯顿（Rowlands and Eston, 2005）的研究表明，8 ～ 10 岁的男孩、女孩每天分别需要走 12000 步和 13000 步，才能达到提高健康体适能水平的每天 60 分钟运动标准。然而，记录的步数可能每天都有很大差异，监控每周步数而不是每日步数可以帮助预防挫败感。首先，让学生在日记中记录他们的每日步数，并以前 3 天的平均步数作为其设定个人目标的基准。他们将开始他们的步行计划，并根据这个基准设定个人目标。按照总统挑战运动计划，女孩（6 ～ 17 岁）每天 11000 步、男孩（6 ～ 17 岁）每天 13000 步可作为切实可行的长期目标。学生也可以鼓励父母设定每天的步数目标（成年人每天应该走 10000 步，如果减轻体重是个人目标，则步数为 12000 步），这可能会增加校外的家庭活动时间。请参阅表 13.2，协助学生设定步数目标。

计步器可能会显示步数、距离、消耗的热量、运动时间或平均心率。最简单的是只计算步数。有些人能够调整步长。对于成年人而言，10000 步的距离大约是 5 千米，但这个距离对于儿童而言是不同的。教师可以指导学生如何确定每千米的步数，以 100 英尺（约 30 米）为标准，请标出该距离，让学生计算他们在该距离中的步数，通过将 30 米除以所采取的步数，找出两个脚跟之间的距离或步长；然后以 1000 米除以步长，以估计学生每千米的步数。与数学教师分享公式和教学内容，不仅是一种跨学科教学的绝佳方式，也向其他教师展示了高质量的体育教育。

步数记录与心率的结合是将时间（行走距离）与强度结合起来的理想模式。增加步数或心率都可以提高取得适当进展所需的超负荷，以逐步提高有氧体适能水平。

表 13.2　设定步数目标

起点	目标	如何达到目标	需要时间
少于 2500 步	5000 步 / 日	每天增加 250 步	10 ～ 20 天
2501 ～ 5000 步	7500 步 / 日	每天增加 300 步	8 ～ 16 天
5001 ～ 7500 步	10000 步 / 日	每天增加 400 步	6 ～ 12 天
7501 ～ 10000 步	12500 步 / 日	每天增加 500 步	5 ～ 10 天
10001 ～ 12501 步	15000 步 / 日	每天增加 500 步	5 ～ 10 天

源自：Sportline's Guide to Walking（Sportline, Inc, Campbell, CA）.

使用体育活动的测评结果

如何使用体育活动数据尚有许多问题没有解决。是否应设定一个等级作为校外参加体育活动的最低水平（如每周 3 小时为 A 级）？如果学生的家庭或日托班情况使校外体育活动难以开展，应该怎么办？对一个不能正常跑步但正在努力尝试的学生，应该如何展开教学？教师应该如何评估参加了许多课外活动，但是不能保证日记更新，并且无法准确量化活动量的学生？以下信息用来处理一些常见问题，以鼓励学生积极参加体育活动。

与学生和家长共享信息

向学生和家长寄送体质健康测评和体育活动测评中的打印表格，向每个学生提供相关测评方法和目标，家长或监护人也借此了解他们需要知道什么才能帮助学生完成个人目标。这些策略有助于制定个性化的方法。教师可以帮助学生根据反馈和个人追求来设定目标（见第 2 章和第 12 章）。与家长增加沟通以集思广益，寻找增加体育活动的方式。使用体质健康测评报告和目标设置可以帮助学生父母或监护人成为高质量体育教育的倡导者。

等级划分

实现体育活动目标或取得进步的学生应得到奖励和赞赏，使用各种测评工具来反映学生等级。运动频度、强度、时间和类型可以通过审查学生的反应、目标的实现、强度的记录和活动的持续时间等系列文档来进行有效的量化和评估。最终的课程等级应该通过对上述因素的综合考虑而得出。

小结

当教师对体适能和体育活动进行实际测评时，学生就会发现体适能和体育活动是紧密相关的。上述诸多方式都可以用来监测学生的健康体适能，降低风险因素。让学生参与记录运动频率、持续时间、强度和类型，以鼓励其完成自我测评。日常体育活动的可视化记录有助于学生对改变不健康行为做出决定，鼓励学生采用有效的方法来养成健康生活的习惯。

第 14 章

认知和情感领域评估

克里斯蒂娜·辛克莱尔和桑德拉·尼尔森
（Christina Sinclair and Sandra Nelson）

　　在高质量体育教育计划中，教师会利用各种评估方法针对健康体适能的认知、情感和身体领域进行系统地教学和评估（NASPE，2008）。为了帮助体育教育工作者提供高质量的体育教育，第 13 章通过介绍体适能评估信息，研究了健康体适能身体层面评估的最佳策略。本章重点介绍了健康体适能认知领域以及情感领域的个人责任感和态度的评估，包括各领域的评估方法。这些方法和美国国家运动与体育教育协会（NASPE）的标准相一致，并且是在各个领域进行评估的有效工具。

认知和情感领域

学习评估是体育教育工作者面临的最大挑战之一（Gallo et al., 2006）。过去，体育教师使用技能或可能使用体适能评估方法进行（身体领域）评估，但并不总是能考虑到认知和情感领域。如第12章所述，认知是指关于运动、游戏和体适能、规则、程序、安全和关键要素等相关概念的知识，而情感是指学生在体育活动中展现出的态度和价值观。体育教师往往不了解这两个领域，所以对这些领域的评估往往是一个令人生畏、非常可怕的任务。评估学生在认知和情感领域中所知道和能做的是有益的，不应该被忽略，这能增加并维持学生体育活动水平的可能性。例如，那些接受体适能健康教育并对体育活动有积极感受的人更有可能成为终身运动的推动者。因此，体育教师必须在创建和实施高质量认知和情感评估方面变得更加熟练。第14章旨在作为开发和实施高质量认知和情感评估的指南。

最佳体适能使学生能够在认知领域进行完整、系统的学习。课程包括通过认知领域层面最简单的领域（知识、理解和应用）及最复杂的领域（分析、综合和评估）的学习。

例如，要求学生列出和定义（认知）、推算和讨论（理解）、应用和计算（应用）、分析和区分（分析）、设计和管理（综合）、评估和评价（评估）。

最佳体适能也能让学生在情感领域进行完整、系统的学习。活动包括通过情感领域层次最复杂（组织、表征）的形式及最简单形式（接收、反应、评估）的学习。

例如，最佳体适能活动要求学生做到认可（接受）、合作和考察（反应）、评估和接受（评估）、区分和排序（组织），并进行内化和验证（表征）。

最佳体适能可以让学生从现实生活和经历中进行认知和情感学习，学生成为独立的学习者，他们有能力对自己的健康体适能和学习负责。因为最佳体适能包括认知和情感领域的重要学习目标，所以如何使用评估来确定这些目标是至关重要的。

健康体适能相关知识：认知领域

在进行健康体适能教学时，认知领域包括了解与健康体适能的各个成分、基本训练原则和营养知识，并以此养成健康生活方式。这种理解是高质量体育教育计划的重要组成部分，原因如下。

▶ 体适能的知识与个人运动行为是相关的，人们倾向于对有意义的活动进行个人投资（Carron et al., 2003）。
▶ 了解健康体适能活动背后的科学知识，让学生在接触快速减肥广告或新的运动器材时了解事实。
▶ 知道如何练习，如通过适当的拉伸，使用正确的力量训练技术，并适当地进行补水，让学生在安全的状态下从体育活动中受益。
▶ 知识储备丰富的学生在开始和维持体育活动计划方面容易做出明智的决定。

因此，体育教育工作者必须制定和实施认知评估方案，以此作为确定学生理解程度以及运用健康体适能各成分、基本训练原则和营养知识的方法。请考虑以下示例。

有氧适能

▶ 在 FITT 运动计划中运用循序渐进原则，以达到下一次配速跑评估的个人目标。

▶ 在小组中，使用不同的游戏或活动来设置活动站点，然后演示如何在每个活动站点改变活动的强度。

肌肉适能

▶ 剪出或画出肌肉适能的活动图片。

▶ 运用 FITT 原则来进行肌肉适能活动，以便在下一次俯卧撑或仰卧起坐评估中达到个人目标。

柔韧性

▶ 教师提出一个肌肉名称时，学生回答适合这个肌肉的拉伸活动。

▶ 定义与柔韧性有关的运动强度。接下来，说明拉伸时如何监测强度。

营养和身体成分

▶ 访问"我的金字塔"相关网站，找到自己的金字塔跟踪表格。

▶ 分析食物摄入以及体育活动习惯，设定并监测体育活动和营养目标。

该列表并未指出具体的执行方法，但它提供了评估健康体适能每个成分的多种思路。在《体适能教学与训练指导：小学阶段》和《体适能教学与训练指导：初中和高中阶段》中，每个最佳体适能活动结束时都会提供一些其他的评估方法。

NASPE 评估标准和健康体适能相关知识

在 NASPE 标准 2（NASPE，2004a）中对认知的解释为"一个受过良好体育教育的人，可以理解运动的概念、原则、策略和战术，并将其应用于体育活动的学习

和表现"（第 4 章）。该标准包括基本训练原则和对营养的了解。对幼儿园至 2 年级而言，这个评估可以包括要求学生分辨出哪些活动属于热身，哪些活动属于在放松活动中逐渐降低强度（见图 14.1）。因为阅读或写作能力有限，可以要求幼儿园到 2 年级的学生画圈、画图或标记照片，以检查其认知理解能力。图 14.2 可用于评估《体适能教学与训练指导：小学阶段》中"追抢强力球"（一种追逐游戏）中传授的概念。图 14.2 是针对 3～5 年级的学生进行自我评估，以通过心率监测来反映活动的强度。这种评估可以用于确定学生对概念的理解，如《体适能教学与训练指导：小学阶段》中的第 3.11 节"疯狂跳跃"中所教授的概念。

K-2 热身和放松评估

姓名：_____ 日期：_____

目标：了解适当的热身和放松活动。

与标准的关系：NASPE 内容标准 2。

1. 圈出正在热身的孩子们。

2. 在正在做放松活动的孩子们身边画一个三角形。

1.步行　　　跑　　　慢跑

2.慢跑　　　跑　　　步行

源自：NASPE, 2011, *Physical education for life long fitness:The Physical Better teacthers guide*,3rd edition (Champaign, IL:Human Kinetics)。

图 14.1 与 NASPE 标准 2 一致的过程性认知评估示例，以帮助幼儿园到 2 年级学生区分合适的热身和放松活动。复制版见附录 A

在中学阶段，NASPE 标准 2 包括测试学生对强度和时间等基本训练原则的理解。图 14.3 是一个随堂测试示例，用于衡量学生对运动强度和时间的理解。

认知领域也符合 NASPE 标准 4 的要求，其中规定"受过良好体育教育的人应达到并维持促进健康的体适能水平"（NASPE, 2004a, P.4）。在小学阶段，标准 4 的评估包括学生对健康体适能成分的理解能力。一个例子就是图 14.4 中的随堂测试，用于评估学生辨别有氧运动的能力。在初中阶段，标准 4 的评估包括

确保学生对健康体适能不同成分的了解，通过什么方式提高并维持不同的健康体适能，以及它们对维持整体的健康有何意义。图 14.5 中的目标设定工作表旨在帮助学生根据体质健康测评结果来设定并达成体适能目标。在高中阶段，评估可能包括衡量学生制定个人体适能计划的能力。有关制定和评估个人体适能计划的详细指南，我们推荐使用《体适能与生活》（Corbin and Lindsey, 2005）。

3～5 年级强度自我评估

目标：使用心率确定强度水平。
与标准的关系：NASPE 内容标准 2。
尝试每个任务 7～10 次，然后把手放在胸口测心率。圈出描述你的心跳的词（用力水平或强度）。
1. 在空中跳跃旋转，使你面对相反的方向。
轻度 中度 重度
2. 双脚并拢。
轻度 中度 重度
3. 交替单脚跳。
轻度 中度 重度
4. 跳跃、交替双脚分开和并拢。
轻度 中度 重度
5. 用跳绳在地板上摆成一个 V 形，跳过绳子，从狭窄的一端开始。
轻度 中度 重度
6. 用跳绳摆成一个圆圈，跳入跳出。
轻度 中度 重度
7. 用跳绳摆成一个方形，跳入跳出。
轻度 中度 重度
8. 做十字交叉跳。
9. 用跳绳摆成三角形和圆圈，它们彼此相邻，从一个形状跳到另一个形状。
轻度 中度 重度
10. 向前和向后跳过一条线。
轻度 中度 重度
11. 从线一边跳到另一边。
轻度 中度 重度

源自：NASPE, 2011, *Physical education for lifelong fitness: The Physical Best teacher's guide,* 3rd edition（Champaign, IL: Human Kinetics）.

图 14.2 过程性认知评估示例，旨在帮助儿童使用心率确定强度水平，此评估符合 NASPE 标准 2。复制版见附录 A

初中和高中随堂测试

姓名＿＿＿＿＿＿＿＿＿＿　日期＿＿＿＿＿＿＿

＿＿＿＿＿＿你的体育活动的难度。有氧运动的强度可以与心率相关，并且影响＿＿＿＿＿＿你能够参与的活动。
提示：你可以在目标心率范围的上限以内进行慢跑，但你在目标心率的较低范围时，将不能慢跑。从下列词中选择填写在横线上。
频度
强度
时间
类型

源自：NASPE, 2011, *Physical education for lifelong fitness: The Physical Best teacher's guide,* 3rd edition（Champaign, IL: Human Kinetics）.

图 14.3 符合 NASPE 标准 2 的认知评估示例，旨在衡量学生对强度和时间的理解，并将其运用于 FITT 原则。复制版见附录 A

布鲁姆（Bloom）分类法和认知评估

布鲁姆（Bloom）分类法（Huitt, 2004）过去是运用高阶思维技能制定行为指导目标的指南（见表 14.1）。例如，每个最佳体育课程都包括可能要求学生列出和定义（认知）、计算和讨论（理解）、应用和计算（应用）、分析和区分（分析）、设计和管理（综合）、评估和评价（评估）教学目标或目的。为了衡量满足这些教学目标的程度，必须设计符合教学目标的高质量评估方法。因此，布鲁姆分类法也是开发认知评估的有用指南，为学生提供使用高阶思维技能的机会。例如，创建其他

健康体适能相关概念的宣传册或多媒体项目，要求学生通过他们所熟悉的知识来设计新的内容以综合信息。另外，要求学生解读体质健康测评分数，然后识别优势和改进不足，都需要分析个人的体适能水平。

情感领域

在进行健康体适能教学时，情感是指包括帮助学生在体育活动环境中形成积极的感受、态度、价值观和社会行为，作为开发健康生活方式的手段，这是高质量体育教育计划的另一个重要组成部分。因此，教师必须在他们的课程中设定情感目

随堂测试

姓名＿＿＿＿＿＿＿＿＿＿＿日期＿＿＿＿＿＿＿＿＿＿＿
目标：正确识别有氧活动。
与标准的关系：NASPE 内容标准 4。
让孩子们在有氧活动的照片上画圈，这些运动使他们的心肺功能更加强大。

源自：NASPE, 2011, *Physical education for lifelong fitness: The Physical Best teacher's guide*, 3rd edition（Champaign, IL: Human Kinetics）.

图 14.4　认知评估旨在确定学生是否能正确识别有氧活动，此评估符合 NASPE 标准 4。复制版见附录 A

目标设定工作表

姓名＿＿＿＿＿＿＿＿＿＿＿日期＿＿＿＿＿＿＿＿＿＿＿
M = 测量和监测
在课堂上，我的体质健康测评分数如下：＿＿＿＿＿＿。
我的分数低于健康体适能区（列表）＿＿＿＿＿＿＿。
O = 确定是最有挑战性的结果
根据我的体质健康测评分数，我希望改善以下几个方面的体适能：
（如腹部力量和耐力）
T = 时间
我将在＿＿＿＿＿＿＿周内达成我的目标。
I= 个性化
我不会把我的分数与同学的分数进行比较。要达到
HFZ，我需要通过＿＿＿＿＿（运动）来提高我的分数。
（如 10 个仰卧起坐）
V = 价值
我设定了一个＿＿＿＿的重要目标。
（如增加腹部力量）
这对我很重要，因为……
A = 积极
通过填写此表，我正在积极增进我的健康和体适能。
（初始）
T = 类型
以下类型的活动将帮助我达成目标：（列出几项活动）
（如仰卧起坐、提臀、腹斜肌卷腹）
I = 增量
我会增加＿＿＿＿＿＿＿（运动次数）以提高我的分数，
或者每个＿＿＿＿＿＿（活动）延长＿＿＿＿＿＿分钟，
来实现我的目标。
（如每周增加 2 次仰卧起坐或 5 分钟慢跑）

源自：NASPE, 2011, *Physical education for lifelong fitness: The Physical Best teacher's guide*, 3rd edition（Champaign, IL: Human Kinetics）. Debra Ballinger, PhD, Associate Professor, East Stroudsburg University.

图 14.5　在确定体质健康测评分数后，学生可以使用此评估来反映他们的分数，并设定个人体适能目标。复制版见附录 A

表 14.1　认知领域的分类法

等级划分	定义	动作示例
认知	学生以正确的形式回忆或识别所学信息、想法和原则	•写 •列表 •标签 •名称 •状态 •定义
理解	学生根据先前的学习来翻译、理解或解释信息	•解释 •总结 •转述 •描述 •说明
应用	学生选择、转移和使用数据和原则，以最少的指导完成问题或任务	•使用 •计算 •解决 •演示 •应用 •构造
分析	学生区分、分类和陈述相关问题的假设、证据或结构	•分析 •分类 •比较 •对比 •区分
综合	学生将想法整合到他的新产品、计划或提案中	•创建 •设计 •假设 •发明 •开发
评估	根据具体标准对学生进行评估或评判	•判断 •推荐 •评判 •证明

源自：Adapted from W. Huitt, 2004, *Bloom et al.'s taxonomy of the cognitive domain*.（Valdosta, GA: Valdosta State University）. By permission of W. Huitt.

标，因为对于某些活动，学生可能已经达到技能熟练、甚至知识丰富的状态，但仍然会选择不参与（Rink, 2010）。为了增加学生参加有意义的活动的可能性，让他们在科尔宾和林赛（Corbin and Lindsey, 2005）的《终身体适能之路》（图 9.3）的基础上更加独立，并且对自己的体育活动更加负责、更加成熟（Hellison, 2003），体育教育工作者必须做到如下两点。

▶鼓励所有学生去体验学习和定期参加体育活动所带来的满足感和快乐

（NASPE, 2008）。

- 设计有意义的活动，让孩子们有机会一起合作，改善社交技能和负责任的行为。

NASPE 情感领域评估标准

情感领域符合 NASPE 标准 5（NASPE, 2004）“受过良好体育教育的人在体育活动环境中表现出尊重自我和他人及负责任的个人和社会行为”（见第 4 页）。该标准包括帮助学生实现自我启发的行为，促进体育活动环境中的个人和团队成功。当关注健康体适能时，一种符合此标准的方法就是前往《终身体适能之路》（Corbin and Lindsey, 2005）。学生在实现目标的过程中，他们从依赖他人变得更加独立，让他们对自己一生的体育活动做出负责任的决定（Corbin and Lindsey，2005）。在小学阶段，学生依靠家长和教师的安排进行体育活动，因此在标准 5 阶段，让学生对活动的安全练习、规则、程序和礼节有一定的理解，学习独立活动以及与不同的群体进行活动。图 14.6 中的教师观察评估示例与标准 5 一致。可以通过轮流使用和共享设备对学生的相互合作情况进行使用和反馈。

虽然初中生还依赖家长和教师提供机会参加体育活动，但根据现阶段的标

教师观察表

姓名________________日期________________

目标：与他人合作时能自我管理，在小组运动中表现出对他人的支持。

与标准的关系：NASPE 内容标准 5。

合作意愿——自愿与团队合作完成任务。

自我管理——专注于活动，在没有直接监督的情况下完成任务。

支持同情——即使他们的想法与他不同，也尊重和关心团队中其他人的感受。

1－需要更多的运动；2－有时；3－掌握

小组 1	合作意愿	自我管理	支持同情

源自：From NASPE, 2011, *Physical education for lifelong fitness: The Physical Best teacher's guide,* 3rd edition（Champaign, IL: Human Kinetics）.

图 14.6 在团队体适能活动中，教师对情感行为的观察可以为学生提供有价值的反馈，并为教学实践提供指导。复制版见附录 A

情感自我评估

姓名________________日期________________

目标：在没有教师密切监控和同伴帮助的情况下，关注任务。

与标准的关系：NASPE 内容标准 5。

1. 今天我很努力，即使没有教师在。是的，我需要做这件事。
2. 我今天帮助了同伴。是的，我需要做这件事。
3. 我口头或是动手帮助我同伴的一件事是 ________。

源自：From NASPE, 2011, *Physical education for lifelong fitness: The Physical Best teacher's guide,* 3rd edition（Champaign, IL: Human Kinetics）.

图 14.7 为个人体适能负责是学习体育活动的一个重要组成部分。在学生们一起练习一个或多个体质健康测评项目后，可以进行这个随堂测试。它的目的是让学生自我反思，在没有教师密切监督和同伴帮助的情况下专注于任务。复制版见附录 A

准5，学生开始从成人那里寻求更多的独立机会，且进行有效独立活动的能力和多种团队的合作能力增强。图 14.7 与标准 5 一致，让学生反思他们完成任务，并帮助同伴的能力。图 14.8 中的同伴评估也可以用于初中学生。在高中阶段，学生们为了自己进行体育活动而进一步摆脱对他人的依赖，在理解年龄、残疾、性别、种族、社会经济地位和文化影响的同时，做出负责任的选择以保持自己的体育活动水平。图 14.9 中的日记项目示例与标准 5 一致，要求学生在自由选择期间反思他们参与活动的原因。

海尔森（Hellison）的个人和社会责任要求等级也符合标准 5，可用于指导计划目标的设定，作为帮助学生为自己的发展负责并为他人幸福做出贡献的方法（Hellison, 2003）。

海尔森定义了这些个人和社会责任的等级。

▶ 四级，照顾——四级水平的学生，除了尊重他人、参与活动和自我管理外，有能力通过合作，给予支持，表示关注和帮助他人，增强自己的责任感。

▶ 三级，自我管理——三级水平的学生不仅表现出尊重他人和参与活动，而且在没有直接监督时也能够完成任务。他们可以确定自己的需求，开始规划和实施体育教育计划。

▶ 二级，参与——二级水平的学生不

同学观察表

姓名＿＿＿＿＿＿＿＿＿日期＿＿＿＿＿＿＿＿＿
目标：遵循所有安全指南。
与标准的关系：NASPE 内容标准 5。
今天在瑜伽站点，我的健身伙伴
a.遵循所有安全规则
b.偶尔遵循安全规则
c.忘了遵循安全规则
为了确保我的同伴的安全，我告诉他＿＿＿＿＿＿

源自：From NASPE, 2011, *Physical education for lifelong fitness: The Physical Best teacher's guide*, 3rd edition （Champaign, IL: Human Kinetics）.

图 14.8 这个评估创建了一个让同伴们互相提供适当反馈的机会，告诉他们在练习基本瑜伽姿势时，如何遵守所有的安全指南。复制版见附录 A

日记

姓名＿＿＿＿＿＿＿＿＿日期＿＿＿＿＿＿＿＿＿
目标：反思个人对体育活动的选择。
与标准的关系：NASPE 内容标准 5。
在自由选择期间我＿＿＿＿＿＿＿
我选择＿＿＿＿＿＿＿的前 3 个原因是：
1.
2.
3.
下一个自由选择我想＿＿＿＿＿＿＿＿＿＿
因为＿＿＿＿＿＿＿＿

源自：From NASPE, 2011, *Physical education for lifelong fitness: The Physical Best teacher's guide*, 3rd edition （Champaign, IL: Human Kinetics）

图 14.9 日记项目示例为学习、反思体育活动选择提供了证据。复制版见附录 A

仅表现出对他人的尊重，且在教师的监督下，也乐意活动、接受挑战、练习运动技能和进行体适能训练。

▶ 一级，尊重——一级水平的学生可能表现出不参与日常活动或者不愿意表现出更多的进步，但他们能够控制自己的行为，不干扰其他学生的学习或教师教学。他们这样做不会受到教师的鼓励，也不需要经常的监督。

▶ 零级，不负责任——零级水平的学生有责怪他人的行为，在未完成任务的情况下否认自我责任。

源自：Reprinted, by permission, from D. Hellison, 2003, *Teaching responsibility through physical activity,* 2nd ed. （Champaign, IL: Human Kinetics），28.

最佳体适能运动给学生们创造出很多实践机会，灵活地掌握如何运用这些个人与社会责任的级别。图 14.6、图 14.7、图 14.9 和图 14.11 是根据海尔森的等级设计的，可用于任何最佳体适能活动。这些评估中都是让学生通过教师的反馈来反思他们责任感的一种方式。

情感领域还符合 NASPE 标准 6（NASPE, 2004a）"受过良好体育教育的人重视体育活动以获得健康、愉悦、挑战、自我表达和 / 或社会互动"。本标准的目标是让学生提高对个人参与有意义体育活动的内在价值和益处的认识。应鼓励学生们享受运动，并将其视为获得能

情感随堂测试

姓名＿＿＿＿＿＿＿＿＿日期＿＿＿＿＿＿＿＿

目标：确定体育活动中的感受。

与标准的关系：NASPE 内容标准 6。

今天体育课上的活动让我感到

因为

源自：From NASPE, 2011, *Physical education for lifelong fitness: The Physical Best teacher's guide,* 3rd edition （Champaign, IL: Human Kinetics）.

图 14.10 图片和单词选项能帮助学生识别参加体育活动时的情绪感受。复制版见附录 A

情感分析原则

姓名＿＿＿＿＿＿＿＿＿日期＿＿＿＿＿＿＿＿

目标：在体育课上寻求挑战经历。

与标准的关系：NASPE 内容标准 6。

今天体育课上你挑战自我的程度：

3——所有时间都在挑战自我，尝试新练习，即使很难。

2——部分时间在挑战自我，尝试学习的新动作。

1——我需要挑战自我，需要帮助。

下一次我想是否能够＿＿＿＿＿＿＿＿

源自：From NASPE, 2011, *Physical education for lifelong fitness: The Physical Best teacher's guide,* 3rd edition （Champaign, IL: Human Kinetics）.

图 14.11 该评估能用于任何体适能或技能提升课堂，以确定学生是否寻求挑战自我的经历。复制版见附录 A

力、接受挑战和社交的一种方式。由于这些内在的好处，他们更有可能坚持终身运动来满足健康体适能需求（NASPE, 2004a）。图 14.10 中的情感随堂测试与标准 6 一致，是帮助小学生开始识别体育活动中情感的方法。图 14.11 中的情感分析原则也符合标准 6，可以让中学生反思他们在体育活动中遇到的挑战。最后一个例子，图 14.12 可用于初中生和高中生，作为体适能日记的一部分，学生可以在体适能评估中记录他们的表现以及个人的想法和感受。再次强调，这种类型的评估重点不在于结果，而是学生对他们参与活动的反思。

体适能日记

姓名________________日期________________

	我希望……	我预期……	我对……感觉不错	我担心……
在我体适能预评估前 日期				
在我体适能预评估后 日期				
实施体适能计划后一个月 日期				
实施体适能计划后两个月 日期				
实施体适能计划后三个月 日期				

源自： NASPE, 2011, *Physical education for lifelong fitness: The Physical Best teacher's guide,* 3rd edition（Champaign, IL: Human Kinetics）. Reprinted, by permission, from V. Melgrano, 1998, *Professional and student portfolios for physical education*（Champaign, IL: Human Kinetics）, 128.

图 14.12 体适能日记

源自： Reprinted, by permission, from V. Melograno, 1998, *Professional and student portfolios for physical education*（Champaign, IL: Human Kinetics）, 128.

认知和情感领域的评估工具

本节介绍了各种基于标准的评估选项，旨在与认知和情感领域保持一致。提供的评估类型可用于定期衡量学生使用与健康相关运动概念、基本培训原则和营养以及对健康生活方式贡献的程度思维能力。本节还包括有助于确定学生在体育活动中的感受、态度、价值观和社会行为的评估。

教师、同伴和自我观察。虽然在第 12 章中描述了在心理运动领域记录学生表现的方法，也可以使用教师观察法来检查一些可观察的情感行为，如合作、主动性和同情。为了帮助学生提高他们的上半身的力量，学生可以练习各种俯卧撑，然后要求与小组一起开发一个俯卧撑系列练习，就像《体适能教学与训练指导：初中和高中阶段》中的俯卧撑任务活动一样。图 14.6 中的活动创造了一个绝佳的机会，让教师通过观察表来评估学生在小组运动中自我管理和合作的能力以及对他人的同情心。例如，随着学生们在小组中开展各种俯卧撑系列练习，教师围绕活动空间不断走动，不仅可以促进活动的开展，还可以通过观察团队合作完成任务的意愿来评价学生的合作情况。即在完成活动任务中，在没有直接监督的情况下学生保持专注和完成任务的自我管理能力，即使其他人的想法和自己的想法不同，也可以通过尊重群体中其他人的感受来表达同情。正如第 12 章所述，在评估前应先进行教学指导，以便在评估这些行为之前就教导学生如何进行合作、自我管理和同情。

同伴观察可以像教师观察一样。教师可以分配学生给一个秘密的健身伙伴，然后在整个课程中观察他。学生将对他们的合作伙伴进行评估，并向同伴反馈他们在做瑜伽练习时遵循安全准则的情况。图 14.8 中的同学观察表可用于帮助学生进行遵循安全准则的彼此反馈，也可以要求学生自我评估自己的情感行为，然后为下一课设定目标。

非正式的评估也是评估认知和情感领域的重要方法。例如，一名教师可以对小学生说："在私人空间里，当你做自己喜欢的有氧适能活动时，给我看看你的样子，现在就告诉我你最喜欢的肌肉适能活动。"

要求学生展现竖大拇指、横大拇指或倒大拇指是另一种有效的非正式评估方式，可以要求学生在情感领域进行自我评估。例如，许多最佳体适能活动都要求学生们小组合作，因此学生可以做到自我反思他们分享和轮流使用器材的情况。教师可以说："我们今天的目标之一就是分享和轮流使用器材，你有 5 秒的时间想想你这样做的好处。当我说'开始'，如果你整个过程中参与了分享并轮换，我会竖起大拇指；如果你有时这样做，并且还需要做得更好，我会给你一个横着的拇指动作；如果你今天从来没有分享或轮换，我会给一个拇指向下的动作。准备好了没有？开始！"中学生可以通过向教师做出拇指向上、横放或向下的动作，来自我评估在力量训练过程中对同伴的帮助情况。

学生反思和自我评估情感行为的另一个快速方法是在健身房门上张贴海尔森的等级要求。在学生进入健身房时，让学生们知晓任务级别；然后当学生离开时，他们也应该知晓他们在课堂上达到的级别。这种反馈可以用于个人目标设定评估。

讨论。第 12 章为进行课堂口头讨论提供了有效的策略，可作为正式的评估方式。这些讨论的内容可以包括以重要的体适能概念为中心的一些问题。例如，可以

让学生们分为 3 组，然后让每个小组讨论身体成分与营养之间的关系，之后，群组之间可以分享想法。讨论还可以鼓励学生在课程结束时分享他们对活动的感受，帮助教师评估学生参与活动的态度和动机。问学生如下问题。

▶ 你对一英里跑的感觉如何？

对体适能和活动的考虑

姓名_____ 日期_____

1. 我宁愿锻炼或运动，不愿看电视	是	否
2. 经常锻炼的人似乎有很多乐趣	是	否
3. 在学校，我期待上体育课	是	否
4. 在学校的体育课上，我经常出汗	是	否
5. 当我长大了，我可能会因为忙碌不坚持运动	是	否
6. 你如何看待你用球拍击球的能力	☺	😐	☹
7. 你对自己踢球的能力和命中目标感觉如何	☺	😐	☹
8. 你觉得自己持续长跑的能力怎么样	☺	😐	☹
9. 你觉得自己有能力做很多不同的游戏和运动吗	☺	😐	☹
10. 你觉得自己有练体操的能力吗	☺	😐	☹
11. 你觉得自己有跳舞的能力吗	☺	😐	☹

源自：From NASPE, 2011, *Physical education for lifelong fitness: The Physical Best teacher's guide,* 3rd edition（Champaign, IL: Human Kinetics）. Reprinted, by permission, from G. Graham, 2008, *Teaching children physical education,* 3rd ed.（Champaign, IL: Human Kinetics）, 159, 208.

图14.13 讨论可从布置作业的书面问题开始，如这个问卷。复制版见附录 A
源自：Reprinted, by permission, from G. Graham, 2008, *Teaching children physical education,* 3rd ed.（Champaign, IL: Human Kinetics）, 208.

▶在家里看电视的时候，你对拉伸活动的感觉如何？
▶你对继续设计有助于增强有氧适能的球类活动感觉如何？
▶你今天的活动感觉如何？

以前没有提到的另外一种讨论形式是教师布置作为家庭作业的一份书面问卷，如图 14.13 所示，适用于高年级小学生。跟进并回顾学生的答案和讨论，并在接下来的课上与学生开展讨论。考虑匿名问卷调查表，增加学生诚实回答的可能性。

角色扮演。 第 12 章将角色扮演作为许多有效的备选评估方法之一。针对认知领域，角色扮演是评估学生是否可以应用体适能知识的有用方式。角色扮演模拟现实生活中的情境，给予学生宝贵的实践机会。认知评估教学方法是一种高效和实用的方法，教师可以充分利用宝贵的课堂时间，设置角色扮演的情景，让学生在实际生活情境中展现能力。以下是角色扮演的一个挑战示例。

▶学生练习如何指导低年级学生或同伴改变速度正确地跑步。学生展示正确的有关跑步步态的知识，以提高有氧适能水平。学生在聆听各种不同节奏音乐的背景下与合作伙伴一起按照不同的速度运动。
▶学生们展示两种方式来测量脉搏。
▶在小组中，一名学生向该组的其他成员展示了 3 个安全的拉伸动作，并解释使他们安全的原因。
▶每个组有学生假装扭伤脚踝，让同伴演示如何帮助他按照 RICES 指南（休息、冰敷、压缩、抬高、支撑）安全地处理受伤情况。
▶一名学生扮作当地有名的运动员，其他学生来采访，找出这个人为

提高运动成绩做了什么（改编自 NASPE，1995）。

角色扮演也是观察态度和动机的动态方式。让一组学生表演出他们对某项活动的感受，或如何改变另一个人对体育活动的看法。首先，让团队成员先对可能的活动和情况进行集思广益；接下来，让每个小组为全班同学展示他们的想法；最后，集体讨论哪些陈述和活动在现实生活中最有帮助。要求学生对他们想要探索的其他问题提出建议。

书面评估。 书面评估只要不被过分强调或高估，也可作为有效的评估工具。将书面评估设计为平行评估项目，将教授内容和认知的复杂程度相匹配。这样做可以涵盖重要的认知目标，且能够收集每个学生已知的评估数据。认真筛选最适合评估的教授内容与所评估学生年龄和能力的格式（如客观评估——多项选择或判断真假，主观评估——简短回答或随笔记录）。可考虑收集课堂外的家庭评估和电子评估。经过验证查找正确的答案是一种让学生完整复习重要概念的方法，如智能体适能（FitSmart）软件包（Zhu et al., 1999）中的资源，完全基于国家青少年体适能知识测试软件和手册，以及 Ask-Pe：体育教育概念测试（Ayers, 2004）可能会帮助高中教师确定学生对健康体适能概念的理解水平。

在体育活动中穿插书面评估。 书面认知和情感评估也可以组合起来或穿插到体育活动中去，这是一种正式检查理解水平，同时保持整体活动水平的有效方法。使用这种类型的评估格式，学生可以回答与每个体适能活动站点相关的认知或情感问题。图 14.14 来自《体适能教学与训练指导：初中和高中阶段》中发现的 FITT 精选活动。在评估有价值的体适能信息的同

FITT 精选

姓名＿＿＿＿＿＿＿＿＿＿日期＿＿＿＿＿＿

你将进行一项体适能活动，并跑到不同的站点来填写你的活动卡。当被指示去一个站点时，快跑并写下它的定义，返回点名处进行下一个练习。当你完成每个站点的活动后，你将进入小组并回答各种问题。在活动结束时，上交此问卷并得分！

第一站点：循序渐进原则

定义：

问：你如何将循序渐进原则应用于肌肉力量训练？

第二站点：专门性原则

定义：

问：核心训练专注于健康体适能的哪个成分？

第三站点：强度

定义：

问题：用这个公式计算你的目标心率区间：

208－（0.7× 你的年龄）＝ ＿＿＿（最大心率）

心率阈最大 HR：＿＿＿＿（x）.65 目标心率上限最大 HR：＿＿＿＿（x）.90

第四站点：超负荷原则

定义：

问：你如何将超负荷原则应用于二头肌弯举？

第五站点：频度

定义：

问题：建议在一周内运动次数是多少？

第六站点：时间

定义：

问：建议进行心肺练习的时间是何时？

源自：NASPE, 2011, *Physical education for lifelong fitness: The Physical Best teacher's guide*, 3rd edition（Champaign, IL: Human Kinetics）.

图 14.14 本标准的复制版见附录 A

瑜伽随堂测试

姓名＿＿＿＿＿＿＿＿＿＿日期＿＿＿＿＿＿

目标：了解战士瑜伽姿势和 3 种柔韧性的健康益处。

与标准的关系：NASPE 内容标准 2 和 4。

今天我们将战士瑜伽姿势加入了瑜伽课程。给出正确、安全地执行此姿势的 3 个重要线索。

1

2

3

命名课堂上讨论的柔韧性的健康益处。

1

2

3

源自：NASPE, 2011, *Physical education for lifelong fitness: The Physical Best teacher's guide*, 3rd edition（Champaign, IL: Human Kinetics）.

图 14.15 随堂测试可以检验瑜伽知识与柔韧性的益处。复制版见附录 A

时，要让学生参加运动。在做这种评估时，在每个站点放置铅笔，这样可以避免学生携带尖锐物体在活动场所之间移动。

随堂测试。 随堂测试是一种书面评估形式，可用于检查理解程度或让学生表达思想、感受或态度（见图 14.15）。随堂测试篇幅不长，通常只包含 1～3 个问题或项目，因此不会占用大量的活动时间，而只是作为向教师和学生提供必要反馈意见的手段，目的在于在认知和情感目标方面取得进展。随堂测试并不单单要求学生在纸上写出答案，也可能要求学生画图，或者要求学生圈出图片，以表明对某事物的理解或感受。另见图 14.3、图 14.4、图 14.6 和图 14.9。

用日记和日志评估情感领域。 日记和日志虽然在之前被描述为记录参与活动的手段，但也可以用于情感目的。学生可以在他们的日记上记录他们对所讨论问题的个人看法，这种方式是评估学生理解水平的机会。学生反思参与活动的重要性或理由，以及有关知识的广度和深度，因此为学生提供了使用自己的语言来表达自己学到的内容的机会。如第 12 章所述，能够回顾体育活动信息对学生而言可能是一种激励，也能够改进健身方法或实现定期参与体育活动的愿望。活动图片和图表可帮助学生看到自身进步的程度。这个过程可以帮助学生保持和成年人一样的积极性，持续的自我监督有助于提高对健康体适能训练原则的实际应用的认知。

有一个有氧训练和使用配速跑的很好例证。学生记录 6 周内 3 次测试所跑圈数的日记，教师对每个学生的进展情况进行评论，并要求学生在配速跑之后写下他们的感受，并与第一次尝试的感受比较。教师还可以要求学生反思或考虑活动为什么会比以前更容易完成，或者他们可以做些什么来增加未来 3 周的跑圈数。

日记和日志还提供了为个别学生私下回应体育教育工作者的一种方法。在情感项目中，学生可以简单地讨论个人的看法，或者可以更多地参与讨论，如在几次练习中记录体育活动的感觉。希彻瓦（Hichwa, 1998）发现让初中生列出自己享受体育的 10 个原因是有益的，除此之外，他还发现列出体育教育的 10 个最重要的方面，可提供个人和专业方面的帮助（见侧栏"前 10 清单"）。

报告和研究任务。 报告和研究任务可以增强学生的学习能力，同时也可以评估学生的理解能力，以及应用和综合体适能知识的能力。大多数高中生在高中阶段能够研究一个主题。使用研究工具创建关于健康体适能主题报告的能力是与大多数学校的整体教育任务相一致的技能，使学生学会如何学习。通过研究，学生们将了解健康体适能知识，并开展自学。体育教育工作者可以鼓励学生使用互联网、图书馆书籍和光盘作为研究工具，让学生与合作伙伴或小组合作收集数据。尝试分配以下主题。

▶ 选择一个朋友或亲戚，并研究这个人做了什么（或不做）来保持身体活跃和健康的。假设你是这个人的私人教练，根据你所学的健康体适

前 10 清单

约翰·希彻瓦（John Hichwa）让他的学生创建了他们享受体育教育的 10 个理由清单，然后创建了他自己认为是有效实施体育教学的 10 个最重要方面的清单。

学生前 10 个理由清单。
10. 我们得给自己打分。
9. 我们要为自己制定目标并尽最大的努力去实现目标。
8. 我们有充足的支持。
7. 活动具有挑战性。
6. 体育活动能够减轻我们一天的压力。
5. 我们总是在做不同的活动，所以很有趣，而且永远不会感到无聊。
4. 教师支持、理解，而且很容易相处。
3. 我们得到了很好的锻炼。
2. 我们总是很活跃。
1. 教师让体育活动变得有趣！
教师前 10 个重要方面清单。
10. 为每个学生配备足够的器材。
9. 记录每个学生的进步，激励他尽最大努力。
8. 玩游戏。
7. 活动有趣，能让学生进步并具有挑战性。
6. 将增强自我责任感作为首要任务。
5. 提升个人能力和合作技能。
4. 提供合适的设施器材。
3. 提供各种可选活动，学生可以体验成功。
2. 尽可能让学生积极坚持运动。
1. 公平地对待并尊重每一个学生。

源 自：Reprinted, by permission, from J. Hichwa, 1998, *Right fielders are people too*（Champaign, IL: Human Kinetics）54–55.

能知识写出对他的体适能计划的分析。这个人在体适能方面做得好的有哪些？这个人在体适能方面做得不好的有哪些？建议此人可以做些什么来改善他的计划。制定评估标准，并展现每个健身计划的优势。

▶ 选择特定的健康状况（如糖尿病、哮喘、心脏病），并研究体育活动如何帮助患有这种疾病的人改善健康。

▶ 研究饮食观念和产品广告，分析它们的安全性、有效性和对个人健康的价值。

与小学生或较少经验的学生合作时，在课堂上提供原始的研究信息，并让学生口头或书面地简要总结。发展研究方法如下。

▶ 提供一个或两个网站，让学生阅读和浏览网站，并打印检索的页面。

▶ 识别一个网站，打开并调查，并提供学生找到的项目列表，类似于寻物游戏。

▶ 让学生对网络上的期刊阅读进行反思，或者通过对与关键概念一致的特殊问题的回答来进行反思。

报告和研究任务也创造了跨学科的研究机会。这项活动可能涉及将研究与诸如语言艺术、数学和科学等其他学科领域相结合，作为帮助学生发展研究技能并合作编写健康体适能报告的方法。欲了解更多信息，请参阅艾耶斯（S.F.Ayers）和威莫斯（C.Wilmoth）在 2003 年《小学体育教学》中发表的《将科学学科概念融入体育教育》[Teaching Elementary Physical Eclucation, 14（4），10-14]。

项目。关于学生项目的解释参见第12 章。项目对学生来说是增加知识深度的有效途径，因为他们有机会通过解决问题来促进他们对健康体适能的理解。例如，学生可以参加一个项目，这个项目设计得很有趣，很有挑战性，可以用至少 3 种瑜伽姿势的提示来教别人 5 种瑜伽姿势，并解释瑜伽的健康益处。

目标。可以根据日记和日志记录个人目标以及个性化体适能计划的学生表现出应用体适能知识的能力。教师可以检查学生的目标和进展情况，应该对快速完成目标的学生和目标难以完成的学生加以引导，以帮助他们设定更为合理的目标（见第 2 章）。

系列评估。精心设计的系列评估可以为学生在认知和情感方面的整体进展提供有价值的见解，可以洞察学生的整体态度和动机水平。反映最低活动水平的系列评估可能表明学生对体育活动不感兴趣。相比之下，通过最新、详细、全面的日记和日志反映对体育活动热情的系列评估能够表明学生重视的体育活动。并不是所有的学生都有能力通过书面表达自己的感受，而那些急于求成的学生也可能会被误导。系列评估应被视为学生的个人反思，教师必须引导学生开展运动。

认知和情感领域的评级

如今的健康体适能教育计划将知识作为培养重视并独立坚持体育活动的成年人，实现最终目标的一个重要方面。因此，认知评估要成为学生体育课程评级的一部分。体适能知识是精心设计的体育课程的重要内容，非常值得花时间进行评估。

情感领域也可以成为体育课程评级的重要组成部分。如果教师选择将情感领域纳入等级划分体系的一部分，那么鼓励他们将注意力集中在明确的学生情感行为上，而不是教师的努力上，而且对行为的确认仅为评级的部分而已。因此，评级不会对学生造成太大的威胁，带给学生改变的动力更大。当使用日记项目或其他形式的评估，要求学生分享想法和感受时，避免根据情感行为的成绩对学生的运动进行评级，而应将重点放在自我评估的准确性上。如果学生通过评估因诚实分享想法和感受而受到惩罚，那么在完成评估后，他们将不再诚实地分享自己的真实感受。

认知和情感评估实践

时间限制和大班规模使认知和情感领域的评估变得困难。有助于克服这些困难的 3 个技巧如下。

▶ 使评估成为教学的一部分，这可以通过在课程中设置活动站点完成。在一个或多个环节留下铅笔和简单的随堂测试，以便对学生进行认知

和情感评估。这种方法也有助于增强评估指导。

▶ 分层评估。避免同时评估班级的所有学生。使用教师观察评估时，每次只观察一部分学生。观察时，只评价那些没有达到熟练程度的学生，然后在课后给其他学生评分。请记住，不要在同一天对所有学生进行评估。另外，当使用随堂测试、日记和日志时，避免在全班同时使用。例如，对 2～3 个班级使用日记或日志，同时使用更多的非正式检查来了解其他班级的情况。然后轮转，以便在任何时候读取 2～3 个班级的日记和日志。

▶ 制定流程。建立有效的流程，确保学生获得铅笔、纸张等。将铅笔放置在健身房周围的几个网球罐或其他容器中，有助于学生们快速拿起铅笔，而不需要花费时间逐一分发。

中学评估模式实例

有效的评估需要一个计划，以下是如何设定初中生评估的一个例子。

确立所期望的课程结果

由受过体育教育的人员评估，实现和维持最佳体适能。

定义领域分析（将要评估的内容）

· 创建和参与个人活动和练习计划，以实现和保持由学生的需求和目标确定的体适能水平。

· 使用训练原则和 FITT 指南。

· 个人生活方式的管理和定期参与体育活动的责任。

选择环节（选择最重要的环节）

此评估旨在确定对过程（成人生活角色的培训和管理原则）以及结果（参与和目标）的掌握程度。对每个学生进行单独评估和评分，并使用结果开展进一步的后续指导，包括补救措施和进一步的充实。专注于实现更高水平的技能和知识，这是由体育教育、目标设定和动机的多个学习单元所产生的。通过参加课内外的体育活动获得成就感。所有学生按要求完成评估，以开展更高水平的运动。

源自：Adapted, by permission, from PSAHPERD, 1994, *Designing assessments: Applications for physical education*, 39–40.

确定实施特征（需要考虑的其他问题）

学生将设计一个个人健身档案，用于规划一个实用的个人定期体育活动计划。该档案将使用以前健康体适能评估的结果，健康体适能水平的公认标准，以及良好的健康状况和个人设定目标。允许学生利用教学时间掌握体适能评估技能，复习评估要求，并协助学生研究档案和计划所需的信息。可能需要利用课后会议的时间来提供关于设计、实施和报告实现评估进展情况的准确性和完整性的反馈意见。这对学生们提出了更高的要求，他们要像参加成年人的活动那样，能解决活动中发生的问题。因此，教师将成为指导信息检索的顾问。

制定具体要求（学生做什么）

每个学生将完成一个个人健身档案（包括评估结果、健康体适能水平的现状和个人设定的合理运动和放松活动目标），制定个人体适能计划，实施个人体适能计划（包括适当的热身、运动和放松活动、训练和调整的原则），并报告参与计划的结果（附录 A 中提供了示范表）。将根据以下标准确定成绩。

· 准确评估和解释个人体适能状况。
· 设定适当、合理的目标，以改善或维持体适能状况。
· 在设计个人计划时应用训练和调整原则。
· 执行设计计划的文件（准确、整齐）。
· 实现个人体适能目标。
· 反思参与体育活动的愉悦、益处和风险。

管理

这个评估包括评分，教师应该在学年开始时提交给学生。你可以花几个课时来回顾评估体适能状况所需的技能，解释个人数据，并确定研究需求和程序。应建立完成每项内容的时间表，以确保在截止日期之前完成。当体适能状况、目标、兴趣和实施个人计划的步骤相似时，学生可以组队运动。

源自：Adapted, by permission, from PSAHPERD, 1994, *Designing assessments: Applications for physical education*, 39–40.

使用若干个容器分别分散放置在健身房中，这样可以防止学生们蜂拥去抢同一个容器中的铅笔，这样不仅浪费时间，而且会扰乱秩序。纸张和铅笔也可以沿着墙壁放在一定的位置上中。成功评估的管理办法不止一个，教师需要有目的地制定一个计划，并且继续尝试新的节省时间的方法来保持评估的实用性。

小结

在优质的体育教育计划中，教师通过各种评估方法系统地对认知、情感和身体领域进行教学和评估（NASPE, 2008）。为了帮助体育教育工作者提供优质的体育教育，第 13 章通过介绍体适能评估信息，研究了健康体适能身体领域评估的最佳实践方法。学生的学习评估是体育教育工作者面临的最大挑战之一（Gallo et al., 2006）。过去，体育教师使用技能和可能的体适能评估方法（身体领域）进行评估，但从来没有考虑到认知和情感领域。体育教育工作者对这两个领域通常不太熟悉，因此，这方面的评估似乎是一个艰巨或可怕的任务。评估学生在认知和情感领域中知道什么和可以做什么的好处不应该被忽略，可以增加学生提高并维持体育活动水平可能性的机会。健康体适能的教学中，认知领域包括了解健康体适能的成分、基本训练原则和营养，作为开展健康生活方式的方法，这是优质体育教育的重要内容。在进行健康体适能教学时，情感领域包括帮助学生在体育活动环境中培养积极的感受、态度、价值观和社会行为，作为开展健康生活方式的方法，这是优质体育教育的另一个重要内容。因此，教师们必须在课程计划中处理好情感目标，因为学生可能因为过于熟练和了解，而仍然选择不参与活动（Rink, 2006）。

附录 A

工作表和复制表

附录 A 目录

体适能目标合同

为了提高我个人的体适能水平，在教师的帮助下，我设定以下体适能目标。我将参与所有在表中列出的活动以提高体适能水平。基于我现在的体适能水平，我认为这些目标是合理的。

体适能成分测试项目	分数_____ 日期_____	我的目标	提高体适能活动	分数_____ 日期_____
有氧适能				
一英里走或跑				
PACER 测试				
身体成分				
体脂率				
体重指数				
肌力与肌耐力				
仰卧起坐				
俯卧挺胸				
俯卧撑				
改进版引体向上				
引体向上				
屈臂悬挂				
柔韧性				
坐位体前屈				
肩部拉伸				

学生_____ 日期_____ 教师_____

源自：NASPE, 2011, *Physical education for lifelong fitness: The Physical Best teacher's guide, 3rd edition.*（Champaign, IL: Human Kinetics）.

活动目标合同

第（　　　　　）周，我计划做下列事情。

	我计划要做的活动	时间	和我一起锻炼的朋友
周一			
周二			
周三			
周四			
周五			
周六			
周日			

学生＿＿＿＿＿＿＿日期＿＿＿＿＿＿＿教师＿＿＿＿＿＿＿

源自：NASPE, 2011, *Physical education for lifelong fitness: The Physical Best teacher's guide,* 3rd edition（Champaign, IL: Human Kinetics）.

体适能运动计划

姓名_____ 日期_____ 开始周_____

项目	活动	周一	周二	周三	周四	周五	周末
	热身						
有氧适能							
肌力和肌耐力							

源自：NASPE, 2011, *Physical education for lifelong fitness: The Physical Best teacher's guide*, 3rd edition（Champaign, IL: Human Kinetics）.

续表

项目	活动	周一	周二	周三	周四	周五	周末
柔韧性							
身体成分							
放松							

源自：NASPE, 2011, *Physical education for lifelong fitness: The Physical Best teacher's guide*, 3rd edition（Champaign, IL: Human Kinetics）.

目标设定工作表

姓名_____ 日期_____

M= 测量监测

在班级里，我的健康体适能分数如下_____

我低于健康体适能区间的分数是_____

O= 确定最具挑战性的结果

根据我的体质健康测评分数，我希望改善以下方面的体适能水平：

（如腹部肌肉力量和耐力）

T= 时间

我将在_____周内达成我的目标。

I= 个性化

我不会拿我的分数和同学的分数进行比较。

为了达到健康体适能区间，我会通过_____（运动）来提高我的分数。

（如 10 个仰卧起坐）

V= 价值

我选择了一个_____的重要目标。

（如增加腹部肌肉力量）

这对我很重要，因为……

A= 积极

通过完成这个表，我会积极地提高我的健康和体适能水平。_____（初始）

T= 类型

下列活动能帮助我达成我的目标：（列举几项活动）

（如仰卧起坐、提臀、腹斜肌卷腹）

I= 增量

我会增加_____（运动次数）以提高我的分数，或者每周增加_____分钟的_____（活动）来达成我的目标。

（如每周增加 2 次仰卧起坐或 5 分钟慢跑）

源自：NASPE, 2011, *Physical education for lifelong fitness: The Physical Best teacher's guide,* 3rd edition（Champaign, IL: Human Kinetics）. Debra Ballinger, PhD, Associate Professor, East Stroudsburg University.

（未完待续）

（接上页）

O= 超负荷

我会通过 _____ 来增加我每天活动的重量和数量。

（如每天 10 个仰卧起坐）

N= 必要性

这个活动的目的（必要性）是帮助我 _____。

A= 权威评估

尽管我可以通过再次进行 _____ 评估来看我是否有所提高，但是我同样可以通过 _____ 知道我正在达成我的目标。

（如测量腰围、看我的衣服是否合身）

L= 生活方式

我未来想要改变的不健康生活方式包括：

（如不看电视、不吃零食和不健康的食物）

P= 张贴但不公布隐私

我会把这张表张贴在或者放在 _____，这样我每天都能看到。

我的目标合作伙伴是 _____。

E= 趣味

我知道做这种活动不是一直都有趣且简单，但是我会因健康而快乐。乐趣来自实现新的目标。当我实现这个目标时，我奖励自己 _____。

（如和好朋友看一场电影）

我的签名 _____

教师签名 * _____

（＊教师已经审阅这份目标设定表并认为这些对学生来说是可以实现的。）

源自：NASPE, 2011, *Physical education for lifelong fitness: The Physical Best teacher's guide,* 3rd edition（Champaign, IL: Human Kinetics）. Debra Ballinger, PhD, Associate Professor, East Stroudsburg University.

儿童 OMNI 自感用力度等级量表

你的自感用力度等级

姓名＿＿＿＿＿＿＿＿＿＿＿＿＿＿ 日期＿＿＿＿＿＿＿＿＿＿＿＿＿＿

对于每个活动，圈出可以描述你在运动时的感受所对应的图片、词语或数字。对于整体的自感用力度，要注意身体的整体感觉。对于胸部和四肢的自感用力度，只需要关注身体某部位的感觉。

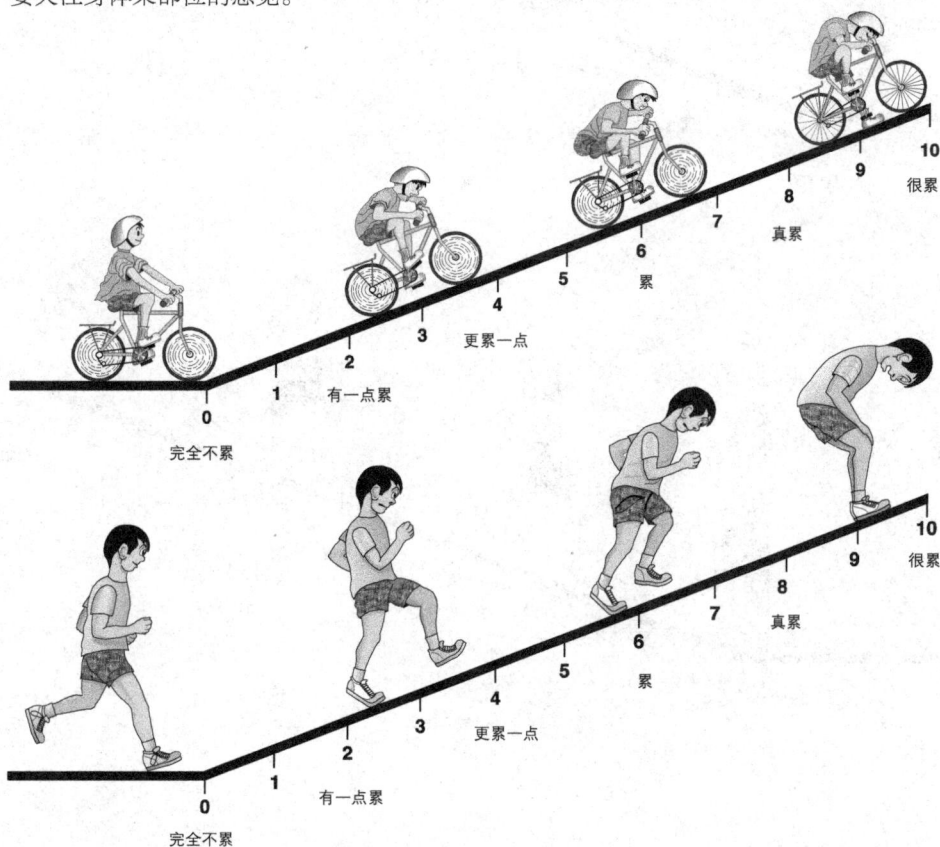

适用于 8 ～ 15 岁

源自: NASPE, 2011, *Physical education for lifelong fitness: The Physical Best teacher's guide*, 3rd edition（Champaign, IL: Human Kinetics）. Reprinted from R. Robertson, 2004, *Perceived exertion for practitioners: Rating effort with the OMNI picture system*（Champaign, IL: Human Kinetics）, 145, 146. By permission of R. Robertson.

（未完待续）

（接上页）

适用于 8 ～ 15 岁

源自：NASPE, 2011, *Physical education for lifelong fitness: The Physical Best teacher's guide,* 3rd edition（Champaign, IL: Human Kinetics）. Reprinted from R. Robertson, 2004, *Perceived exertion for practitioners: Rating effort with the OMNI picture system*（Champaign, IL: Human Kinetics）, 148, 150. By permission of R. Robertson.

成人 OMNI 自感用力度等级量表

你的自感用力度等级

姓名_____ 日期_____

    确定能描述你在进行活动时的感受所对应的图片、文字以及数字。对于整体的自感用力度，需要注意身体的整体感觉。对于胸部和四肢的自感用力度，只需关注身体某部位的感觉。

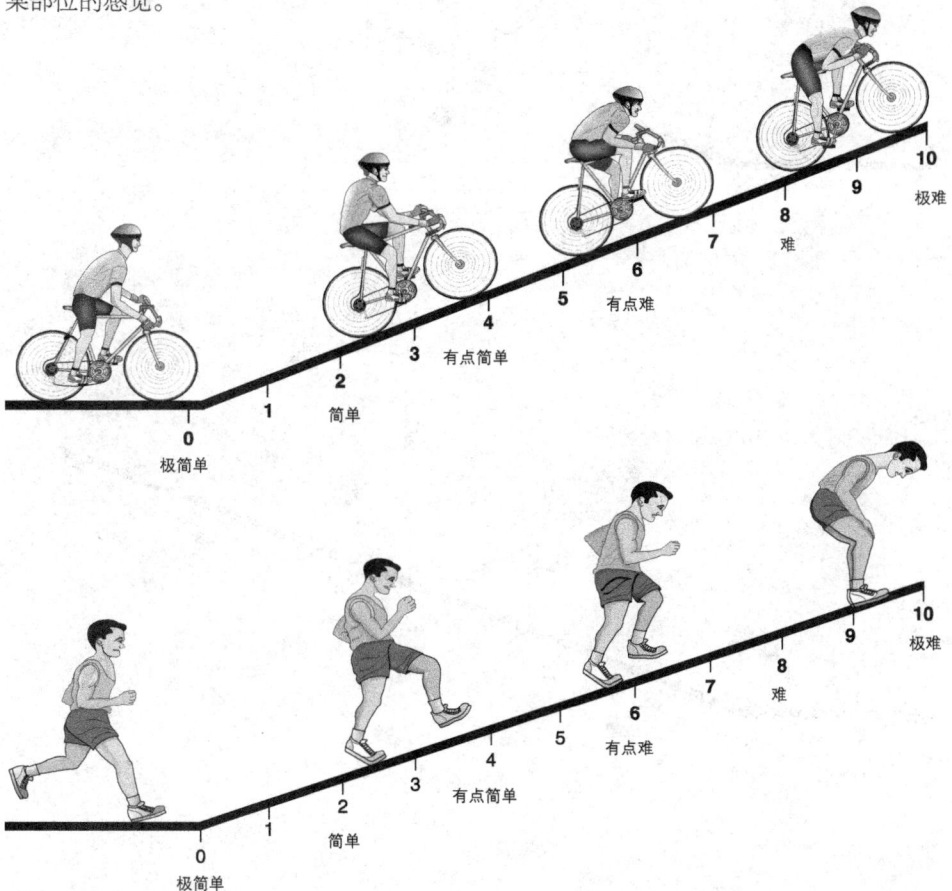

适用于 16 岁及以上年龄

源自：NASPE, 2011, *Physical education for lifelong fitness: The Physical Best teacher's guide*, 3rd edition（Champaign, IL: Human Kinetics）. Reprinted from R. Robertson, 2004, *Perceived exertion for practitioners: Rating effort with the OMNI picture system*（Champaign, IL: Human Kinetics）, 141, 142. By permission of R. Robertson.

（未完待续）

（接上页）

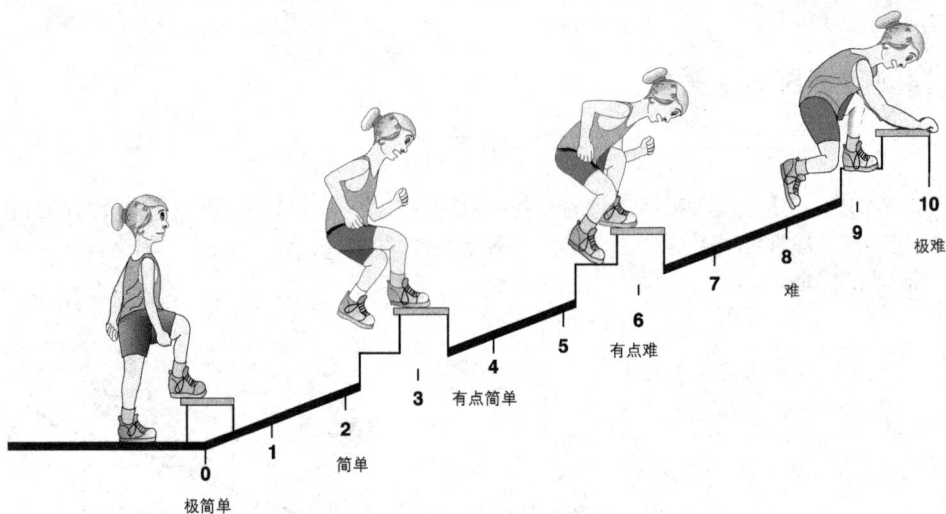

适用于 16 岁及以上年龄

源自：NASPE, 2011, *Physical education for lifelong fitness: The Physical Best teacher's guide,* 3rd edition （Champaign, IL: Human Kinetics）. Reprinted from R. Robertson, 2004, *Perceived exertion for practitioners: Rating effort with the OMNI picture system* （Champaign, IL: Human Kinetics）, 143, 144. By permission of R. Robertson.

肌力与肌耐力训练日志

姓名_____日期_____

运动	目标1		目标2		目标3	
	重量	重复次数	重量	重复次数	重量	重复次数

源自：NASPE, 2011, *Physical education for lifelong fitness: The Physical Best teacher's guide,* 3rd edition（Champaign, IL: Human Kinetics）. Adapted, by permission, from W. Kraemer and S. Fleck, 2005, *Strength training for young athletes*, 2nd ed.（Champaign, IL: Human Kinetics）, 58.

哑铃卧推技巧

应用阻力

要想避免受伤并从哑铃卧推训练中获得益处，最基本的一点是要使用正确的方法。从低重量哑铃开始，只有在你掌握了正确的技巧后才能增加阻力。

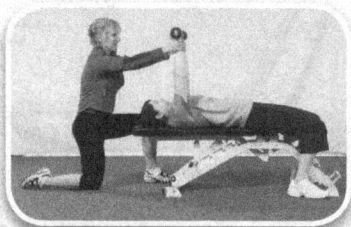

开始姿势

手肘伸直（哑铃置于肩膀上方）；脚平放在地面上或者长凳的末端；臀部和肩部紧贴长凳；哑铃垂直于身体（手掌向上）。

分数区间：0～6

取得分数：＿＿＿＿＿＿

放下哑铃（离心收缩）

控制哑铃下降；手肘位于身体两侧；前臂垂直于地面；将哑铃稍向两边伸展，缓慢放下，直到肘部稍低于肩部；肩胛向后、向下伸，尽量并拢肩胛，挺胸；双脚平放在地面；头部保持不动。

分数区间：0～7

取得分数：＿＿＿＿＿＿

举起哑铃（向心收缩）

手肘位于身体两侧；双臂以同样的速度伸直；动作要连续、顺畅；手肘灵活；肩胛骨不能离开长凳；头保持不动；双脚平放在地面。

分数区间：0～9

取得分数：＿＿＿＿＿＿

完成姿势

和开始姿势一样。

分数区间：0～3

取得分数：＿＿＿＿＿＿

总分数区间：0～25

总得分：＿＿＿＿＿＿

技巧提示

· 哑铃放下时吸气，举起时呼气。

· 监护人应在运动者的头部后面，完成练习时需帮助运动者把哑铃拿下来放好。告诉年轻的学员在运动时有一个监护人在旁边很重要，因为哑铃举起时在脸部、颈部和胸部上方，若落下来会导致受伤。

· 用最轻的哑铃（1～2.5千克）练习运动技巧并定时完成。

· 使用合适重量的哑铃，这样可以让你在整个运动中保持正确的方法和技巧。

· 不要在完成后把哑铃丢下。此时肌肉处于相当紧张的状态，若迅速释放张力，可能造成受伤。

· 让你的背部保持自然的弧度，这样可以让你的下背部和长凳之间有点间隙。

源自: NASPE, 2011, *Physical education for lifelong fitness: The Physical Best teacher's guide,* 3rd edition（Champaign, IL: Human Kinetics）。

总概况表

姓名_____

出生日期_____课堂教师_____

残疾代码_____服药情况_____

体育教育目标_____

_____

_____

_____

医疗信息或医疗禁忌_____

_____

_____

_____

行为管理计划_____

_____

_____

_____

活动适应情况_____

_____

_____

_____

相关服务供应（听觉、视觉等）_____

_____

_____

_____

更衣室_____

_____

_____

_____

源自：NASPE, 2011, *Physical education for lifelong fitness: The Physical Best teacher's guide,* 3rd edition（Champaign, IL: Human Kinetics）.

学生档案表

姓名＿＿＿＿＿＿＿＿＿＿＿＿＿＿＿＿出生日期＿＿＿＿＿＿＿＿＿＿＿＿＿＿＿

课堂教师＿＿＿＿＿＿＿＿＿＿＿＿＿＿＿体育教师＿＿＿＿＿＿＿＿＿＿＿＿＿

职业治疗师＿＿＿＿＿＿＿＿＿＿＿＿＿理疗师＿＿＿＿＿＿＿＿＿＿＿＿＿＿

语言治疗师＿＿＿＿＿＿＿＿＿＿＿＿＿＿＿＿＿＿＿＿＿＿＿＿＿＿＿＿＿＿

1. 服药情况和预防：

2. 语言计划（设备）：

3. 行为计划和项目、条款：

4. 固定或可调设备和支架：

5. 护理计划：

6. 衣着：

源自：NASPE, 2011, *Physical education for lifelong fitness: The Physical Best teacher's guide,* 3rd edition（Champaign, IL: Human Kinetics）. Adapted, by permission, from J. Winnick and F. Short, 1999, *The Brockport physical fitness test manual*（Champaign, IL: Human Kinetics）, 131.

仰卧起坐评估

姓名_____日期_____

指南

圈出完成任务需要的协助等级，把每一栏的协助等级分数相加，写在分项总分栏里面。把每一栏的总分相加，总分数写在总分那一栏。根据表中分数确定个人独立程度百分比，最后把重复次数写在乘数一栏。

协助等级关键词

IND= 独立完成，不需要协助就能完成任务

PPA= 部分协助，需要一些协助才能完成任务

TPA= 完全协助，全程都需要协助才能完成任务

仰卧起坐	独立完成	部分协助	完全协助
1. 平躺在地面上，膝关节弯曲	3	2	1
2. 双腿微张，脚平放在地上	3	2	1
3. 双臂伸直平行于身体	3	2	1
4. 双手放在垫子上，伸出手指	3	2	1
5. 头放在搭档的手上保持不动	3	2	1
6. 向前弯曲身体	3	2	1
7. 回到准备姿势，头触碰到搭档的手	3	2	1
分项总分			
总分			
满分	21		
独立度评分			
乘数			

独立完成的百分比

7/21=33%	12/21=57%	17/21=80%
8/21=38%	13/21=61%	18/21=85%
9/21=42%	14/21=66%	19/21=90%
10/21=47%	15/21=71%	20/21=95%
11/21=52%	16/21=76%	21/21=100%

源自: NASPE, 2011, *Physical education for lifelong fitness: The Physical Best teacher's guide,* 3rd edition（Champaign, IL: Human Kinetics）. Reprinted, by permission, from AAHPERD, 1995, *Physical best and individuals with disabilities: A handbook for inclusion in fitness programs*（Champaign, IL: Human Kinetics）, 100.

心率量表和心率计算的知识

姓名_____日期_____
得分_____班级_____

目标组成	得1分	得2分
能够演示测脉搏的方法	知道1种	知道2种
了解心率信息如何反映强度	知道一些	很清楚
能够计算几秒的脉搏次数，然后使用计算器准确计算每分钟心跳次数	有时	总是
能够描述降低和增加心率的方法和原理	知道一些	很清楚

源自：NASPE, 2011, *Physical education for lifelong fitness: The Physical Best teacher's guide,* 3rd edition（Champaign, IL: Human Kinetics）.

家务活动的步数日志

家务	监护人	监护人	孩子	孩子	平均家务步数
扫地					
除尘					
扫树叶					
擦窗					
洗衣					
除草					
个人总计					

源自：NASPE, 2011, *Physical education for lifelong fitness: The Physical Best teacher's guide,* 3rd edition（Champaign, IL: Human Kinetics）. Adapted, by permission, from R. Pangrazi, A. Beighle, and C. Sidman, 2007, *Pedometer power: 67 lessons for K–12*, 2nd ed.（Champaign, IL: Human Kinetics），152.

2 年级以下的热身和放松活动评估

姓名＿＿＿＿＿＿＿＿＿＿＿＿＿＿ 日期＿＿＿＿＿＿＿＿＿＿＿＿＿＿

目标：知道合适的热身和放松活动。
与标准的关系：NASPE 标准 2。
    1. 圈出正在热身的学生的图片。
    2. 在进行放松活动的学生图片上画三角形。

1. 走   跳   慢跑

2. 慢跑   跳   走

源自：NASPE, 2011, *Physical education for lifelong fitness: The Physical Best teacher's guide,* 3rd edition（Champaign, IL: Human Kinetics）.

3 ～ 5 年级强度自我评估

目标：能够使用心率确定强度水平。

与标准的关系：NASPE 标准 2。

将手放在胸口上测量心率时，每个任务进行 7 ～ 10 次。

圈出可以描述你心率的词（用力度等级或者强度）。

1. 跳跃并在空中旋转至相反方向。

轻（慢）　　　中等　　　快

2. 并脚跳。

轻（慢）　　　中等　　　快

3. 交替脚跳跃。

轻（慢）　　　中等　　　快

4. 跳跃、双脚并拢或分开交替跳跃。

轻（慢）　　　中等　　　快

5. 在地面上用跳绳摆出 V 字形——从窄的那一端开始跨过绳跳。

轻（慢）　　　中等　　　快

6. 用跳绳摆出一个圆形，然后跳进跳出。

轻（慢）　　　中等　　　快

7. 用跳绳摆出一个方形，然后跳进跳出。

轻（慢）　　　中等　　　快

8. 十字交叉跳。

轻（慢）　　　中等　　　快

9. 用跳绳摆出一个相邻的三角形和圆形，从一个图形跳到另一个图形中。

轻（慢）　　　中等　　　快

10. 跨线向前、向后跳跃。

轻（慢）　　　中等　　　快

11. 从直线的一侧跳到另一侧。

轻（慢）　　　中等　　　快

源自：NASPE, 2011, *Physical education for lifelong fitness: The Physical Best teacher's guide,* 3rd edition（Champaign, IL: Human Kinetics）.

初高中随堂测试

姓名＿＿＿＿＿＿＿＿＿＿＿＿＿＿＿＿日期 ＿＿＿＿＿＿＿＿＿＿＿＿＿＿＿＿＿＿＿

＿＿＿＿＿＿＿＿＿＿＿＿＿＿＿＿可以表示你在参加体育活动时的努力程度。有氧活动的强度和心率相关,并且会影响你所参加活动的＿＿＿＿＿＿＿＿＿＿＿＿＿＿＿＿＿＿＿＿＿＿ 。

提示：如果你在目标心率区间的上限慢跑，你跑的时间会比你在目标心率区间下限跑的时间短。

填空（从下列词语中选择填空）：
频率
强度
时间
类型

源自: NASPE, 2011, *Physical education for lifelong fitness: The Physical Best teacher's guide,* 3rd edition（Champaign, IL: Human Kinetics）.

随堂测试

姓名＿＿＿＿＿＿＿＿＿＿＿＿＿＿＿＿　日期 ＿＿＿＿＿＿＿＿＿＿＿＿＿＿＿＿＿＿

目标：正确识别有氧活动。
与标准的关系：NASPE 标准 4。
圈出孩子可以做的增强心脏功能的有氧活动。

源自：NASPE, 2011, *Physical education for lifelong fitness: The Physical Best teacher's guide,* 3rd edition（Champaign, IL: Human Kinetics）.

教师观察表

姓名＿＿＿＿＿＿＿＿＿＿＿＿＿＿＿＿＿日期＿＿＿＿＿＿＿＿＿＿＿＿＿＿＿＿＿

目标：在团队合作运动中表现出对他人的关心以及能自我引导。
与标准的关系：NASPE 标准 5。
合作——愿意通过团队合作来完成任务。
自我引导——在没有直接监督的情况下能够专心完成任务。
关心——尊重小组其他成员的感受并表示关心，即使有意见分歧。
1——还需要努力　　　　　　2——有时　　　　　　3——掌握

小组 1	合作	自我引导	关心

源自：NASPE, 2011, *Physical education for lifelong fitness: The Physical Best teacher's guide,* 3rd edition（Champaign, IL: Human Kinetics）.

情感自我评估

姓名＿＿＿＿＿＿＿＿＿＿＿＿＿日期＿＿＿＿＿＿＿＿＿＿＿＿＿

目标：没有教师密切监督和伙伴的帮助，也能专注地完成任务。

与标准的关系：NASPE 标准 5。

    1. 今天我努力了，即使没有教师监督。a. 是的 b. 我仍需加油

    2. 我帮助了我的同伴。a. 是的 b. 我仍需加油

    3. 我帮助同伴的话语或事情是 ＿＿＿＿＿＿＿＿＿＿＿＿＿＿＿＿＿＿。

源自：NASPE, 2011, *Physical education for lifelong fitness: The Physical Best teacher's guide,* 3rd edition （Champaign, IL: Human Kinetics）.

同学观察表

姓名＿＿＿＿＿＿＿＿＿＿＿＿＿日期＿＿＿＿＿＿＿＿＿＿＿＿＿＿＿

目标：遵守所有的安全规则。

与标准的关系：NASPE 标准 5。

今天在瑜伽站点，我的体适能伙伴：

　　a. 遵守所有安全规则。

　　b. 有时遵守安全规则。

　　c. 忘记遵守安全规则。

为了保护同伴的安全，我告诉他＿＿＿＿＿＿＿＿＿＿＿＿＿＿＿＿＿＿＿

＿＿＿＿＿＿＿＿＿＿＿＿＿＿＿＿＿＿＿＿＿＿＿＿＿＿＿＿＿＿＿ 。

源自：NASPE, 2011, *Physical education for lifelong fitness: The Physical Best teacher's guide,* 3rd edition （Champaign, IL: Human Kinetics）.

日记

姓名＿＿＿＿＿＿＿＿＿＿＿＿＿＿＿＿日期＿＿＿＿＿＿＿＿＿＿＿＿＿＿

目标：反思个人对体育活动的选择。
与标准的关系：NASPE 标准 5。
在自由选择时，我＿＿＿＿＿＿＿＿＿＿＿＿＿＿＿＿＿＿＿＿＿＿＿＿＿
＿＿＿＿＿＿＿＿＿＿＿＿＿＿＿＿＿＿＿＿＿＿＿＿＿＿＿＿＿＿＿。

我选择＿＿＿＿＿＿＿＿＿＿＿＿＿＿＿＿＿＿的 3 个主要原因是：
　　1.
　　2.
　　3.
下一次自由选择时，我想＿＿＿＿＿＿＿＿＿＿＿＿＿＿＿＿＿＿＿＿＿。
因为＿＿＿＿＿＿＿＿＿＿＿＿＿＿＿＿＿＿＿＿＿＿＿＿＿＿＿＿＿。

源自：ASPE, 2011, *Physical education for lifelong fitness: The Physical Best teacher's guide,* 3rd edition （Champaign, IL: Human Kinetics）.

情感随堂测试

姓名_____日期_____

目标：确定参与体育活动时的感受。

与标准的关系：NASPE 标准 6。

今天体育课上的活动让我感觉

我感觉这样是因为：

_____
_____
_____
_____ 。

源自：NASPE, 2011, *Physical education for lifelong fitness: The Physical Best teacher's guide,* 3rd edition （Champaign, IL: Human Kinetics）。

情感分析原则

姓名＿＿＿＿＿＿＿＿＿＿＿＿＿＿＿＿＿＿日期＿＿＿＿＿＿＿＿＿＿＿＿＿＿＿＿＿＿＿

目标：在体育课上寻找挑战性的经历。

与标准的关系：NASPE 标准 6。

今天在体育课上，你挑战自我的程度？

　　3——即使觉得很困难，我也尝试新练习，一直挑战自我。

　　2——有时尝试我们学过的新动作来挑战自我。

　　1——我需要挑战自我并需要帮助。

下一次我想看到我是否能 ＿＿＿＿＿＿＿＿＿＿＿＿＿＿＿＿＿＿＿＿＿＿＿＿＿＿＿

＿＿＿＿＿＿＿＿＿＿＿＿＿＿＿＿＿＿＿＿＿＿＿＿＿＿＿＿＿＿＿＿＿＿＿＿＿。

源自：NASPE, 2011, *Physical education for lifelong fitness: The Physical Best teacher's guide,* 3rd edition （Champaign, IL: Human Kinetics）.

体适能日记

姓名＿＿＿＿＿＿＿＿＿＿＿＿＿＿＿日期＿＿＿＿＿＿＿＿＿＿＿＿＿＿＿＿＿

	我希望……	我预测……	我对……感觉良好	我的担心是……
在我体适能预评估之前 日期＿＿＿＿				
在我体适能预评估之后 日期＿＿＿＿				
我参加体适能计划一个月后 日期＿＿＿＿				
我参加体适能计划两个月后 日期＿＿＿＿				
我参加体适能计划三个月后 日期＿＿＿＿				

源自：NASPE, 2011, *Physical education for lifelong fitness: The Physical Best teacher's guide,* 3rd edition（Champaign, IL: Human Kinetics）. Reprinted, by permission, from V. Melograno, 1998, *Professional and student portfolios for physical education*（Champaign, IL: Human Kinetics）, 128.

对体适能和活动的考虑

姓名＿＿＿＿＿＿＿＿＿＿＿＿＿＿＿＿　日期＿＿＿＿＿＿＿＿＿＿＿＿＿＿＿＿

1. 我宁愿锻炼或运动，而非看电视	是		否
2. 经常锻炼的人似乎有很多乐趣	是		否
3. 在学校，我期待上体育课	是		否
4. 在学校的体育课上，我经常出汗	是		否
5. 当我长大了，我可能会因为忙碌而不能坚持运动	是		否
6. 你如何评价自己用球拍击球的能力	☺	☺	☹
7. 你对自己踢球的能力和命中目标感觉如何	☺	☺	☹
8. 你觉得自己持续长跑的能力如何	☺	☺	☹
9. 你觉得自己有能力做很多不同的游戏和运动吗	☺	☺	☹
10. 你觉得自己有练体操的能力吗	☺	☺	☹
11. 你觉得自己有跳舞的能力吗	☺	☺	☹

源自：NASPE, 2011, *Physical education for lifelong fitness: The Physical Best teacher's guide,* 3rd edition （Champaign, IL: Human Kinetics）. Reprinted, by permission, from G. Graham, 2008, *Teaching children physical education,* 3rd ed.（Champaign, IL: Human Kinetics）, 159, 208.

FITT 精选

姓名＿＿＿＿＿＿＿＿＿＿＿＿＿＿＿ 日期＿＿＿＿＿＿＿＿＿＿＿＿＿＿＿＿

你将进行一项体适能活动，需要跑到不同的站点来填写你的活动卡。当教师要求你去一个站点时，快跑并写下每个站点中名词的定义，然后返回点名处等待下一项活动。在你完成每一个站点的活动后，你会被分到小组中回答各个问题。活动结束后，上交此表并计算得分。

站点 1：循序渐进原则
定义：

提问：你如何将循序渐进原则应用于肌肉力量训练?

站点 2：专门性原则
定义：

提问：核心训练的重点是健康体适能的哪个成分?

站点 3：强度
定义：

提问：用下面的公式计算你的目标心率区间
208 –（0.7 × 你的年龄）= ＿＿＿＿＿＿＿＿＿＿＿（最大心率）
心率阈值   目标心率上限
最大心率：＿＿＿＿＿＿ × 0.65   最大心率：＿＿＿＿＿＿ × 0.90

站点 4：超负荷原则
定义：

提问：你如何将超负荷原则应用于肱二头肌弯举?

站点 5：频率
定义：

提问：建议一周进行几次运动?

源自: From NASPE, 2011, *Physical education for lifelong fitness: The Physical Best teacher's guide,* 3rd edition（Champaign, IL: Human Kinetics）.

（未完待续）

（接上页）

站点 6：时间
定义：

提问：为了促进心血管健康，建议单次运动的时间为多长？

站点 7：类型
定义：

提问：核心训练是技巧性运动还是健康性运动？

提问：如果我想在下列领域有所提高，我需要参加什么类型的活动？
　· 肌肉力量：

　· 心血管适能：

　· 柔韧性：

终极性运动提问：列出一个你今天学到的新观点，如何将它应用于你个人的体适能活动计划？

源自：NASPE, 2011, *Physical education for lifelong fitness: The Physical Best teacher's guide,* 3rd edition （Champaign, IL: Human Kinetics ）.

瑜伽随堂测试

姓名_____日期_____

目标：了解 3 种战士瑜伽姿势和 3 种柔韧性运动的健康益处。

与标准的关系：NASPE 标准 2 和 4。

今天我们把战士姿势加进了瑜伽课程。写出 3 种技巧或者提示，以便正确和安全地做出这个姿势。

1.

2.

3.

写出 3 种在课堂上讨论的柔韧性的健康益处。

1.

2.

3.

源自：NASPE, 2011, *Physical education for lifelong fitness: The Physical Best teacher's guide,* 3rd edition （Champaign, IL: Human Kinetics）.

瑜伽计划

姓名＿＿＿＿＿＿＿＿＿＿＿＿＿＿＿日期＿＿＿＿＿＿＿＿＿＿＿＿＿＿＿＿

目标：了解至少 5 种瑜伽姿势的 3 种技巧和瑜伽的健康益处。
与标准的关系：NASPE 标准 2 和 4。

学校的教师想要增强力量和身体柔韧性，同时减轻压力。幸运的是我们对瑜伽有深入的研究。下周有新的教师将来到体育馆，我们能帮助他们学习瑜伽。准备 5 张瑜伽姿势卡片，可以帮助他们正确地做出这些姿势。你可以选择自己练习、和伙伴一起练习或者以 3 人为一组一起练习。

确保下列事项要包含在瑜伽姿势卡片上。

1. 一张卡片印一个在课上教的 5 个瑜伽姿势之一。
2. 每张瑜伽姿势卡片要提供图片，图片要有课上教的正确的动作技巧和形式。关于这一点，你可以用数码相机把正确的姿势演示拍下来。
3. 每个姿势要提供 3 个技巧提示。
4. 用一页纸专门列出瑜伽对健康的益处。

源自：NASPE, 2011, *Physical education for lifelong fitness: The Physical Best teacher's guide,* 3rd edition（Champaign, IL: Human Kinetics）.

跑步步态准则

慢跑标准

跑步者 1＿＿＿＿＿＿＿＿＿＿＿＿＿＿＿日期＿＿＿＿＿＿＿＿＿＿＿＿＿＿＿＿＿＿＿

跑步者 2＿＿＿＿＿＿＿＿＿＿＿＿＿＿＿日期＿＿＿＿＿＿＿＿＿＿＿＿＿＿＿＿＿＿＿

水平Ⅲ

观察者：给跑步者一些动作提示，这些提示可以帮助跑步者。尽量保持态度友好。

跑步者：以一个中等速度慢跑。教师发出信号时，应马上减速并换人。

	跑步者 1			跑步者 2		
	是	否	不知道	是	否	不知道
1. 抬头挺胸跑，稍微前倾						
2. 从髋部摆动大腿，保持膝关节弯曲						
3. 脚跟着地，重心放在脚趾上						
4. 脚趾向前，脚跟在膝盖正下方着地						
5. 前后摆动双臂，双手放松						
6. 有节奏地用腹部呼吸						

源自：NASPE, 2011, *Physical education for lifelong fitness: The Physical Best teacher's guide,* 3rd edition（Champaign, IL: Human Kinetics）. Adapted, by permission, from S.J. Virgilio, 1997, *Fitness education for children: Team approach*（Champaign, IL: Human Kinetics）, 20.

附录 B

营养成分说明

易于阅读的食品标签可以帮助我们找到饱和脂肪、胆固醇和钠含量低的食物。法律规定了哪些术语可以用来描述食物中营养成分的含量，以及如何使用这些术语。因此，同添加营养成分标签类似，营养成分说明也因同样的原因受到限制。核心术语见第 292 页表 B.1。

健康声明

美国食品药品监督管理局批准的健康声明是食品标签能够赢得关注健康的消费者注意的几种方法之一。一个健康声明会告知顾客产品潜在的健康风险，并且标签或广告会告知顾客他们吃的食物和患病风险之间存在一定的关联。健康声明不同于"结构或功能"声明，它也可能出现在食品或膳食补充剂的标签上。结构或功能声明不同于健康声明（产品会降低患病风险），结构或功能声明（如钙有助于骨骼生长）和减少患病风险之间没有关系。健康声明见第 293 页表 B.2。

关于心脏病、脂肪、饱和脂肪和胆固醇的健康声明

低心脏病风险声明意味着食物含有较低的脂肪、饱和脂肪和胆固醇。上述成分含量较低的饮食能降低大多数人患心脏病的风险，但还是有少部分人会患病。家族病史、抽烟、肥胖和糖尿病同样也会影响一个人患心脏病的风险。

高血压和低钠健康声明

低血压和低钠健康声明意味着食物中钠含量较低。一些人群采用低钠饮食会降低血压，但并不是所有人都这样。家族病史、年龄、过胖、喝太多酒都有可能造成高血压。

其他定义

法律同样涉及了其他声明，具体如下所示。

▶ 健康。被冠以"健康"标签的食物，其脂肪和饱和脂肪含量必须低，并且要包含一定量的胆固醇和钠。另外，如果是一种单品食物，必须提供至少下列一个或者多个营养成分 10% 的日常需求量：维生素 A 或 C、铁、钙、蛋白质或者纤维。不受 10% 规定限制的是生鲜、罐装、冷冻的水果和蔬菜以及某些谷物产品。如果食物不包含会改变营养成分的物质，那么就可以被冠以"健康"标签。至于营养丰富的谷物产品，按照谷物食品标准，需要包含一定的必需成分。如果是套餐类食物，如冷冻主食和多道冷冻晚餐，里面必须包含 10% 的 2～3 种维生素、矿物质、蛋白质和纤维。单人每份套餐类食物的钠含量不得超过 360 毫克以及（非单人套餐）每份不得超过 480 毫克。

▶ 无脂。有这个声明的产品必须是低

表 B.1 营养成分声明

如果标签内容为	则每份食物有
热量	
无热量	低于 5 卡路里
低热量	40 卡路里或以下
少热量	至少比一般食物低 25% 的卡路里
微量热量	至少比一般食物低 1/3 或一半的卡路里
糖	
无糖	含量低于 0.5 克
少糖	至少比一般食物低 20%，如果汁和干果
不加糖	
脂肪	
无脂肪	含量低于 0.5 克
低脂肪	含量在 3 克或以下
少脂肪	至少比一般食物低 25%
低饱和脂肪	饱和脂肪含量在 1 克或以下，热量不超过 15%
去脂	脂肪低于 10 克、饱和脂肪低于 4 克、胆固醇低于 95 毫克
超去脂	脂肪低于 5 克、饱和脂肪低于 2 克、胆固醇低于 95 毫克
轻度去脂	至少比一般食物低 1/3 热量，脂肪不超过一般食物的一半，钠不超过一般食物的一半
胆固醇	
无胆固醇	胆固醇低于 2 毫克、2 克或更少的饱和脂肪
低胆固醇	含有 20 毫克或低于 20 毫克的胆固醇以及 2 克或更少的饱和脂肪
少胆固醇	至少比一般食物低 25% 的胆固醇，含有 2 克或更少的饱和脂肪
钠	
无钠	钠少于 5 毫克或无钠
微量钠	35 毫克及以下
低钠	140 毫克及以下
少钠	至少比一般食物低 25%
纤维	
高纤维	5 克或更多
良好的纤维来源	2.5 克或 5.9 克
其他声明	
高含量、丰富、极好的来源	日常需求的 20% 或更多
良好来源，包含或提供了	日常需求的 10%～19%
更多、富含、增强、增加	日常需求的 10% 或更多
去脂（肉类、家禽类、海鲜和野味）	少于 10 克的脂肪，4.5 克的饱和脂肪和 95 毫克的胆固醇
超去脂	少于 5 克的脂肪，2.5 克的饱和脂肪和 95 毫克的胆固醇
高效能	单种维生素和矿物质必须 100% 满足 RDI 或更高

源自：Food and Drug Administration, Center for Food Safety and Applied Nutrition.

表 B.2　健康声明

为了做出关于……的健康声明	食物必须……
心脏病和脂肪	低脂、低饱和脂肪、低胆固醇
心脏病和水果、蔬菜、谷物产品	每份含有少量脂肪、饱和脂肪以及胆固醇的水果、蔬菜和谷物产品，至少要有 0.6 克可溶性纤维
血压和钠	低钠
癌症和脂肪	低脂或无脂
骨质疏松症和钙	高钙，含磷量不能比钙多
癌症和水果、蔬菜	良好的纤维、维生素 A、C 来源
神经管出生缺陷和叶酸	每份至少含有 40 毫克叶酸（日常需求的 10%）
蛀牙和膳食糖醇	无糖或符合无糖标准
冠心病和可溶性纤维	全燕麦和洋车前子壳（燕麦片、燕麦麸或全燕麦粉）

源自：Food and Drug Administration, Center for Food Safety and Applied Nutrition.

脂或者无脂产品。另外，该声明必须精确反映每 100 克食品中的脂肪含量。因此，如果每 50 克食物中含有 2.5 克脂肪，那么声明中只能是 95% 的无脂率。

▶ 暗示。这种类型的声明禁止使用，因为会错误地暗示食物中含有或者不含有足够的营养。例如，一种产品被称作是用一种可溶性纤维做成的（如"由燕麦麸做成"），这是不允许的，除非产品中包含足够量的成分（如燕麦麸）以满足"良好的膳食纤维来源"这个定义。再举个例子，允许声明产品没有热带油，但是仅在食物含饱和脂肪较低的情况下才能这样使用，因为消费者易把热带油和高饱和脂肪联系起来。

▶ 饭菜和主食。饭菜或主食中对不含某类营养素的声明，如不含钠或胆固醇，也必须符合同单品食物一样的要求。在特定的条件下可使用其他声明。例如"低热量"的意思是每 100 克饭菜或主食中含有 120 卡路里热量或更少，"低钠"的意

思是每 100 克食物中含有 140 毫克或更少的钠，"低胆固醇"的意思是每 100 克食物中含有 20 毫克或更少的胆固醇以及不多于 2 克的饱和脂肪，"微量"的意思是饭菜或主食含有较低的脂肪和热量。

▶ 标准食物。任何营养成分声明，如"低脂""低热量"或者"微量"，如果新产品符合美国食品药物管理局（FDA）的相关标准，或者在营养上不次于传统标准的食物，又或者符合 FDA 设定的关于特定成分的标准，所有关于营养成分的主张如"低脂""低热量"或"易于消化"等，都可以与标准的条款共同应用。新产品必须有和传统标准食物类似特征的声明。若新产品没有上述情况，而其实质差别又限制了产品的使用，必须在标签上注明这些差别以告知消费者（如"不推荐烘烤"）。

新鲜

尽管没有 NLEA 的授权，美国食品

药品监督管理局仍然就"新鲜"声明出台了一项法规。之所以制定这项法规是为了防止在一些食物标签上误用这个术语。

该法规确定了只有在用于告知食物是生的且未经加工时才能使用"新鲜"。正文中，"新鲜"只能在食物是生的且未经冷冻或加热的，没有经过长时间储存的情况下才能使用（允许低强度光照）。"新鲜冷冻""冷冻新鲜""新鲜地冷冻"可以在食物新鲜时被立刻冷冻的情况下使用。生焯（在冷冻前短暂用开水烫过以防止营养流失）是允许的。同时在其他情况下使用术语"新鲜"，如"新鲜牛奶"或"新鲜烤面包"不受影响。

源自：Food and Drug Administration, Center for Food Safety and Applied Nutrition.

附录 C

青春期前的运动

选自大量针对力量训练的运动，以下提供的运动仅供参考，你可以根据环境和设备情况使用其他运动形式。

源自：Adapted, by permission, from T.O. Bompa, 2000, *Total training for young champions* (Champaign, IL: Human Kinetics), 115–123.

哑铃或阻力带侧举

运动部位：三角肌（肩部）

1. 双脚分开站立，双臂放在身体两侧。
2. 双臂向双侧举起哑铃或者阻力带至与地面平行，然后回到开始姿势。

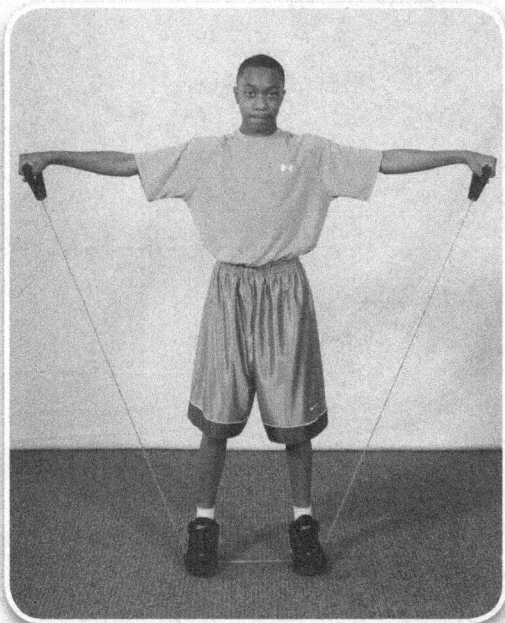

哑铃或阻力带弯举

运动部位：肱二头肌（前臂）

1. 双臂伸展至臀部前面，站立，手掌朝上。
2. 弯曲右肘，将哑铃或阻力带举向右肩。
3. 回到准备姿势，换左臂重复上述动作。

注意：双臂可同时做。

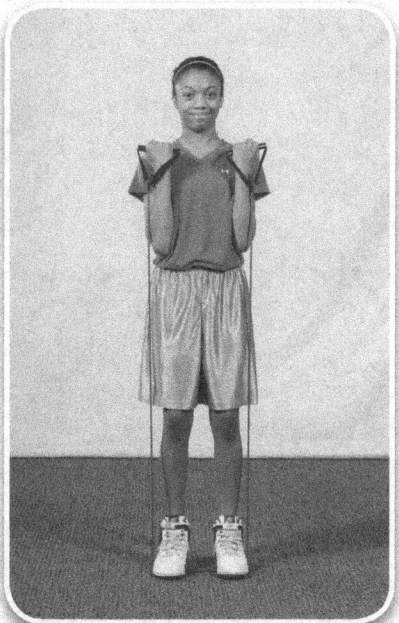

哑铃肩上推举

运动部位：三角肌（肩部）

1.学生背靠背坐，持哑铃与肩平齐。

2.将哑铃垂直向上举起至过肩，再回到开始姿势。

哑铃飞鸟

运动部位：胸肌（胸部）和三角肌（肩部）

1.学生仰卧，双臂向身体两侧伸展。

2.将双臂垂直举起（胸部上方），然后回到开始姿势。

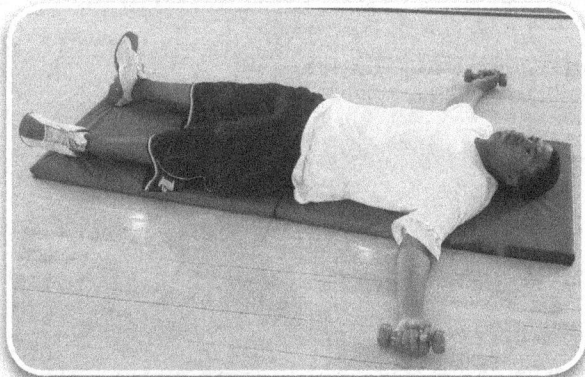

药球胸前投掷

运动部位：三角肌（肩部）和三头肌（后上臂）

1. 两人面对面，间隔 2.5～3 米的距离站立，A 持药球于胸前。
2. A 伸展双臂向前上方掷球于 B 胸部位置。
3. B 接球后，把球掷回给 A。

药球 Z 字形投掷

运动部位：肱二头肌（前上臂）、三头肌（后上臂）以及三角肌（肩部）

1. 每两人间隔 3 米远站成一条线，每条线上的第一个人持球。
2. 每条线上的学生呈 Z 字形，用双手掷球。

动作变化

可单手掷球，双手举过头顶掷球或者从一侧掷球。

药球转身投掷

运动部位：肱二头肌（前上臂）、肱三头肌（后上臂）、斜肌和腹部肌肉

1.A 持球于髋部，身体左侧朝向 B。

2.B 面向 A，向前伸展手臂接球。

3.A 向左转身，伸展手臂，将球掷给 B。

4.接球后，B 以同样的开始姿势（身体一侧朝向 A），转身，以同样方式掷球给 A。

药球头上方投掷

运动部位：胸肌（胸部）、三角肌（肩部）、肱二头肌（前上臂）、肱三头肌（后上臂）和腹部肌肉

1.双方间隔 2.5～3 米，面对面站立，A 持球于头上方。

2.A 先向后伸展手臂，然后迅速向前掷球于 B 胸部位置。

3.B 接球后，以同样的动作将球掷回给 A。

药球胯下投掷

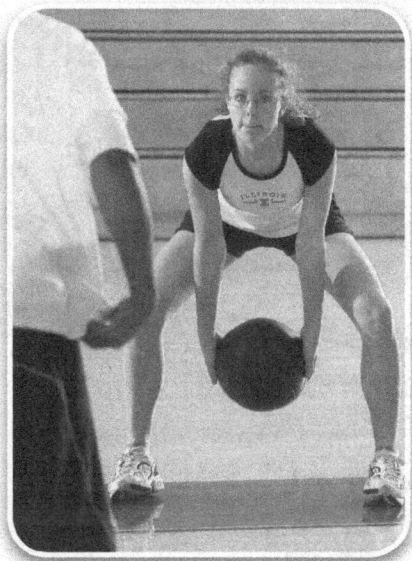

运动部位：髋伸肌，手臂、肩部和背部肌肉

　　1.学生双腿分开站立，持球于双腿之间。

　　2.膝关节弯曲后立刻伸直，同时用手将球垂直掷出（自抛自接）。

　　3.向上伸展手臂接球并回到开始姿势。

动作变化

　　学生可和同伴一起做这个运动。

卷腹

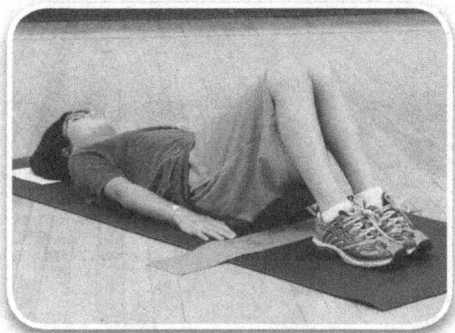

运动部位：上腹和下腹肌肉

　　1.学生平躺在地上，双臂和身体平行，膝关节弯曲。

　　2.向前抬起上身，然后放松，使身体慢慢地回到起始位置。双手在整个运动过程中需沿着地板滑动。

药球后卷

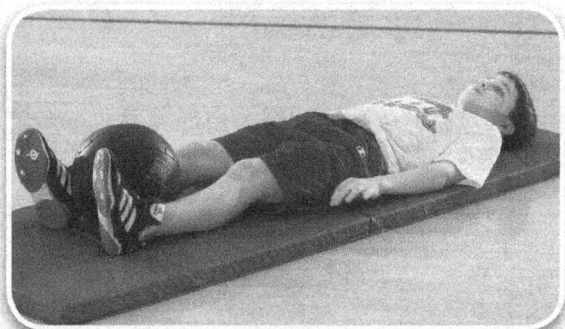

运动部位：腹部肌肉和髋伸肌

1.学生平躺在地上，双臂与身体平行。双脚夹球，膝关节微屈。

2.抬腿直到球超过头的高度，然后用双手将球取下，将腿放回至开始姿势球在头顶的位置，伸手触到球。

动作变化

学生可同伙伴一起练习，越过头顶向后掷球。

安全提示

当球在脸部上方时，学生应将手掌张开置于脸部上方，以防止球掉落至脸部或头部。

接力侧面传球

运动部位：腹斜肌和三角肌（肩部）

　　1. 人数相同的两支队伍双腿分开坐下，每队队员坐成一条直线（队员之间间隔一定的距离，传球时会舒适一点），每队第一个队员持球。

　　2. 第一个队员向右转身传球给下一个队员。

　　3. 队员按照这个顺序以最快的速度将球传给最后一个队员。

　　4. 最后一个队员接球后马上起立，以最快的速度跑到前面坐下，然后再进行下一轮传球。

　　5. 当第一个队员在最后位置时，传球结束。

动作变化

▶队员可自由选择向左边还是向右边传球。

▶队员可以越过头顶向后传球。

▶队员可用脚持球，然后转身传给下一个队员。

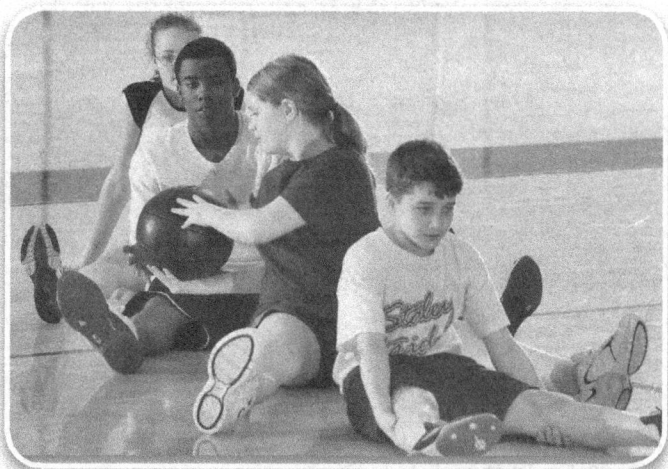

转体

运动部位：腹内斜肌、腹外斜肌

　　1. 学生坐在地上，双脚放置在重物或固定物下，或者让伙伴按住双脚。双手放在耳朵上，膝关节弯曲。

　　2. 学生略微向后靠，身体呈倾斜姿势，尽可能向左转动身体。

　　3. 回到开始，然后换另一侧尽可能向右转身，重复上述动作。

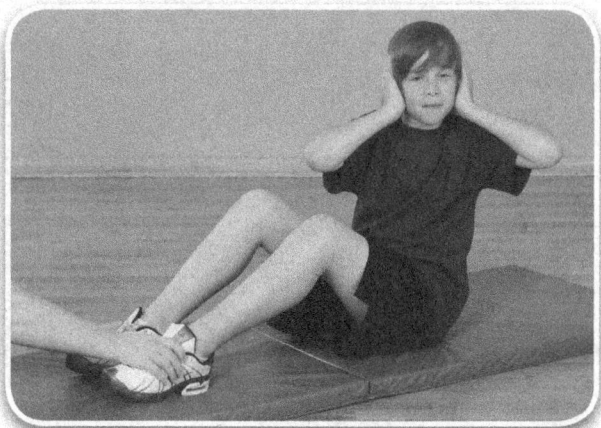

单腿后举

运动部位：髋伸肌和竖脊肌

1. 俯卧、双臂向前伸展。

2. 尽量抬高右腿，保持腹部紧贴地面。

3. 放下右腿、抬高左腿。

4. 交替进行上述动作。

挺胸拍掌

运动部位：腰伸肌（下背部）

1. 学生面朝下躺下，手臂贴地向前伸展。

2. 双臂伸展，挺胸拍掌 2～3 次。

3. 放松身体，手臂放下置于地面。

附录 D

有争议运动的替代选择

当一套动作过于剧烈或者耗时过长，或在极限活动范围内完成牵张反射式的动作时，拉伸可能对健康造成损害。错误地选择运动会对关节造成严重的损伤。事实上，过去使用的较为流行的拉伸运动有潜在的危害。不幸的是，大多数人通过观察别人而获取拉伸运动的知识。这种不正确的、效仿他人的方法已经催生了大量流行的但是危险的运动形式，这种运动会对膝关节、颈部、脊柱、脚踝以及下背部造成损伤。以下内容提供了9种流行的、但是需要禁止的拉伸运动，还提供了安全的、可以有效拉伸相同肌肉群的替代运动。

源自：Adapted, by permission, from J.S. Greenberg, G.V. Dintiman, and B. Myers Oakes, 2004, *Physical fitness and wellness: Changing the way you look, feel, and perform*, 3rd edition（Champaign, IL: Human Kinetics），151–153.

有争议的运动	可替代的安全运动
头部转动 危害：头向后仰会损伤颈椎，甚至诱发关节炎 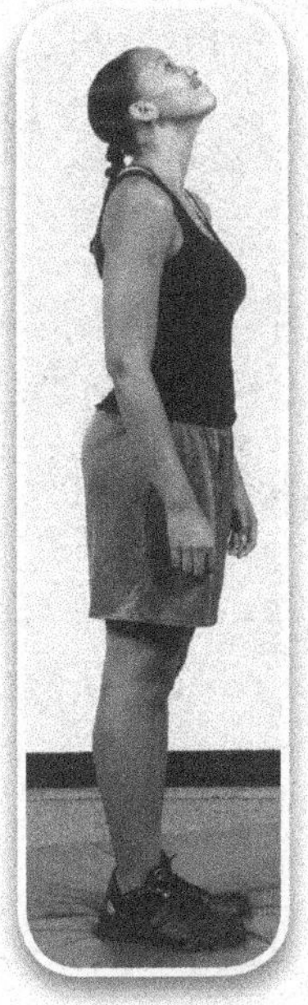	头向四周看 描述：向4个方向看并保持一段时间（图中只展示了向左看和向右看） 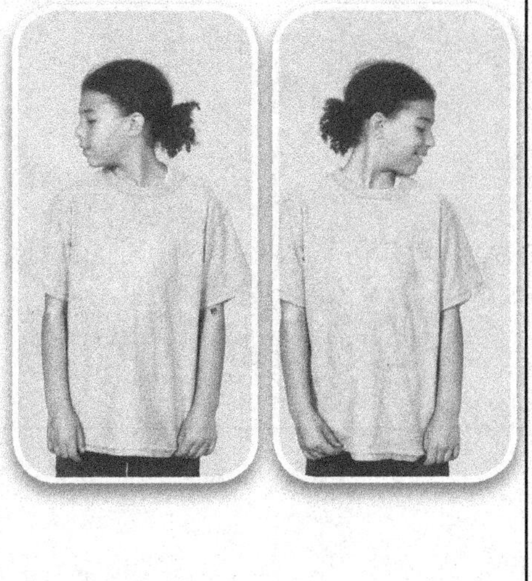

有争议的运动	可替代的安全运动
股四头肌拉伸抓脚趾 危害：如果用力拉扯脚踝或者脚趾，会损伤肌肉、韧带和软骨组织 	股四头肌拉伸抓脚踝 描述：用同一侧的手握住脚踝，不要拉，拉伸时试着伸直大腿
跨栏式拉伸 危害：让髋部、膝关节和脚踝承受异常的压力 	（大腿）外翻跨栏式拉伸 描述：在膝关节处弯曲左腿，并靠向右膝。通过使用毛巾或者握住脚趾慢慢向前拉伸躯干

有争议的运动	可替代的安全运动
深屈膝（或者任何超过正常角度弯曲膝关节的运动） 危害：给韧带、肌腱和软骨组织施加了过多的压力	单膝箭步 描述：把一条腿放置在身体前面，另一条腿向后伸展。在你弯曲前腿到合适角度时，向前弯曲身体
瑜伽犁式 危害：这个运动会造成肌肉和韧带过度拉伸，对椎间盘造成伤害，甚至导致昏厥	单腿伸展或坐位体前屈 描述：伸直一条腿，另一条腿弯膝。伸腿保持脚跟紧贴地面，屈膝腿的膝盖靠近胸部，尽可能向前弯曲身体

有争议的运动	可替代的安全运动
直腿仰卧起坐 危害：会造成背部拉伤以及坐骨神经拉长，同时还会造成髋伸肌移动，也不会使腹部平坦	屈膝仰卧起坐 描述：双手在胸口交叉，轻微屈膝，上半身抬高 25 度左右。 注意：Fitnessgram 建议手臂伸直保持与身体平行
双腿抬高 危害：会造成坐骨神经伸展超过其正常的范围，并且会给韧带、肌肉以及椎间盘施加过多压力	膝胸拉伸 描述：双手在头部两侧或耳部紧扣，屈膝靠向胸部并以最大拉伸限度保持 15 ～ 30 秒
俯卧弓状拉伸 危害：会造成下背部过度拉伸，给腰椎间盘施加过多压力	腹部俯卧撑 描述：腹部朝下平躺，用肘部支撑身体。双臂缓慢撑起上身，下身保持紧贴地面。预防背部过度伸展

有争议的运动	可替代的安全运动
下腰 危害：腰椎间盘易受伤 	没有权威认可的可替代运动

附录 E

体重指数和身体成分测量

2～20岁男生
体重指数（BMI）和年龄百分比指标

姓名 ____________

记录 # ____________

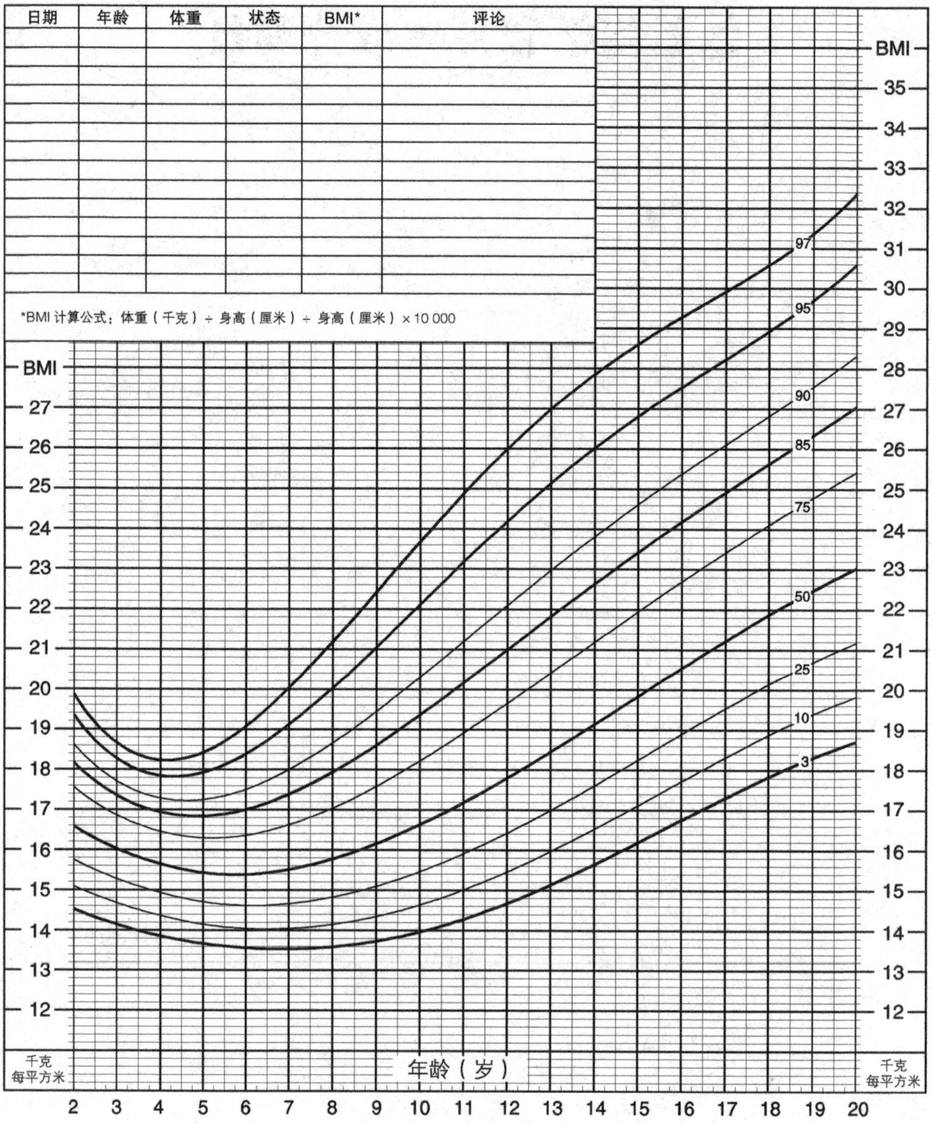

日期
年龄
体重
状态
BMI*
评论
*BMI 计算公式：体重（千克）÷ 身高（厘米）÷ 身高（厘米）× 10 000
BMI
97
95
90
85
75
50
25
10
3
千克每平方米
年龄（岁）

Published May 30, 2000 (modified 10/16/00).

源自： Developed by the National Center for Health Statistics in collaboration with the National Center for Chronic Disease Prevention and Health Promotion (2000).

图 E.1 2～20岁男性BMI表

2 ～ 20 岁女生
体重指数（BMI）和年龄百分比指标

姓名 _____

记录 # _____

日期	年龄	体重	状态	BMI*	评论

*BMI 计算公式：体重（千克）÷ 身高（厘米）÷ 身高（厘米）× 10 000

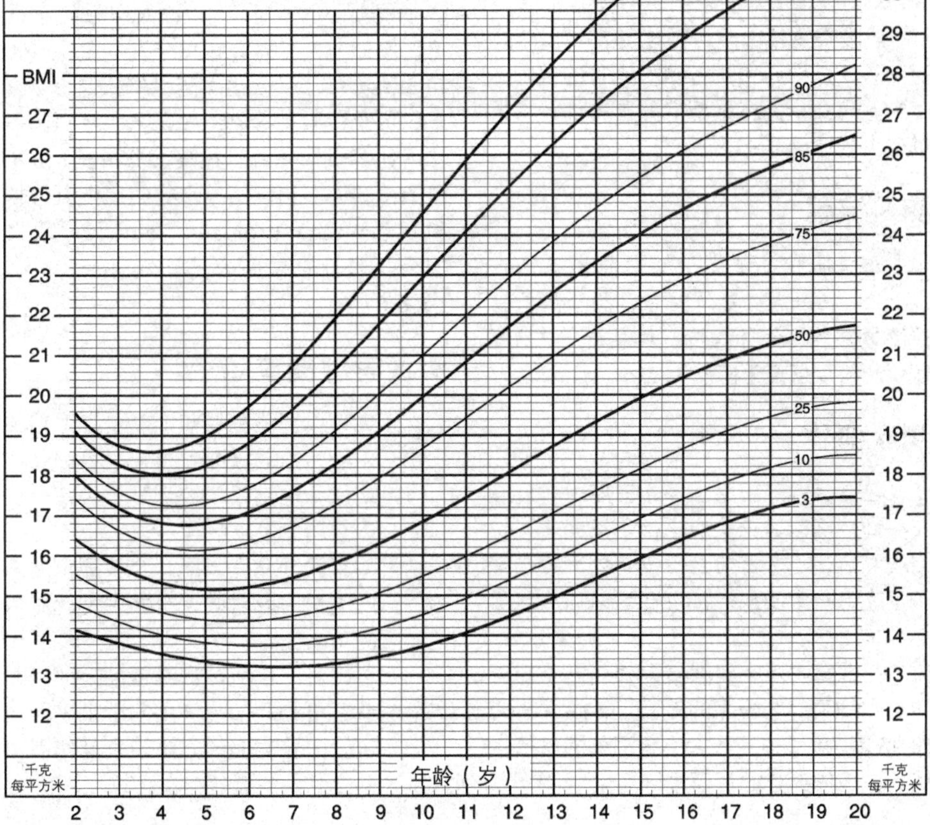

年龄（岁）

Published May 30, 2000 (modified 10/16/00).
源自：Developed by the National Center for Health Statistics in collaboration with
the National Center for Chronic Disease Prevention and Health Promotion（2000）.

图 E.2　2 ～ 20 岁女性 BMI 表

皮褶厚度测量

这一部分提供了测量皮褶厚度的信息，还包括如何以最好的方式测量皮褶厚度的建议。

测量目标

为计算体脂率，需测量三头肌和小腿（大学生测量腹部）的皮褶厚度。

设备和设施

需要有皮褶卡尺，需花费 5 ~ 200 美元。有受过训练和具备测量经验的教师，不管是用昂贵的还是便宜的工具都能有效测出皮褶厚度。

测量流程

三头肌和小腿皮褶厚度测量被选进 Fitnessgram，主要是因为这两个部位易被测量并且和全身脂肪高度相关。皮褶厚度仪测量双层皮下脂肪和皮肤。

测量部位

在右后臂三头肌上部，在肩胛骨肩峰和肘部中间测量三头肌皮褶。用绳子来找到中间点是一个好方法。皮褶处一定与绳子垂直，在中间点轻捏皮褶可以让测量更加准确。

在右腿内侧小腿围最大处测量小腿皮褶。右脚平放在略高的地面上，膝关节弯曲 90 度，用手捏住最大小腿围处的皮褶，然后在捏住部分的下面进行测量。

测量技巧

- 测量人体右侧的皮褶。
- 让学生放松要测量的手臂和大腿。
- 用食指和大拇指紧捏皮褶，将其拉离其他身体组织。抓捏也不要太用力，以免疼痛。
- 将卡尺放置在抓捏处以下 1.25 厘米外。
- 确保卡尺在捏起皮褶的中间。
- 推荐的方法是在一个部位测量完后，再到下一个部位进行测量。同理，完成第二次测量之后，再开始第三次测量。

评分

皮褶厚度是用卡尺来完成测量的，必须测量 3 次，取 3 次测量结果的中间值。例如，3 次测量结果分别是 7.0、9.0 和 8.0 毫米，那么此次测量结果是 8.0 毫米。每个读数精确到 0.5 毫米。教师不需使用计算机软件，可在表 E.1 和表 E.2 中查阅体脂率。Fitnessgram 使用由斯劳特和罗曼（Slaughter and Lohman）研发的公式来计算体脂率（Slaughter et al., 1988）。

测量管理建议

- 皮褶厚度测量要在一个可以保护学生隐私的地方进行。
- 如果个别结果未被识别，可在分组中对测量做出解释。
- 如果时间允许，同一个教师在后面的测量中应对同一个学生进行皮褶测量。
- 可由另一位测试员测量同一部位，然后再和同一个学生的结果进行比较。随着对测量方法越来越熟悉，两个测量的偏差会在 10% 以内。

学习测量皮褶厚度

观看训练视频或者参加培训班，都是不错的学习如何测量皮褶厚度的方法。

也可参考身体成分实践视频（Practical Body Composition Video，可从人体运动出版社处获得），里面展示了本书所描述的内容。

源自：Adapted, by permission, from The Cooper Institute, 2010, *Fitnessgram/ Activitygram test administration manual*, 5th ed.（Champaign, IL: Human Kinetics）, 42.

表 E.1　Fitnessgram 身体成分换算表

男生									
总厚度（mm）	% 脂肪	总厚度（mm）	% 脂肪	总厚度（mm）	% 脂肪	总厚度（mm）	% 脂肪	总厚度（mm）	% 脂肪
1.0	1.7	16.0	12.8	31.0	23.8	46.0	34.8	61.0	45.8
1.5	2.1	16.5	13.1	31.5	24.2	46.5	35.2	61.5	46.2
2.0	2.5	17.0	13.5	32.0	24.5	47.0	35.5	62.0	46.6
2.5	2.8	17.5	13.9	32.5	24.9	47.5	35.9	62.5	46.9
3.0	3.2	18.0	14.2	33.0	25.3	48.0	36.3	63.0	47.3
3.5	3.6	18.5	14.6	33.5	25.6	48.5	36.6	63.5	47.7
4.0	3.9	19.0	15.0	34.0	26.0	49.0	37.0	64.0	48.0
4.5	4.3	19.5	15.3	34.5	26.4	49.5	37.4	64.5	48.4
5.0	4.7	20.0	15.7	35.0	26.7	50.0	37.8	65.0	48.8
5.5	5.0	20.5	16.1	35.5	27.1	50.5	38.1	65.5	49.1
6.0	5.4	21.0	16.4	36.0	27.5	51.0	38.5	66.0	49.5
6.5	5.8	21.5	16.8	36.5	27.8	51.5	38.9	66.5	49.9
7.0	6.1	22.0	17.2	37.0	28.2	52.0	39.2	67.0	50.2
7.5	6.5	22.5	17.5	37.5	28.6	52.5	39.6	67.5	50.6
8.0	6.9	23.0	17.9	38.0	28.9	53.0	40.0	68.0	51.0
8.5	7.2	23.5	18.3	38.5	29.3	53.5	40.3	68.5	51.3
9.0	7.6	24.0	18.6	39.0	29.7	54.0	40.7	69.0	51.7
9.5	8.0	24.5	19.0	39.5	30.0	54.5	41.1	69.5	52.1
10.0	8.4	25.0	19.4	40.0	30.4	55.0	41.4	70.0	52.5
10.5	8.7	25.5	19.7	40.5	30.8	55.5	41.8	70.5	52.8
11.0	9.1	26.0	20.1	41.0	31.1	56.0	42.2	71.0	53.2
11.5	9.5	26.5	20.5	41.5	31.5	56.5	42.5	71.5	53.6
12.0	9.8	27.0	20.8	42.0	31.9	57.0	42.9	72.0	53.9
12.5	10.2	27.5	21.2	42.5	32.2	57.5	43.3	72.5	54.3
13.0	10.6	28.0	21.6	43.0	32.6	58.0	43.6	73.0	54.7
13.5	10.9	28.5	21.9	43.5	33.0	58.5	44.0	73.5	55.0
14.0	11.3	29.0	22.3	44.0	33.3	59.0	44.4	74.0	55.4
14.5	11.7	29.5	22.7	44.5	33.7	59.5	44.7	74.5	55.8
15.0	12.0	30.0	23.1	45.0	34.1	60.0	45.1	75.0	56.1
15.5	12.4	30.5	23.4	45.5	34.4	60.5	45.5	75.5	56.5

源自：Reprinted, by permission, from The Cooper Institute, 2010, *Fitnessgram/Activitygram test administration manual*, 5th ed.（Champaign, IL: Human Kinetics）, 101.

表 E.2 Fitnessgram 身体成分换算表

女生									
总厚度(mm)	%脂肪	总厚度(mm)	%脂肪	总厚度(mm)	%脂肪	总厚度(mm)	%脂肪	总厚度(mm)	%脂肪
1.0	5.7	16.0	14.9	31.0	24.0	46.0	33.2	61.0	42.3
1.5	6.0	16.5	15.2	31.5	24.3	46.5	33.5	61.5	42.6
2.0	6.3	17.0	15.5	32.0	24.6	47.0	33.8	62.0	42.9
2.5	6.6	17.5	15.8	32.5	24.9	47.5	34.1	62.5	43.2
3.0	6.9	18.0	16.1	33.0	25.2	48.0	34.4	63.0	43.5
3.5	7.2	18.5	16.4	33.5	25.5	48.5	34.7	63.5	43.8
4.0	7.5	19.0	16.7	34.0	25.8	49.0	35.0	64.0	44.1
4.5	7.8	19.5	17.0	34.5	26.1	49.5	35.3	64.5	44.4
5.0	8.2	20.0	17.3	35.0	26.5	50.0	35.6	65.0	44.8
5.5	8.5	20.5	17.6	35.5	26.8	50.5	35.9	65.5	45.1
6.0	8.8	21.0	17.9	36.0	27.1	51.0	36.2	66.0	45.4
6.5	9.1	21.5	18.2	36.5	27.4	51.5	36.5	66.5	45.7
7.0	9.4	22.0	18.5	37.0	27.7	52.0	36.8	67.0	46.0
7.5	9.7	22.5	18.8	37.5	28.0	52.5	37.1	67.5	46.3
8.0	10.0	23.0	19.1	38.0	28.3	53.0	37.4	68.0	46.6
8.5	10.3	23.5	19.4	38.5	28.6	53.5	37.7	68.5	46.9
9.0	10.6	24.0	19.7	39.0	28.9	54.0	38.0	69.0	47.2
9.5	10.9	24.5	20.0	39.5	29.2	54.5	38.3	69.5	47.5
10.0	11.2	25.0	20.4	40.0	29.5	55.0	38.7	70.0	47.8
10.5	11.5	25.5	20.7	40.5	29.8	55.5	39.0	70.5	48.1
11.0	11.8	26.0	21.0	41.0	30.1	56.0	39.3	71.0	48.4
11.5	12.1	26.5	21.3	41.5	30.4	56.5	39.6	71.5	48.7
12.0	12.4	27.0	21.6	42.0	30.7	57.0	39.9	72.0	49.0
12.5	12.7	27.5	21.9	42.5	31.0	57.5	40.2	72.5	49.3
13.0	13.0	28.0	22.2	43.0	31.3	58.0	40.5	73.0	49.6
13.5	13.3	28.5	22.5	43.5	31.6	58.5	40.8	73.5	49.9
14.0	13.6	29.0	22.8	44.0	31.9	59.0	41.1	74.0	50.2
14.5	13.9	29.5	23.1	44.5	32.2	59.5	41.4	74.5	50.5
15.0	14.3	30.0	23.4	45.0	32.6	60.0	41.7	75.0	50.9
15.5	14.6	30.5	23.7	45.5	32.9	60.5	42.0	75.5	51.2

源自：Reprinted by permission, from The Cooper Institute, 2010, *Fitnessgram/Activitygram test administration manual*, 5th ed.（Champaign, IL: Human Kinetics），102.

附录 F

哮喘行动卡

美国哮喘与过敏基金会 aafa

学生哮喘行动卡

美国哮喘教育和预防计划 EPA

姓名： _____ 年级： _____ 年龄： ____

班主任老师： _____ 房间： _____

父母 / 监护人 　姓名： _____ 电话（父）： _____

　　　　　　　地址： _____ 电话（母）： _____

父母 / 监护人 　姓名： _____ 电话（父）： _____

　　　　　　　地址： _____ 电话（母）： _____

紧急联系电话 1： _____

紧急联系电话 2： _____

照片

治疗哮喘的医生： _____ 电话： _____

其他医生： _____ 电话： _____

紧急情况措施

（当学生出现症状，如 _____、_____、_____

或最大通气量达到 _____ 时需要急救。）

●**哮喘发作时应采取的步骤：**

1. 检查最大通气量。

2. 按清单给药。给药治疗 15 ～ 20 分钟后学生应有反应。

3. 联系父母 / 监护人 _____

4. 再次检查最大通气量。

5. 如果学生有以下情况之一，寻求急救。

✔ 不停地咳嗽。

✔ 给药 15 ～ 20 分钟后，学生没有改善，联系不上亲属。

✔ 峰值流量为 _____。

✔ 呼吸困难并伴有：
　·呼吸时胸部、颈部剧烈活动；
　·弯腰姿势；
　·挣扎或喘气。

✔ 走路或说话困难。

✔ 停止活动，不能重新开始。

✔ 嘴唇、指甲呈灰色或蓝色。

如果出现这些症状，寻求急救！

●**哮喘急救药物**

	名称	用量	服药时间
1.			
2.			
3.			
4.			

更多说明见背面

源自：Reprinted, by permission, from Asthma and Allergy Foundation of America.

315

日常哮喘管理计划

• 下列哪些因素会引发哮喘？（检查适用于学生的每个因素）

□ 运动　　　　　　　□ 强烈的气味或烟雾　　　□ 其他＿＿＿＿＿＿

□ 呼吸道感染　　　　□ 粉笔灰 / 灰尘　　　　　　＿＿＿＿＿＿＿＿＿＿

□ 温度变化　　　　　□ 室内地毯

□ 动物　　　　　　　□ 花粉

□ 食物＿＿＿＿＿＿　□ 霉菌

意见＿＿＿＿＿＿＿＿＿＿＿＿＿＿＿＿＿＿＿＿＿＿＿＿＿＿＿＿＿＿＿＿

• **最大通气量监测**

个人最佳最大通气量为＿＿＿＿＿＿＿＿＿＿＿＿＿＿＿＿＿＿＿＿＿＿＿

监测时间＿＿＿＿＿＿　　＿＿＿＿＿＿　　＿＿＿＿＿＿　　＿＿＿＿＿＿

• **日常药物计划**

	名称	用量	服药时间
1.			
2.			
3.			
4.			

意见 / 特殊说明

＿＿＿＿＿＿＿＿＿＿＿＿＿＿＿＿＿＿＿＿＿＿＿＿＿＿＿＿＿＿＿＿＿＿

＿＿＿＿＿＿＿＿＿＿＿＿＿＿＿＿＿＿＿＿＿＿＿＿＿＿＿＿＿＿＿＿＿＿

＿＿＿＿＿＿＿＿＿＿＿＿＿＿＿＿＿＿＿＿＿＿＿＿＿＿＿＿＿＿＿＿＿＿

吸入药物

□ 我已说明以合适的＿＿＿＿＿＿方式用药。这是我的专业意见＿＿＿＿＿＿，
　 应允许学生自行携带并使用药物。

□ 这是我的专业意见＿＿＿＿＿＿，不应允许自行携带药物。

　 医生签名＿＿＿＿＿＿　日期＿＿＿＿＿＿

　 家长 / 监护人签名＿＿＿＿＿＿　日期＿＿＿＿＿＿

源自：Reprinted, by permission, from Asthma and Allergy Foundation of America.

词汇表

主动拉伸——人主动做的拉伸运动，可以通过收缩拮抗肌（对抗肌）来提供拉伸动力。

活动测评——体质健康测评的特色内容，可以进行体育活动方面的评估。它包括了关于学生活动习惯的详细信息以及关于学生参与活动的积极的反馈。

情感领域——一个学生在参加体育活动时的个人责任、态度以及价值观。

替代评估——除了传统的标准化测试工具之外，还使用其他工具，包括组合、日记和角色扮演等，以收集关于学生学习和实现计划目标的证据。

神经性厌食症——一种严重的、潜在的致命疾病，以自发挨饿和极度消瘦为特征。

评估——持续搜集并解释学生行为的信息，以提供关于学生在特定运动中进步的信息。

弹性拉伸——一种包含快速移动、弹跳的拉伸运动，或者是使用动力来进行拉伸。

暴食症——一种饮食失调症，没有其他特别的症状，其特点是经常性地暴饮暴食，而且没有常规性的补偿措施来对抗暴饮暴食。

健美——一种以体形大小、体形对称度以及肌肉线条来评判运动员水平的运动。

身体成分——去脂体重与体脂量的比较。这个量通常以体重百分比表示（即脂肪占总重量的比例）。

体重指数——适合一般人群的与身体脂肪相关的身高与体重之比。

贪食症——一种饮食失调症，以暴食和消耗食物的恶性循环为特征。

碳水化合物——一类营养，每克提供 4 千卡热量，是人体理想的能量来源，特别是对于大脑。

循环训练（法）——这种方法包含不同运动的训练。这种训练允许活动强度或类型在多个站点间变化。

认知领域——指的是知识、理解、应用、分析、综合和评估。

复合碳水化合物——面食、谷物、面包和燕麦等可以长时间持续提供能量的食物。

向心收缩——一种导致肌肉缩短的收缩。

持续训练——无休息地持续进行至少几分钟的运动。

放松——一段可以降低身体运动速度并慢慢回到静止状态的微量运动。身体需要这种缓慢的恢复以确保回到心脏的血流量，减轻肌肉僵硬，清除乳酸，防止头晕、眩晕甚至晕厥。

合作学习——一种让学生合作完成特定任务或者作业的教学方式。

标准参考——指的是健康标准和健康相关的标准。可使用科学信息来确定需要达到最低健康水平的运动量。

提示词——在学习技巧时学生重复学习的重要术语和短语，这样他们就可以学到和动作一致的词汇。

适合发育的活动——一种基于学生发育水平、年龄、能力等级、兴趣、以前的经验以及知识而进行的活动。

自由支配热量允许量——在满足推荐的营养摄入所需的热量量后，个人热量允许量中剩余的热量平衡量（即还可以摄入的热量）。

膳食——所消耗的食物和饮料的总称。

持续时间——活动需要进行多长时间。

动态柔韧性——以正常和极快的速度进行体育活动时关节运动的范围。

动态拉伸——活动身体部位，以逐渐增加活动范围及活动速度。

离心收缩——一种肌肉被动拉长的收缩，也称之为消极运动。

努力——指的是学生努力的程度。

能量平衡——消耗的热量和摄入的热量实现平衡。

运动——体育活动，即有计划的、结构化的、重复的身体运动，可以改善并维持健康体适能的一种或多种成分。

运动诱发性哮喘——由运动引起的气道狭窄，导致呼吸困难。症状包括气喘、咳嗽、胸闷和喘息。

运动处方——以系统和个性化的方式设计一个例行的体育活动的过程。

外部因素——环境、人口和社会对人改变行为产生的影响。

外部动机——一个人基于环境或其他个人因素的影响而完成一个特殊任务的愿望。当期望的目标或社会强化的结果出现时，会增加行为重复的可能性。

法特莱克训练——持续训练的一种改良形式，在不同的自然环境中，以渐增强度进行持续的活动。也称之为速度运动。

脂肪——一种身体营养素，每克脂肪提供9千卡热量。

脂溶性维生素——溶解在脂肪中的维生素并可以储存在身体中，包括维生素A、D、E和K。

体质健康测评系统——健康体适能评估和计算机报告系统，已被认可为与最佳体适能计划一起使用的评估工具。

FITT指南——说明如何安全应用5个训练原则（超负荷、循序渐进、专门性、周期性、个性化），并通过控制频度、强度、时间和类型来表现。

柔韧性——在关节所能活动的范围内移动的能力。

频度——指的是多久进行一次运动。

加德纳的多元智能理论——一种学习理论，强调不同的个体具有不同的"智能"优势。智能类型包括身体运动智能、空间智能、人际智能、音乐智能、逻辑数学智能、内省智能、自然探索智能、语言智能。

分数——基于以前的表现而形成的结果。

生长板——儿童长骨末端软骨节。

健康体适能——测试一个人可以完成需要耐力、力量或柔韧性的体育活动的能力，可以通过日常运动与天赋能力来实现。健康体适能组成部分是有氧适能、肌力与肌耐力、柔韧性以及身体成分，因为这些和增强健康关系紧密。

健康体适能区间——与身体健康相关的体适能指定分数范围，用于体质健康测评。健康体适能区间基于其参考标准，因其代表了儿童为保持身体健康所需达到的适合年龄、性别的体适能水平。

心率检测器——可提供心率数据的设备。

心率储备——一个人最大心率和静息心率之间的差异。

氢化——在压力下向不饱和油中添加氢以产生固体的过程，如起酥油或人造黄油。

过度伸展——伸展关节超过了其正常的运动范围，这会增加关节松弛和损伤的风险。

过度屈曲——屈曲关节超过了其正常的运动范围，这会增加关节松弛和损伤的风险。

过度活动——关节活动范围过大，容易受伤。

包容——创造一种对所有学生开放且有影响力的学习环境的过程，特别是能力在同龄人正常范围之外，文化或宗教信仰与大多数人不同的学生。

个性化原则——训练原则要考虑到每个人都以不同的体适能水平开始活动，每个人都有不同的体适能目标，每个人都有不同的基因潜力。

强度——一个人在运动时的努力程度。要根据年龄、体适能水平和体适能目标来确定合适的强度。

内部因素——个人因素（生理因素和心理因素）会影响动机水平。

间歇训练——包含了休息时间的短时爆发性运动。

内部动机——一个人内心想要完成特殊任务的渴望。

日记——从个人角度出发的手写记录，通常是对日常事件或日间活动的反思。

壶铃——有把手的球形重物，有不同的重量及尺寸，举起和控制壶铃可以迫使全身肌肉（特别是核心肌肉）同时收缩，增强力量和稳定性。

千卡——把一千克水的温度提高1摄氏度所需的热能。

胎毛（Lanugo）——身上生长的一层绒毛，是神经性厌食症的副作用。

松弛——给定关节的异常运动程度。关节异常松弛意味着连接骨骼之间的韧带不能再为关节提供稳定性。

日志——一种主要用于记录表现和参加运动的数据的方式，是对行为的系统记录和解释（通常设有反思）。日志提供了行为的基线记录，这些行为可以用来帮助确定与运动频度、强度、持续时间或类型相关的个人目标。

宏量营养素——可以提供大量能量，包括碳水化合物、蛋白质和脂肪等营养素。

最大心率——心脏跳动的最大速率。通常用于确定合适的运动心率以监控训练强度。

可用这个公式来计算最大心率：207-（0.7×年龄）。

最大摄氧量（VO₂max）——被认为是最好的有氧适能测量方法。这是一个实验测试，测量一个人尽管在不同等级的测试中，出现运动负荷的增加，可以消耗的最大氧气量。

药球——重量为 0.5～9 千克的球，由皮革或者橡胶制成。药球可以用于肌肉适能活动。

微量营养素——人体需要的少量维生素和矿物质。

矿物质——一种保持人体正常功能的无机物，对生长发育和维持身体健康尤其重要。矿物质不含热量。

中等强度体育活动——相当于快走的强度，可以在相对较长的时间内连续进行而不感到疲劳。

激励因素——推动行为改变的因素。人的行为受内在和外在控制因素的影响。

肌腱单元——肌肉和肌腱连接骨骼的区域，拉伸会延长肌腱单元的长度。

肌肉耐力——肌肉和肌肉群在接近次最大力量的力度下进行一段时间内重复运动的能力。

肌肉适能——在最佳体适能计划中，肌肉适能指的是肌力和肌耐力的综合发展。

肌肉爆发力——快速用力的能力，可通过力量乘以距离再除以时间来计算。

肌肉力量——在整体运动范围内，肌肉或肌肉群产生最大力量对抗阻力的能力。

规范标准——用于和其他组员进行比较，但是不提供个人健康与其如何换算的信息。

营养素密度——食物中每卡路里给定的营养元素量。例如，蔬菜的营养素密度比糖果的营养素密度大。

肥胖——身体脂肪过多的一种状态，通常定义为理想体重的 120% 或更大。

1 次重复最大重量（1RM）——在整个动作活动范围内仅可以举起一次的重量。这种评估方法不推荐用于儿童，但可以通过执行一个 10RM 或 12RM，然后使用一个表来估计 1RM。

超负荷原则——身体系统（心肺、肌肉或骨骼）必须在超过正常水平的状态下进行运动，以适应和改善生理机能和体适能水平。

过度训练——由于训练过多或强度过高，且没有足够的恢复时间而造成的状况。症状包括精力不足、表现下降、疲劳、沮丧、肌肉酸痛、食欲不振和易受伤。

被动拉伸——在非对抗肌的帮助下伸展。力量可以来自人、伙伴、重力或器械。

计步器——用于计步数的设备。

同学评估——一种评估方法，一个学生分析另一个学生的运动表现。

体育活动——由骨骼肌产生的身体运动并导致能量消耗。

植物营养素——植物的有机成分，被认为可以促进健康并保护人体不会得某些癌症、心脏病以及老年性肌肉退化等疾病。

增强式训练——用于增强爆发力的肌肉适能训练技巧。它强调的是在进行向心收缩之前进行肌肉预拉伸（离心收缩），通常包括单足跳、双脚跳和投掷。

PNF（本体感觉神经肌肉促进疗法）——采用主动和被动拉伸技术相结合的静态拉伸。一般包括一个预收缩的肌肉拉伸以及拉伸时的拮抗肌收缩。

文件包——学生运动信息的集合，通常指的是学生自选的和必选的材料的结合，表示课程目标的达成。

举重——一项竞技运动，包含了硬拉、深蹲和卧推 3 个动作项。

循序渐进原则——指的是如何增加运动负荷。循序渐进原则包含了活动水平的逐渐增加，由频度、时间、强度或者三者组合来进行控制。

蛋白质——一种营养物质，每克蛋白质提供 4 千卡热量，是细胞生长和替换的基础物质。

精神运动领域——指的是技巧或者运动模式。这是常用的评估方法，通常用于练习过程、技能测试和游戏活动中。

呕吐——利用通便剂、呕吐或者利尿剂来阻止身体吸收热量和增重。

周期性原则——体育活动必须以规律的方式进行，这样才会有效。长时间不运动会导致训练获益的退化。

重复次数——在一段时间内完成运动的次数。

抗阻或力量训练——使用不同的方法（如一个人自身的体重或弹力带）或设备（如器械或自由重量），逐步对肌肉骨骼系统施压来提高肌力、肌耐力或爆发力。

静息能量消耗——身体休息时的能量消耗量。

评分准则——用于评判学生表现的评分工具，包括清单及工具等。将其组合成一个整体，可用来评估技巧、态度和知识。

饱和脂肪——高胆固醇的主要来源，在室温下易于变硬，主要来自动物。

自我评估——一种评估方法，学生可使用关键元素、日记或者日志来监控他们自己的进步。

单一碳水化合物——高糖食物（如糖、苏打水）。

技能体适能——技能体适能（有时指的是运动体适能）成分通常与特定体育活动密切相关，对一个人完成任务或加强技能来说是必要的。技能相关组成部分包括敏捷性、平衡性、协调性、爆发力、反应时间以及速度。

皮褶——用于评估身体成分的双层皮肤和皮下脂肪。

皮褶卡尺——在身体成分评估中使用的测量皮褶厚度的设备。

专门性原则——一种明确活动的说明，针对特定身体系统并进行的运动以针对该部位产生体适能变化。

监护——有助于确保从事运动或活动的人的安全的技术。

瑞士球（稳定球）——大型充气球，用作运动器材。其使用方便且能提供大量支撑（作用），常用于提供大负荷或承重。

改变阶段（也称跨理论模式）——一种行为变化模型，关注动机的变化，与准备和意识阶段相关。该模型确定了人在每个阶段的典型行为并为改变阶段提供了建议，建议包括前期、考虑、准备、行动和保持。

静态柔韧性——关节和关节群的移动范围。静态柔韧性的极限取决于人体承受伸展姿势的程度。

静态拉伸——肌肉保持 10 ~ 30 秒的缓慢持续伸展。将肌腱单元伸展到感觉到轻度不适的位置、然后再慢慢收回一点，之后一直保持该姿势直到感觉明显不适。

步幅——走路时两脚后跟之间的距离。

任务分析——将任务分解为几个部分以帮助确定支持的程度和类型的过程，必须提供支持以完成学习任务。

潮气量——在正常呼吸时吸入或者呼出的气量。

时间——运动进行了多久（持续时长）。

传统评估——测试结果是用来测量或量化学生学习结果的主要数据的一种评估过程。在体育教育中，这种评估通常采用规则测试（如特定的游戏和运动）、技能测试、体适能测试和教师观察等形式。

训练适应——在训练期间发生的基本生理变化。

反式脂肪酸——一种不健康的脂肪，由植物油氢化而来。

类型——在健康体适能的每个领域，个人选择进行的活动模式。

体重过轻——通常定义为低于 90% 的理想体重或体重指数低于第 5 个百分位。

不饱和脂肪——室温下是液态的脂肪，来自植物，有助于降低胆固醇水平，适量摄入有益健康。

肺通气——空气进出肺部的运动过程，通常用每分钟多少升来表示，可用呼吸速率乘以潮气量计算而得。

高强度体育活动——需要耗费更多能量的运动，是比快步走的强度更高的运动。

运动量——在肌肉适能运动中的练习组数和重复次数。

热身——在进行主要活动之前，为即将进行的高强度活动做准备的低强度活动。适当的热身可提高肌肉适能，增加肌肉血液流量，提高柔韧性。

水溶性维生素——在身体吸收前需溶解在水里的维生素，包括大量的 B 族维生素（如 B_6、B_{12}、烟酸、核黄素、叶酸）和维生素 C。

举重——一项需要举起最大重量的竞技项目。

瑜伽拉伸——一项独特的静态拉伸运动，主要集中在躯干肌肉组织（ACSM, 2009）。

参考文献和资源

AAHPERD. (2004). *Physical Best activity guide: Elementary level* (2nd ed.). Champaign, IL: Human Kinetics.

AAHPERD. (2004). *Physical Best activity guide: Middle and highschool level* (2nd ed.). Champaign, IL: Human Kinetics.

AAHPERD. (2010). *Physical Best activity guide: Elementary level* (3rd ed.). Champaign, IL: Human Kinetics.

AAHPERD. (2010). *Physical Best activity guide: Middle and highschool* (3rd ed.). Champaign, IL: Human Kinetics.

Alter, M.J. (2004). *Science of flexibility* (3rd ed.). Champaign,IL: Human Kinetics.

American Academy of Pediatrics (AAP). (2000a). Intensive training and sports specialization in young athletes (RE9906). *Pediatrics,* 106 (1), 154 - 157.

American Academy of Pediatrics (AAP). (2000b). Physical fitness and activity in schools (RE9907). *Pediatrics,* 105 (5), 1156 - 1157.

American Academy of Pediatrics (AAP). (2000). *Promoting physical activity.* [Web excerpt from American Academy of Orthopaedic Surgeons, American Academy of Pediatrics. *Care of the young athlete.* Elk Grove Village, IL:American Academy of Pediatrics; 2000; 36 - 41], retrieved April 2, 2010.

American Academy of Pediatrics (AAP), Committee on Sports Medicine and Fitness. (2001). Policy statement: Strength training by children and adolescents. *Pediatrics,* 107 (6): 1470 - 1472.

American Academy of Pediatrics. (2010). *A teenagers nutritional needs.*

American Association for Active Lifestyles and Fitness - American Alliance for Health, Physical Education, Recreation and Dance (AAALF - AAHPERD). (1995). *Physical Best and individuals with disabilities: A handbook for inclusion in fitness programs,* ed. J.A. Seaman, Champaign, IL: Human Kinetics.

American College of Sports Medicine (ACSM). (2003). *ACSM fitness book* (3rd ed.). Champaign, IL: Human Kinetics.

American College of Sports Medicine (ACSM). (2006).

American College of Sports Medicine (ACSM). (2009). *ACSM's guidelines for exercise testing and prescription* (8th ed.). Philadelphia: Lippincott, Williams, and Wilkins.

American Heart Association (AHA). (2006). Promoting physical activity in children and youth: A leadership role for schools. *Circulation,* 114, 1214 - 1224.

Anderson, P.M., & Butcher, K.E. (2006). Childhood obesity: trends and potential causes. *Future Child,* 16 (1), 19 - 45.

Armstrong, N., Williams, J., Balding, J., Gentle, P., & Kirby, B. (1991). The peak oxygen uptake of British children with reference to age, sex, and sexual maturity. *European Journal of Applied Physiology,* 62, 369 - 375.

Asthma and Allergy Foundation of America. (2000). *Student asthma action card.*

Ayers, S.F. (2004). Ask-pe physical education concepts test. AAHPERD.

Baechle, T.R., & Earle, R. (2008). *Essentials of strength training and conditioning* (3rd ed.). Champaign, IL: Human Kinetics.

Baechle, T.R., & Groves, B. (1998). *Weight training: Steps to success* (2nd ed.). Champaign, IL: Human Kinetics.

Bailey, D.A., Ross, W.D., Mirwald, R.L., & Weese, C. (1978). Size dissociation of maximal aerobic power during growth in boys. *Medicine and Science in Sport and Exercise,* 11, 140 - 151.

Bailey, R. (2006). Physical education and sport in schools: A review of benefits and outcomes. *Journal of School Health,* 76, 397 - 401.

Bailey, R.C., Olson, J., Pepper, S.L., Porszaz, J., Barstow, T.J., & Cooper, D.M. (1995). The level and tempo of children's physical activities: An observational study. *Medicine and Science in Sport and Exercise,* 27, 1033 - 1041.

Banks, J.A. (1988). *Multiethnic education: Theory and practice.*Needham Heights, MA: Allyn & Bacon.

Barfield, J.P., Rowe, D.A., & Michael, T.J. (2004). Interinstrument consistency of the Yamax Digi-walker pedometer in elementary school-aged children. *Measurement in Physical Education and Exercise Science,* 8 (2), 109 - 116.

Bar-Or, O. (1984). Children and physical performance in warm and cold environments. In R.F. Boileau (Ed.), *Advances in pediatric sport sciences,* Vol. 1 (pp. 117 - 130).Champaign, IL: Human Kinetics.

Bar-Or, O. (1993). Importance of differences between children and adults for exercise testing and exercise prescription. In J.S. Skinner (Ed.), *Exercise testing and exercise prescription for special cases* (2nd ed., pp. 57 - 74).Philadelphia: Lea and Febiger.

Bar-Or, O. (1994). Childhood and adolescent physical activity and fitness and adult risk profile. In C. Bouchard, R.J.Shephard, & T. Stephens (Eds.), *International proceedings and consensus statement* (pp. 931 - 942). Champaign, IL: Human Kinetics.

Bar-Or, O., & Rowland, T.W. (2004). *Pediatric exercise medicine.*Champaign, IL: Human Kinetics.

Baumgartner, T., & Jackson, A. (1999). *Measurement for evaluation in physical education and exercise science* (6th ed.) Boston: WCB-McGraw-Hill.

Beets, Michael W., Foley, John T., Tindall, Daniel W.S., & Lieberman, Lauren J. (2007). *Adapted Physical*

Activity Quarterly, 24（3）, 218 - 227.

Beets, M.W., Patton, M.M., & Edwards, S.（2005）. The accuracy of pedometer steps and time during walking in children. *Medicine and Science in Sports and Exercise,* 37（3）, 513 - 520.

Beighle, A., Pangrazi, R.P., & Vincent, S.D.（2001）. Pedometers, physical activity, and accountability. *Journal of Physical Education, Recreation & Dance,* 72（9）, 16 - 19.

Beunen, G.P., Lefever, J., Philippaerts, R.M., Delvaux, K., Thomis, M., Claessens, A.L., et al.（2004）. Adolescent correlates of adult physical activity: A 26-year follow-up. *Medicine and Science in Sports and Exercise,* 36, 1930 - 1936.

Biddle, S.J.H., Whitehead, S.H., O' Donovan, R. M., & Nevill, M.E.（2005）. Correlates of participation in physical activity for adolescent girls; A systematic review of recent literature.*Journal of Physical Activity and Health,* 2, 423 - 434.

Blair, S.N.（1995）. Youth fitness: Directions for future research. In L.W.Y. Chueng & J.B. Richmond（eds.）, *Child health, nutrition, and physical activity*（pp. 147 - 152）. Champaign, IL: Human Kinetics.

Blair, S.N., Kohl, H.W., 3rd, Barlow, C.E., Paffenbarger, R.S., Jr., Gibbons, L.W., & Macera, C.A.（1995）. Changes in physical fitness and all-cause mortality: A prospective study of healthy and unhealthy men. *JAMA,* 273, 1093 - 1098.

Blankenship, B.T.（2008）. *The psycholog y of teaching physical education: From theory to practice.* Scottsdale, AZ: Holcomb Hathaway.

Bompa, T.O.（2000）. *Total training for young champions. Champaign,* IL: Human Kinetics.

Bompa, T. & Carerra, M.（2005）. *Periodization training for sports*（2nd ed.）. Champaign, IL: Human Kinetics.

Boreham, C.A., Twisk, J., Murray, L., Savage, M., Strain, J.J., & Cran, G.W.（2001）. Fitness, fatness, and coronary heart disease risk in adolescents: The Northern Ireland Young Hearts Project. *Medicine and Science in Sport and Exercise,* 33, 270 - 274.

Boreham, C.A., Twisk, J., Savage, M., Cran, G.W., & Strain, J.J.（1997）. Physical activity, sports participation, and risk factors in adolescents. *Medicine and Science in Sport and Exercise,* 29, 788 - 793.

Borg, G.（1970）. Perceived exertion as an indicator of somatic stress. *Scandinavian Journal of Rehabilitation Medicine,* 2（2）, 92 - 98.

Brooks, G.A., Fahey, T.D., & White, T.P.（1996）. *Exercise physiology: Human bioenergetics and its application*（2nd ed.）. Mountainview, CA: Mayfield.

Brown, J.（2002）. *Nutrition now*（3rd ed.）. Belmont, CA: Wadsworth Thomson Learning.

Bukowski, B.J., & Stinson, D.（2000）. Physical educators' perceptions of block scheduling in secondary physical education. *JOPERD,* 71（1）: 53 - 57.

California Department of Education.（2002）. *State study proves physically fit kids perform better academically.*

Campbell, W., Crim, M., Young, V., & Evans, W.

（1994）. Increased energy requirements and changes in body composition with resistance training in older adults. *American Journal of Clinical Nutrition,* 60, 167 - 175.

Cardinal, B.J.（2000）. Are sedentary behaviors terminable? *Journal of Human Movement Studies,* 38, 137 - 150.

Carrico, M.（1997）. *Yoga Journal' s yoga basics: The essential beginner' s guide to yoga for a lifetime of health and fitness*（p. xiv, 191）. New York: Henry Holt.

Carron, A.V., Hausenblas, H.A., & Estabrooks, P.A.（2003）. *The psychology of physical activity.* New York: McGraw-Hill.

Carson, R.L., Blankenship, B., & Landers, R.L.（in press）. Concluding comments and recommendations [Special feature: Promises and pitfalls of sport specialization in youth sport]. *Journal of Physical Education, Recreation and Dance.*

Centers for Disease Control and Prevention（CDC）.（1996）. *National Health and Nutrition Examination Survey III*（1988 - 1994）. Hyattsville, MD: National Center for Health Statistics.

Centers for Disease Control and Prevention（CDC）.（1997）. Guidelines for school and community programs to promote lifelong physical activity among young people. *MMWR Morbidity and Mortality Weekly Report,* 46（RR-6）, 1 - 36.

Centers for Disease Control and Prevention（CDC）.（2000b）. *CDC growth charts.*

Centers for Disease Control and Prevention（CDC）.（2001a）. *Profiles of the nation' s health.*

Centers for Disease Control and Prevention（CDC）, Department of Health and Human Services.（2001b）. *CDC fact book 2000 - 2001.*

Centers for Disease Control and Prevention（CDC）.（2002）. *Improving nutrition and increasing physical.*

Centers for Disease Control and Prevention（CDC）.（2004）. Trends in intake of energy and macronutrients, United States 1971-2000. *Morbidity & Mortality Weekly Report,* 53（4）.

Centers for Disease Control and Prevention（CDC）.（2008）. Youth risk behavior surveillance—United States, 2007.*Morbidity & Mortality Weekly Report,* 57（No. SS-4）.

Centers for Disease Control and Prevention（CDC）.（2010）. *National Health and Nutrition Examination Survey 2003 - 2006.*

Center for Disease Control and Prevention（CDC）.（2010）. *U.S. obesity trends. Trends by state 1985 - 2008.*

Center for Disease Control and Prevention（CDC）.（2010）. *National physical activity plan.*

Cohen, G.（1993）. *Women in sport.* Newbury Park, CA: Sage.

Cone, T.P., & Cone, S.L.（2005）. *Assessing dance in elementary physical education.* Reston, VA: American Alliance for Health, Physical Education, Recreation and Dance.

Cooper Institute.（2004）. *FITNESSGRAM/ ACTIVITYGRAM test administration manual*（3rd ed.）, Gregory J. Welk & Marilu D. Meredith（Eds.）. Champaign, IL: Human Kinetics.

Cooper Institute. (2007). *FITNESSGRAM/ACTIVITYGRAM test administration manual* (4th ed.), Gregory J. Welk & Marilu D. Meredith (Eds.). Champaign, IL: Human Kinetics.

Corbin, C.B. (1994). The fitness curriculum: Climbing the stairway to lifetime fitness. In R.R. Pate & R.C. Hohn (Eds.), *Health and fitness through physical education* (pp. 59 - 66). Champaign, IL: Human Kinetics.

Corbin, C., Le Masurier, G., & Lambdin, D. (2007). *Fitness for life middle school.* Champaign, IL: Human Kinetics.

Corbin, C., & Lindsey, L. (2007). *Fitness for life* (6th ed.) Champaign, IL: Human Kinetics.

Corbin, C.B., & Pangrazi, R.P. (2002). Physical activity for children: How much is enough? In G.J. Welk, R.J. Morrow, & H.B. Falls (Eds.), *FITNESSGRAM reference guide* (p. 7). Dallas, TX: Cooper Institute.

Corbin, C., & Pangrazi, R. (2008). FITNESSGRAM and ACTIVITYGRAM: An introduction. In G.J. Welk & M.D. Meredith (Eds.), *Fitnessgram/Activitygram reference guide* (pp. 1 - 3). Dallas, TX: Cooper Institute.

Corbin, C.B., Pangrazi, R.P., & Le Masurier, G.C. (2004). Physical activity for children: Current patterns and guidelines. *President's Council on Physical Fitness and Sports Research Digest,* 5 (2), 1 - 8.

Corbin, C.B., Welk, G.J., Corbin, W.R., & Welk, K.A. (2009). *Concepts of fitness and wellness: A comprehensive lifestyle approach* (8th ed.). New York: McGraw Hill.

Corbin, C.B., Welk, G.J., Lindsey, R., & Corbin, W.R. (2004). *Concepts of fitness and wellness.* (5th ed.). New York: McGraw-Hill.

Cowen, V., & Adams, T. (2005). Physical and perceptual benefits of yoga asana practice: Result of a pilot study. *Journal of Bodywork and Movement Therapies,* 9, 211 - 219.

Coyle, E.F. (1990). Detraining and retention of traininginduced adaptations. *Sports Science Exchange,* 2 (23). Chicago: Gatorade Sports Science Institute.

Coyle, E.F., Martin, W.H., Sinacore, D.R., Joyner, M.J., Hagberg, J.M., & Hollozy, J.O. (1984). Time course of loss of adaptations after stopping prolonged intense endurance training. *Journal of Applied Physiology,* 57, 1857 - 1864.

Craft, D. (1994). Strategies for teaching inclusively. *Teaching Elementary Physical Education,* 5 (5), 8 - 9.

Crouter, S.E., Schneider, P.L., & Bassett, D.R. Jr. (2005). Spring-levered versus peizo-electric pedometer accuracy in overweight and obese adults. *Medicine and Science in Sports and Exercise,* 37 (10), 1673 - 1679.

Crouter, S.E., Schneider, P.L., Karabulut, M., & Bassett, D.R. Jr. (2003). Validity of 10 electronic pedometers for measuring steps, distance, and energy cost. *Medicine and Science in Sports and Exercise,* 35 (8), 1455 - 1460.

Cuddihy, T.F., Pangrazi, R.P., & Tomson, L.M. (2005). Pedometers: Answers to FAQs from teachers. *JOPERD,* 76 (2), 36 - 40, 55.

Cumming, G.R., Everatt, D., & Hastman, L. (1978). Bruce treadmill test in children: Normal values in a clinic population. *American Journal of Cardiology,* 59, 60 - 75.

Cumming, G.R., & Langford, S. (1985). Comparison of nine exercise tests used in pediatric cardiology. In R.A. Binkhorst, H.C.G. Kemper, & W.H.M. Saris (Eds.), *Children and exercise XI,* 58 - 68. Champaign, IL: Human Kinetics.

Dale, D., & Corbin, C. (2000). Physical activity participation of high school graduates following exposure to conceptual or traditional physical education. *Research Quarterly for Exercise and Sport,* 71, 61 - 68.

Dale, D., Corbin, C.B., & Dale, K.S. (2000). Restricting opportunities to be active during school time: Do children compensate by increasing physical activity levels after school? *Research Quarterly for Exercise and Sport,* 71, 240 - 248.

Daley, A.J. (2002). School based physical activity in the United Kingdom: Can it create physically active adults? Quest, 54, 21 - 33.

Daniels, S.R., Arnett, D., Eckel, R.H., Gidding, S.S., Hayman, L., Kumanyika, S., Robinson, T.N., Scott, B.J., St. Jeor, S., & Williams, C.L. (2005). Overweight in children and adolescents: Pathophysiology, consequences, prevention, and treatment. *Circulation,* 111, 1999 - 2012.

Darst, P., & Pangrazi, R. (2007). *Dynamic physical education for secondary school students* (6th ed.). San Francisco: Benjamin Cummings.

Davison, B. (1998). *Creative physical activities and equipment: Building a quality program on a shoestring budget.* Champaign, IL: Human Kinetics.

Deci, E.L., & Ryan, R.M. (1985). *Intrinsic motivation and selfdetermination in human behavior.* New York: Plenum.

DePauw, K. (1996). Students with disabilities in physical education. In S. Silverman & C. Ennis (Eds.), *Student learning in physical education: Applying research to enhance instruction* (pp. 101 - 124). Champaign, IL: Human Kinetics.

Deurenberg, P., Van der kooy, K., Leenan, R., Westrate, J.A., & Seidell, J.C. (1991). Sex and age specific population prediction formulas for estimating body composition from bioelectrical impedance: A cross validation study. *International Journal of Obesity,* 15, 17 - 25.

Dietary guidelines for Americans 2005. (2005). U.S. Department of Health and Human Services (DHHS) and U.S. Department of Agriculture (USDA).

Dietary reference intakes: Guiding principles for nutrition. Report. Dietary reference intakes: Guiding principles for nutrition labeling and fortification. (2003). Institute of Medicine of the National Academies.

Dishman, R.K., & Sallis, J.F. (1994). Determinants and interventions for physical activity and exercise. In C. Bouchard, R.J. Shepard, & T. Stephens (Eds.), *Physical activity, fitness, and health: International proceedings and consensus statement* (pp. 214 - 238). Champaign, IL: Human Kinetics.

Duncan, J.S., Schofield, G., Duncan, E.K., & Hinckson, E.A. (2007). Effects of age, walking speed, and body composition on pedometer accuracy in children. *Research Quarterly for Exercise and Sport,* 78 (5), 420 - 428.

Ennis, C.D. (1996). Designing curriculum for quality physical education programs. In B.F. Hennessy (Ed.), *Physical education sourcebook* (pp. 13 - 37). Champaign, IL: Human Kinetics.

Epstein, L.H., Paluch, R.A., Gordy, C.C., & Dorn, J. (2000). Decreasing sedentary behaviors in treating pediatric obesity. *Archives of Pediatric and Adolescent Medicine*, 154, 220 - 226.

Epstein, L.H., Valoski, A., Wing, R.R., Perkins, K.A., Fernstrom, M., Marks, B., & McCurley, J. (1989). Perception of eating and exercise in children as a function of child and parent weight status. *Appetite, 12*, 105 - 118.

Faigenbaum, A.D. (2001). Physical activity for youth: Tips for keeping kids healthy and fit. *ACSM Fit Society Page*, April - June, 3 - 4.

Faigenbaum, A.D. (2003). Youth resistance training. *PCPFS Research Digest, 4* (3), 1 - 8.

Faigenbaum, A.D. (2007). Resistance training for children and adolescents: Are there health outcomes? *American Journal of Lifestyle Medicine, 1*, 190 - 200.

Faigenbaum, A., Bellucci, M., Bernieri, A., Bakker, B., & Hoorens, K. (2005). Effects of different warm-up protocols on fitness performance in children. *Journal of Strength and Conditioning Research, 19*, 376 - 381.

Faigenbaum, A., & Chu, D. (2001). Plyometric training for children and adolescents. *American College of Sports Medicine Current Comment*, December.

Faigenbaum, A., Kang, K., McFarland, J., Bloom, J., Magnatta, J., Ratamess, N., & Hoffman, J. (2006). Acute effects of different warm-up protocols on anaerobic performance in teenage athletes. *Pediatric Exercise Science, 17*, 64 - 75.

Faigenbaum, A.D., Kraemer, W.J., Cahill, B., Chandler, J., Dziados, J., Elfink, L.D., Forman, E., et al. (1996). Youth resistance training: Position statement paper and literature review. *Strength and Conditioning, 18* (6): 62 - 75.

Faigenbaum, A., & McFarland, J. (2007). Guidelines for implementing a dynamic warm-up for physical education. *Journal of Physical Education, Recreation, and Dance, 78*, 25 - 28.

Faigenbaum, A.D., & Westcott, W.L. (2000). *Strength and power for young athletes*. Champaign, IL: Human Kinetics.

Faigenbaum, A.D., & Westcott, W.L. (2009). *Youth strength training: Programs for health, fitness, and sport*. Champaign, IL: Human Kinetics.

Faigenbaum, A.D., Westcott, W.L., Loud, R., & Long, C. (1999). The effects of different resistance training protocols on muscular strength and endurance development in children. *Pediatrics, 104* (1), e5.

Faigenbaum, A.D., Zaichkowsky, L.D., Westcott, W.L., Micheli, L.J., & Fehlandt, A.F. (1993). The effects of a twice-a-week strength training program on children. *Pediatric Exercise Science, 5*, 339 - 346.

Falk, B., & Tenenbaum, G. (1996). The effectiveness of resistance training in children: A meta-analysis. *Sports Medicine, 3*, 176 - 186.

FDA Center for Food Safety and Applied Nutrition. (2010). Medline Plus: Nutrition.

Fernandez, J.R., Redden, D.T., Pietrobelli, A., & Allison, D.B. (2004). Waist circumference percentiles in nationally representative samples of African-American, European-American, and Mexican-American children and adolescents. *Journal of Pediatrics, 145*, 439 - 44.

Ferraro, K.F., Thorpe, R.J. Jr., & Wilkinson, J.A. (2003). The life course of severe obesity: Does childhood overweight matter? *Journal of Gerontology, 58B* (2), S110 - S119.

Finding your way to a healthier you: Based on the "Dietary Guidelines for Americans." DHHS and USDA. (2005).

Fleck, S.J. (1988). Cardiovascular adaptations to resistance training. *Medicine and Science in Sport and Exercise, 22*, 265 - 274.

Flegal, K.M., Carroll, M.D., Ogden, C.L., & Curtin, L.R. Prevalence and trends in obesity among US adults, 1999 - 2008. (2010). *Journal of the American Medical Association*, 303 (3): 235 - 241.

Food and Drug Administration (FDA). (2008). *Guidance for industry: A food labeling guide*.

Foster, E.R., Hartinger, K., & Smith, K.A. (1992). *Fitness fun*. Champaign, IL: Human Kinetics.

Franks, B.D., & Howley, E.T. (1998). *Fitness leader's handbook* (2nd ed.). Champaign, IL: Human Kinetics.

Fredette, D.M. (2001). Exercise recommendations for flexibility and range of motion. In *ACSM's resource manual for guidelines for exercise testing and prescription*, 4th ed. (pp. 468 - 477). Philadelphia: Lippincott, Williams, and Wilkins.

Freedman, D.S., Khan, L.K., Dietz, W.H., Srinivasan, S.R., &Berenson, G.S. (2001). Relationship of childhood obesity to coronary heart disease risk factors in adulthood: The Bogalusa heart study. *Pediatrics*, 108, 712 - 718.

Gallo, A.M., Sheehy, D., Patton, K., & Griffin, L. (2006). Benefits and barriers: What are you committed to? *Journal of physical education, recreation, and dance, 77* (8), 46 - 50.

Gardner, H. (1983). *Frames of mind: The theory of multiple intelligences*. New York: Basic Books.

Gardner, H. (1993). *Multiple intelligences: The theory in practice*. New York: Basic Books.

Gellish, R.L., Goslin, B.R., Olson, R.E., Mcdonald, A., Russi, G.D., & Moudgil, V.K. (2007). Longitudinal modeling of the relationship between age and maximal heart rate. *Medicine and Science in Sports and Exercise, 39* (5), 822 - 829.

Goldberg, L., & Twist, P. (2007). *Strength ball training* (2nd ed.). Champaign, IL: Human Kinetics.

Graham, G. (1992). *Teaching children physical education: Becoming a master teacher*. Champaign, IL: Human Kinetics.

Graham, G. (2008). *Teaching children physical education* (3rd ed.). Champaign, IL: Human Kinetics.

Graham, G., Holt/Hale, S.A., & Parker, M. (2010). *Children moving: A reflective approach to teaching physical education* (8th ed.). St. Louis, MO: McGraw-Hill.

Graser, S.V., Pangrazi, R.P., & Vincent, W.J. (2009).

Step it up: Activity intensity using pedometers: If you think pedometers can't measure MVPA, think again. *JOPHERD*, 22 (3), 22 - 24.

Greenberg, J.S., Dintiman, G.V., & Myers Oakes, B. (2004). *Physical fitness and wellness: Changing the way you look, feel, and perform* (3rd ed.). Champaign, IL: Human Kinetics.

Greene, L., & Pate, R. (1997). *Training for young distance runners.* Champaign, IL: Human Kinetics.

Griffin, J.C. (2006). *Client-centered exercise prescription* (2nd ed.). Champaign, IL: Human Kinetics.

Grunbaum, J., Kann, L., Kinchen, S., Williams, B., Ross, J., Lowry, R., & Kolbe, L. (2002). *Youth risk behavior surveillance—United States, 2001.* June 28, 2002/51 (SS04);

Guidance on how to understand and use the nutrition facts panel on food labels. (2004). U.S. Food and Drug Administration Center for Food Safety and Applied Nutrition.

Guo, S.S., Roche, A.F., Chumlea, W.C., Gardner, J.D., & Siervogel, R.M. (1994). The predictive value of childhood BMI values for overweight at age 34 y. *American Journal of Clinical Nutrition, 59*, 1810 - 1819.

Harris, J., & Elbourn, J. (1997). *Teaching health-related exercise at key stages 1 and 2.* Champaign, IL: Human Kinetics.

Harrison, J.M., Blakemore, C.L., & Buck, M. (2001). *Instructional strategies for secondary school physical education* (5th ed.). New York: McGraw-Hill.

Harter, S. (1999). *The construction of the self: A developmental perspective.* New York: Guilford Press.

Harter, S., Waters, P.L., & Whitesell, N.R. (1998). Relational self-worth: Differences in perceived worth as a person across interpersonal contexts among adolescents. *Child Development, 69*, 756 - 766.

Haskell, W.L., Lee, I.M., Pate, R.R., Powell, K.E., Blair, S.N., Franklin, B.A., et al. (2007). Physical activity and public health: Updated recommendation for adults from the American College of Sports Medicine and the American Heart Association. *Medicine and Science in Sports and Exercise, 39* (8), 1423 - 1434.

Hass, C.J., Faigenbaum, M.S., & Franklin, B.A. (2001). Prescription of resistance training for healthy populations. *Sports Medicine, 31* (14), 953 - 964.

Huitt, W. (2004). Bloom et al.'s taxonomy of the cognitive domain. Educational Psychology Interactive. Valdosta, GA: Valdosta State University. Retrieved [4/22/09].

Hutchinson, G.E. (1995). Gender-fair teaching in physical education. *Journal of Physical Education, Recreation and Dance, 60* (2), 23 - 24.

Institute of Medicine of the National Academies. (2001) *.Dietary reference intakes: Applications in dietary assessment.* Washington, DC: National Academies Press.

Institute of Medicine of the National Academies. (2005).

Dietary reference intakes: Water, potassium, sodium, chloride, and sulfate.

International Life Sciences Institute (ILSI). (1997). *Physical activity message for parents from new survey: No more excuses.*Press release, July 1.

Jackson, A., Morrow, J., Hill, D., & Dishman, R. (2004). *Physical activity for health and fitness.* Champaign, IL: Human Kinetics.

Jacobs, J.E., & Eccles, J.S. (2000). Parents, task values, and real-life achievement related choices. In C. Sansone & J.M. Harackiewicz (Eds.), *Intrinsic motivation* (pp.405 - 439). San Diego: Academic Press.

Jacobs, J.E., Lanza, S., Osgood, D.W., Eccles, J.S., & Wigfield,A. (2002). Changes in children's self-competence and values: Gender and domain differences across gradesone through twelve. *Child Development, 73* (2), 509 - 527.

James, A.R., Griffin, L.L. and Dodds, P. (2008). The relationship between instructional alignment and the ecology of physical education. *Journal of teaching physical education, 27* (3) 308 - 326.

Janz, K.F., Golden, J.C., Hansen, J.R., & Mahoney, L.T. (1992). Heart rate monitoring of physical activity in children and adolescents: The Muscatine study. *Pediatrics, 89*, 256 - 261.

Janz, K.F., Levy, S.M., Burns, T.L., Torner, J.C., Willing, M.C., & Warren, J.J. (2002). Fatness, physical activity and television viewing in children during the adiposity rebound period: The Iowa Bone Development Study. *Preventative Medicine, 35*, 563 - 571.

Jobe, M. (1998). Disabilities awareness field days. *Teaching Elementary Physical Education, 9* (1), 10 - 11.

Joint Committee on National Health Education Standards. (1995). *National health education standards: Achieving health literacy.* American Cancer Society. Atlanta, GA.

Jones, A.M. (2002). Running economy is negatively related to sit-and-reach test performance in internationalstandard distance runners. *International Journal of Sports Medicine, 23*, 40 - 43.

Jones, B.H., & Knapik, J.J. (1999). Physical training and exercise-related injuries. *Sports Medicine, 27*, 111 - 125.

Karlsson, M.K., Ahlborg, H., Obrant, K.J., Nyquist, F., Lindberg, H., & Karlsson, C. (2002). Exercise during growth and young adulthood is associated with reduced fracture risk in old ages. *Journal of Bone Mineral Research, 17* (suppl. 1), S297.

Katzmarzyk, P.T., Srinivasan, S.R., Chen, W., Malina, R.M., Bouchard, C., & Berenson, G.S. (2004). Body mass index, waist circumference, and clustering of cardiovascular disease risk factors in a biracial sample of children and adolescents. *Pediatrics, 114* (2), e198 - 205.

KidsHealth>Teens>Food and Fitness>Nutrition Basics>Food Labels. (2010).

Kim, H.K., Tanaka, K., Nakadomo, F., Watanabe, K., &Marsuura, Y. (1993). Fat-free mass in Japanese boys predicted from bioelectrical impedance and anthropometric variables. *Medicine and Science in Sport and Exercise, 25*, S59. (Abstract).

Kirkpatrick, B., & Birnbaum, B. (1997). *Lessons from the heart: Individualizing physical education with heart rate monitors.* Champaign, IL: Human Kinetics.

Kleiner, S. (1999). Water: An essential but

overlooked nutrient. *JADA（Journal of the American Dietetic Association），99*, 200 - 206.

Knudson, D.V., Magnusson, P., & McHugh, M.（2000）. Current issues in flexibility fitness. In C. Corbin and B. Pangrazi（Eds.），*The president's council on physical fitness and sports digest,* 3rd ser., no. 10, Washington, DC: Department of Health and Human Services.

Kraemer, W.J., & Fleck, S.J.（2005）. *Strength training for young adults*（2nd ed.）. Champaign, IL: Human Kinetics.

Krishnamoorthy, J.S., Hart, C., & Jajalian, E.（2006）. The epidemic of childhood obesity: Review of research and implications for public policy. *Soc Policy Rep., 20*（2），3 - 17.

Kurtzweil, P.（2003）. "Daily Values" encourage healthy diet.

Kushner, R.F., Schoeller, D.A., Field, C.R., & Danford, L.（1992）. Is the impedance index（ht2/R）significant in predicting total body water? *American Journal of Clinical Nutrition, 56,* 835 - 839.

Lacy, A., & Hastad, D.（2007）. *Measurement and evaluation in physical education and exercise science*（5th ed.）. San Francisco: Benjamin Cummings.

Lambert, L.（2007）. *Standards based assessment of student learning: A comprehensive approach*（2nd ed.）. Reston, VA: American Alliance for Health, Physical Education, Recreation and Dance.

Lavay, B., French, R., & Henderson, H.（2006）. *Positive behavior management in physical activity settings*（2nd ed.）. Champaign, IL: Human Kinetics.

LeFevre, D.（2002）. *Best new games.* Champaign, IL: Human Kinetics.

Le Masurier, G.C., Beighle, A., Corbin, C.B., Darst, P.W., Morgan, C., Pangrazi, R.P., Wilde, B., & Vincent, S.（2010）. Pedometer-determined physical activity levels of youth. *Journal of Physical Activity and Health* 2（2）: 153–162.

Le Masurier, G.C., Lee, S.M., & Tudor-Locke, C.（2004）. Motion sensor accuracy under controlled and free-living conditions. *Medicine & Science in Sports & Exercise, 36*（5），905 - 910.

Let's Move. America's Move to Create a Healthier Generation of Kids.（2010）.

Levi, J., Vinter, S., St. Laurent, R., & Segal, L.（2008）. *F as in fat: How obesity policies are failing in America, 2008.* Washington, DC: Trust for America's Health & Robert Wood Johnson Foundation.

Lieberman, L., & Houston-Wilson, C.（2002）. *Strategies for inclusion: A handbook for physical educators.* Champaign, IL: Human Kinetics.

Lindsey, E.（2003）. *Strengthening your physical education program with innovative fitness strategies and activities（grades 6 - 12）: Resource handbook.* Bellevue, WA: Bureau of Education and Research.

Lindsey, R., & Corbin, C.（1989）. Questionable exercises—some safer alternatives. *Journal of Physical Education, Recreation and Dance,*（October），60: 26 - 32.

Lohman, T.G.（1992）. *Advances in body composition assessment: Current issues in exercise science series.* Monograph no. 3. Champaign, IL: Human Kinetics.

Lowry, S.（1995）. A multicultural perspective on planning. *Teaching Elementary Physical Education, 6*（3），14 - 15.

Lubans, D.R., Morgan, P.J., & Tudor-Locke, C.（2009）. A systematic review of studies using pedometers to promote physical activity among youth. *Preventive Medicine, 48*（4），307 - 315.

Lukaski, H.C., Johnson, P.E., Bolonchuk, W.W., & Lykken, G.I.（1985）. Assessment of fat-free mass using bioelectric impedance measurements of the human body. *American Journal of Clinical Nutrition, 41,* 810 - 817.

Lund, J.（2010）. *Creating rubrics for physical education*（2nd ed.）. Reston, VA: American Alliance for Health, Physical Education, Recreation and Dance.

Lund, J.L., & Kirk, M.F.（2002）. *Performance-based assessment for middle and high school physical education.* Champaign, IL: Human Kinetics.

Malina, R.M.（1996）. Tracking of physical activity and physical fitness across the life span. *Research Quarterly for Sport and Exercise, 67,* 48 - 57.

Malina, R.M.（2001）. Tracking of physical activity and physical fitness across the life span. *PCPFS Research Digest, 3*（14），1 - 8.

Marcus, B.H., & Forsyth.（2003）. *Motivating people to be physically active.* Champaign, IL: Human Kinetics.

Marshall, S.J., Levy, S.S., Tudor-Locke, C.E., Kolkhorst, F.W., Wooten, K.M., MingMing, J., Macera, C.A., & Ainsworth, B.E.（2009）. Translating physical activity recommendations into a pedometer-based step goal: 3000 steps in 30 minutes. *American Journal of Preventive Medicine, 36*（5），410 - 415.

Martens, R.（2004）. *Successful coaching.* Champaign, IL: Human Kinetics.

Mayo Clinic.（2009）. *Nutrition and healthy eating: Is vitamin water a healthier choice than plain water?*

McAtee, R.E., & Charland, J.（1999）. Facilitated stretching. Champaign, IL: Human Kinetics.

McCraken, B.（2001）. *It's not just g ym anymore: Teaching secondary students how to be active for life.* Champaign, IL: Human Kinetics.

McDowell, M., Briefel, R., Alaimo, K., et al.（1994）. Energy and macronutrient intakes of persons ages 2 months and over in the United States: Third national health and nutrition examination survey, phase 1, 1988 - 1991. *Advance Data from Vital and Health Statistics,* no. 255. Hyattsville, MD: National Center for Health Statistics.

McKenzie, T., & Kahan, D.（2008）. Physical activity, public health, and elementary schools. *Elementary School Journal, 108*（3），171 - 180.

Mears, B.（2006）. Making wise technology purchases. *Journal of Physical Education, Recreation and Dance, 77*（8）.

MedlinePlus: Teen health. DHHS. NIH National Library of Medicine. *Health headlines: Vitamin D.* NIH publication #09-4328.

Melograno, V.J.（2006）. *Professional and student portfolios for physical education*（2nd ed.）. Champaign, IL: Human Kinetics.

Middle and Secondary School Physical Education Council（MASSPEC）.（1995）. *Appropriate practices for middle school education.* Reston, VA: NASPE.

Mitchell, M., Barton, G., & Stanne, K. (2000). The role of homework in helping students meet physical education goals. *Journal of Physical Education Recreation and Dance, 71* (5).

Mohnsen, B.J. (1997). *Teaching middle school physical education: A blueprint for developing an exemplary program.* Champaign, IL: Human Kinetics.

Mohnsen, B.J. (2003). *Teaching middle school physical education: A standards-based approach for grades 5 - 8.* Champaign, IL: Human Kinetics.

Morris, G.S.D., & Stiehl, J. (1998). *Changing kids' games* (2nd ed.). Champaign, IL: Human Kinetics.

Mosston, M., & Ashworth, S. (2002). *Teaching physical education* (5th ed.). San Francisco: Benjamin Cummings.

Mujika, I., & Padilla, S. (2001). Cardiorespiratory and metabolic characteristics of detraining in humans. *Medicine and Science in Sports and Exercise, 33* (3), 413 - 421.

My Pyramid Food Guidance System. USDA Center for Nutrition Policy and Promotion.

Nader, Philip R., Bradley, Robert H., Houts, Renate M., McRitchie, Susan L., & O'Brien, Marion. (2008). Moderate- to-vigorous physical activity from ages 9 to 15 years. *JAMA, 300* (3), 295 - 305.

National Association for Sport and Physical Education (NASPE). (1995). *Moving into the future: National standards for physical education.* Reston, VA: NASPE.

National Association for Sport and Physical Education (NASPE). (1998). *Physical activity for children: A statement of guidelines.* Reston, VA: NASPE.

National Association for Sport and Physical Education (NASPE). (1999). Healthy people 2010. *NASPE News,* no. 52 (winter), 1.

National Association for Sport and Physical Education (NASPE). (2004a). *Moving into the future: National standards for physical education* (2nd ed.). Reston, VA: NASPE.

National Association for Sport and Physical Education (NASPE). (2004b). *Physical activity for children: A statement of guidelines for children ages 5 - 12* (2nd ed.). Reston, VA: NASPE.

National Association for Sport and Physical Education (NASPE). (2005a). *Physical Best activity guide: Elementary level* (2nd ed.). Champaign, IL: Human Kinetics.

National Association for Sport and Physical Education (NASPE). (2005b). *Physical Best activity guide: Middle and high school levels* (2nd ed.). Champaign, IL: Human Kinetics.

National Association for Sport and Physical Education (NASPE). (2008). *Comprehensive school physical activity programs* [Position statement]. Reston, VA: NASPE.

National Association for Sport and Physical Education (NASPE). (2009). *Appropriate instructional practice for elementary school physical education* (3rd ed.). Reston, VA: NASPE.

National Association for Sport and Physical Education

(NASPE). (2010a). Guidelines for participation in youth sport programs: Specialization versus multiple-sport participation [Position statement].

National Association for Sport and Physical Education (NASPE). (2010b). *Shape of the nation: Status of physical education in the USA.* Reston, VA: NASPE.

National Center for Chronic Disease Prevention and Health Promotion (NCCDPHP), U.S. Centers for Disease Control and Prevention. (2003). *Physical activity and good nutrition: Essential elements to prevent chronic diseases and obesity.*

National Cholesterol Education Program. (1991). Report of the expert panel on population strategies for blood cholesterol reduction program. *Circulation, 83,* 2154 - 2232.

National Consortium for Physical Education and Recreation for Individuals With Disabilities. (1995). *Adapted physical education national standards.* Champaign, IL: Human Kinetics.

National Dance Association. (1996). *National standards for dance education: What every young American should know and be able to do in dance.* Reston, VA: National Dance Association.

National Eating Disorders Association. (2003). *Anorexia nervosa and bulimia nervosa.*

National Strength and Conditioning Association (NSCA). (2008). *Essentials of strength training and conditioning* (3rd ed.). Champaign, IL: Human Kinetics.

National Strength and Conditioning Association (NSCA). (2007). *Strength training.* L.E. Brown, Ed. Champaign, IL: Human Kinetics.

Nestle, M., & Ludwig, D.S. (2010). Front-of-package food labels: Public health or propaganda? *JAMA, 303* (8), 771 - 2.

Nieman, D. (2008). You asked for it: Question authority. *ACSM' S Health & Fitness Journal, 12,* 5 - 6.

Nilges, L. (1996). Ingredients for a gender equitable physical education program. *Teaching Elementary Physical Education, 7* (5), 28 - 29.

Norman, G.J., Nutter, S.K., Ryan, S., Sallis, J.F., Calfas, K.J., & Patrick, K. (2006). Community design and access to recreational facilities as correlates of adolescent physical activity and body-mass index. *Journal of Physical Activity and Health, 3* (Suppl 1), S118 - S128.

Nutrition for Weight Loss: What You Need to Know About Fad Diets. Information about fad diets from the American Academy of Family Physicians. familydoctor. org/ online/famdocen/home/healthy/food/improve/784. html - 33.

Ogden, C.L., Carroll, M.D., & Flegal, K.M. (2008). High body mass index for age among US children and adolescents, 2003 - 2006. *JAMA, 299* (20), 2401 - 2405.

Ogden, C., Carrol, M., Curtin, L., Lamb, M., & Flegel, K. (2010). Prevalence of high body mass index in US children and adolescents, 2007 - 2008. *Journal of the American Medical Association, 303* (3), 242 - 249.

Ogden, C.L., Flegal, K.M., Carrol, M.D., & Johnson, C.L. (2002). Prevalence and trends in overweight among U.S. children and adolescents, 1999 - 2000. *Journal of the American Medical Association, 288,* 1728 - 32.

Ormrod, J.E. (1995). *Educational psycholog y principles and applications*. Columbus, OH: Merrill.

Pangrazi, R., Beighle, A., & Sidman, C.A. (2007). *Pedometer power: Using pedometers in school and community* (2nd ed.). Champaign, IL: Human Kinetics.

Pangrazi, R.P., & Corbin, C. (1994). *Teaching strategies for improving youth fitness* (2nd ed.). Reston, VA: AAHPERD.

Pangrazi, R.P., & Corbin, C.B. (2008). Factors that influence physical fitness in children and adolescents. In G.J. Welk & M.D. Meredith (Eds.), *Fitnessgram/Activitygram Reference Guide*. Dallas, TX: Cooper Institute.

Pate, R.R. (1995). Promoting activity and fitness. In L.W.Y. Cheung & J.B. Richmond (Eds.), *Child health, nutrition, and physical activity* (pp. 139 - 145). Champaign, IL: Human Kinetics.

Payne, V.G., & Morrow, J.R. Jr. (1993). Exercise and V.O2max in children: A meta-analysis. *Research Quarterly for Exercise and Sport, 64*, 305 - 313.

Pettifor, B. (1999). *Physical education methods for classroom teachers* (Champaign, IL: Human Kinetics.

Powers, S.K., & Dodd, S.L. (1997). *The essentials of total fitness: Exercise, nutrition, and wellness.* Boston: Allyn & Bacon.

President's Council on Fitness and Sports. (2008a). *The president's challenge: Physical activity and fitness awards program.*

President's Council on Physical Fitness and Sports. (2008b). *Get fit and be active: A handbook for youths ages 6 - 17.*

President's Council on Physical Fitness and Sports. (2009). Promoting positive youth development through physical activity. *Research Digest* 10 (3): 1-8.

Prochaska, J.O., Norcross, J.C., & DiClemete, C.C. (1994). *Changing for good: The revolutionary program that explains the six stages of change and teaches you how to free yourself from bad habits.* New York: William Morrow.

PSA/HPERD. (1994). *P.E.-L.I.F.E. project, designing assessments: Applications for physical education.*

Raffini, J.P. (1993). *Winners without losers: Structures and strategies for increasing student motivation to learn.* Needham Heights, MA: Allyn & Bacon.

Rink, J. (2009). *Teaching physical education for learning* (4th ed.). New York: McGraw-Hill.

Rink, J. (2010). *Teaching physical education for learning* (6th ed.). St. Louis, MO: McGraw-Hill.

Ross, R., Freeman, J., & Janssen, P. (2000). Exercise alone is an effective strategy for reducing obesity and related comorbidities. *Exercise and Sport Science Review, 28*, 165 - 170.

Rowland, T.W. (1990). *Exercise and children's health.* Champaign, IL: Human Kinetics.

Rowland, T.W. (1996). *Developmental exercise physiology.* Champaign, IL: Human Kinetics.

Rowland, T.W. (2002). Telephone conversation and email with Jennie Gilbert, 3 December.

Rowland, T.W. (2005). *Children's exercise physiology.* Champaign, IL: Human Kinetics.

Rowland, T.W. (2007). Physical activity, fitness, and children. In C. Bouchard, S.N. Blair, & W.L. Haskell (Eds.), *Physical activity and health* (pp. 247 - 257). Champaign, IL: Human Kinetics.

Rowlands, A.V., & Eston, R.G. (2005). Comparison of accelerometer and pedometer measures of physical activity in boys and girls, ages 8 - 10, *Research Quarterly for Exercise and Sport, 76* (3), 251 - 257.

Ryan, R.M., & Deci, E.L. (2000). Self-determination theory and the facilitation of intrinsic motivation, social development, and well-being. *American Psychologist, 55*, 68 - 78.

Sadker, M., & Sadker, D. (1995). *Failing at fairness: How our schools cheat girls.* New York: Simon & Schuster.

Sallis, J.F. (1994). Determinants of physical activity behavior in children. In R.R. Pate & R.C. Hohn (Eds.), *Health and fitness through physical education* (pp. 31 - 43). Champaign, IL: Human Kinetics.

Sallis, J.F. (2000). Age-related decline in physical activity: A synthesis of human and animal studies. *Medicine and Science in Sports and Exercise, 32* (9), 1598 - 1600.

Sallis, J.F., & Patrick, K. (1994). Physical activity guidelines for adolescents: Consensus statement. *Pediatric Exercise Science, 6*, 302 - 314.

Sallis, J.F., Prochaska, J.J., Taylor, W.C., Hill, J.O., & Geraci, J.C. (1999). Correlates of physical activity in a national sample of girls and boys in grades 4 through 12. *Health Psychology, 18*, 410 - 415.

Saltman, P., Gurin, J., & Mothner, I. (1993). *The University of California at San Diego nutrition book.* Boston: Little, Brown.

Schincariol, L. (1994). Including the physically awkward child. *Teaching Elementary Physical Education, 5* (5), 10 - 11.

Schmidt, R.A., & Wrisberg, C. (2000). *Motor learning and performance* (2nd ed.). Champaign, IL: Human Kinetics.

Schneider, P.L., Crouter, S.E., Lukajic, O., & Bassett, D.R. (2003). Accuracy and reliability of 10 pedometers for measuring steps over a 400-m walk. *Medicine and Science in Sports and Exercise, 35* (10), 1779 - 1784.

Schneider, P.L., Crouter, S.E., & Bassett, D.R. Jr. (2004). Pedometer measures of free-living physical activity: Comparison of 13 models. *Medicine and Science in Sports and Exercise, 36* (2): 331 - 335.

Secretary of Health and Human Services and Secretary of Education. (2000). *Promoting better health for young people through physical activity and sports: A report to the president.*

Segal, K.R., Gutin, B., Presta, E., Wang, J., & Van Itallie, T.B. (1985). Estimation of human body composition by electrical impedance. *Federation Proceedings, 46*, 1334. (Abstract).

Segal, K.R., Van Loan, M., Fitzgerald, P.I., Hodgdon, J.A., & Van Itallie, T.B. (1988). Lean body mass estimation by bioelectrical impedance analysis: A four-site crossvalidation study. *American Journal of Clinical Nutrition, 47*, 7 - 14.

Sharman, M., Cresswell, A., & Riek, S. (2006). Proprioceptive neuromuscular facilitation stretching:

mechanisms and clinical implications. *Sports Medicine, 36*, 929 - 939.

Sheldon, K.M. （2002）. The self-concordance model of healthy goal striving: When personal goals correctly represent the person. In E.L. Deci & R.M. Ryan （Eds.）, *Handbook of self-determination research* （pp. 65 - 86） Rochester, NY: University of Rochester Press.

Sheldon, K.M., & Elliot, A.J. （1998）. Not all personal goals are personal: Comparing autonomous and controlled reasons for goals as predictors of effort and attainment. *Personality and Social Psychology Bulletin, 24*, 546 - 557.

Sheldon, K.M., & Elliot, A.J. （1999）. Goal striving, need satisfaction, and longitudinal well-being: The Self-Concordance Model. *Journal of Personality and Social Psychology, 76*, 482 - 497.

Sheldon, K.M., & Kasser, T. （1998）. Pursuing personal goals: Skills enable progress, but not all progress is beneficial. *Personality and Social Psychology Bulletin, 24*, 1319 - 1331.

Sheldon, K.M, Ryan, R.M., Deci, E.L., & Kasser, T. （2004）. The independent effects of goal contents and motives upon well-being: It's both what you pursue and why you pursue it. *Personality and Social Psychology Bulletin, 30*, 475 - 486.

Sherman, K., Cherkin, D., Erro, J., Miglioretti, D., & Deyo, R. （2005）. Comparing yoga, exercise, and a self-care book for chronic low back pain a randomized, controlled trial. *Annals of Internal Medicine, 143*, 849 - 856.

Shrier, I. （2004）. Does stretching improve performance?: A systematic and critical review of the literature. *Clinical Journal of Sport Medicine, 14*, 267 - 273.

Slaughter, M.H., Lohman, T.G., Boileau, R.A., Horswill, C.A., Stillman, R.J., Van Loan, M.D., & Benben, D.A. （1988）. Skinfold equations for estimation of body fatness in children and youth. *Human Biology, 60*, 709 - 723.

Smith, A., Ntoumanis, N., & Duda, J. （2007）. Goal striving, goal attainment, and well-being: Adapting and testing the self-concordance model in sport. *Journal of Sport and Exercise Psychology, 29*, 763 - 782.

Sonstroem, R.J. （1984）. Exercise and self-esteem. *Exercise and Sports Science Reviews, 12*, 123 - 155.

Sportline, Inc. *Sportline's guide to walking* （brochure）, Walk4Life. Campbell, CA: Sportline.

Sullivan, J.A., & Anderson S.J., eds. （2000）. *Care of the young athlete.* Elk Grove Village, IL: American Academy of Pediatrics.

Tanaka, H., Monahan, K.D., & Seals, D.R. （2001）. Agepredicted maximal heart rate revisited. *Journal of the American College of Cardiology, 37* （1）, 153 - 156.

Task Force on Community Preventive Services. （2002）. Recommendations to increase physical activity in communities. *American Journal of Preventive Medicine, （4S）*, 67 - 72.

Telama, R., Yang, X., Hirvensalo, M., & Raitakari, O. （2006）. Participation in organized youth sport as a predictor of adult physical activity: A 21-year longitudinal study. *Pediatric Exercise Science, 17*, 76 - 88.

Thacker, S., Gilchrist, J., & Stroup, D. （2004）. The impact of stretching on sports injury: A systematic review of the literature. *Medicine and Science in Sports and Exercise, 36*, 371 - 378.

Thomas, K., Lee, A., & Thomas, J. （2003）. *Physical education methods for elementary teachers* （2nd ed.）. Champaign, IL: Human Kinetics.

Tipton, J., & Tucker, S. （1998）. Fund-raising can be fun! *Teaching Elementary Physical Education, 9* （3）, 14.

Trout, J., & Christie, B. （2007）. Interactive video games in physical education. *Journal of Physical Education Recreation and Dance, 78* （5）.

Tudor-Locke, C., Hatano, Y., Pangrazi, R.P., & Kang, M. （2008）. Revisiting "How Many Steps are Enough?" *Medicine and Science in Sports and Exercise, 40* （7）, July, Suppl. 537 - 543.

Tudor-Locke, C., Pangrazi, R.P., Corbin, C.B., Rutherford, W.J., Vincent, S.D., Raustorp, A., Tomson, L.M., & Cuddihy, T.F. （2004）. BMI-referenced standards for recommended pedometer determined steps/day in children. *Preventive Medicine, 38* （6）, 857 - 864.

Turner, C.H., & Robling, A.G. （2003）. Designing exercise regimens to increase bone strength. *Exercise and Sports Science Reviews, 31* （1）, 45 - 50.

Ulrich, D. （2000）. *Test of gross motor development.* Austin, TX: Pro-Ed.

U.S. Department of Agriculture. （2002）. *Food guide pyramid.*

USDA Agricultural Research Services. （2005）. *Childhood obesity: Regulation of energy balance and body composition.*

USDA Agricultural Research Services. （2005）. *Phytonutrient FAQs.*

USDA Center for Nutrition Policy and Promotion. （2000）. *Dietary guidelines for Americans* （5th ed.）. Atlanta, GA: U.S. Department of Health and Human Services, Government Printing Office.

U.S. Department of Education. （1994）. *Prisoners of time: Report of the National Education Commission on Time and Learning.* Washington, DC: U.S. Department of Education.

U.S. Department of Health and Human Services and U.S. Department of Agriculture. （2005）. *Dietary guidelines for Americans, 2005* （6th ed.）. Washington, DC: U.S. Government Printing Office.

U.S. Department of Health and Human Services （USDHHS）. （1999）. *Promoting physical activity.* Champaign, IL: Human Kinetics.

U.S. Department of Health and Human Services （USDHHS）. （2000a）. *Healthy people 2010: Understanding and improving health.* Washington, DC: U.S. Department of Health and Human Services, Government Printing Office.

U.S. Department of Health and Human Services （USDHHS）. （2000b）. *Promoting better health for young people through physical activity and sports.* Washington, DC: U.S. Department of Health and Human Services, Government Printing Office.

U.S. Department of Health and Human Services. （2008）. *Physical activity guidelines advisory committee report.* Washington, DC: U.S. Department of Health and Human Services.

U.S. Department of Health and Human Services. (2008). *2008 physical activity guidelines for Americans.* Washington, DC: U.S. Department of Health and Human Services.

U.S. Department of Health and Human Services. (2010). *The surgeon general' s vision for a healthy and fit nation 2010.* Rockville, MD: U.S. Department of Health and Human Services.

U.S. Department of Health and Human Services (USDHHS), Centers for Disease Control and Prevention, National Center for Chronic Disease Prevention and Health Promotion. (1996). *Physical activity and health: A report of the surgeon general.* Atlanta, GA: U.S. Department of Health and Human Services, Government Printing Office.

U.S. Department of Health and Human Services (USDHHS), Centers for Disease Control and Prevention. (2000a). *Physical activity and the health of young people: Fact sheet.* [Online].

U.S. Department of Health and Human Services (USDHHS), Centers for Disease Control and Prevention. (2000b). *Fact sheet: Physical education and activity, school health policies and programs study.* [Online].

U.S. Department of Health and Human Services (USDHHS), Centers for Disease Control and Prevention. (2000c). *Promoting lifelong physical activity, CDC guidelines for school and community programs.* [Online].

U.S. Department of Health and Human Services (USDHHS). (2001). *Surgeon General' s Call to Action to Prevent and Decrease Overweight and Obesity.* Washington, D.C.: U.S. Government Printing Office.

U.S. Food and Drug Administration. (1999). *The food label.*

U.S. Food and Drug Administration, Center for Food Safety and Applied Nutrition. (2003). Claims that can be made for conventional foods and dietary supplements.

U.S. Food and Drug Administration, Office of Food Labeling. (2003). *FDA' s food label information on the Web.*

U.S. Food and Nutrition Board, Institute of Medicine. (2002). *Dietary reference intakes for energy, carbohydrates, fiber, fat, protein, and amino acid (micronutrients).* Washington, DC: National Academics Press.

Vallerand, R.J. (2001). A hierarchical model of intrinsic and extrinsic motivation in sport and exercise. In G.C. Roberts (Ed.), *Advances in motivation in sport and exercise.* Champaign, IL: Human Kinetics.

Vanden Auweele, Y., Bakker, F., Biddle, S., Durand, M., & Seiler, R. (1999). *Psychology for physical educators.* Champaign, IL: Human Kinetics.

Van Loan, M., & Mayclin, P.L. (1987). Bioelectrical impedance analysis: Is it a reliable estimator of lean body mass and total body water? *Human Biology, 59,* 299‐309.

Vincent, S.D., Pangrazi, R.P., Raustorp, A., Tomson, L.M., & Cuddihy, T.F. (2003). Activity levels and body mass index of children in the United States, Sweden, and Australia. *Medicine and Science in Sports and Exercise. 35* (8), 1367‐1373.

Virgilio, S.J. (1997). *Fitness education for children: A team approach.* Champaign, IL: Human Kinetics.

Wall, A.E. (1982). Physically awkward children: A motor development perspective. In J.P. Das, R.F. Mulcahy, & A.E. Wall (Eds.), *Theory and research in learning disabilities* (pp. 253‐268). New York: Plenum Press.

Ward, D.S.; Saunders, R.P.; & Pate, R.R. (2007). *Physical activity interventions in children and adolescents.* Champaign, IL: Human Kinetics.

Wardlaw, G. (1999). *Perspectives in nutrition* (4th ed.). Boston: WCB/McGraw-Hill.

Wardlaw, G. (2002). *Contemporary nutrition* (5th ed.). Boston: WCB/McGraw-Hill.

Watanabe, K., Nakadomo, F., Tanaka, K., Kim, K., & Maeda, K. (1993). Estimation of fat-free mass from bioelectrical impedance and anthropometric variables in Japanese girls. *Medicine and Science in Sports and Exercise, 25,* S163. (Abstract).

Weiss, M.R., & Horn, T.S. (1990). The relation between children' s accuracy of estimates of their physical competence and achievement-related characteristics. *Research Quarterly for Exercise and Sport, 61* (3), 250‐258.

Welk, G.J., & Blair, S.N. (2008). Health benefits of physical activity and fitness in children. In G.J. Welk & M.D. Meredith (Eds.), *Fitnessgram/Activitygram reference guide. Dallas,* TX: Cooper Institute.

Welk, G.J., Differding, J.A., Thompson, R.W., Blair, S.N., Dziura, J., & Hart, P. (2000). The utility of the Digiwalker step counter to assess daily physical activity patterns. *Medicine and Science in Sports and Exercise, 32*(9 suppl), S481‐488.

Westcott, W.L. (2003). *Building strength and stamina* (2nd ed.). Champaign, IL: Human Kinetics.

Weston, A.T., Petosa, R., & Pate, R.R. (1997). Validation of an instrument for measurement of physical activity in youth. *Medicine and Science in Sports and Exercise, 29* (1),138‐143.

Wickelgren, I. (1998). Obesity: How big a problem? *Science, 280* (May), 1364‐1367.

Williams, D.P., Going, S.B., Lohman, T.G., Harsha, D.W., Srinivasan, S.R., Webber, L.S., & Berenson, G.S. (1992). Body fatness and the risk of elevated blood pressure, total cholesterol and serum lipoprotein ratios in children and adolescents. *American Journal of Public Health, 82,* 358‐363.

Winnick, J.P. (1995). Personalizing measurement and evaluation for individuals with disabilities. In J.A. Seaman (Ed.), *Physical best and individuals with disabilities: A handbook for inclusion in fitness programs* (pp. 21‐31). Reston, VA: AAHPERD.

Winnick, J.P. (1999). Individualized education programs and the development of health-related physical fitness. In J.P. Winnick & F.X. Short (Eds.), *The Brockport physical fitness training guide* (p. 6). Champaign, IL: Human Kinetics.

Winnick, J.P. (2005). *Adapted physical education and sport* (4th ed.). Champaign, IL: Human Kinetics.

Winnick, J.P., & Short, F.X. (1999). *The Brockport Physical Fitness Test manual.* Champaign, IL: Human Kinetics.

Woods, A.M. (1997). Assessment of the cognitive

domain. *Teaching elementary physical education, 8* (3), 28 - 29.

Youth Risk Behavior Surveillance (YRBS). (2001). June 28, 2002, Vol. 51, No. SS04, 1 - 64 (retrieved Nov. 30, 2003.

Youth Risk Behavior Survey (YRBS). (2007). Youth Risk Behavior Survey as reported in *Morbidity and Mortality Weekly Report,* June 6, 2008, Vol. 57, No. SS-4,

Youth Risk Behavior Surveillance (YRBS). (2009). *Youth Risk Behavior Survey, 2009.*

Zavatto, L., Schilling, E., Docheff, D.M., Crawford, S., et al. (2005). Should physical educators make greater use of homework? *Journal of Physical Education Recreation and Dance, 76* (2), 15 - 17.

Zeigler, E., & Filer, L. (2000). *Present knowledge in nutrition* (7th ed.). Washington, DC: International Life Sciences Press.

Zhu, W., Safrit, M., & Cohen, A. (1999). *Fitsmart test user manual: High school edition.* Champaign, IL: Human Kinetics.

Zwiren, L.D. (1988). Exercise prescription for children. In American College of Sports Medicine (Ed.), *Resource manual for guidelines for exercise testing and prescription* (pp. 309 - 314). Philadelphia: Lea and Febiger.

关于作者

美国国家运动和体育教育协会（NASPE），是一个非营利性的专业机构，集健康、体适能教学、娱乐和舞蹈活动于一体。NASPE致力于向公众进行宣传教育，强调体适能教育对于所有年轻人的重要性。通过机构成员、公司和公开合作的社团组织，NASPE开展并支持体育运动和体适能教学课程，促进健康行为和个人健康。NASPE的15000名成员包括K-12体适能教育工作者、高校教师、研究人员、教练、体育组长和培训师。

"最佳体适能训练"是体适能教育工作者为体育教学专门研发的一项综合性的健康体适能教育课程。无论孩子是否具有一定的运动天赋或体适能基础，最佳体适能训练旨在培养和激励他们掌握一定的体适能训练知识和技能，并养成积极乐观、有益身心健康的人生态度。课程的目标是通过一些定期的、充满激励性及趣味性的体适能训练活动，帮助学生学会独立自强，为自身的健康负责。最佳体适能训练的目标，还包括培养孩子的体适能和心理能力。通过有资质的训练机构和专业的体育教学发展协会来实施并运用最佳体适能训练，从而实现训练目标。

关于译者

田亨，北京体育大学运动人体科学学士、运动解剖学硕士。曾任中国国家足球队、国家速度滑冰队、国家花样滑冰队科研教练。长期从事国民体质健康及学生体质健康工作，执笔国内重要学术会议论文 10 余篇，多次获得"全国学生运动会科学论文报告会""学校体育科学大会"一等奖等荣誉。完成省市级学生体质健康报告 10 余篇，为区域学生体质健康相关政策提供客观数据支撑。现任北京华体互联教育科技有限公司体质健康总监。